決定版

# 北海道の温泉まるごとガイド

小野寺淳子
ONODERA Atsuko

北海道新聞社

# 決定版 北海道の温泉まるごとガイド2024-25［目次］

## 石狩管内

## 空知管内

## 留萌管内



## 宗谷管内

## オホーツク管内

## 胆振管内

## 釧路管内

| 所在地 | 温泉名 | 施設名 | 頁 | 宿泊 | 日帰り | 露天 |
|---|---|---|---|---|---|---|
| 弟子屈町 | 摩周温泉 | ホテル摩周 | 312 | ● | ● | |
| 弟子屈町 | 屈斜路温泉 | 屈斜路プリンスホテル | 312 | ● | | ● |
| 弟子屈町 | 川湯温泉 | アートイン極寒藝術伝染装置 | 313 | ● | | ● |
| 弟子屈町 | 摩周温泉 | 温泉民宿ニューはとや | 313 | ● | ● | |
| 弟子屈町 | 川湯温泉 | ホテル開紘 | 313 | ● | ● | |
| 弟子屈町 | 摩周温泉 | ペンション　ニュー　マリモ | 313 | ● | ● | |
| 浜中町 | 霧多布温泉 | 霧多布温泉ゆうゆ | 314 | | ● | ● |
| 釧路市 | 阿寒湖温泉 | ホテル阿寒湖荘 | 314 | ● | ● | ● |
| 釧路市 | 阿寒湖温泉 | 温泉民宿　山口 | 314 | ● | | |
| 釧路市 | 山花温泉 | 山花温泉リフレ | 315 | ● | ● | ● |
| 釧路市 | 阿寒湖温泉 | ホテル御前水 | 315 | ● | ● | ● |
| 釧路市 | 阿寒湖温泉 | ニュー阿寒ホテル | 315 | ● | ● | ● |
| 標茶町 | ルルラン温泉 | ホテルテレーノ気仙 | 315 | ● | ● | ● |
| 釧路市 | 阿寒湖温泉 | あかん鶴雅別荘　鄙の座 | 316 | ● | | ● |
| 釧路市 | 阿寒湖温泉 | あかん遊久の里　鶴雅 | 317 | ● | | ● |
| 釧路市 | 阿寒湖温泉 | 阿寒の森鶴雅リゾート　花ゆう香 | 318 | ● | | |
| 釧路市 | 阿寒湖温泉 | あかん湖鶴雅ウイングス | 318 | ● | | ● |
| 釧路市 | 阿寒湖温泉 | 東邦館 | 319 | ● | ● | |
| 釧路市 | 釧路市内の温泉 | ドーミーインPREMIUM釧路 | 319 | ● | | ● |
| 釧路市 | 雄阿寒温泉 | カムイの湯　ラビスタ阿寒川 | 320 | ● | | ● |

| 所在地 | 温泉名 | 施設名 | 頁 | 宿泊 | 日帰り | 露天 |
|---|---|---|---|---|---|---|
| 釧路市 | 丹頂の里温泉 | 美肌の湯　赤いベレー | 321 | ● | ● | |
| 釧路市 | 釧路市内の温泉 | 天然温泉　ふみぞの湯 | 322 | | ● | ● |
| 弟子屈町 | 弟子屈町内の温泉 | 屈斜路湖サウナ倶楽部 | 323 | ● | ● | ● |
| 弟子屈町 | 美留和温泉 | きらの宿　すばる | 324 | ● | ● | ● |
| 弟子屈町 | 美留和温泉 | お宿かげやま | 325 | ● | | ● |
| 弟子屈町 | 川湯温泉 | KKRかわゆ | 326 | ● | ● | ● |
| 弟子屈町 | 川湯温泉 | 自家源泉かけ流し　お宿　欣喜湯 | 327 | ● | ● | ● |
| 弟子屈町 | 川湯温泉 | 川湯観光ホテル | 328 | ● | ● | ● |
| 弟子屈町 | 川湯駅前温泉 | ホテルパークウェイ | 329 | ● | ● | ● |
| 弟子屈町 | 川湯温泉 | お宿欣喜湯　別邸忍冬（SUIKAZURA） | 329 | ● | ● | ● |
| 弟子屈町 | 仁伏温泉 | 屈斜路湖荘 | 330 | ● | ● | ● |
| 弟子屈町 | コタン温泉 | 丸木舟 | 330 | ● | ● | |
| 弟子屈町 | 和琴温泉 | 民宿　三香温泉 | 331 | ● | ● | ● |
| 弟子屈町 | 熊牛温泉 | ペンション　熊牛 | 331 | | ● | ● |
| 弟子屈町 | 摩周温泉 | 泉の湯 | 332 | | ● | |
| 弟子屈町 | 摩周温泉 | ビジネスホテル泉荘 | 332 | ● | | ● |
| 弟子屈町 | 摩周温泉 | ペンションBirao | 333 | ● | ● | ● |
| 鶴居村 | 鶴居村温泉 | 源泉100%かけ流しの宿　ホテルグリーンパークつるい | 333 | ● | ● | ● |
| 鶴居村 | 鶴居村温泉 | つるいむら湿原温泉ホテル | 334 | ● | ● | |
| 鶴居村 | 鶴居村温泉 | 鶴居ノーザンビレッジ　HOTEL TAITO | 335 | ● | ● | ● |
| 標茶町 | 富士温泉 | 富士温泉 | 336 | | ● | |

## 根室管内



## 野天温泉

# 『決定版 北海道の温泉 まるごとガイド2024-25』の見方

本書の内容は2023年（令和5年）11月現在の情報です。料金や施設の状況は変更になる場合があります。また、新型コロナウイルスの感染拡大の影響により、施設の利用制限、利用時間の短縮などの可能性もあります。

本書の掲載内容により生じたトラブルや損害などについては補償いたしかねますので、あらかじめご了承のうえ、ご利用ください。施設と利用者で発生した問題も当事者同士の解決をお願いいたします。

### ❖施設名

温泉地と施設名は、正式名称にとらわれず、施設の了解を得て一般的に親しまれている呼び名を記しています。

### ❖交通

鉄道駅からの徒歩で要する時間、札幌市や函館市などの中心部からの距離（車での時間も）、バスを利用していく場合のアクセスなどを表記しました。地図は、温泉の場所を概略的に示したもので、事前に市販の地図やカーナビなどで確認するか、交通機関か施設にお尋ねください。

### ❖宿泊料金

料金は、2023年（令和5年）11月現在の料金ですので、変更されている場合もあります。特記事項がない場合、宿泊料金は大人1名1泊2食（税サ込）の最低料金の目安で、通年設定のあるスタンダード料金(基本料金)を記載していますが、「税別」「素泊まり」「入湯税別」「サービス料別」の料金もあります。

なお、宿泊人数や利用する部屋、同伴する子供の年齢によって、宿泊料金が表記と異なる場合もあります。宿泊予約のときに必ずご確認ください。各施設では、いろいろな価格設定をしている場合があり、宿などのホームページや旅行会社にもさまざまなプランがありますので、自分に合ったプランを選び、お申し込みをしてください。

### ❖日帰り入浴の料金

北海道公衆浴場業生活衛生同業組合加盟の浴場では、12歳以上中学生以上を「大人」、12歳未満小学生を「中人」、6歳未満未就学児を「小人」としていますが、この本では中学生以上を「大人」、小学生を「小人」、未就学児を「幼児」と表示しています。

### ❖泉質

泉質は新泉質名で表記しました。

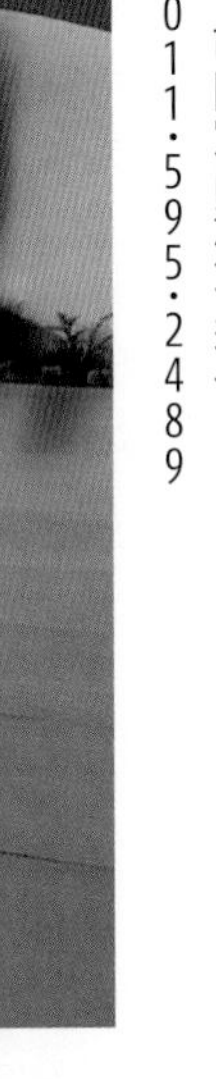

❖定山渓温泉

# 定山渓　ゆらく草庵

札幌市南区定山渓温泉東3－228－1
電話 011・595・2489

❖**アクセス**：JR 札幌駅から車で国道 230 号経由約 50 分❖**1 泊 2 食（税込）**：18700 円～（時期やプランなどにより変動あり）❖**日帰り入浴**：不可❖**泉質**：ナトリウム－塩化物温泉

一歩足を踏み入れれば、どこでも素足のまま過ごせる畳敷きの空間。エントランスからロビー、客室、湯殿に至るまで、目に映るのは天然木、和紙、い草に石など日本の伝統的な建材・素材が織りなす自然の色味。

ゆらく草庵は、120室ある全ての客室にヒバ造りの温泉浴室を備える大きなホテルだ。なのに草庵―草葺きの素朴な住まい―という名が不思議と似合うのは、控えめな和の色調が、派手派手しい俗世から気持ちを遠ざけてくれるからだろうか。

温泉は3カ所あり、できるならその全てを味わってほしい。まず、上質の源泉を心ゆくまで独り占めできる客室の風呂が素晴らしいのは、想像に難くないだろう。そして離れにはヒノキ、ヒバ、陶器、岩造りの4カ所の風情ある貸切風呂があり、滞在中は空いてさえいればいつでも自由に楽しめた。

大浴場がまた味わい深かった。多彩な風呂をつなぐ床に畳を敷いていたり、内湯の大窓に障子小窓風の意匠を施して風景に興を添えたり。暗がりと静けさの中で湯浴みする「夢想湯」も、しみじみと良かった。

## ❖定山渓温泉

### ぬくもりの宿 ふる川

札幌市南区定山渓温泉西4丁目353
電話 011・598・2345

❖**アクセス**：JR 札幌駅から車で約 50 分❖**1 泊 2 食（税込）**：大人 18800 円〜❖**日帰り入浴**：大人 1500 円、小人 750 円、幼児無料、12 時〜 15 時、無休❖**泉質**：ナトリウム－塩化物泉❖**備考**：市内中心部からの送迎あり（要予約）

懐かしいふるさとのような旅館でありたい。そんなあるじの想いが満ちる宿。昭和レトロ薫る和洋折衷ラウンジ、古民家を基にした斬新な浴場など建築好きを魅了する設えが散見されるが、かといってどの空間も気取りが無く、お茶やお菓子、読み物など様々なお楽しみが用意されて、温かい。

客室しかり。部屋の意匠や備品には和の香りと心和ませるひと工夫がある。7・8階は大切な人と大切な日を過ごしたい特別なフロアで、部屋ごとにゆったりした温泉があったり、眺望自慢であったり魅力が異なる。

大浴場にも、家族睦まじく過ごす特別な空間がある。男女別浴場とは別フロアに設けたのが、湯浴み着を着用する宿泊者専用「ぬくもりSPA」だ。一人では湯浴みが難しい高齢の方も家族や仲間の手を借りて大きな湯船でゆっくりと―そんな願いが込もっている。三世代が顔を揃える機会などあれば、ぜひこの着衣スパで思い出を深めてほしい。

❖定山渓温泉

# ホテル鹿の湯

札幌市南区定山渓温泉西3丁目32番地
電話 011・598・2311

宿泊 日帰 露天

ルーツは1895年（明治28年）、有志の組合出資で誕生した定山渓三番目の旅館。鹿の湯の名を命名したのは北海道庁初代長官・岩村通俊だ。以降、変遷を経て1927年（昭和2年）に今のホテルの前身となった「鹿の湯クラブ」が開業した。

そんな定山渓きっての老舗で、いま最も注目されているのが大浴場に新たに設えたヒノキ使いのオートロウリュサウナだ。水風呂は豊平川源流の沢水を2種類の温度に調整し、2つのヒバ風呂にかけ流す。肌合い優しい自家源泉と上質サウナとの融合は、若い世代にもオールドファンからも支持を集めている。

❖**アクセス**：JR札幌駅から車で約50分❖**1泊2食（税込）**：10150円〜❖**日帰り入浴**：大人1500円、小学生750円、未就学児無料、13時〜21時（毎週月曜・木曜は16時〜20時）❖**泉質**：含ヒ素－ナトリウム－塩化物温泉

❖定山渓温泉

# ホテル鹿の湯・別館花もみじ

札幌市南区定山渓温泉西3丁目32番地
電話 011・598・2311

宿泊 露天

定山渓温泉の老舗大型ホテル・鹿の湯の、より高級感を感じさせる別館。12階建ての最上階は展望浴場と貸切浴場からなる温泉スペース。その下の11階は特別フロアとして、手足を伸ばせる展望温泉を設えた105平方メートルのプレミアスイートをはじめとする8室限定、3タイプある温泉付き客室と、茶器を選んで自分で立てる抹茶体験なども楽しい専用ラウンジを備えている。

展望浴場のほか2階にも庭園仕立ての露天を持つしっとりした和風浴場がある。さらに本館の、最新サウナが人気の大浴場へはしご風呂ができるのもうれしい。

❖**アクセス**：JR札幌駅から車で約50分❖**1泊2食（税込）**：18150円〜❖**日帰り入浴**：不可❖**泉質**：含ヒ素－ナトリウム－塩化物温泉

❖定山渓温泉

# 章月グランドホテル

札幌市南区定山渓温泉東3丁目239番地
電話 0570・026・575

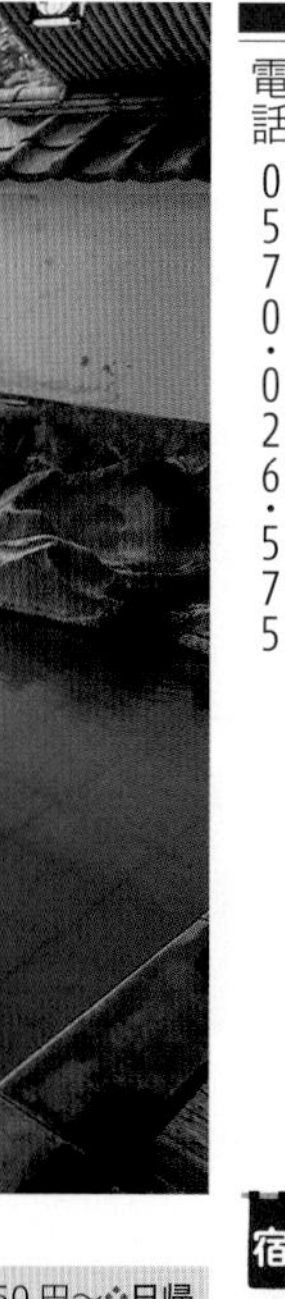

❖**アクセス**：JR 札幌駅から車で国道 230 号経由約 50 分❖**1 泊 2 食（税込）**：25450 円〜❖**日帰り入浴**：不可❖**泉質**：ナトリウム－塩化物温泉

創業は1934年（昭和9年）。札幌育ちであれば家族の記念旅行や、いまや懐かしい「観楓会」など、この湯宿に思い出が詰まっている人も少なくないはずだ。

その章月の経営が近年変わり、野口観光グループの一翼として新たな人気を博している。訪れて、なるほどと納得した。

白地ののれんをくぐり、石庭のアプローチを辿って館内に入れば、間接照明が閑雅な印象を深めるモダンな設え。客室も和洋それぞれ美しさと居心地を両立させたデザイン。洗練された空間の中で、かつての宿の面影は浮かばない。だが──。

ラウンジや滞在の客室から眺める豊平川の渓谷美こそは、今も昔も変わらぬ見事さだ。青葉の頃も錦繍の時も、50室ある全ての客室から楽しめるという定山渓でも無二の美点が、そのまま活かされている。

そして、景観と並んで素晴らしい源泉かけ流しの温泉も、温泉蒸し風呂などの特徴的な浴室を含めて、変わらぬままを堪能できる。

新しき章月の湯旅。初めての到来も懐かしき再訪も、どちらも満足がいくだろう。

❖薄別温泉

# 奥定山渓温泉　佳松御苑

札幌市南区定山渓857
電話 0120・489・485（予約）／011・598・2661

宿泊

❖アクセス：JR 札幌駅から車で約 50 分❖1 泊 2 食（税込、入湯税 150 円別）：2 人 1 室で大人 33550 円～❖日帰り入浴：不可❖泉質：カルシウム・ナトリウム－炭酸水素塩温泉❖備考：JR 札幌駅から無料送迎バスあり（要予約）

札幌市内とは思えない無垢の静けさに包まれる三千坪もの敷地には、丹精込めた庭園と池泉。小雨降る駐車場に車を停めると、傘を小脇に迎えの女性スタッフが小走りで駆け寄った。

札幌軟石で設えた囲炉裏の傍ら、ワインで喉を潤しながら遅めのチェックイン。23室の客室は全て和の趣で整えたスイートで、通された部屋の窓外は雪纏う原生林がインクブルーの夕闇に覆われ、一服の墨絵のようだ。全ての部屋に備わる展望風呂には自家源泉がなみなみと満ちる。優しい湯の中、ぼんやりと森を眺めて体を解きほぐした。

晩餐のイタリア料理は、聞きしに勝る美味づくし。この夜は水芭蕉を思わせるウルイと伊達鶏の前菜に始まる、春を待ちわびる爽やかなコース。食材の取り合わせと洗練の技が、ペアリングのワインとともに一口ごと夢をみせてくれた。

深い眠りののち、目覚めれば、昨日は闇色に沈んでいた原生樹が美しい木肌を見せて空に手をのべていた。降り積もった雪の白さが目を打った。

❖定山渓温泉

# 翠巌

札幌市南区定山渓温泉西1丁目86
インターネットからの予約

宿泊
露天

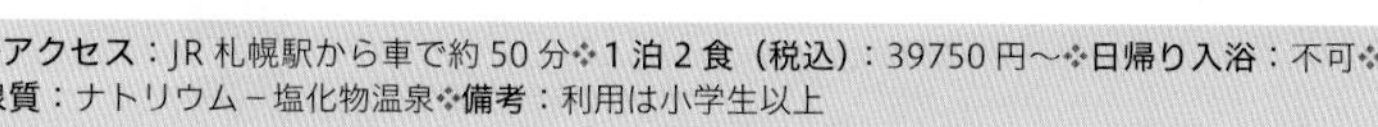
❖アクセス：JR 札幌駅から車で約 50 分❖1泊2食（税込）：39750 円～❖日帰り入浴：不可❖泉質：ナトリウム－塩化物温泉❖備考：利用は小学生以上

自由な旅。憧れる響きだが、実際の旅は、思うままにはいかないもの。例えば温泉宿なら、上げ膳据え膳のような下へも置かぬもてなしがある一方で、時間や内容はどうしても限られる。

それなら…と常識に挑む宿が現れた。それも、かつてない畢竟の宿が―。定山渓の名勝・舞鶴の瀞のほとりに佇む、翠の巌と書いて翠巌。「時間の制約から解放される」ために設計された館内は、大浴場やレストランなどのパブリックスペースがほぼなく、洗練を極めた7つの温泉付き特別室で構成される。リビングからシームレスにつながるデッキに寝湯付き露天を備えた客室、半円状のパノラマビュー・リビングから春は桜、秋は紅葉の舞鶴の瀞を

見渡す客室、HARVIA製ヒーターのサウナで渓谷を眺めロウリュを楽しむ客室など、一つとして同じ部屋はない。最も広い126平方メートルの客室は130インチ超のプロジェクターを設置したシアタールーム付きメゾネットだ。

全てが客室で満たされるようデザインされたなか、最もユニークなのは食事の場面。「翠巌しゃぶしゃぶ」は前菜からメイン、〆の一品までセットしたお重が客室の専用扉に届けられ、自由なタイミング、気兼ねない姿で美味を満喫できる。このほか予算と好みに応じ、事前予約で第一寶亭留グループの数々の施設にて送迎付きで食事ができ、週末にはミシュラン一つ星獲得の小松シェフによる特別なディナーも選択肢に加わる。

❖定山渓温泉

# 旅籠屋(ハタゴヤ)定山渓商店

札幌市南区定山渓温泉西2丁目5
電話 011・598・2929

❖アクセス：JR 札幌駅から車で約 50 分❖1 泊 2 食（税込）：2 人 1 室で大人 11150 円～❖日帰り入浴：13 歳以上のみ可、1200 円、13 時～ 18 時❖泉質：ナトリウム－塩化物泉❖備考：地下鉄大通駅から送迎あり（要予約）

長年親しまれた市の保養所をリノベーションした宿だが、斬新さは予想を超えてくる。

価格は抑えめ。客室は定山渓では初のドミトリー含む和室、ツインなど全30室。造りはシンプルだが寝具類は申し分ない。驚くことに宿内に「酒屋」があり、「蔵」と呼ぶひんやり暗い倉庫には日本酒を中心に常時100種類以上がズラリ。しかも生ビール等々も湯宿としては常識外の安さで提供する。

そして、酒屋ばかりか「精肉店」まである。期待の夕食はその店主が取り仕切る焼肉コース。六段重ねのお重の一段一段に前菜や様々な肉の部位が美しく盛り付けられ、最高の加減で味わえるようにとトリセツが付く。つまり仲居さんたちを置かぬぶん価格を抑え、酒食の質を最大限に上げたのだ。

自由気ままに旨い酒と旨い肉を楽しみ、かけ流しの露天風呂に手足を伸ばして深々と眠る。こんな隠れ家、なかなか無い。

❖定山渓温泉

# 風マチ温泉アパートメント

札幌市南区定山渓温泉西2丁目5（旅籠屋定山渓商店の離れ）
電話 011・598・2929

宿泊

❖**アクセス**：JR 札幌駅から車で約 50 分❖**1 泊 2 食（税込）**：旅籠屋定山渓商店の焼肉コース付きプラン 22150 円〜❖**日帰り入浴**：不可❖**泉質**：ナトリウム－塩化物温泉❖**備考**：利用は 13 歳以上限定

食事に湯浴み、帰りにお菓子も買おうかな…。さんざめく午後の湯の街を気ままに散歩。ちょっと疲れたら「わが家」に戻ってソファにごろりー。そんな風に、定山渓で「暮らすように」過ごせるのがこの風マチアパートメントだ。

人気宿「旅籠屋定山渓商店」の離れとして2022年に誕生。北欧のパインログ材が美しい45平米のフィンランド製ログハウスには、温度調整も自由なかけ流しの源泉風呂に、薪ストーブのテントサウナも。

チェックインからチェックアウトまで、どう過ごすかはゲスト次第。柔らかな湯にたゆたい、うたた寝してから夕暮れにはサウナに…と籠って過ごすのもよし、アクティブにカヌーやラフティングに挑戦したり、ジェラートにピザとカフェめぐりを楽しんでから、じっくりと湯に癒されるもよし。

もちろん旅籠屋定山渓商店のパブリックスペースは、温泉浴場含めて自由に使える。夕食は定山渓商店内の焼肉コースを楽しめるプランもある。

❖定山渓温泉

# 翠山亭倶楽部定山渓

札幌市南区定山渓温泉西2丁目10
電話 011・595・2001

15の客室全てが56平方メートル以上の贅沢な空間。110平方メートルのスイートは専用エレベーターを備え、広々としたリビングと10帖の和室、ツインベッドの寝室と大理石の温泉内風呂を配する優雅な設え。浴室をリビングに見立ててゆったり安らぐ空間に仕上げた、90平方メートルの「スパリビング」客室も味わい深い。

全ての客室が、総檜や大理石などの源泉かけ流し風呂を備える。定山渓の源泉は高温なので湯張り時に加水することが多いが、ここでは工夫を凝らして源泉そのままかけ流した風呂を堪能できる。ゲストが高温の湯を満たせば、水一滴も加えぬ源泉風呂が完成する。

❖**アクセス**：JR札幌駅から車で約50分❖**1泊2食（税別）**：2人1室で大人30400円～❖**日帰り入浴**：不可❖**泉質**：ナトリウム－塩化物泉❖**備考**：13歳以上のみ入館可❖**備考**：地下鉄大通駅から送迎あり（要予約）

❖定山渓温泉

# 定山渓第一寶亭留　翠山亭

札幌市南区定山渓温泉西3丁目105
電話 011・598・2141

宿泊　露天

「寶亭留」という宿の名には日本旅館のおもてなしの心と、ホテルの持つ快適さのどちらをも提供したいとの思いから。56の客室は、その思いをよく表している。和を基調としつつ、上質のベッドを備える部屋、大人数が一緒に過ごせる部屋…と、宿泊客それぞれに寄り添った細やかなバリエーションを持つ。その半数以上の客室が自家源泉を引いている。

大浴場は、大小六つの湯船を備える「飛泉乃湯」と樹齢300年の桂の木を眺める「桂木乃湯」を時間帯で男女を入れ替えて楽しめるほか、宿泊者専用の離れの湯屋「森乃湯」を設けてある。湯は豊平川の河畔から自噴する3本の源泉をブレンドし、たっぷりと送り込む。

❖**アクセス**：JR札幌駅から車で約50分❖**1泊2食（税込）**：2人1室で大人21050円～❖**日帰り入浴**：不可❖**泉質**：ナトリウム－塩化物泉❖**備考**：地下鉄大通駅から送迎あり（要予約）

❖定山渓温泉

# 厨翠山（くりやすいざん）

札幌市南区定山渓温泉西3丁目4
電話　011・598・5555

❖**アクセス**：JR 札幌駅から車で約 50 分❖**1 泊 2 食（税別）**：2 人 1 室で大人 29850 円～❖**日帰り入浴**：不可❖**泉質**：ナトリウム－塩化物泉❖**備考**：13 歳以上のみ入館可❖**備考**：地下鉄大通駅から送迎あり（要予約）

選りすぐりの味わいを旅の一夜をかけて堪能する、大人の「食」の宿。毎夜18時になると、この宿でしか味わえない「舞台」が始まる。オープンキッチンをぐるり取り巻くロの字型のカウンターテーブル。演目は「美味の瞬間」、役者は料理人と給仕人。温泉でさっぱりとした宿泊客がテーブルについて、幕が上がる。

料理人は慈しむように器に盛り込み、味覚の花を咲かせていく。虹をはく白身の柵にスッ…と包丁を引く、その間合い。鼻をくすぐる炙り香。皿に踊るソースの艶やかな色彩。客の喉が鳴り、そのできたてを給仕人が無駄のない所作で目の前に…。小さな歓声が上がる。

客室は最も小さい和室で36平方メートルある全13室。和の情趣漂う洗練された客室は窓に広がる四季の色合いも美しい。温泉は3本の自家泉源をブレンドし、檜や石で設えた清々しい露天に満たす。

❖定山渓温泉

# 敷島定山渓別邸

札幌市南区定山渓温泉西3丁目434
電話 011・595・3800

駐車場からホテルへ続く渡り廊下。23段の階段を下りて、小さな隠れ宿へ──。

客室数はわずか10室。渓谷に沿って建てられた宿は、時に涼しく、時に激しく響く清流の水音以外、喧騒知らず。

温泉は夜と朝とで入れ替える2カ所。ジャグジーも備えた檜風呂と、露天のある岩風呂。広くはないがその湯は、今も昔も河畔に湧き出ずる自然湧出の源泉そのものだ。窓外には四季折々の豊平川の流れ、自慢の食事は道産和牛を主役とした創作和食会席。日常をひと時忘れ、ゆっくりと美味の悦びに浸りたい。

❖アクセス：JR札幌駅から車で約50分❖1泊2食（税込）：大人24200円～❖日帰り入浴：不可❖泉質：ナトリウム－塩化物泉

❖定山渓温泉

# 心の里 定山

札幌市南区定山渓温泉西4丁目372－1
電話 011・598・5888

温泉宿が林立する定山渓の街路。岩戸観音堂につきあたる手前の角で左へ折れ、「心の里定山」と掲げた丸木仕立ての小門をくぐると──。ここは足湯を軸としたくつろぎの空間。邸内には、設えも様々な八つの足湯、居心地の良いラウンジ、自然の専門書ライブラリー、自由に使える3畳の茶室、貴重な東洋の古美術が並ぶ中島文庫…とあらゆるくつろぎの場所がある。豊かなコーヒーや手作りのお茶菓子が色どりを添える。

利用時間に制限はなく、支払うのは入室時の1500円のみ。流れる時間に身をゆだね、心をうるおしたい。

❖アクセス：JR札幌駅から車で約50分❖料金：1500円（敷地内の森の散策は無料）※ぬくもりの宿ふる川の日帰り入浴セットプラン別途あり❖時間：10時～18時、無休❖泉質：ナトリウム－塩化物泉❖備考：小学生以下は入館不可

❖定山渓温泉

女性のための宿

# 翠蝶館（すいちょうかん）

札幌市南区定山渓温泉西3丁目57
電話 011・595・3330

宿泊　露天

❖**アクセス**：JR札幌駅から車で約50分❖**1泊2食（税別）**：2人1室で大人19950円～❖**日帰り入浴**：不可❖**泉質**：ナトリウム－塩化物泉❖**備考**：13歳以上の女性のみ入館可❖**備考**：地下鉄大通駅から送迎あり（要予約）

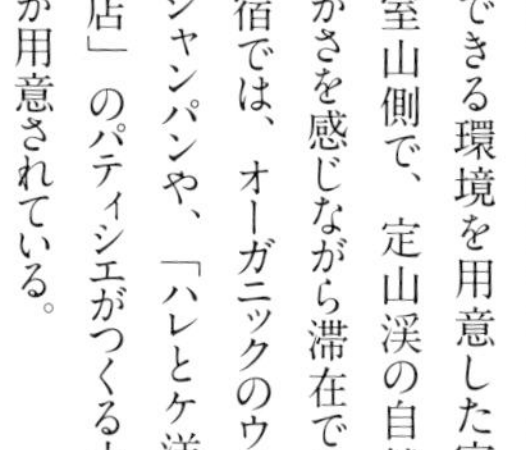

全20室の落ち着いた空間の中で、女性が心からリフレッシュできる環境を用意した宿。全室山側で、定山渓の自然の豊かさを感じながら滞在できる。宿では、オーガニックのウェルカムシャンパンや、「ハレとケ洋菓子店」のパティシエがつくる小菓子が用意されている。

夕食は、女性の体にやさしい和食をテーマにした料理が並ぶ。特に健康食の合言葉である「まごわやさしい」をコンセプトにした前菜が好評だ。

❖定山渓温泉

湯元　定山渓温泉

# 湯の花

札幌市南区定山渓温泉東4丁目330－4
電話 011・598・4444

日帰　露天

❖**アクセス**：JR札幌駅から車で約50分❖**料金**：大人980円、小人450円、幼児無料❖**時間**：10時～21時（季節により変更あり）、無休❖**泉質**：ナトリウム－塩化物泉❖**備考**：地下鉄真駒内駅から送迎あり

定山渓では少数派の日帰り専門温泉。湯の良さを押し上げているのが、すみずみまで気合の入った清掃だ。ゆったりした大浴槽、ベンチ式の腰掛湯、ジェット噴流がマッサージ効果を発揮するアクティブスパに打たせ湯など、多彩な風呂は水風呂を除くすべてが源泉かけ流し。柔らかな肌合いの自家源泉は高温で、別料金の岩盤浴も温泉熱だけでまかなう。

露天の岩風呂から見える渓谷が美しい。その魅力にも負けないのが、一角に設えた「寝転び湯」。ほの暗い円形の室内は、温かな湯けむりと涼しい外気が混じり合う天然のミストサウナとなっている。

❖定山渓温泉

## グランドブリッセンホテル定山渓

札幌市南区定山渓温泉東4丁目328
電話 011・598・2214

宿泊 日帰 露天

温泉街の中では豊平川の最上流部に位置し、際立った自然美を堪能させてくれるホテル。洗練された全68の客室の大窓はすべて渓谷向き。客室の大窓を埋め尽くす自然林の色彩は、季節が変わるごとに鮮やかに変わっていく。うち58室は快適な展望温泉風呂を備え、湯浴みしながら朝な夕なの風景の移ろいを味わえる。

1954年に発見された自家源泉は今なお泉温が85度を超す。この希少な源泉を最新のシステムで熱交換し、浴用利用のみならず暖房、融雪、給湯などエネルギー資源として活かしきる。自然環境を守るエコロジーへの取り組みも注目されるホテルである。

❖**アクセス**：JR札幌駅から車で約50分❖**1泊2食（税込、入湯税別）**：温泉展望風呂付き客室の場合は1名25300円～。その他の客室の場合は1名19800円～❖**日帰り入浴**：（エステ＆ランチ付）大人8800円、12時～19時、事前予約制❖**泉質**：ナトリウム－塩化物泉❖**備考**：JR札幌駅から無料送迎バス有（要予約）

❖定山渓温泉

## シャレーアイビー定山渓

札幌市南区定山渓温泉東3丁目231
電話 011・595・2888

宿泊 露天

豊平川に向き合う五階建て、26限りの客室はオール・スイート仕様。その全ての客室に温泉展望風呂を備える。

渓谷の姿は、客室のある階により印象が異なるのがユニーク。低い階なら渓流を間近に感じることができ、中間階では帯柄のように雅な四季折々の渓谷を正面に見、上階では流れを俯瞰し、森林越しに温泉街の灯りも楽しめる。

日本を代表する老舗料亭出身の伊藤卓也総料理長が提供するのは、和食をベースとしたモダンな会席メニュー。北海道の幸が端正な姿と味わいになり、口福を呼ぶ。

❖**アクセス**：JR札幌駅から車で約50分❖**1泊2食（税込）**：2人1室で大人71000円～❖**日帰り入浴**：不可❖**泉質**：ナトリウム－塩化物温泉❖**備考**：新千歳空港などからプライベート送迎あり（有料・要予約）

❖定山渓温泉

# 豊平峡温泉

札幌市南区定山渓608－2
電話 011・598・2410

日帰 露天

❖アクセス：JR 札幌駅から車で約 1 時間❖料金：大人 1000 円、3 歳〜小学生 500 円、3 歳未満無料❖時間：10 時〜 22 時 30 分（最終受付 21 時 45 分）、無休❖泉質：ナトリウム・カルシウム－炭酸水素塩・塩化物泉❖備考：地下鉄真駒内駅から送迎あり

定山渓温泉からひと足奥まった場所にある札幌の秘湯、豊平峡温泉。200人が一度に入浴できる巨大な露天風呂は大自然に囲まれ、四季折々の風景を楽しめる。特に紅葉の季節は人気が高い。温泉は加水・加温を一切せず100％源泉掛け流しで、貯湯タンクを置かず、地下750メートルからくむ湯をそのまま地中のパイプを通し、湯温管理のため流量だけを調整して直接湯船に注いでいるので、湯船までは一切空気に触れることがない。

源泉温度は約52度。これをバルブひとつでいい湯加減にするのは職人技だ。さらに暑い時期には水車に源泉を通して湯温を調整している。

館内のONSEN食堂では40種以上のスパイスで作る本格的なインドカリーや江丹別産そば実を毎朝石臼でひいている十割そば等こだわりの料理を堪能できる。

キャンプ場、カヌー体験や巨大かまくらなど、季節ごとのアクティビティも充実している。

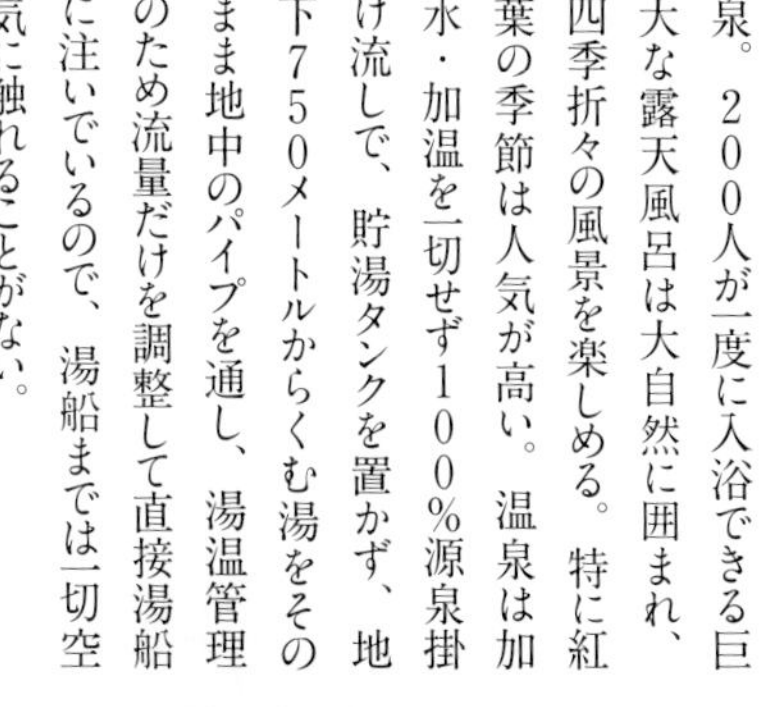

❖**定山渓温泉**

定山渓 鶴雅リゾートスパ

## 森の謌（うた）

札幌市南区定山渓温泉東3丁目192
電話 011・598・2671

宿泊 日帰 露天

定山渓温泉の一角、大小のホテルひしめく渓谷沿いから少し離れた場所にある温泉宿。客室からの眺めの全てが自然林に向いており、滞在の時間はまるで深い山あいのリゾートで過ごすかのようだ。

客室はいずれもスタイリッシュで個性的。疲れた身体にうれしい岩盤浴付きや愛犬と過ごせるドッグガーデン付き客室などもある。別棟の露天風呂付きコテージは、別荘感覚の美しい洋室。露天風呂は柔らかな源泉をたたえる風呂で、朝な夕なにまどろむことができる。大浴場は天井高く開放的。露天風呂に出れば日差しと緑があふれる。

❖**アクセス**：札幌市内から車で約50分 ❖**1泊2食（税サ込）**：大人19450円～❖**日帰り入浴**：ランチビュッフェとセットで大人3900円（税込）❖**泉質**：ナトリウム－塩化物泉 ❖**備考**：地下鉄真駒内駅から送迎あり（要予約）

❖**小金湯温泉**

## まつの湯

札幌市南区小金湯24
電話 011・596・2131

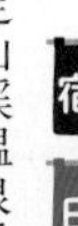

札幌・定山渓温泉に至る手前に、ただ2軒が湯けむりを上げる小金湯温泉。名高い定山渓と比べればいかにも閑静な湯治郷だが、泉質も違う。定山渓が万人向けの食塩泉なのに対し、小金湯は独特の湯香を放つ硫黄の湯。その伝統を背負うのがこの宿だ。

玄関をくぐり風呂場に向かえば、長年変わらぬ自然湧出の湯がなみなみと満ちている。浴場は露天風呂と内風呂が二つずつのタイプと、露天風呂に内風呂二つのタイプがあり、男湯と女湯を毎日入れ替える。露天風呂では渓谷の四季に対面。春は雪解け水を含んだ豊平川のせせらぎ、秋は紅葉が楽しめる。

❖**アクセス**：JR札幌駅から車で約45分❖**1泊2食（税サ込）**：大人12250円～（湯治プランもあり）❖**日帰り入浴**：大人800円、小人300円、平日9時～22時（最終受付21時）、土日祝9時～23時（最終受付22時）、無休❖**泉質**：単純硫黄泉❖**備考**：札幌市内の宿泊と宴会の団体送迎あり

石狩

❖札幌市内の温泉

# ラ・ジェント・ステイ札幌大通

札幌市中央区南2条西5丁目26－5
電話 011・200・5507

宿泊

❖アクセス：市営地下鉄大通駅から徒歩4分❖1泊朝食付き（税別）：6500円～❖日帰り入浴：不可❖泉質：ナトリウム－塩化物温泉❖備考：レストラン2階ノーザン・キッチン6時30分～10時（最終入場9時30分）

札幌中心部に立つスタイリッシュな14階建てホテル。和の色味を差し色にしたモダンな客室など館内全体に非日常の空間が広がる。

大浴場の意匠は遊び心満載だ。その名も「ぽんの湯」は3階と5階の2カ所あり、毎日男女を入れ替えるので味わいの違いも楽しめる。3階浴場は大提灯に障子、木床など配した明治期の風呂屋調。5階浴場は、入口の足跡模様を追って扉を開けると、目を見張る景色が。そのあたりはゲストだけのお楽しみとのことで詳細は書けないが、ヒントは湯の名、ホテルから歩いて1分の札幌で一番有名な、あの小路…。

❖札幌市内の温泉

# 北のたまゆら桑園

札幌市中央区北11条西16丁目1－34
電話 011・611・2683

❖アクセス：JR桑園駅から徒歩3分❖料金：大人490円、小人150円、幼児以下無料❖時間：7時～翌1時、無休❖泉質：ナトリウム－塩化物温泉

札幌市中心部にもひと駅、近年再開発が進む桑園地区にある日帰り湯。朝7時からのオープンは観光客の利便性を考えてと思いきや「むしろ地元の皆さんのため。特に場所柄、市の中央卸売市場関係の方も多いので、この時間でも朝、お待ちいただくぐらいです」と支配人は微笑む。

早起きしてでも常連たちが朝の一番風呂を狙うのは、やはりこのチェーンの誠実な管理ぶりの賜物だろう。日々の全浴槽の湯抜きと清掃。朝の一番風呂の清らかさを、日課のように通う人々は肌で知っているのだ。多彩な浴槽をひと巡りするだけでも健康増進に役立ちそうだ。

❖札幌市内の温泉

# JRタワーホテル日航札幌

札幌市中央区北5条西2丁目5　JRタワーホテル日航札幌22階
電話　011・251・6366（直通）

高さ173メートル、北海道で最も高層のJRタワーの1階と22階から36階にあるJRタワーホテル。23階以上の客室からは移りゆく四季のパノラマが眼下に広がる。

22階のスカイリゾートスパ「プラウブラン」はJR札幌駅南口の地下より湧き出した天然温泉を利用したリフレッシュ空間。

18歳以上限定の大人の浴場で、設備は男女で異なり、どちらも上質。特に女性は専用のマッサージバスを必ず試したい。水深1・2メートルの浴槽を一周すれば、エクササイズ効果が得られる。

❖**アクセス**：JR札幌駅直結❖**料金**：大人3070円❖**時間**：12時〜23時（最終受付22時30分）、無休（点検日は休館）❖**泉質**：ナトリウム－塩化物温泉❖**備考**：18歳以上のみ利用可

❖札幌市内の温泉

# ジャスマックプラザホテル「湯香郷」

札幌市中央区南7条西3丁目
電話　011・551・3333

宿泊　日帰　露天

一大歓楽街ススキノに構えるジャスマックプラザは、ホテル、飲食店からイベント会場まで備える複合施設。外観こそシティホテルだが、その身上は気取らずくつろげる和風温泉宿そのもの。館内どこでも浴衣に雪駄姿でのんびりとでき、温泉も気ままに入り放題。

温泉は湯けむりたっぷりの、ひのきの露天風呂。風が遮られるから温度の差も穏やかだ。湯は建物の地下800メートルから湧出する食塩泉。程よく熱めの内湯でぬくもって露天へ出ると、ひのき風呂の頭上には、都会の夜空が広がる。温泉と食事とのお得なセットも多数ある。

❖**アクセス**：地下鉄豊水すすきの駅から徒歩2分❖**1泊2食（税サ込）**：大人11650円〜❖**日帰り入浴**：大人2750円、小学生1430円、10時〜翌0時（月曜は12時〜翌0時）、無休❖**泉質**：ナトリウム－塩化物泉

❖札幌市内の温泉

# ホテルマイステイズ プレミア札幌パーク

札幌市中央区南9条西2丁目2－10
電話 011・512・3456

❖**アクセス**：市営地下鉄中島公園駅から徒歩2分❖**1泊2食料金（税サ込）**：10000円～❖**日帰り入浴**：不可❖**泉質**：ナトリウム－塩化物冷鉱泉

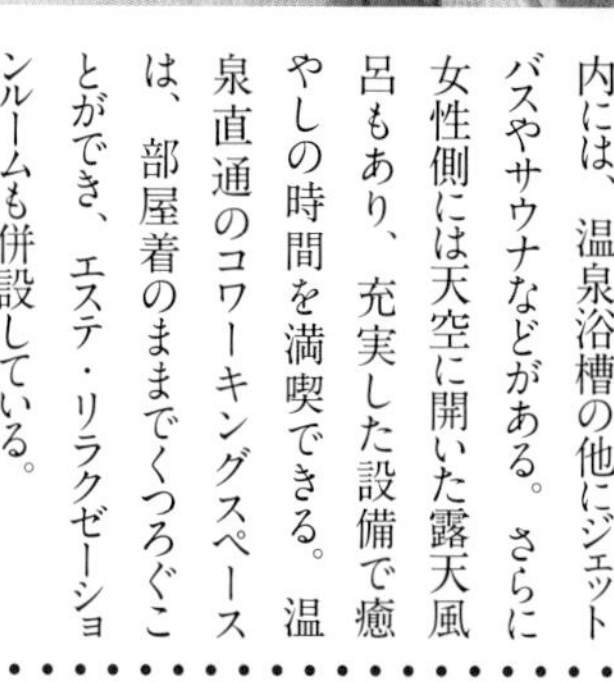

地上25階建て、全419室の大きなシティホテル。

ホテルには天然温泉があり、御影石作りの落ち着いた浴室内には、温泉浴槽の他にジェットバスやサウナなどがある。さらに女性側には天空に開いた露天風呂もあり、充実した設備で癒やしの時間を満喫できる。温泉直通のコワーキングスペースは、部屋着のままでくつろぐことができ、エステ・リラクゼーションルームも併設している。

❖札幌市内の温泉

# ONSEN RYOKAN 由縁 札幌

札幌市中央区北1条西7丁目6
電話 011・271・1126

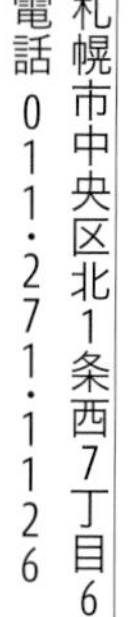
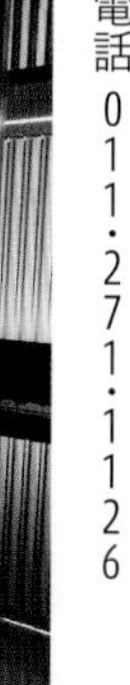

❖**アクセス**：札幌市営地下鉄大通駅より徒歩8分❖**1泊朝食付き（税込）**：24800円～❖**日帰り入浴**：不可❖**泉質**：単純泉

高層ビルが林立する札幌中心部に2020年夏に登場した都会のONSEN RYOKAN。隠れ宿風の入り口からは意外だが、地上12階、182室を有する和モダンの宿だ。客室の窓辺に立って驚くのは、敷地面積13・3ヘクタール、巨木も生い茂る北大植物園を見事に借景にしていること。札幌市民が気づかなかった街の自然美が眼下に広がり、気持ちを和ませる。

温泉風呂は閑雅な風情。半露天、主浴槽とサウナ、水風呂、そして男性湯には籠り湯、女性には打たせ湯も。温泉は露天のみだが、質を損なわぬよう登別カルルス温泉から平日の毎日3トンを運ぶ。

❖札幌市内の温泉

# あしべ屯田店

札幌市北区屯田7条7丁目2－6
電話 011・771・9111

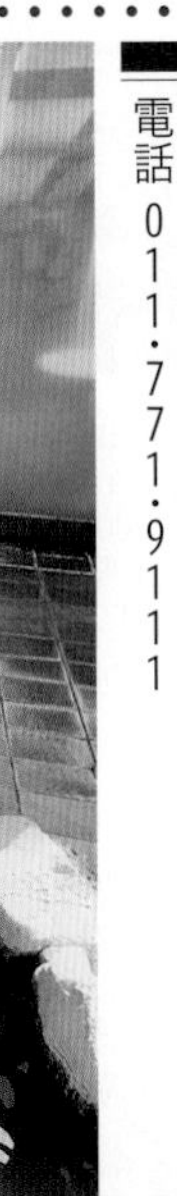

❖アクセス：JR 札幌駅から車で創成川通経由約 30 分❖料金：大人 750 円、10 時から 17 時までの早割は 700 円、シルバー 650 円、小学生 250 円、未就学児無料❖時間：10 時～ 24 時、無休❖泉質：ナトリウム－塩化物温泉

1991年夏の開業から30年あまり続く、地域のくつろぎの場。昨今のサウナブームで人気が再燃し、かつては客層の7割が高齢者だったが現在は若い層にも浸透し、幅広く支持を集めている。

浴場は3階に脱衣所と露天エリアがあり、そこから階段を降りた2階に様々な浴槽を置く内湯が広がる。昔懐かしい髪染めコーナーは根強いファンの声に応えているのだろう。食塩泉の温泉でウォームアップし、サウナを試すと男性用が90度程の設定に対し、女性用は78度程と穏やか。その後は17度の水風呂もいいが、冷たい風呂が苦手なら夏なら33度、冬は36度ほどの低温湯で適度にクールダウンもできる。仕上げは露天エリアで外気浴。露天の温泉で締めくくるのも良し。

食事処ではサ飯として話題の釧路風スパカツはじめ、定食、麺類、丼ものとメニューも豊富。名物の寿司はベテラン料理長が握る創業時からのメニューだ。

❖新琴似温泉

## 壱乃湯（いちのゆ）

札幌市北区新琴似2条8丁目8－1
電話 011・762・1126

日帰 露天

札幌市北区の日帰り湯。広い浴場には主浴槽のほか、マッサージ効果がある圧注浴槽、電気風呂、高温と低温のサウナ室、深めで気泡湯付きの水風呂などが整然と配置されている。ここの自家源泉は泉温19・5度の冷鉱泉で、通常の入浴であれば加温が必要になるが、施設ではその低温を逆手に取って源泉かけ流しの水風呂を仕立てたのだ。

露天のスペースに出てみれば、寝湯つきのひのき風呂のほか、薬湯も楽しめる岩風呂、一人でゆっくり入れる「つぼ湯」がある。水風呂で体を引き締めるも良し、露天で涼風を浴びながらの長湯も良し。

❖**アクセス**：JR札幌駅から車で約20分❖**料金**：大人490円、小人150円、未就学児80円❖**時間**：11時～24時（最終受付23時30分）、無休❖**泉質**：冷鉱泉

❖札幌市内の温泉

## 北のたまゆら厚別

札幌市厚別区大谷地東7丁目
電話 011・891・2683

日帰 露天

紅茶色した単純泉がなめらかな温泉銭湯。露天エリアにはその温泉浴槽に加え、心地よい刺激のジェット風呂やマッサージ効果付きの寝湯が揃う。そのうえフードコーナー、ゲームコーナーも充実しているから、ついつい長居してしまう。

内湯には温泉浴槽、ブラックシリカで温熱効果を高めた真湯浴槽、電気風呂と2種類のサウナに水風呂が揃う。

浴場の湯船は毎日換水し、開店時にはどの浴槽にも真新しい湯が満たされている。

❖**アクセス**：JR札幌駅から車で約30分❖**料金**：大人490円、小人150円、幼児以下無料❖**時間**：8時～翌1時、無休❖**泉質**：アルカリ性単純泉

❖札幌市内の温泉

# 北のたまゆら東苗穂

札幌市東区東苗穂11条2丁目
電話　011・790・2683

「夏場などは朝風呂を楽しみ、また夕方に来てくださる常連さんもいらっしゃいます」と優しく目を細める支配人。それも道理で、この東苗穂の一号店を含む北のたまゆらの4店舗は浴場の湯船を毎日全換水し、新湯を張る。朝8時からの一番風呂に浸かるのは、温泉好きには至福の時に違いない。

成分は薄めだが重曹泉の系統で、メタケイ酸が豊富なコーラ色の美人湯。銭湯価格でもボディソープや化粧水類など基本的なアメニティが揃っている。大広間やラウンジも広く開放感があり、湯上りもゆっくりくつろげる。

❖アクセス：JR札幌駅から車で約25分❖料金：大人490円、小人150円、幼児以下無料❖時間：8時～翌1時、無休❖泉質：冷鉱泉

❖札幌市内の温泉

# モエレ天然温泉たまゆらの杜

札幌市東区中沼西1条1丁目11－10
電話　011・791・6666

広い浴場には温泉風呂をはじめ、生薬を配合する薬湯、寝湯、気泡浴、電気風呂、東屋掛けの露天風呂など10種の設備が整い、ぐるりと一通り浸かってみるだけでも体がスッキリしそう。効率良くデトックス出来そうな塩サウナも魅力的だ。

もう一つ人気の施設は、日本の四季をイメージしたという美しい4種類の岩盤浴。体調と好みに合わせて室温を選び、じっくりと体のめぐりを整えることができる。

外部講師を招いて有料の「岩盤ホットヨガ」も実施されており、運動不足の解消にも良い。

❖アクセス：JR札幌駅から車で約30分❖料金：大人1200円、小人330円、幼児以下無料❖時間：24時間営業（深夜割増料金あり、深夜1時～6時までは清掃のため入浴不可）、無休❖泉質：冷鉱泉

❖札幌市内の温泉

## ていね温泉ほのか

札幌市手稲区富丘2条3丁目2－1
電話 011・683・4126

温泉はくつろいで英気を養うだけではなく、健康意識が高い施設ならシェイプアップや体質改善を大いに助けてくれる。様々な温浴設備が人気のていね温泉ほのかでは、室温38度の岩盤浴でホットヨガや体操を有料で行なう。穏やかな動きでも岩盤浴の遠赤外線効果が加わり、汗とともに体のだるさが抜けていく。

岩盤浴も種類豊富。北海道で初めて導入された「雲海岩盤浴」はナノサイズのミストが体を包み幻想的。温泉は体を温める食塩泉で、ぬるめの塩の湯などは湯上がりの肌がツヤツヤになると、女性に人気。

❖**アクセス**：JR札幌駅から車で約25分❖**料金**：大人1200円（湯着付き）、小人350円（館内着付き）、幼児以下無料（館内着なし）※土・日・祝日は大人1300円、小人400円❖**時間**：24時間（深夜2時から朝6時までは清掃のため入浴不可）、無休❖**泉質**：ナトリウム－塩化物温泉❖**備考**：早朝限定割引料金と深夜割増料金あり、JR手稲駅、JR琴似駅、地下鉄宮の沢駅などから無料送迎バス運行

❖つきさむ温泉

## つきさむ温泉

札幌市豊平区月寒東1条20丁目5－40
電話 011・855・4126

浴場は男女ともに、加温しただけの源泉かけ流し風呂や寝湯、ひのき風呂、露天岩風呂など六つある。所有する2種類の源泉はいずれも湯温こそ高くないが、低い方はサウナ後の水風呂としてそのまま、高い方は適温化してかけ流している。茶褐色の源泉が肌をすべると、シルクに身を包む快感が走る。札幌の街並みが一望できる露天風呂など、源泉風呂以外の浴槽も快適。何より、毎夜6時間かけての気合いを入れた換水と清掃が、湯質の高さをさらに引き上げる。

2階のレストランでは、専任の料理人による中華料理が味わえる。

❖**アクセス**：JR札幌駅から車で約30分❖**料金**：大人1500円、65歳以上1100円、小学生650円、幼児無料（幼児の浴衣・タオルセットのみ別料金）※早朝料金、土日祝日料金あり❖**時間**：10時～24時、早朝6時～9時、無休❖**泉質**：アルカリ性単純温泉

❖札幌市内の温泉

## シャトレーゼ ガトーキングダム サッポロ ホテル&スパリゾート

札幌市北区東茨戸132
電話011・773・2211（ホテル） 電話011・773・3311（プール・温泉）

上層階の客室やバースペースの窓辺からは、眼下に茨戸川がゆったり流れるなど唯一無二の札幌の美景が楽しめる。大規模なスパリゾートだけに、多彩な客が訪れるが、特に子供たちへの温かなまなざしが印象的。ウォータースライダーの豪快なしぶき、遠浅の海岸みたいなバナナプール。水深15センチの幼児プールではパパに抱かれた赤ちゃんが水遊びデビューだ。温泉エリアには子供連れ優先の洗い場があり、レストランに行けば子供用椅子はもちろんベビーベッドもテーブル横にセット可能。離乳食のサービスまでと至れり尽くせり。滞在の思い出がいくつも生まれそうな幸福な空間だ。

❖**アクセス**：JR札幌駅から車で約30分❖**1泊2食（税サ込）**：大人12280円～❖**日帰り入浴**：中学生以上980円～、65歳以上（要証明書）900円～、小学生600円、3歳～未就学児300円、2歳以下無料（季節や曜日によって料金が変動）、プール付きプラン別途あり）、10時～23時（最終受付22時30分）、無休❖**泉質**：ナトリウム－塩化物泉❖**備考**：JR札幌駅、地下鉄麻生駅から送迎あり

❖あいの里温泉

## なごみ

札幌市北区南あいの里5丁目1－20
電話011・778・7531

銭湯価格490円でかけ流しの温泉を満喫できる。湯の色は、夕陽を浴びた小麦畑のよう。場所は、JRあいの里教育大駅の真南、歩いて5分もあれば着く。

43・4度の泉温と、毎分230リットルの湧出量。この好条件を生かすよう、温度差を設けた主浴槽と副浴槽、電気風呂の3槽を熱効率良く連続させ、源泉風呂を仕立てている。定山渓地区を除き、温泉は出やすいものの泉温等には恵まれにくい札幌市内の施設では珍しいこと。換水、清掃の状況も見事である。

❖**アクセス**：JRあいの里教育大駅から徒歩5分❖**料金**：大人490円、小人140円、幼児70円❖**時間**：10時～23時、無休❖**泉質**：ナトリウム－塩化物強塩泉

## ❖森林公園温泉

# 森林公園温泉 きよら

札幌市厚別区厚別東4条7丁目1－1
電話 011・897・4126

日帰 露天

札幌市厚別区の国道12号沿い、道立野幌森林公園にほど近い日帰り入浴施設。見たところは低層のホテルのような、公衆浴場らしからぬ洗練された内外装だが、それが一番の自慢ではない。売りはなんといっても湯そのものだ。源泉は温泉施設の地下700メートルからくみ上げたとろりと肌を包む濃褐色の湯。

アトピーの治療に通う人もいるようだ。泉質は俗にいう「美人の湯」の系統にあたるナトリウム―炭酸水素塩・塩化物泉。これが屋根掛けの露天風呂と内湯の一部にあふれている。清掃もしっかり行われており、温泉風呂は毎日換水して新湯に張り替える。

❖**アクセス**：JR森林公園駅から徒歩12分❖**料金**：大人490円、小人150円、幼児80円❖**時間**：11時～24時（最終受付23時30分）、無休❖**泉質**：ナトリウム－炭酸水素塩・塩化物泉

## ❖恵庭市内の温泉

# えにわ温泉ほのか

恵庭市戸磯397－2
電話 0123・32・2615

日帰 露天

敷地内に湧出する2種類の源泉が自慢の日帰り湯。ひとつは食塩泉、もうひとつは重曹泉であり含有する腐植質が1kg当たり24.4mgのモール温泉だ。湯に浸かれば体が霞む濃厚さがあり、モール泉は「美肌の湯」とも言われ、モール泉入浴後に塩泉に入ると、より一層の効果が期待される。

浴場には2種類の源泉それぞれの浴槽やサウナが揃う。体を清めたら同チェーン自慢の岩盤浴でじっくり汗を流すのもよし。湯上がりはぜひ、1階テラスの足湯へ。四季折々の風情漂う広池の庭園を眺めながらのんびり自然の風を浴び、クールダウンしてみよう。

❖**アクセス**：JRサッポロビール庭園駅から徒歩約13分❖**料金**：大人950円（湯着付き）、小人300円（館内着付き）、幼児以下無料（館内着なし）※土・日・祝日は大人1050円、小人350円❖**時間**：9時～24時、無休❖**泉質**：ナトリウム－塩化物泉とナトリウム－炭酸水素塩温泉

❖北広島市内の温泉

# tower eleven onsen & sauna

北広島市Fビレッジ1番地
ネットにて予約

❖**アクセス**：JR 北広島駅から徒歩 19 分❖**試合のない日**：大人（中学生以上）2500 円、子供（4 歳～小学生）1250 円、4 歳未満無料、11 時～ 21 時❖**試合がある日**：デーゲームの場合大人 4000 円（11 時～ 21 時）、試合終了以降は 2500 円。ナイトゲームの場合大人 2500 円（11 時～ 14 時 30 分）、4000 円（16 時～ 22 時）、デーゲーム開催日、ナイター開催日の 16 時以降のチケットはエスコンフィールド入場券付き（コンコースからの試合観戦などが可能）❖**泉質**：アルカリ性単純泉❖**備考**：水着レンタルは 1000 円

北海道日本ハムファイターズの新本拠地「エスコンフィールドＨＯＫＫＡＩＤＯ」はこれまでにない新しい野球場で、野球だけではない楽しみも多く、注目を集めている。その温浴エリアもまた、かつてない発想のもとに設計された、温泉とサウナファンには胸踊る場所だ。

浴場は、ホテルなどを備えた複合施設「ＴＯＷＥＲ 11（タワー・イレブン）」の3階部分にあり、目の前は天然芝フィールド。浴場エリアはシンプルで洗練された男女別の温泉浴場が左右にあり、その中心に水着着用で男女がともに楽しめる半露天の温泉とサウナ、水風呂、フィールドを見下ろせるととのえテラスシート、飲物や軽食があるバーゾーンがある。温浴しながら試合観戦まで可能な世界初の温浴施設なのだ。（運営㈱ＳＱＵＥＥＺＥ）

眺めが抜群の窓付きサウナは奥行きがあり、最奥のサウナストーブでロウリュも可能だ。

温泉は重曹泉系の単純泉で、アルカリ値が高く、腐食質も含まれる。一般に「美肌の湯」と呼ぶ3要素に恵まれた湯で肌ざわりもいい。

男女共用スペースの水着は持参でもいいし、有料で男性はショートパンツ型、女性は肌の露出が少ないＴシャツ型の水着がレンタルできるので、手ぶらでも安心だ。また、携帯の持ち込みも可能で試合や仲間同士での撮影が自由というのも、一般の浴場では得られない喜びだろう。

❖西の里温泉

天然温泉 **森のゆ**

北広島市西の里511-1
電話 011・375・2850

日帰 露天

札幌市と北広島市との境、交通量の多い国道274号沿いにある日帰り湯。豊かな森の緑が包み、ちまたの喧騒を忘れさせてくれる。

温泉のほかにも36ホールのパークゴルフコースとレストランを併設。複合施設の利を生かし、温泉入浴にパークゴルフや食事を組み合わせた割安のプランも様々にそろう。

深く艶めくコーラ色の源泉は敷地内に湧く。湯元から浴場への距離は近く、湯の鮮度はよく保たれている。採光のいい浴室には、高温と中温に整えた浴槽、そして緑映す窓も設けた乾式サウナと水風呂もある。

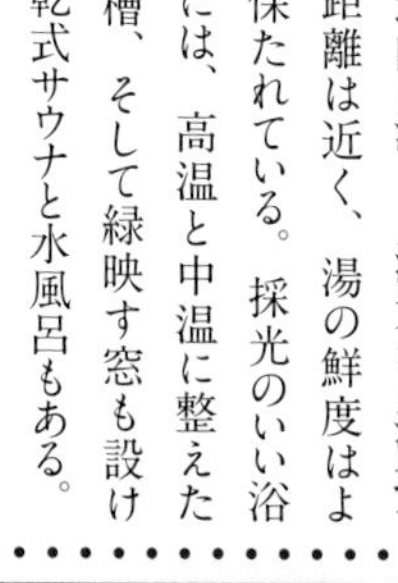

❖**アクセス**：JR札幌駅から車で約40分、JR上野幌駅から徒歩10分❖**料金**：大人800円（土日祝日850円）、小人300円、5歳以下無料❖**時間**：9時〜22時（最終受付21時30分）、元日休み❖**泉質**：アルカリ性単純温泉

❖支笏湖温泉

**支笏湖第一寶亭留 翠山亭**（すいざんてい）

千歳市支笏湖温泉
電話 011・598・5252

宿泊 露天

支笏湖のほど近くに佇む宿。全29の客室で客の細かな要望にも応えてくれ、趣味人の邸宅のように閑雅なおもむき。上位の部屋はくつろぎの要となる客室風呂を備える。

大浴場は、支笏湖周辺の大石で組んだ野趣に富む露天、樹齢千年の古代ひのきを使った内湯、手足を伸ばし浮遊する寝湯も。貸切風呂は、浴室のみではなく湯上がりの安らぎも重視。洋風と和風が選べる落ち着いた設えは心地よく、睦まじい湯浴みを堪能できそうだ。

食事は部屋ごとに用意された個室での会席コース、あるいは道産牛や噴火湾の魚を豪快に焼き上げるグリルコースなど、お好みのままに。

❖**アクセス**：JR札幌駅から車で約1時間10分、新千歳空港から車で約30分❖**1泊2食（税別）**：大人24900円〜❖**日帰り入浴**：不可❖**泉質**：ナトリウム-炭酸水素塩泉❖**備考**：JR千歳駅から送迎あり（要予約）

❖支笏湖温泉

## しこつ湖鶴雅別荘 碧(あお)の座

千歳市支笏湖温泉
電話 0123・25・6006

全25の客室は、100〜270平方メートルものオール・スイート仕様。各部屋の浴室にはジェットバスの内湯と重曹泉を満たす露天を備える。一部の銘醸ワイン等を除けば、ルームサービスの飲物や軽食、スイーツ、さらに晩餐に伴する飲物、バーでのナイトキャップも全て、宿泊料金に含まれるシステム。一夜の別荘に過ごすような極上時間が味わえる。

朝夕の食事は客室ごとに専用の個室で。料理長が一皿一碗に描くのは、支笏湖を取り巻く四季の景。箸で取るのをためらうほどの美しい和の味は、口の中で優しくほどけ、あるいは軽やかに舌に戯れて、えも言われぬ余韻を残す。

❖**アクセス**：JR札幌駅から車で約1時間10分❖**1泊2食（税込）**：86400円〜❖**日帰り入浴**：不可❖**泉質**：ナトリウム－炭酸水素塩泉❖**備考**：JR千歳駅、JR南千歳駅、新千歳空港経由の無料送迎バス運行〈3日前の20時までに予約〉、エグゼクティブスイートヴィラ宿泊客は専用車での送迎可能〈要事前連絡〉

❖支笏湖温泉

## しこつ湖 鶴雅リゾートスパ 水の謌(うた)

千歳市支笏湖温泉
電話 0123・25・2211

癒しと健康をテーマに、命の源である水に着目し、温浴、エステ、フィットネス、ウォーキング、食事、睡眠などあらゆる面から、健康と美容をトータルプロデュースするというのが宿のコンセプト。

湯はしっとりと肌を整える重曹泉。アロマが香るフィンランド式サウナで、身も心もゆっくり解きほぐれる。53の客室は和洋室やツインなど複数のタイプに分かれ、一人旅、愛犬同伴などさまざまな旅のシーンにも対応。露天風呂やシルキーバスを備えた部屋も多く、快適な時間を過ごすことができる。

❖**アクセス**：JR札幌駅から車で約1時間10分、新千歳空港から車で約40分❖**1泊2食（税サ込）**：大人27650円〜❖**日帰り入浴**：ランチビュッフェとセットで大人3900円（税込）❖**泉質**：ナトリウム－炭酸水素塩泉❖**備考**：新千歳空港などからの無料送迎バスあり（要予約）

❖丸駒温泉

湖畔の宿支笏湖

# 丸駒温泉旅館

千歳市支笏湖幌美内7番地
電話 0123・25・2341

❖**アクセス**：札幌中心部から車で国道 453 号経由約 1 時間 10 分❖**1 泊 2 食**：税別 18150 円〜❖**日帰り入浴**：大人 1200 円、小学生 600 円、未就学児 300 円　10 時〜 14 時、毎週火曜・水曜定休❖**泉質**：ナトリウム・カルシウム－塩化物・炭酸水素・硫酸塩温泉

丸駒温泉の露天風呂は、青く澄んだ支笏湖とひとつながり。その湯面は湖面の水位の変化と呼吸を揃え、深さ45センチから160センチまでへと上がり下がりを繰り返す。玉砂利敷きの湯底のそこここには、生まれたての源泉がぷくりぷくり…。

創業は1915年（大正4年）。札幌五輪を契機に湖北岸の道が開かれるまで、舟でしか辿り着けない秘境の宿だった。小さな湯治場の神秘的な湯はその後広く知れ渡り、やがて全国にも名の通った湯宿に。対岸には高級志向の姉妹館も。だが創業百年の節目を越えたある年、コロナ禍が始まった―。

2021年夏に民事再生法の適用を申請して以降、宿の新たな舵取りを担うのは日生下和夫社長。宿泊施設再生の経験豊かなベテランだ。湯宿の命である類稀な温泉と丸駒の看板を支えてきた人々の雇用環境等を守りつつ、ハード面とソフト面の改革を続けて新たな客層を獲得している。ローベッドの導入、食事処の拡充、キッズスペースの新設…。

新たな魅力はさまざまだが、特に印象的なのは、支笏湖を一望する展望大浴場の変化だ。これまでの乾式サウナからロウリュ可能なフィンランド式への変更、そして身も心も澄み渡るような支笏湖の水をかけ流す水風呂が新設された。晴れた朝には朝日を浴びて温冷浴の「ととのい」も味わえる。貸切風呂にもバレルサウナが設置されており、家族や仲間と至福の時を分かち合える。

千歳市内の温泉

## 祝梅(しゅくばい)温泉

千歳市祝梅2142-7
電話 0123・29・2222

日帰

千歳市郊外ののどかな田畑を車窓から見ていると、緑の木立を背に突如現れるのは、大人の身の丈を超す巨大なボウリングのピンだ。胴体には「祝梅温泉」の文字。無造作に木材などが置かれた敷地を進むと、民家風の建物に突き当たる。玄関で靴を脱いだ先は、誰かの家のお茶の間のような雰囲気だ。

温泉はかけ流しの風呂だけでなくシャワーにも使われ、入浴前に体を清める間にも肌がツルツルに。敷地に置かれた木材は、ぬるめの源泉を一度焚くために用いられ、その熱い湯が一定時間ごとに湯船に投入され、あとは湯客が手付かずの源泉を加減する。

❖**アクセス**：JR千歳駅から車で約10分、JR札幌駅から車で道央自動車道経由約1時間❖**料金**：大人350円、子供250円❖**時間**：14時～21時、水曜定休❖**泉質**：ナトリウム－塩化物・炭酸水素塩泉

支笏湖温泉

## レイクサイドヴィラ 翠明閣(すいめいかく)

千歳市支笏湖温泉
電話 0123・25・2131

宿泊 露天

支笏湖のほとりに構える、8室限りの静かな宿。支笏湖畔の老舗宿・丸駒温泉旅館の姉妹館である。

客室は洋室と和洋室の3タイプからなり、全て個々の温泉風呂を備える。大浴場を置かない代わりに、2カ所ある露天風呂は、家族や夫婦でしみじみ浸かる客室単位の貸し切り式。とろりとまろやかな湯心地は、眠りにつく前の最上のデザートになる。湖の情景を味わいながらの湯浴みも心地よい。

食事は支笏湖周辺はもとより北海道じゅうから選りすぐりの食材をイタリアンで提供するコース。

❖**アクセス**：JR札幌駅から車で約1時間10分、新千歳空港から車で約45分❖**1泊2食(税サ込)**：27500円～❖**日帰り入浴**：不可❖**泉質**：ナトリウム－炭酸水素・塩化物泉❖**備考**：小学生以下は宿泊不可

❖千歳市内の温泉

# 新千歳空港温泉

千歳市美々（新千歳空港国内線ターミナルビル4F）
電話 0123・46・4126

宿泊 日帰 露天

多くの人が行きかう空港の一角にあって、ここだけ時間がゆるやかに進む癒しの空間。温泉で四肢をほぐせば旅立つ時には機内での眠りが深まり、旅のあとなら体のめぐりを整えて帰路につける。大きな荷物があればクロークに預け、好みの浴衣に袖を通せばくつろぎ時間の始まりだ。

浴場は洗練され、アメニティーの充実ぶりはホテル並み。内湯には温泉浴槽とジェットバス、ミスト・乾式の2つのサウナと水風呂。露天には温泉浴槽とジェット付き寝湯も。湯に寝そべって飛行音を聞いていると旅の余韻が心に広がる。

❖**アクセス**：JR新千歳空港駅直結❖**1泊朝食付**：6000円〜❖**日帰り入浴**：浴衣・バスタオル・フェイスタオルのレンタル込みで大人1800円、小学生800円、3歳以上の未就学児600円（深夜1時以降は別途深夜料金）、10時〜翌9時、年2回休館あり（法定点検）❖**泉質**：ナトリウム－塩化物温泉❖**備考**：温泉利用で空港駐車場利用割引あり

❖千歳市内の温泉

# 松原温泉

千歳市泉郷708
電話 0123・29・2536

日帰

千歳市郊外、松原温泉旅館の開湯は1903年（明治36年）で、現在は5代目。福井から入植した初代が、アシ茂る湿地に黒く生ぬるい湯がほとばしるのを見いだし、ドラム缶を風呂にして開拓の汗を流したのが始まりだった。季節の変わり目や農閑期になればなじみ客らが肌がけ持参で早々から訪れ、休憩室利用950円（入浴料込）で日がな一日、風呂に入っては畳にごろり。

男女別の浴場は小振りながら、含硫黄―ナトリウム―炭酸水素塩冷鉱泉とナトリウム―塩化物泉という二つの泉質を、別々の湯船で楽しむことができる。

❖**アクセス**：JR千歳駅から車で約20分、JR札幌駅から車で道央自動車道経由約50分❖**料金**：大人600円、小人200円❖**時間**：10時〜21時30分、木曜日休み❖**泉質**：①ナトリウム－塩化物泉②含硫黄－ナトリウム－炭酸水素塩泉

❖江別市内の温泉

# ココルクの湯

江別市大麻元町154-15（ココルク江別内）
電話 011・376・0720

❖**アクセス**：JR 大麻駅から車で 5 分❖**料金**：大人 490 円、小学生 150 円、未就学児 80 円❖**時間**：10 時〜 22 時、無休❖**泉質**：ナトリウム－炭酸水素塩・塩化物泉（モール温泉）

花畑や菜園を囲み、白木を基調とする明るい建物が広い敷地に点々と。ここはパン屋、こちらはうどん屋…と迷い歩いているうちに、やっと赤地に白抜きの温泉マークを発見した。江別市郊外の大麻地区に「生涯活躍のまち」をテーマに、介護保険施設や障がい福祉サービス、交流施設などを幅広く整備した「ココルクえべつ」。その中に、障がいのある人と雇用契約を結びつつ自立した生活が送れるように支える「就労継続支援A型事業所」があり、専門家の指導のもと食品の製造や調理、温泉の清掃や接客など様々な活躍の場を提供している。

実はそこでの「パン」「うどん」と「温泉」が、地域の人々のみならず幅広く評判がいいのだ。温泉は開業当初は近郊からの分湯だったが、後に敷地内で見事なモール温泉を掘り当て2022年夏から切り替えた。

浴場は木縁の温泉主浴槽にサウナ、水風呂、露天風呂もあり、銭湯価格で楽しめる。スタッフの清掃も心がこもっていて、いつも清らかだ。

❖江別市内の温泉

# 北のたまゆら江別

江別市野幌屯田町48－1
電話 011・381・2683

❖アクセス：JR札幌駅から車で約30分❖料金：大人490円、小人150円、幼児以下無料❖時間：8時～翌1時、無休❖泉質：（モール系）単純温泉

日帰 露天

コーラ色をしたモール系の自家源泉を活用する、バリエーション豊かな浴槽でリラックスできる日帰り湯。

露天スペースには岩風呂やブラックシリカを使う温泉浴槽に寝湯、それに「スーパージェット」と名付けた強い噴流がマッサージ効果をもたらす浴槽がある。90センチもの深さがあり、立てば腰回り、湯に沈んで行けば背中と、凝った箇所をジェット噴射が心地良くほぐす。

飲食部門にも力が入っており、食事だけ楽しみに来る客もいるほどだ。スタッフのアイデア満載のオリジナルメニューが、とりわけ光る。

❖しんしのつ温泉

# しんしのつ温泉 たっぷの湯

新篠津村第45線北2
電話 0126・58・3166

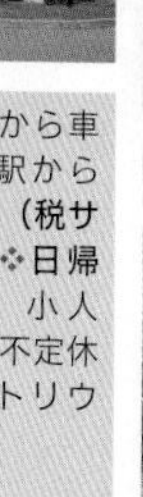

❖アクセス：JR札幌駅から車で約50分、JR岩見沢駅から車で約20分❖1泊2食（税サ込）：大人11500円～❖日帰り入浴：大人700円、小人300円、6時～22時、不定休❖泉質：含よう素－ナトリウム－塩化物強塩泉

宿泊 日帰 露天

札幌中心部からも小一時間でたどり着くしんしのつ温泉。食事は定食やラーメンといった定番メニューが用意されており、宿泊者は予算にあわせて3コースの和食会席の中から選ぶことができる。

温泉は2015年末に新たな泉源を得て、愛好家も納得の良湯に。泉質は「含よう素—ナトリウム—塩化物強塩泉」という、数多くはないタイプ。内湯にはそのトパーズ色の濃厚な源泉が間断なくあふれ、湯客を芯から温めてくれる。露天に出れば、目の前に広がるのはのんびりした春のしのつ湖。湯と食とで季節を味わえる穏やかな田園リゾートだ。

❖太美温泉

## ふとみ銘泉 万葉の湯

当別町太美町1695
電話 0133・26・2130

宿泊 日帰 露天

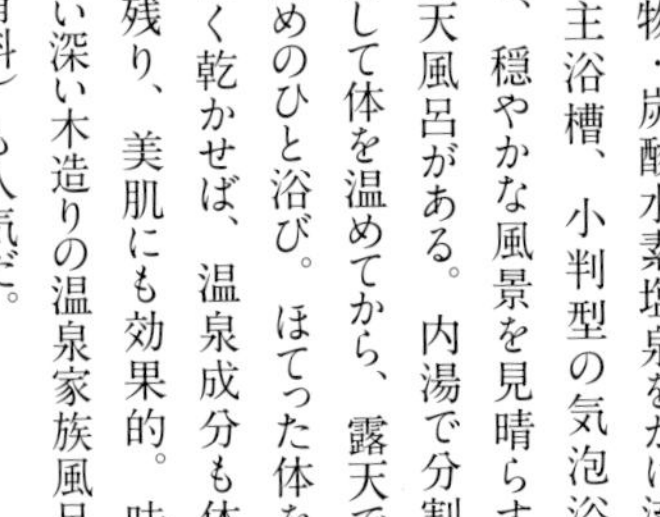

**❖アクセス**：JR 太美駅から徒歩5分、JR 札幌駅から車で約40分**❖1泊2食（税サ込）**：大人12150円～**❖日帰り入浴（平日）**：大人1600円、60歳以上1550円、小学生660円、幼児（3歳以上）220円、10時～翌朝9時、無休**❖泉質**：ナトリウム－塩化物・炭酸水素塩泉

札幌の隣町、のんびりと緑豊かな風景が続く当別町太美にある温泉。広い浴場には、モール温泉系のナトリウム―塩化物・炭酸水素塩泉をかけ流す主浴槽、小判型の気泡浴槽、穏やかな風景を見晴らす露天風呂がある。内湯で分割浴して体を温めてから、露天で締めのひと浴び。ほてった体を軽く乾かせば、温泉成分も体に残り、美肌にも効果的。味わい深い木造りの温泉家族風呂（有料）も人気だ。

湯上がりは浴衣や作務衣を羽織り、食事処で旬のごちそうに舌鼓。大人の料金にはタオル類の他に、しゃれた浴衣（小学生には館内着）の貸し出しも含まれる。

❖浜益温泉

## 石狩市浜益保養センター

石狩市浜益区実田254－4
電話 0133・79・3617

日帰 露天

**❖アクセス**：JR 札幌駅から車で約1時間30分**❖料金**：大人500円、小学生250円、未就学児無料**❖時間**：10時～21時（季節により変更）、毎月1日休み（元日、5月、8月は無休）**❖泉質**：単純硫黄温泉**❖備考**：露天風呂は夏季のみ

石狩市中心部から車で約1時間、浜益区にある温泉。日本海沿いの変化に富む海岸風景と分かれてから、浜益―滝川を結ぶ国道沿いを3・5キロ進むと現れる。1988年に開業した。日帰り専門の風呂で、

風呂は、とめどなく湯をあふれさせる主浴槽と、こぢんまりした気泡浴槽、それに春から秋まで限定の心地よい露天風呂がある。源泉を毎日入れ替え、温度は42度ほどに加温。湯治湯としても評判である。

館内は段差が少なく、休憩室も広々。浴場は壁一面がガラス張りで、日差しが透明な湯を輝かせる。

❖石狩温泉

## 番屋の湯

石狩市弁天町51－2
電話 0133・62・5000

石狩の海水浴場が目の前にある湯。露天はたっぷり大きい石組みの浴槽に、コーラ色の湯がたっぷりと。温泉の泉質は、時として変化することがある。この湯はかつてはナトリウム—強塩化物泉だったが、現在はナトリウム—塩化物・炭酸水素塩泉、いわゆる「美肌の湯」の系統だ。

1階休憩所は、足を伸ばせる畳敷き、マッサージチェアと客それぞれの休息ニーズに応じたつくり。2階のリクライニングコーナーには個別にテレビを備えた1人掛けソファがずらりと並び、日々の疲れを静かに癒すことができる。

❖**アクセス**：JR札幌駅から車で約50分❖**1泊2食（税サ込）**：大人12950円～❖**日帰り入浴**：大人750円、65歳以上700円、4歳～小学生350円、3歳以下無料、10時～24時、無休❖**泉質**：ナトリウム－塩化物・炭酸水素塩泉❖**備考**：ランチバイキング大人1500円、小人1000円（毎日開催）、地下鉄麻生駅、栄町駅から送迎バスあり（運休日あり）

❖定山渓温泉

## 定山渓万世閣 ホテルミリオーネ

札幌市南区定山渓温泉東3丁目
電話 0570・08・3500

宿 日 露

レストラン内の石窯で焼きあげたピッツァが食べられるディナービュッフェ付日帰り入浴が好評。ホテルメイドのパン工房では食感が自慢のクロワッサンが人気。

❖**アクセス**：JR札幌駅から車で約50分❖**1泊2食（税サ込）**：大人11150円（消費税・入湯税込み）❖**日帰り入浴（タオル別）**：大人1500円、小人（3歳～小学生）800円、2歳未満無料、12時～20時（最終受付18時）、無休❖**泉質**：ナトリウム－塩化物泉❖**備考**：JR札幌駅から送迎あり（宿泊者専用・要予約）

❖支笏湖温泉

## 休暇村 支笏湖

千歳市支笏湖温泉
電話 0123・25・2201

日

野鳥の森に隣接する静かな宿。良質な温泉は、「湯冷めしにくい美肌の湯」に。

❖**アクセス**：JR札幌駅から車で約1時間10分❖**1泊2食（税込）**：大人14500円～❖**日帰り入浴**：大人800円、小学生400円、幼児（4歳以上）200円、11時～15時（最終受付14時30分、毎週火・水曜は休業）、無休❖**泉質**：ナトリウム－炭酸水素塩温泉❖**備考**：宿泊者のみ支笏湖バスターミナルから送迎あり（要予約）

❖恵庭温泉

## 恵庭温泉 ラ・フォーレ

恵庭市恵南4-1
電話 0123-32-4171
日 露

幹線道路にも近く駐車場も広いのでドライブがてらの立ち寄り湯にぴったり。広々とした露天風呂。

❖**アクセス**：JR恵庭駅から車で約7分、JR札幌駅から車で約1時間❖**料金**：大人440円、小学生140円、幼児無料❖**時間**：11時〜23時、無休❖**泉質**：ナトリウム－塩化物温泉

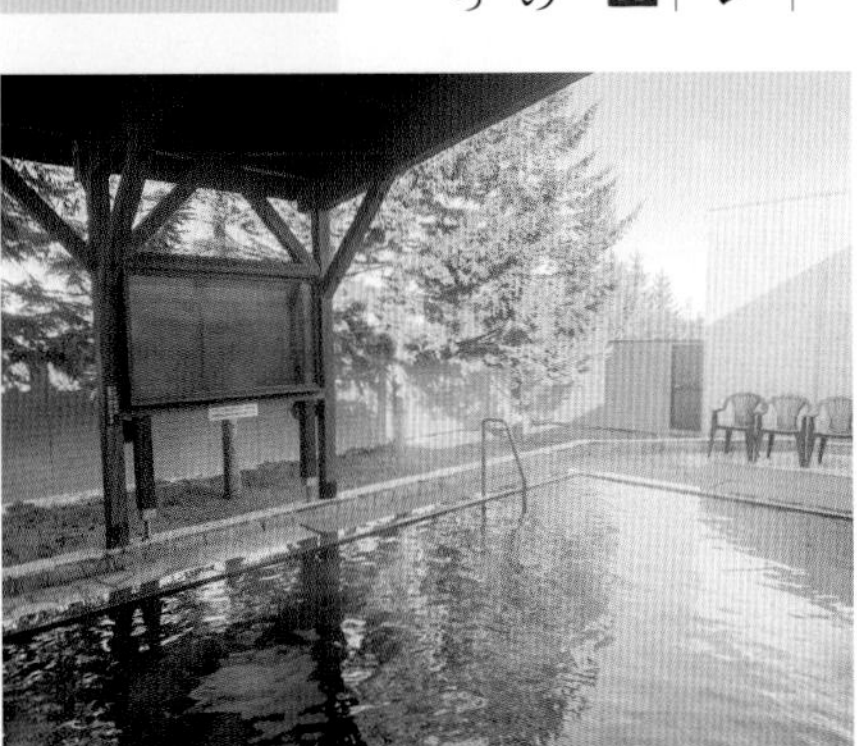

❖北広島温泉

## 札幌北広島クラッセホテル 天然温泉 楓楓（ふうふう）

北広島市中の沢316-1
電話 011-373-3800
宿 日 露

北広島市郊外にあるホテル。低温・高温の浴槽に乾式のサウナ、岩盤浴ドーム、露天と設備も充実。

❖**アクセス**：JR北広島駅から車で約10分、JR札幌駅から車で約1時間❖**1泊2食（税サ込）**：大人13650円〜❖**日帰り入浴**：大人1500円、小学生500円、幼児無料、10時〜22時（最終受付21時30分）、無休❖**泉質**：ナトリウム－塩化物泉❖**備考**：JR北広島駅から送迎あり

❖札幌市内の温泉

## ホテルモントレエーデルホフ札幌 カルロビ・バリ・スパ

札幌市中央区北2条西1丁目
電話 011-242-7111
宿 日 露

22階建てホテルの14階にある天然温泉。札幌市内を眼下に眺めながら御影石造りのお風呂にゆったりと。「ボディケア」や「エステ」など、リラクゼーションメニューもある。

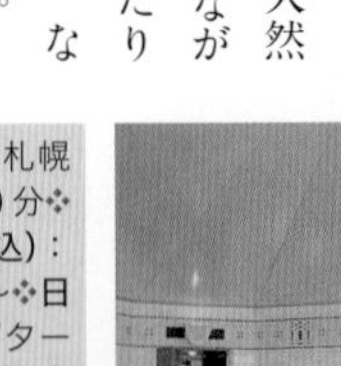

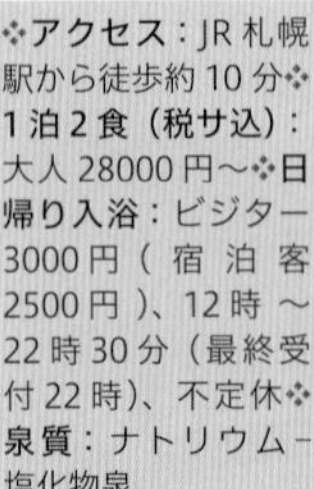

❖**アクセス**：JR札幌駅から徒歩約10分❖**1泊2食（税サ込）**：大人28000円〜❖**日帰り入浴**：ビジター3000円（宿泊客2500円）、12時〜22時30分（最終受付22時）、不定休❖**泉質**：ナトリウム－塩化物泉

❖小金湯温泉

## 湯元 小金湯（こがねゆ）

札幌市南区小金湯25
電話 011-596-2111
宿 日 露

開湯は1883年（明治16年）で、古くからの湯治場。和風を基調としたモダンな設え。

❖**アクセス**：JR札幌駅から車で約45分❖**1泊2食（税サ込）**：大人7850円〜❖**日帰り入浴**：大人平日950円（土日1050円）、4歳以上平日450円（土日500円）、3歳以下無料、10時〜23時（最終受付22時）、無休❖**泉質**：単純硫黄泉❖**備考**：地下鉄南北線真駒内駅から送迎あり

あいの里温泉
JRあいの里公園
至当別
北海道医療大
128
JR学園都市線
至札幌
JRあいの里教育大駅
なごみ P40
道道札幌当別線
112
至伏古

小金湯温泉
豊平川
アイヌ文化
交流センター
小金湯温泉
230
至定山渓
湯元 小金湯
P52
まつの湯 P32
至札幌市街

❖苗穂駅前温泉

# 苗穂駅前温泉蔵ノ湯

札幌市中央区北2条東13丁目25－1
電話 011・200・3800
日 露

再開発が進む苗穂駅からほど近い場所にある日帰り温泉。設備の整った浴場に、銭湯料金で入れる。露天は夜になると星空や洞窟の雰囲気を楽しめる。

❖**アクセス**：JR苗穂駅から徒歩4分❖**料金**：大人490円、小人（6歳～12歳未満）150円、幼児（6歳未満）80円❖**時間**：10時～24時（最終受付23時）❖**泉質**：ナトリウム－塩化物温泉

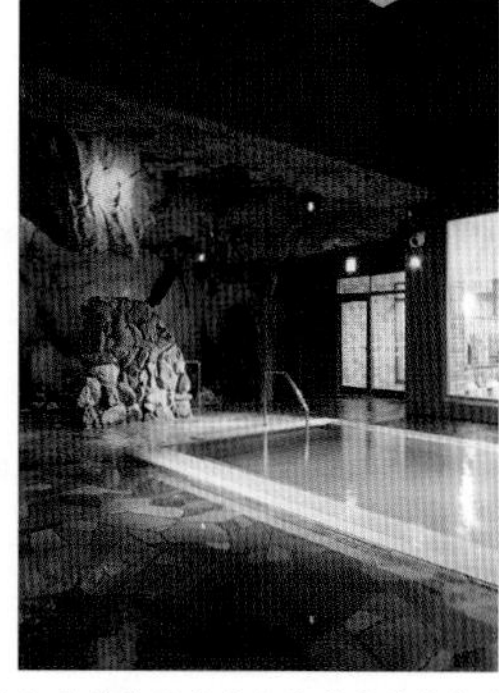

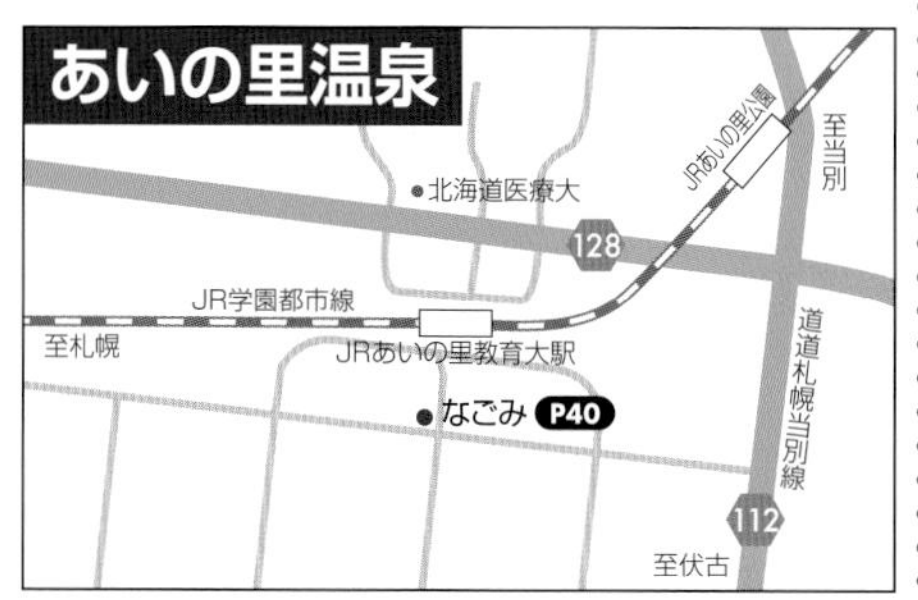

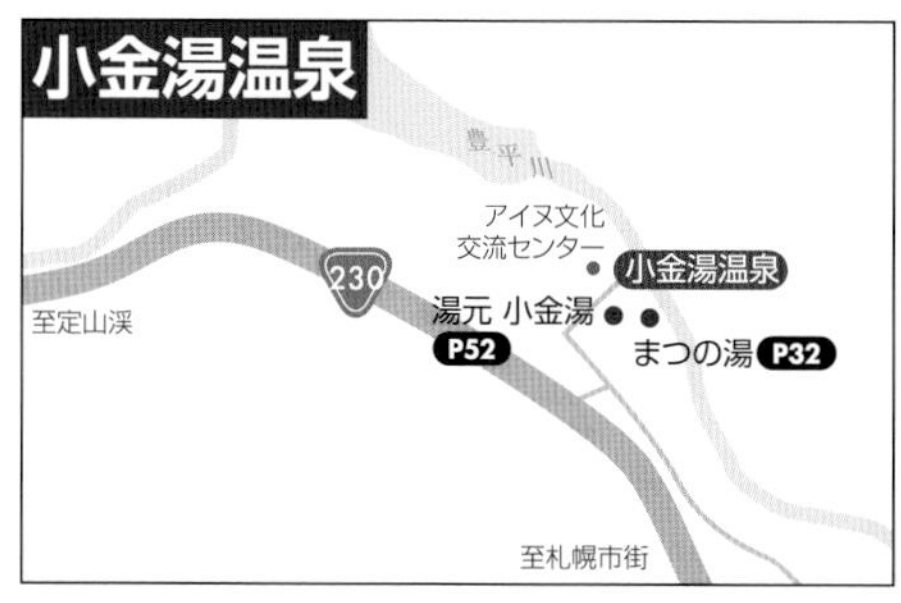

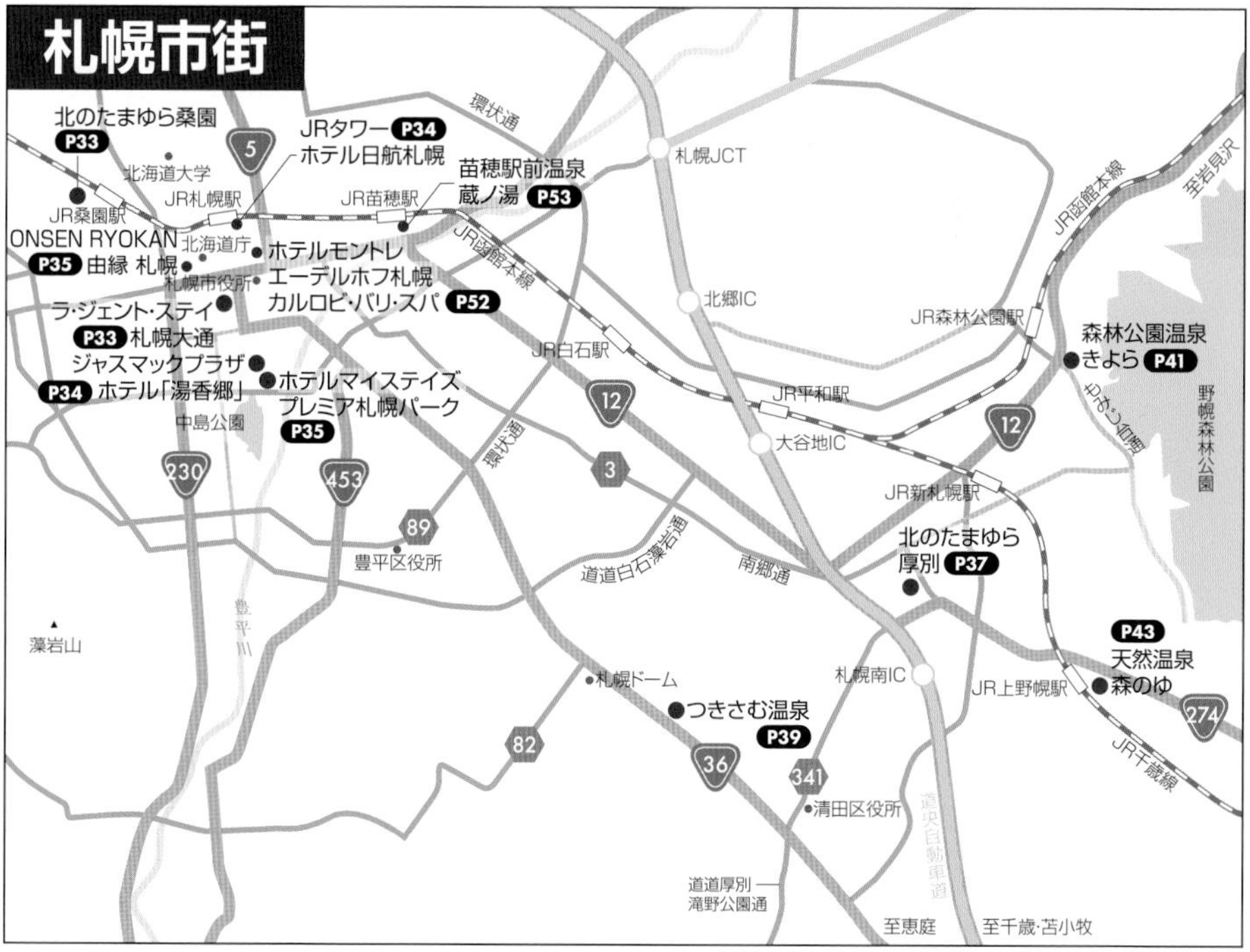
札幌市街
北のたまゆら桑園
P33
北海道大学
5
JRタワー P34
ホテル日航札幌
苗穂駅前温泉
蔵ノ湯 P53
環状通
札幌JCT
JR桑園駅
JR札幌駅
JR苗穂駅
ONSEN RYOKAN
P35 由縁 札幌
北海道庁
ホテルモントレ
エーデルホフ札幌
札幌市役所
カルロビ・バリ・スパ P52
JR函館本線
北郷IC
ラ・ジェント・ステイ
P33 札幌大通
ジャスマックプラザ
P34 ホテル「湯香郷」
ホテルマイステイズ
プレミア札幌パーク
P35
中島公園
JR白石駅
12
JR平和駅
大谷地IC
3
230
453
環状通
89
豊平区役所
道道白石藻岩通
南郷通
JR新札幌駅
北のたまゆら
厚別 P37
JR森林公園駅
森林公園温泉
きよら P41
12
野幌森林公園
至岩見沢
JR函館本線
藻岩山
豊平川
札幌ドーム
つきさむ温泉
P39
82
36
341
清田区役所
札幌南IC
JR上野幌駅
P43
天然温泉
森のゆ
274
JR千歳線
道央自動車道
道道厚別
滝野公園通
至恵庭
至千歳・苫小牧

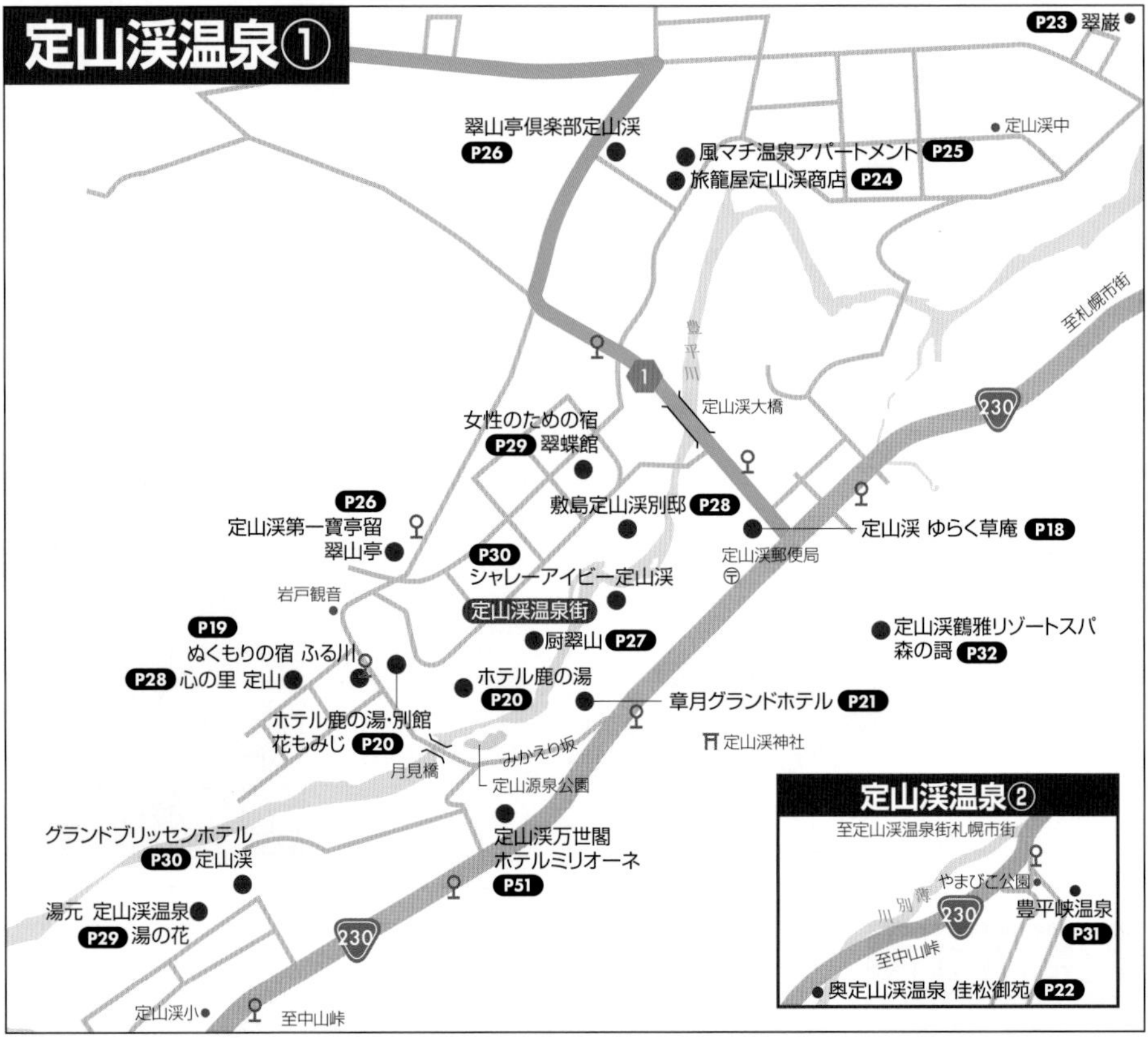

## 定山渓温泉①

P23 翠巌
定山渓中
翠山亭倶楽部定山渓 P26
風マチ温泉アパートメント P25
旅籠屋定山渓商店 P24
豊平川
至札幌市街
1
定山渓大橋
230
女性のための宿 P29 翠蝶館
P26 定山渓第一寶亭留 翠山亭
敷島定山渓別邸 P28
定山渓 ゆらく草庵 P18
定山渓郵便局
P30 シャレーアイビー定山渓
岩戸観音
定山渓温泉街
厨翠山 P27
定山渓鶴雅リゾートスパ 森の謌 P32
P19 ぬくもりの宿 ふる川
P28 心の里 定山
ホテル鹿の湯 P20
章月グランドホテル P21
ホテル鹿の湯・別館 花もみじ P20
みかえり坂
定山渓神社
月見橋
定山源泉公園
定山渓万世閣 ホテルミリオーネ P51
グランドブリッセンホテル P30 定山渓
湯元 定山渓温泉 P29 湯の花
230
定山渓小
至中山峠

### 定山渓温泉②

至定山渓温泉街札幌市街
やまびこ公園
薄別川
230
豊平峡温泉 P31
至中山峠
奥定山渓温泉 佳松御苑 P22

## 支笏湖

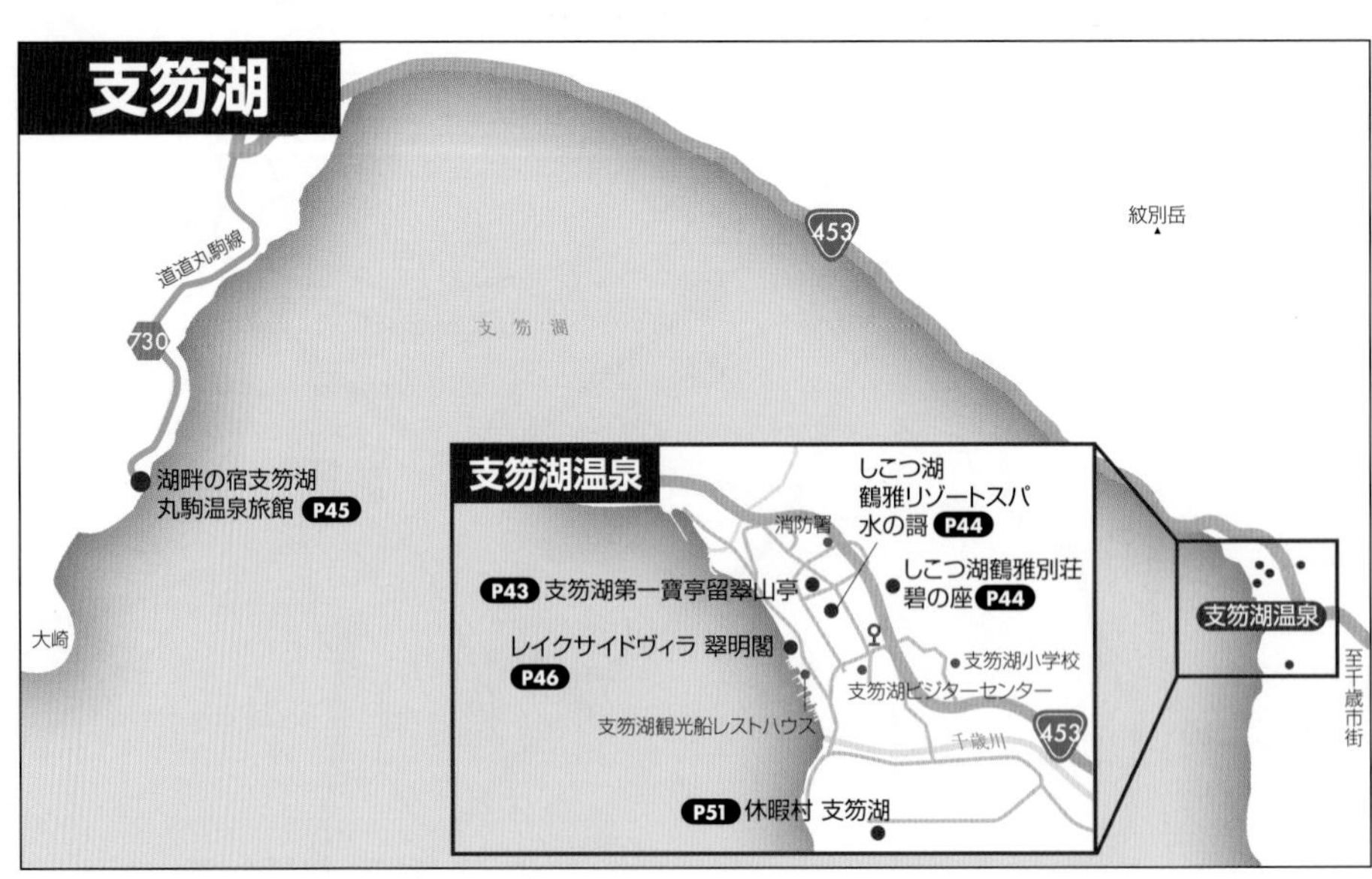

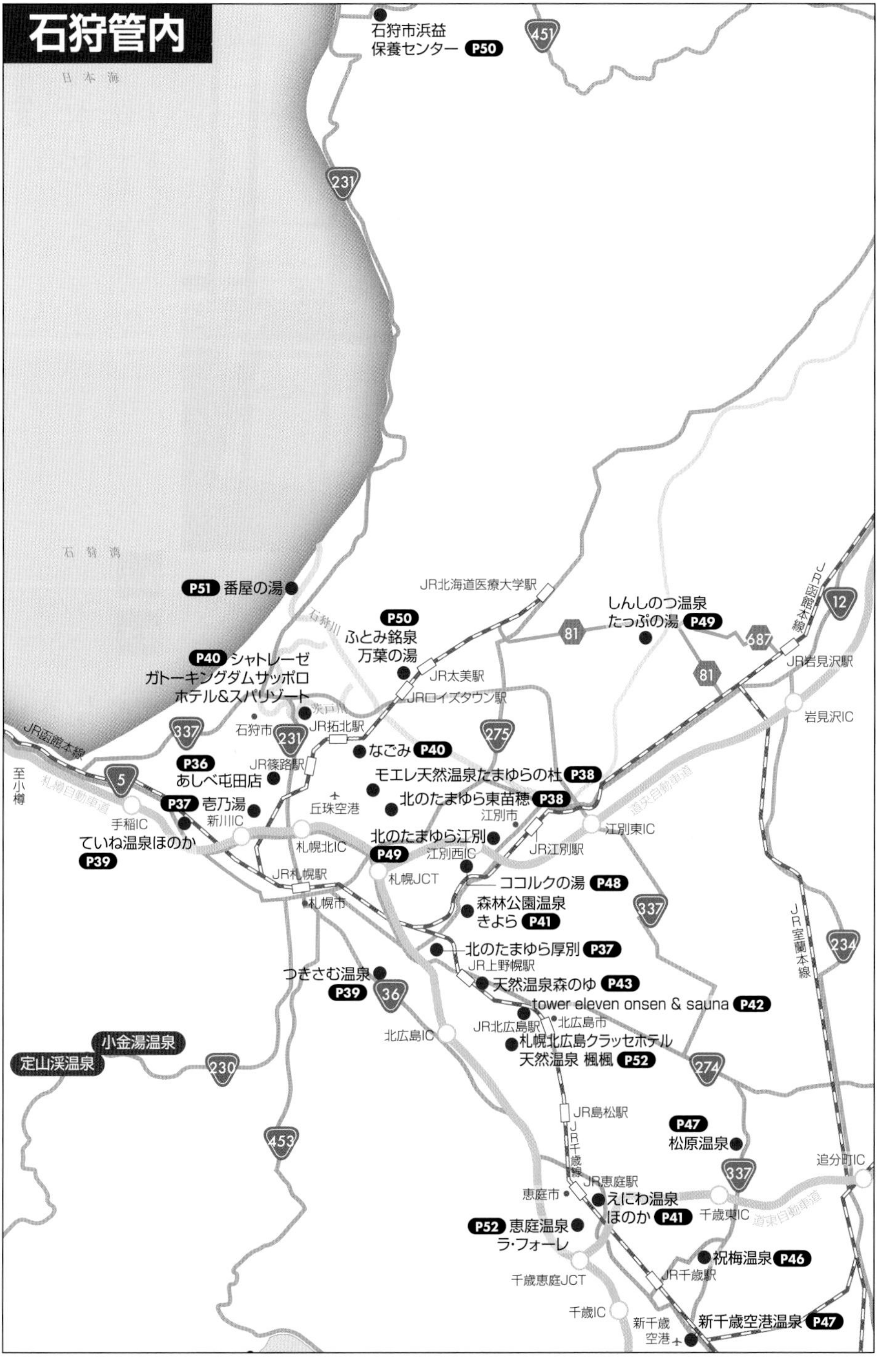

# 石狩管内

日本海
石狩湾
石狩市浜益保養センター P50
451
231
P51 番屋の湯
JR北海道医療大学駅
しんしのつ温泉たっぷの湯 P49
81
687
12
JR函館本線
JR岩見沢駅
岩見沢IC
P50 ふとみ銘泉万葉の湯
石狩川
P40 シャトレーゼガトーキングダムサッポロホテル&スパリゾート
JR太美駅
JRロイズタウン駅
石狩市
337
231
JR拓北駅
275
なごみ P40
モエレ天然温泉たまゆらの杜 P38
北のたまゆら東苗穂 P38
丘珠空港
江別市
P36 あしべ屯田店
JR篠路駅
5
至小樽
札樽自動車道
P37 壱乃湯
手稲IC
新川IC
ていね温泉ほのか P39
札幌北IC
北のたまゆら江別 P49
江別西IC
JR江別駅
江別東IC
道央自動車道
JR札幌駅
札幌JCT
札幌市
ココルクの湯 P48
森林公園温泉きよら P41
337
北のたまゆら厚別 P37
JR上野幌駅
天然温泉森のゆ P43
JR室蘭本線
234
つきさむ温泉 P39
36
tower eleven onsen & sauna P42
JR北広島駅
北広島市
北広島IC
札幌北広島クラッセホテル天然温泉 楓楓 P52
小金湯温泉
定山渓温泉
230
274
JR島松駅
JR千歳線
P47 松原温泉
453
337
追分町IC
JR恵庭駅
恵庭市
えにわ温泉ほのか P41
千歳東IC
道東自動車道
P52 恵庭温泉ラ・フォーレ
祝梅温泉 P46
千歳恵庭JCT
JR千歳駅
千歳IC
新千歳空港
新千歳空港温泉 P47

❖湯の川温泉

## 割烹旅館　若松

函館市湯川町1丁目2番27号
電話　0138・86・9626

宿泊　露天

❖アクセス：函館市電「湯の川温泉」から徒歩10分❖1泊2食（税込）：38000円〜❖日帰り入浴：不可❖泉質：ナトリウム・カルシウム－塩化物温泉

創業1922年（大正11年）、温泉郷湯の川の最古の宿だ。手入れの行き届いた数寄屋造りの本館と、洗練された和モダンの新館。22の客室全ての窓は船の行き交う津軽海峡を、晴れた日には下北半島をも映し出す。

分湯の多い湯の川で数少ない自前の泉源を持ち、車寄せの斜向かいの東屋では絶えずふつふつと湧き上がる源泉にも出会う。そんな鮮度自慢の源泉を豊かに満たし、あふれさせているのが大浴場と、近年新設した2カ所ある貸切風呂だ。

宿はコロナ禍のいっとき、やむ無く休業していたが、その間に「再開の時にはより良い宿に」と思いを込めて、一緒に宿泊した家族や友人と和やかに過ごせる新しい風呂を設けたのだ。坪庭を眺める美しい風呂で、窓を開ければ涼風も。かけ流しの上等な湯に浸かった後は、琉球畳の休憩スペースでくつろぎ、湯の火照りを鎮めることができる。

大浴場の方は昔と変わらず、海を眺める特等席。女性湯は樹齢二千年という古代檜、男性湯は大理石の湯船を配する。風呂の温泉を毎日、全て抜いて清めていることも今も昔も変わらない。

❖湯の川温泉

海と灯
# ヒューイットリゾート

函館市湯川町3丁目9番20号
電話 0138・57・5390

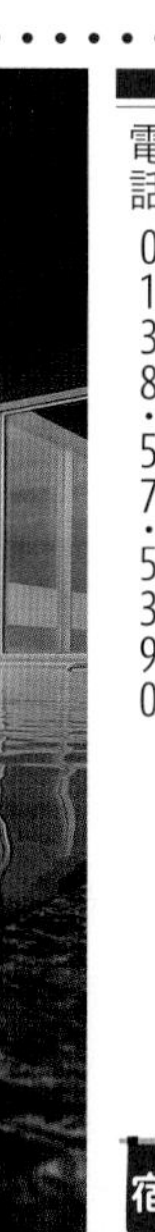

❖**アクセス**：JR函館駅から車で約15分❖**1泊2食（税込）**：1室2名の場合1人15500円〜❖**日帰り入浴**：大人1100円（貸しタオル付き）、子供550円（同）、14時〜21時（混雑時は14時〜16時）※日帰り入浴は閑散期や平日限定で、混雑日は営業休止・時短する場合もあり。事前に営業の確認を❖**泉質**：ナトリウム・カルシウム−塩化物温泉❖**備考**：貸切露天風呂は14時〜23時までの予約制、1室60分2750円。月見酒（五稜1合）は1セット1200円。

海にひらりと舞うカモメの目線で見晴らす津軽海峡。温泉と海とがひと続きになる露天の寝湯に、夏の夕暮れ、ゆるりと身を預けた。穏やかな海が一望でき、潮風が心地よい。

2021年夏に開業した、漁火通りに面する12階建ての「海と灯」は、その最上階が温泉エリアだ。津軽海峡向きの大浴場を堪能したあと、予約制の貸切風呂へとはしご風呂。名物の「月見酒」も試すことにする。

果たしてその風呂は──。函館の街明かりがきらめく、大浴場とは違った美景の湯。地酒五稜の升酒を入れた木桶を湯に浮かべ、湯浴みの合いの手にちびり…。あぁ、と愉悦の声が口をつく。時には函館空港に降り立つ機影も眺められるという。

味自慢のホテルが競い合う函館でも指折りと噂のビュッフェ。夕食150種、朝食140種という品数だけでなく「質」に目を見張った。

函館乃木温泉

# 函館乃木温泉　なごみ

函館市乃木町4—4—25
電話　0138・86・7531

❖アクセス：JR 函館駅から車で約 10 分❖料金：大人 460 円、中学生〜大学・専門学校生 380 円、小学生 140 円、未就学児 70 円❖時間：11 時〜23 時、無休❖泉質：ナトリウム・カルシウム－塩化物泉

北海道でもとびきりの温泉銭湯が集まる地域が東は帯広、南はここ函館。一般の温泉ホテルが舌を巻く高いレベルでしのぎを削り、湯質、料金、サービスなどさまざまな喜びが湯客を待つのだ。

陸上自衛隊の函館駐屯地からほど近い乃木温泉なごみ。ふらりと入ると、まず入浴券の自動販売機あたりで驚くだろう。例えば、「学割入浴券」が380円とあるが、その対象は大学生や専門学校生にも適用される。周辺に学校が多く、部活帰りなど気軽に汗を流して…、との思いからという。入浴と食事を楽しめる「セットプラン」は、選べる料理メニューのうち価格の高い数品とほぼ同額。組み合わせ次第では、かなりお得に温泉に入ることができる。

「夕食どきは常連さんがご家族揃って…。皆さんの生活の一部にして下さっているようです」と店長の高山さんはニッコリ。

最も驚くべきは、温泉の質の高さ。露天の石風呂や内湯の主浴槽、副浴槽も源泉かけ流しのうえ、全ての風呂を毎日換水して新湯を満たす。

開店時は生き生きした一番風呂を求めて、夕方は気軽に食事もと地元客が並ぶ乃木温泉。その雰囲気ごと味わってほしい。

❖湯の川温泉

# 花びしホテル

函館市湯川町1丁目16番18号
電話 0138・57・0131

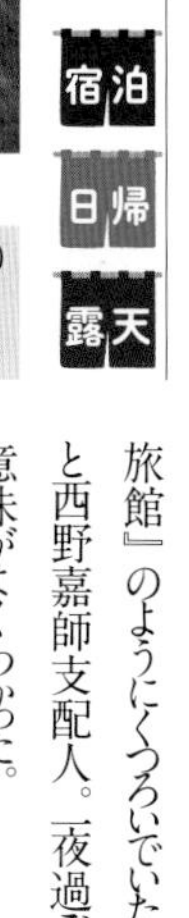


❖**アクセス**：函館市電「湯の川温泉」電停から徒歩２分❖**１泊２食（税込）**：２名１室 19800円～❖**日帰り入浴**：大人 1100 円、小人 700 円、７時～ 10 時と 15 時～ 21 時、不定休❖**泉質**：ナトリウム・カルシウム－塩化物温泉

1948年に13室の「はなびし旅館」として創業。「現在は131室の鉄筋ホテルですが、『昔ながらの小さな旅館』のようにくつろいでいただければ」と西野嘉師支配人。一夜過ごして、その意味がよくわかった。

館内は中央に風雅な日本庭園を配し、内装には障子や畳をふんだんに。渡り廊下を行けば湯客が旅のあれこれを詠んだたくさんの和歌が美しく飾られ、心和む。

夕食は、雪見障子越しに坪庭を眺める食事処で。献立は時季の素材を生かしつつ、巧みな技でひとひねり。刺身は方形に整えられ、美しく口にも運びやすい。毛蟹は身肉を全てはずし甲羅中央に盛込み、太い蟹足を一文字に置き、カニ味噌とカニ酢ジュレを添える。手指を汚さず箸だけで蟹杯を満喫できる。ワイングラスに簾のように垂らしたイカそうめんは、串を横に引き抜くとツユに落ちる楽しい趣向。味わう人の所作まで慮った手間隙のかけように、思わず唸った。

温泉も魅力に富む。格子の庇から程よく光と風を取り込む庭園露天には、木の樋で湯を送るかけ流しのヒノキ風呂に岩風呂、陶器の風呂。のびのび広い内湯に幼児用の入浴グッズが揃っているのも微笑ましい。

客室は露天風呂付き、バリアフリー対応など多彩だが、基本は清々しい和室。朝起きると、障子越しのほのかな朝の光が、寝ぼけ眼に心地よかった。障子を開けると、温泉街の向こうに海峡の海の青が見えた。

❖湯の川温泉

# 竹葉新葉亭（ちくばしんようてい）

函館市湯川町2丁目6－22
電話 0138・57・5171

閑静なたたずまいの純和風旅館。湯の川の温泉通と松倉川が交わる場所に立つ。竹葉新葉亭と聞いてまず浮かぶのは、庭。設えのうちそと、視線の届く先には坪庭を置き、常に四季を感じる仕掛けを施してある。浴室は竹の葉音が楽しめる「竹林の湯」と四季折々に表情を変える庭園に面した「萬葉の湯」と2カ所あり、どちらも湯は適温に整えた新鮮なものを絶えずかけ流す。清掃にも気持ちが入っている。

料理は朝獲りのイカやゴッコ、エゾアワビやボタンエビなど、さすが函館、と思わせる海峡の魚が光る。地物野菜の、素直で丁寧な味付けもいい。

❖**アクセス**：JR函館駅から車で約15分❖**1泊2食（税サ込）**：大人22700円～❖**日帰り入浴**：不可❖**泉質**：ナトリウム・カルシウム－塩化物泉

❖湯の川温泉

# ホテル万惣（ばんそう）

函館市湯川町1丁目15－3
電話 0138・57・5061

宿泊

館内の意匠は、シックな和モダンをベースに明治期の函館を象徴する「擬洋風（ぎようふう）」デザインを掛け合わせ、港町函館らしい異国情緒が所々に織り込まれている。客室は和室、洋室、和洋室とさまざまだが、いずれも玄関で靴を脱ぐくつろぎ重視のスタイルだ。

湯浴みのコンセプトは「温泉リビング」。単に湯に浸かることばかりでなく、居心地を重視。露天に寝湯、壺湯、アロマのミストサウナなどバリエーション豊かな浴用設備で湯巡りを存分に楽しんだあとは、青畳も心地良いラウンジで冷たい飲み物や冷菓を楽しめる。

ビュッフェのレベルも高く、味覚の饗宴が楽しめる。

❖**アクセス**：JR函館駅から車で約15分❖**1泊2食（税サ込）**：大人12650円～❖**日帰り入浴**：大人1300円、小人600円（土日祝日は大人2000円、小人1000円、GW・お盆。年末年始は大人2400円、小人1200円）、15時～21時、不定休（事前に要確認）❖**泉質**：ナトリウム・カルシウム－塩化物泉

❖湯の川温泉

## 湯の川プリンスホテル渚亭

函館市湯川町1丁目2－25
電話 0138・57・3911

宿泊 露天

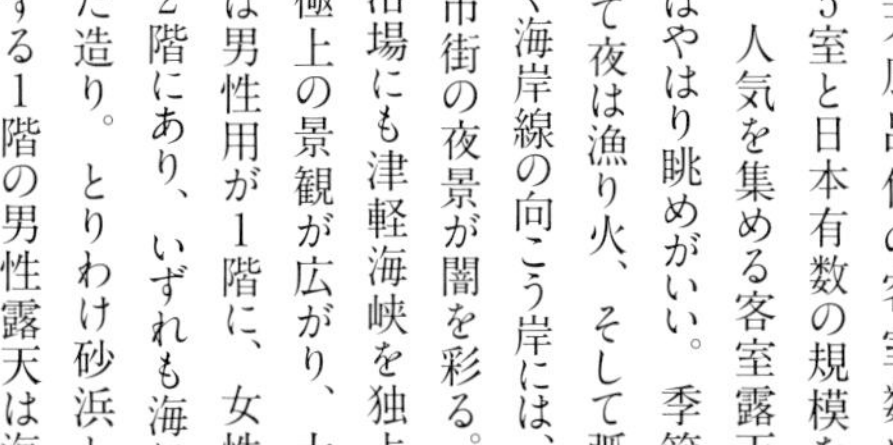

❖**アクセス**：JR函館駅から車で約15分❖**1泊2食（税サ込）**：大人29400円～❖**日帰り入浴**：不可❖**泉質**：ナトリウム・カルシウム－塩化物泉

露天風呂付の客室数は115室と日本有数の規模を誇る。人気を集める客室露天風呂はやはり眺めがいい。季節によって夜は漁り火、そして弧を描く海岸線の向こう岸には、函館市街の夜景が闇を彩る。どの浴場にも津軽海峡を独占する極上の景観が広がり、大浴場は男性用が1階に、女性用が2階にあり、いずれも海に面した造り。とりわけ砂浜と連続する1階の男性露天は海原を水平に見渡すおおらかさ。

女性湯の特典は2階浴場のサウナがガラス張りで、開放感に優れることだ。波を見ながら汗をかき、露天で潮風にあたりたい。

❖湯の川温泉

## ラ・カシェット

La Cachette

函館市湯川町2丁目17－6
電話 0138・84・8288

宿泊

❖**アクセス**：JR函館駅から車で約15分、函館空港から車で約5分❖**料金**：一棟貸し素泊まり定員6名まで1泊96800円～❖**日帰り入浴**：不可❖**泉質**：ナトリウム・カルシウム－塩化物泉

フランス語で「隠れ家」を意味する貸し別荘で、1日1組一棟貸し。1400坪の敷地には大樹が枝葉を広げ、春には花見、秋には栗拾いのお楽しみも。スタイリッシュな居住棟は、1階が暖炉を間仕切りにする広々としたリビング・ダイニング、2階には上質のセミダブルベッドを2台ずつ備える寝室が3室。食事のサービスはないが、キッチンには独ミーレ社のビルトイン・オーブンなど高機能の調理家電・器具が備えられている。

別棟の温泉棟には、源泉が間断なくあふれる円形のジャグジーとシャワーブース。夜の湯浴み、朝の湯浴み、どのひと時も忘れがたい。

湯の川温泉

# KKRはこだて

函館市湯川町2丁目8－14
電話 0138・57・8484

✣**アクセス**：JR函館駅から車で約15分✣**1泊2食（税サ込）**：大人12800円～✣**日帰り入浴**：大人1000円、小人500円、11時～21時、無休✣**泉質**：ナトリウム・カルシウム－塩化物泉

国家公務員共済組合の保養所というお堅いイメージからはほど遠い美庭に囲まれた宿。松の濃緑や折々の花の色が、街の喧噪を忘れさせてくれる。

湯は源泉そのままを使いまわさず流れるがままに。お湯抜きと内部清掃も毎日欠かさぬ清らかさだ。幅広い客層に配慮してシャワーチェアや子供用のイスも用意されていて、気軽に日帰りで入浴を楽しむこともできる。

夕食は月替わり。季節の旬の味をふんだんに使った和食会席が目当てのリピーターも多く、料理への力の入れようがよくわかる。

湯の川温泉

# 笑（えみ） 函館屋

函館市湯川町3丁目10－3
電話 0138・36・2000

✣**アクセス**：JR函館駅から車で約15分✣**1泊2食（税込み）**：2人1室大人1人15400円～✣**日帰り入浴**：大人1000円、小学生以下500円、15時～20時✣**泉質**：ナトリウム・カルシウム－塩化物泉

湯の川の温泉街を流れる松倉川のほとりにある宿。黒板壁の3階建て、客室26の小体な宿で、「我が家のように快適に」をモットーに居心地のよい空間を整えている。温泉は、露天と内湯のすべての湯船に湯の川の熱い源泉を手調整してほとほと投じ、かけ流す。とっくりとした力強い湯の中で、日々の疲れがみるみると解き放たれていく。

食事のスタイルも、函館近海ネタのすしを主役にした和のコースと、実に個性的。ラウンジの傍らには、函館創業の美鈴珈琲のホットコーヒーと函館牛乳のソフトクリーム、スパークリングワインの3種類を自由に楽しむドリンクバーがある。

❖湯の川温泉

# イマジンホテル&リゾート函館

函館市湯川町3丁目1－17
電話 0138・57・9161

宿泊 露天

道内の大型館では指折りの恵まれた源泉を生かしきる本物志向の温泉ホテル。1階の大浴場「なごみの湯」は広々とした浴槽が魅力。8階の展望露天風呂「うすけしの湯」からは海を一望できる。自家源泉を混合した総湯量は実に毎分2000リットル。すべての浴場を毎日欠かさず換水し、かけ流しでまかなうには相応の湯力が欠かせないというわけだ。湯温調整も機械に頼らず1時間ごと細やかに手管理している。

潮風を感じながら過ごせる足湯は、24時間利用が可能だ。

❖**アクセス**：JR函館駅から車で約15分❖**1泊2食（税サ込）**：大人13350円～❖**日帰り入浴**：不可❖**泉質**：ナトリウム・カルシウム－塩化物泉

❖湯の川温泉

# 湯の浜ホテル

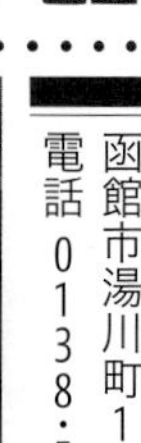

函館市湯川町1丁目2－30
電話 0138・59・2231

宿泊 日帰 露天

海辺の一等地にゆったり構える大型ホテル。市所有の泉源を共有する施設が多い湯の川にあって、数少ない自家泉源を持つホテルだ。

リニューアルした露天風呂からは津軽海峡を一望でき、露天風呂の湯船に身をうずめれば、湯の温もりと潮騒が全身を包み、目の前をカモメがかすめ飛ぶ。温泉につかりながら水平線を眺めていると、海と湯船が一体化し、大海に溶け込んでいくかのような感覚に。

内湯も海側がガラス張りで、たおやかな海景色が一幅の絵のよう。寝湯やバイブラバスなど設備も豊富で、湯浴みの時間があっという間に過ぎる。

❖**アクセス**：JR函館駅から車で約15分❖**1泊2食（税サ込）**：大人8800円～❖**日帰り入浴**：大人1000円、小学生以下700円（土・日・祝日は大人1200円、小学生以下900円）、13時～20時、無休❖**泉質**：ナトリウム・カルシウム－塩化物泉

渡島

❖湯の川温泉

# 望楼(ぼうろう)NOGUCHI函館

函館市湯川町1丁目17－22
電話 0570・026・573

宿泊 露天

❖アクセス：JR函館駅から車で約15分、函館空港から車で10分❖1泊2食（税込）：大人37550円～❖日帰り入浴：不可❖泉質：ナトリウム・カルシウム－塩化物泉❖備考：函館駅または函館空港から無料送迎あり（公式ホームページから予約限定）

美術館のような重厚な雰囲気が漂う扉の内側には静謐な空間が広がる。客室は全79室の内38室が120平方メートルのメゾネットタイプのスイートルームで、高い吹き抜けを持つ邸宅の雰囲気。レトロな調度やステンドグラスが味わいを醸す大正ロマンを表現した客室や、「自分へのごほうび」にぴったりな極上の一人旅用の客室もある。最上階の露天風呂は湯の川地区で最も高い位置にあり、津軽海峡や市街地を一望できる。

食も美しい。「地元の恵みをおいしく味わっていただきたい」と、津軽海峡の魚介や渡島の畑の恵みなど、地産の幸をひと皿、ひと皿、技を尽くして一幅の絵に盛り込む。

❖湯の川温泉

# HAKODATE 海峡(うみ)の風

函館市湯川町1丁目18－15
電話 0570・026・573

宿泊

❖アクセス：JR函館駅から車で約15分❖1泊2食（税込）：大人2名1室19950円～❖日帰り入浴：不可❖泉質：ナトリウム・カルシウム－塩化物泉❖備考：送迎はJR札幌駅から（要予約）、〈札幌発〉月・水・金、〈函館発〉水・金・日、片道2500円、往復4000円（税込）、朝10時出発（札幌、函館発共に）

函館の魅力が詰まった上質な宿。客室は最小でも63平方メートルというゆったりサイズで、フロア別に趣の異なる設えを用意する。「大正ロマン」の客室はダークブラウンを基調とし、クラシカルな調度が彩るぜいたくな雰囲気で、「平成モダン」の客室は木の温もり漂う空間にシックな家具を備えている。56室の客室のうち28室が展望風呂を備えており、温泉好きならそこでの湯浴みのためにワンランク上げる甲斐がある。

浴場も客室に揃えて2種類を用意。「大正ロマン風呂」はステンドグラスの意匠に味わいがある。「平成モダン風呂」は、立ち湯や壺湯など多彩な浴槽を備えている。

渡島

❖湯の川温泉

# 永寿湯温泉

函館市湯川町1丁目7−14
電話 0138・57・0797

❖**アクセス**：JR 函館駅から車で約 15 分❖**料金**：大人 490 円、中人 150 円、小人 80 円❖**時間**：6 時～ 22 時、無休❖**泉質**：ナトリウム・カルシウム－塩化物泉

日帰

熱い湯好きの函館っ子も「ここは別格」と口をそろえる大正年間開業の永寿湯温泉。近年、市内で別の銭湯を営む長南武央さんに経営が変わってから、内外装を清楚な和風に整え、三つあった湯船を二つにした。だが、かたくなに変えずにいるのが風呂の熱さ。「冬は家風呂じゃ温まらないからと、地元の方で夏より混むんですよ」と長南さん。

温泉井は建物脇にあり、源泉温度は64・5度。毎晩閉店後に湯を抜き切り、洗い清め、朝6時の開店にあわせて5時ごろから新湯を張る。その湯張り時には「低温」で46～47度、「中温」は52～53度にも達する。それを朝湯にやってきた常連さんたちが水で加減。人の動きで湯がもまれ、徐々に入りやすくなる。それでも旅の湯客には相当な覚悟が必要だ。

洗い場で身を清め、いざ湯船へ。「低温」風呂はキリッと熱いが、入れないほどではない。体を慣らし「よしっ」と気合を入れ「中温」へ。「あれ?」。先客の足し水のおかげか、「永寿湯の標準」よりグッとマイルドではないか。とにもかくにも初めてすべての浴槽につかることが叶い満足至極。温泉蒸気が満ち満ちた浴室は、さながら天然のミストサウナ。湯上がりの肌もしっとりだ。

❖湯の川温泉

# 大盛湯（たいせいゆ）

函館市湯川町2丁目18－23
電話　0138・57・6205

日帰

大盛湯の湯は湯の川の高温の源泉を熱交換してかけ流し、さらに湯船を「低温」「中温」「高温」の3層に仕切り、低温の浴槽は浴客の判断で水を足せるように明記した。「熱い湯に入れない小さな子も、のびのびとして欲しかったので」とご主人の牧野康宏さん。

風呂の始まりは昭和初期の湯治宿。戦後あたりに銭湯へと業態をかえ、平成3年には旧式の番台から現代風のフロント式になったが、実はご主人、「対話が減った」と後悔し、湯客と関わる工夫を始めた。一例が園児たちを招く入浴体験。未来の粋な風呂好きが大勢育ちそうだ。

❖**アクセス**：JR函館駅から車で約15分❖**料金**：大人490円、小学生150円、幼児80円❖**時間**：8時～21時、水曜日休み❖**泉質**：ナトリウム・カルシウム－塩化物泉



❖湯の川温泉

# 大黒屋旅館

函館市湯川町3丁目25－10
電話　0138・59・2743

宿泊　日帰

1918年（大正7年）創業の大黒屋旅館は、情緒あふれる近代和風旅館。戦後まもなく函館駅前から湯の川の現在地に移転した。小路に面して車の往来や喧噪も少なく、構えも肩肘張らない。割烹旅館の看板通り、味が湯に次ぐここのウリ。季節の香りを伝える郷土料理が自慢だ。

湯殿は、湯船ひとつの簡素な造り。しかし湯は常にとぷとぷと満ちあふれている。

泉質は湯の川共通の含塩化土類食塩泉。塩分濃厚であっという間に湯の花がつくほどだ。

❖**アクセス**：JR函館駅から車で約15分❖**1泊2食（税サ込）**：大人8000円～❖**日帰り入浴**：大人550円、小人250円、6時～24時、不定休❖**泉質**：ナトリウム－塩化物泉

湯の川温泉

# 旅館一乃松（いちのまつ）

函館市湯川町1丁目3－17
電話 0138・57・0001

宿泊 露天

アクセス：JR函館駅から車で約15分 **1泊2食（税サ込）**：大人22000円～ **日帰り入浴**：不可 **泉質**：ナトリウム・カルシウム－塩化物泉

湯の川温泉街、鮫川ほとりの純和風旅館。古風でありつつ斬新な設えで、玄関から先、ロビー、廊下などすべて畳敷きという点にまず感嘆。さらに凝ったのが男性湯で、湿気にさらされる壁面に聚楽土（じゅらく）の土壁仕上げを施した。この壁と砂岩の床の趣が相まってなんとも粋。総畳敷きにせよ聚楽壁の風呂にせよ、意匠美とともに湯客の快適さ、場の清潔さに対するあるじのこだわりがよく表れている。

湯は源泉重視で、浴槽内でろ過はするものの余剰はすべて流しきり。食事は部屋出しで旬の味を楽しめる。

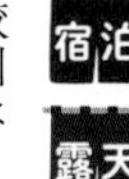

函館市内の温泉

# 山の手温泉

函館市山の手3丁目44－28
電話 0138・35・4126

日帰 露天

**アクセス**：JR函館駅から車で約20分 **料金**：大人460円、7～12歳140円、3～6歳70円、3歳未満無料 **時間**：7時～23時30分（最終受付23時）、無休 **泉質**：ナトリウム・カルシウム－塩化物泉

函館の住宅街の一角に、桜の木々に囲まれて立つ和風の湯どころ。一流旅館顔負けの良湯を誇るこの風呂は日帰り専門で、湯代も安い。本物の温泉をお手頃に提供することで、昔の「湯治場」のように皆さまの健康保持に役立てれば──。創業者の思いをスタッフ一丸で守る、いぶし銀の湯である。

温泉は一年を通して、毎晩深夜0時から全ての浴槽の湯を完全に抜いて清め、翌日の営業に向けて新湯を張る。その湯張り時から営業時間を通して常に誰かが、高温や中温の浴槽、気泡浴など浴槽それぞれの温度を機械任せにせず管理する。そのかいあって、湯加減とまろやかさは絶品だ。

❖海峡の湯

# ラビスタ函館ベイ

函館市豊川町12－6
電話 0138・23・6111

函館港ベイエリアに立つホテル。明治初期に建てられた函館常備倉を用い、一部外壁に当時のレンガ壁を活用、ロビーからレストランにかけての回廊には旧倉庫の梁が残る。

空中楼閣と称する大浴場「海峡の湯」はその名に違わず、男性湯からは函館山や元町の坂道、函館港を広々と見晴らし、女性湯からは函館の街を見渡せ、天気が良ければ立待岬や津軽海峡までを遠望する。湯は濃厚な食塩泉のかけ流し。客室は和と洋が融合したクラシカルな大正ロマン調の6タイプ。客室の窓も広く眺望自慢の部屋がいくつも。朝食は、北海道産のいくらが盛り放題で、海の幸をたっぷり味わえる。

❖**アクセス**：JR函館駅から徒歩約15分、市電魚市場通電停から徒歩5分❖**1泊朝食（税サ込）**：大人11500円～（時期やプランなどにより変動あり）❖**日帰り入浴**：不可❖**泉質**：ナトリウム－塩化物強塩泉

❖谷地頭温泉

# 湯元谷地頭温泉

函館市谷地頭町20－7
電話 0138・22・8371

日帰　露天

1953年の開業以来、いつも地元市民で賑わう谷地頭温泉。天井が高く、広く窓ガラスを取っているため、晴れている日は日光がそそぐ。大窓に木々の緑を映すサンルームのように明るい内湯には、赤銅色の源泉がなみなみと。内湯は温度ごとに3層に分けられていて、好みの湯加減で入浴できる。露天風呂は、五稜郭をかたどった星型の浴槽とユニーク。

日々欠かさぬ全浴槽の換水と清掃、丁寧な管理で仕上げる絶妙の湯加減。感謝と畏敬の思いを込めて調える湯は「力」が違う。バリアフリーの館内は、緩やかなスロープやエレベーターなどが設けられ、玄関から2階にある脱衣所、浴場内まで段差なく行ける。

❖**アクセス**：JR函館駅から車で約10分、市電谷地頭電停から徒歩5分❖**料金**：大人460円、小学生140円、幼児70円❖**時間**：6時～22時、第2火曜日休み❖**泉質**：ナトリウム－塩化物泉

❖函館市内の温泉

# 函館国際ホテル

函館市大手町5－10
電話0138・23・5151

旧ニチロ本社跡地に1971年に開業した函館きってのホテル。港町らしい香りを残す歴史的な雰囲気を活かしつつ、レトロモダンな風情の建物は、建築好きにはそれだけで滞在の喜びになりそうだ。客室は435室あり、さまざまなタイプを用意。

宿泊客だけのお楽しみの温泉は、本館最上階の13階に。浴場の大窓一面に映し出されるのは、函館ベイエリア。晴れた海の航跡、暮れなずむ埠頭、きらめく港の灯を味わいながらの湯浴みは旅心を満たす。女性湯はより眺めが良く、男性湯には露天風呂の用意もあり、いずれも魅力的だ。

❖**アクセス**：JR函館駅から徒歩7分❖**1泊2食（税込）**：大人1人17500円（別途入湯税150円）❖**日帰り入浴**：不可❖**泉質**：ナトリウム－塩化物強塩温泉

❖函館市内の温泉

# ラ・ジェント・ステイ函館駅前

函館市若松町12－8
電話0138・84・8861

宿泊

JR函館駅のまさに目の前。近年の函館観光の顔である複合商業施設「ハコビバ」に連結しており、ノスタルジックな昭和の味わいの小路に居並ぶ函館らしいグルメ探訪やお土産選びを、まるでご近所散歩のように気楽に楽しめる。

そしてホテルの中でだけの幸せな時間も多い。2階に設えたユニークな温泉浴場「ぽんの湯」は、天井部の大きな梁に木の床など和の情趣たっぷり。まるで江戸時代の芝居の一場面のようなしっとりとした温浴空間で、滞在の一夜を好きなだけ、身も心も湯に預けてふわりふわりと過ごすことができる。

❖**アクセス**：JR函館駅から徒歩1分❖**1泊朝食付き（税込）**：オフシーズン8000円～（日によって変動）❖**日帰り入浴**：不可❖**泉質**：単純温泉

❖函館市内の温泉

ホテル&スパ
# センチュリーマリーナ函館

函館市大手町22-13
電話 0138・23・2121

❖**アクセス**：JR 函館駅から徒歩 5 分❖**1 泊朝食付き（税込）**：11400 円～❖**日帰り入浴**：大人 2000 円、小学生以上 1000 円、幼児以下無料、6：00 ～ 24：00、無休❖**泉質**：ナトリウム－塩化物強塩温泉

函館の温泉と言えば湯の川が知られているが、近年はJR函館駅周辺に温泉を持つホテルが次々登場。特にベイエリアは湯質も高く、海辺の保養効果と都市機能を兼ね備える。

港町に停泊した船がモチーフという美しいホテル。最上部の14、15階には広壮かつ上質な温泉エリアを備える。14階には温度差を設けた内湯、小振りな露天風呂があり、いずれも濃厚な掛け流し湯を堪能できる。

日差しが湯面にきらめく最上階の天空露天。駆け抜ける潮風の爽やかさに、思いっきり深呼吸をする。広い湯船の奥側には心地よい寝湯。身を包む湯の温もりに、四肢の凝りも心の澱みもゆるゆると溶けて消えるよう。眼下は函館のベイエリア、正面に函館山。夜のとばりが降りればそこは、地上の星空に姿を変える。

客室は洗練された17タイプ。温泉ビューバスを配した贅沢なスイートルーム、愛犬と過ごせるドッグラバーズなどゲストの想いに寄り添う様々なタイプが揃う。

❖函館市内の温泉

## ルートイングランティア函館駅前

函館市若松町21-3
電話 0138・21・4100

宿泊

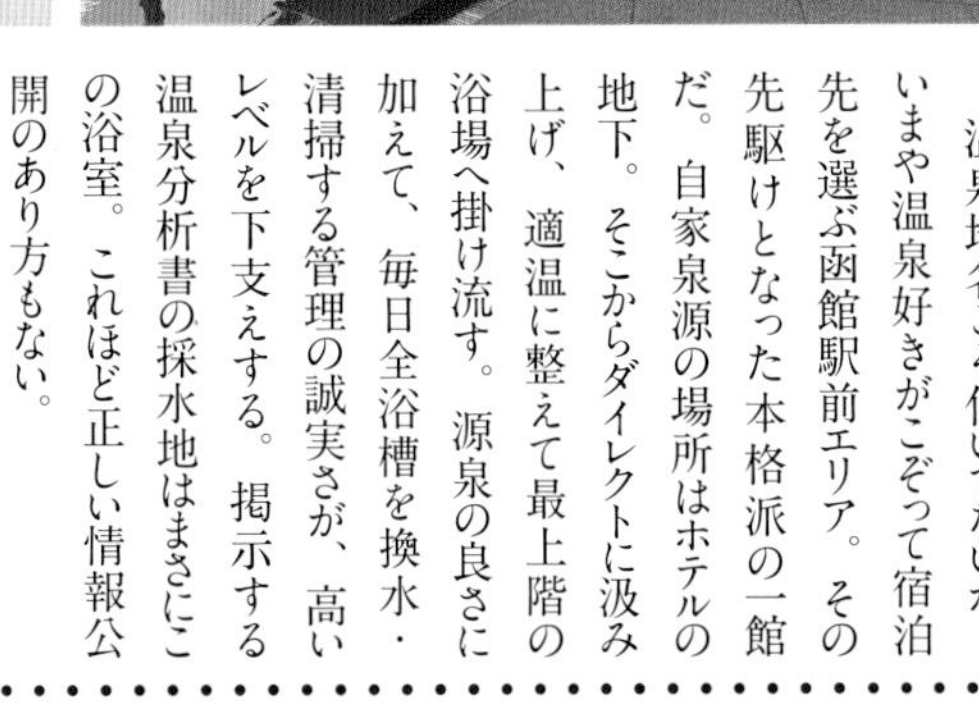

❖**アクセス**：JR函館駅から徒歩約1分❖**1泊素泊まり（税込）**：6800円～❖**日帰り入浴**：不可❖**泉質**：ナトリウム－塩化物泉

温泉地名こそ付いてないが、いまや温泉好きがこぞって宿泊先を選ぶ函館駅前エリア。その先駆けとなった本格派の一館だ。自家泉源の場所はホテルの地下。そこからダイレクトに汲み上げ、適温に整えて最上階の浴場へ掛け流す。源泉の良さに加えて、毎日全浴槽を換水・清掃する管理の誠実さが、高いレベルを下支えする。掲示する温泉分析書の採水地はまさにこの浴室。これほど正しい情報公開のあり方もない。

浴場は宿泊者専用。滞在・観光両面の魅力多いホテルだが、この極上湯に浸かるだけでも泊まる甲斐がある。

❖函館市内の温泉

## ルートイングランティア函館五稜郭

函館市本町11-10
電話 0138・33・1550

宿泊

❖**アクセス**：JR函館駅から車で約10分、市電五稜郭公園前電停から徒歩約5分❖**1泊素泊まり（税込）**：6800円～❖**日帰り入浴**：不可❖**泉質**：ナトリウム－塩化物泉❖**備考**：JR函館駅、函館空港から送迎あり

戊辰戦争の舞台となった日本初の西洋式城郭、五稜郭。春には1600本もの桜が咲き誇る名所から歩いて5分の場所に立つ、14階建ホテルだ。

最上階に設けられた大浴場は宿泊客だけのリラックススペース。洗い場もパーテーションで仕切られ独立感がある。湯上りは同じく最上階のリラクゼーションルームで、マッサージチェアにゆったり沈み街並みを眺めるのも悪くない。

周囲は繁華街でグルメ探訪に困ることはない。朝の五稜郭散歩に始まる函館の24時間を楽しむには絶好の拠点である。

❖昭和温泉

# 昭和温泉

函館市昭和2丁目39－1
電話 0138・42・4126

日帰 露天

国道5号から少し入った住宅街に立つ昭和温泉は2002年に開業した。朝7時から23時まで営業しているので、利便性が高い。広い浴室には御影石の浴槽にひのき風呂、気泡湯、打たせ湯、サウナが並び、屋根掛けの露天の一角には寝湯も設えている。源泉は熱交換により適温に調整して惜しみなくかけ流す。これで湯代が460円。別料金になるが、2階には5、6人はゆったりできるリニューアルしたばかりの御影石の家族風呂もある。

建物は洒落た低層のホテル風。地域の銭湯が廃業したのち、地元の求めに応じて建てたというだけに朝早くから夜遅くまで客足が途切れることがない。

❖アクセス：JR函館駅から車で約15分❖料金：大人460円、小人140円、3歳～6歳70円❖時間：7時～23時（最終受付22時30分）、無休❖泉質：ナトリウム・カルシウム－塩化物泉❖備考：貸室あり（要問合せ）

❖花園温泉

# 花園温泉

函館市花園町40－34
電話 0138・51・1310

日帰 露天

函館市民に人気の地域密着型温泉。創業は1964年。現在地から約200メートル離れた商店街にあったが1976年、駐車場を確保しようと道道沿いの現在地へ移転した。

入館後、源泉が異なる本館と新館の二つの大浴場のいずれかを選ぶ。湯は自前の源泉をかけ流し、換水清掃も毎日しっかりするよう、銭湯でありながら男女別の浴場を各2カ所設け稼働時間を変えてある。

喫茶店「パーラー花車」も併設されており、季節ごとに変わる色とりどりのパフェが大人気。温泉で汗を流した後、冷たいデザートを食べるのは至福の時間だ。

❖アクセス：JR函館駅から車で約20分❖料金：大人440円、中人（小学生）140円、小人（乳幼児）無料❖時間：6時～23時、月曜日休み❖泉質：ナトリウム・カルシウム－塩化物泉

## 北美原温泉

函館市北美原1丁目18-16
電話 0138・47・2666

❖アクセス：JR函館駅から車で約20分❖料金：大人490円、小人150円、幼児80円❖時間：5時〜8時と12時〜24時、月曜日休み（祝日の場合は営業）❖泉質：ナトリウム－塩化物泉

函館市内美原地区、学園通り沿いにある温泉で、1998年に開業した。建物は温泉というよりカフェのような洒落た建物。コーヒーでひと息入れる気軽さで、本格的な湯を味わえる。恵まれた成分、泉温、湯量、しかも泉源は施設に至近で、湯の劣化は最小限。屋上のタンクに集湯して熱交換機、あとは若干の加水とバルブ調整で源泉を適温にまで下げ浴槽にそのままかけ流す。

おまけに湯換えは朝風呂後と営業後の1日に2回も。早朝5時から朝風呂を楽しめるし、深夜は24時までも。これほどぜいたくな湯が銭湯とは近在の人が羨ましい限り。

## にしき温泉

函館市深堀町13-2
電話 0138・51・2100

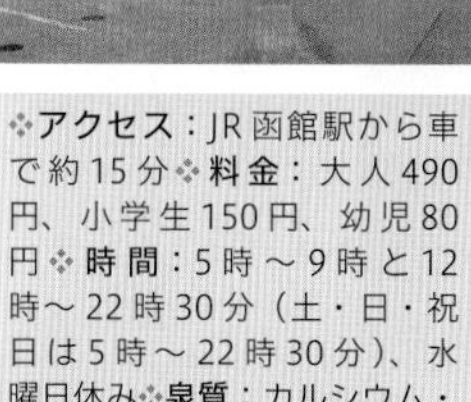

❖アクセス：JR函館駅から車で約15分❖料金：大人490円、小学生150円、幼児80円❖時間：5時〜9時と12時〜22時30分（土・日・祝日は5時〜22時30分）、水曜日休み❖泉質：カルシウム・マグネシウム－塩化物泉

住宅街にある温泉だが、一見して公衆浴場とは思えない、明るくモダンな空間。

1977年から変わらず湧き出し続けている源泉は相当な実力派。大浴槽は2019年にリニューアルし、身体を芯から温める源泉をたっぷりとかけ流している。

泡風呂、ジェットバス、漢方薬湯、飲泉、乾式サウナのほか、函館市内では珍しいミストサウナも完備。サンルーム風のガラス天井は、夏は開放、冬は寒さを和らげるよう控え目に開けるなど、気持ちよく入ってもらえるよう配慮している。朝は5時から営業しているため、朝風呂も楽しめる。

## ❖函館市内の温泉

函館高温源泉

# 湯の箱こみち

函館市昭和3丁目22─1

電話 0138・42・2111

函館で唯一の24時間営業の温泉スーパー銭湯。カーナビに頼って静かな住宅街をゆっくり進んでいくと突然、小道の向こうに立派な温泉施設が現れた。

高温源泉の名に偽りはなく、源泉の温度は71・5度。そのため加水は必要になってはくるものの、前もって熱交換して水量は最小限にし、循環使用することなくかけ流している。

湯船は滝岩風呂、超音波風呂に寝風呂、それに露天風呂と、湯温だけでなく浴槽のくつろぎ方も多彩。サウナも熱めのドライサウナ、もちろん水風呂も完備する。

❖アクセス：JR五稜郭駅から車で5分❖料金：朝4時～24時大人660円、中学生390円、小学生140円、未就学児無料。24時～朝4時までの追加料金は一律700円追加。深夜24時からの入浴料は朝4時までは一律1000円で朝9時までは一律2000円❖時間：24時間営業（入浴不可の清掃時間は平日3時からの1時間と9時からの1時間45分間、土日は3時からの1時間と9時からの45分間）、第一火曜定休❖泉質：ナトリウム・カルシウム－塩化物温泉

## ❖花の湯温泉

個室貸切温泉

# 花家族

函館市石川町226−10

電話 0138・47・0800

❖**アクセス**：JR函館駅から車で約20分❖**料金**：3名1室1時間2000円～、露天風呂付き4名1室2600円❖**時間**：10時～24時、無休❖**泉質**：ナトリウム・カルシウム－塩化物泉

とびきりの空間を独占できる貸切温泉。隣接の日帰り湯「花の湯」と同じく造園業の会社が施工、その高い美意識が反映されている湯空間だ。

家族風呂の総数は26。ひとつとして同じ造作はない。そのうち露天風呂を備えるのが16、内湯のみが10で、どの部屋にも美しい小庭が控え、風呂には赤濁りの源泉があふれ続ける。

見た目だけでなく風呂の管理にも優れ、使用の度に必ず湯を抜き、内部清掃し、次の利用にあわせて湯を張る。

ひと張りごとの汚れない湯は、皮膚トラブル等に悩む人にも頼もしい味方になるはず。

❖花の湯温泉

湯元
# 花の湯

函館市桔梗町418-414
電話 0138・34・2683

日帰 露天

❖アクセス：JR函館駅から車で約20分❖料金：大人490円、小人150円、幼児80円、サウナ140円❖時間：10時〜22時、無休❖泉質：ナトリウム・カルシウム-塩化物泉

和風露天風呂と洋風露天風呂がある温泉で、週替りで男湯と女湯を分けている。驚くなかれ、一流旅館顔負けのこの風呂は湯代490円の温泉銭湯のもの。露天風呂に庭を整えたというより、庭園に湯壺を設えたとでもいうべきか。美松が枝を張り、銘石が雪を積む端正な庭園に、点々と赤湯の湯船がある。眺める庭ではなくお湯に遊ぶ庭だから、湯客はとろとろと湯に包まれながら景趣を愛でる。

それぞれの湯船も、丸木の梁が肩を張る豪快な東屋仕立てに、11キロの巨石をくり抜く風呂など造作に味があり、自前の源泉が生のままに絶え間なくあふれている。

❖函館市内の温泉

# 西ききょう健康グランド

函館市西桔梗町444-1
電話 0138・49・7294

日帰 露天

❖アクセス：JR函館駅から車で約20分❖料金：大人430円、小人150円、幼児以下無料❖時間：5時〜23時（最終受付22時30分）、無休❖泉質：ナトリウム-塩化物温泉

少年野球のグランド整備の過程で、水飲み場用にと井戸を掘ったらぬるま湯が出たことが掘削のきっかけ。1991年に見事湧出し、簡素な風呂を仕立てて入ったのが事始め。浴槽は何と導水管に使う丸いヒューム管だ。ヒューム管風呂は小振りだから4人も入れば満杯で、入るごとに湯は盛大にあふれる。

現在は男女別の浴室ごとに、温度差のある風呂が内湯に三つ、露天に三つ並んでいる。湯は極めて成分濃厚で熱い食塩泉系源泉を地下水で割る。しかし、どちらも貯湯せず井戸からダイレクトに導き新鮮。湯温は機械に依らず細やかな手管理で調整する。

❖川汲温泉

# 川汲温泉旅館

函館市川汲町2019
電話 090・7652・8952

宿泊

❖**アクセス**：JR 函館駅から車で道道 83 号経由約 40 分❖**素泊まり（税込）**：5000 円、冬季（例年 10 月～ 3 月）6000 円❖**日帰り入浴**：人数制限あり、要確認、6 時～ 19 時 45 分、不定休❖**泉質**：アルカリ性単純温泉

開湯は江戸期寛保年間。行路も危うい時代から、霊泉を求めて険路を辿る湯治客が絶えなかった川汲温泉。幕末戊辰戦争の折には新撰組副長土方歳三らが五稜郭への進軍の際、この湯で一夜、隊員らと戦いと雪中行軍の疲労を拭ったという。

そんな歴史をもつ名湯が、再び時を刻み始めた。世の中の動きが止まったコロナ禍の期間にこつこつと建物を修復し、風呂を整えていったのが、かつてのご主人の甥にあたる館主の酒井誠司さん。地元の方にまた親しんでもらえればと2023年の夏頃からやっと素泊まり客が増え始めたそうだ。

丁寧に手をかけた館内は、ロビーにせよ、客室にせよ、休憩所にせよ、古びていても清潔で居心地がいい。最たる場所が日々洗い清められる浴室で、古風なタイル張りの床や壁、もたれて心地いい木の湯縁、なにより も輝きあふれる無垢の湯に、心まで澄み渡っていくようだった。

❖恵山温泉

# 函館市恵山福祉センター

函館市柏野町117－209
電話0138・85・2800

日帰

函館市恵山地区にある公営福祉施設で、1980年に設置された。壁面のタイル画に日浦岬が描かれた男湯は山側に、恵山が描かれた女湯は海側に面している。大きな湯船はふたつに仕切られ、片方は41度、もう片方は44度と漁師町ならではの熱い湯だ。身を沈めると、こってりとした鉄さび色の赤湯が肌に絡みつく。活発な噴気活動を続ける恵山周域に湧く温泉はいずれも個性的だが、このナトリウム―塩化物温泉は保温効果が高く湯冷め知らず。

源泉温度は約52度あるが、湯量の加減で水を足さずに泉温調整している。湯口からは源泉があふれるがまま。

❖**アクセス**：JR函館駅から車で約1時間、函館空港から車で約50分❖**料金**：大人300円、小人100円❖**時間**：10時～21時（最終受付20時）、月曜日（祝日の場合は翌平日）および祝日の翌日休み❖**泉質**：ナトリウム－塩化物温泉

❖水無海浜温泉郷

# ホテル恵風（けいふう）

函館市恵山岬町61－2
電話0138・86・2121

宿泊 日帰 露天

❖**アクセス**：JR函館駅から車で約1時間15分、函館空港から車で約1時間❖**1泊2食（税サ込）**：大人11490円～❖**日帰り入浴**：大人400円、小人200円、10時～20時（最終受付19時）、無休❖**泉質**：①ナトリウム－塩化物泉②ナトリウム・カルシウム－炭酸水素塩・塩化物・硫酸塩泉❖**備考**：市内・近郊送迎あり（要予約）

山側は恵山、海側は津軽海峡の大パノラマが広がる。恵山岬の高台に建つこのホテルの魅力はまず景観にある。建物は周囲の風光を損なわぬ3階建て。温泉はナトリウム―塩化物泉と旧泉質名で含重炭酸土類食塩芒硝（ぼうしょう）泉の異なるふたつの泉質をブレンドせず別々の湯船に供している。

浴場は2つある。1階に天然温泉のジャグジーや露天岩風呂など約7種類の風呂が楽しめる日帰り温泉施設の「とどぽっくる」、3階に宿泊者専用を設置。露天付きの客室まであり、一館で湯めぐりできるぜいたくさ。さらにホテルから10分ほど歩くと、水無海浜温泉もある。

❖恵山温泉

# 恵山温泉旅館

函館市柏野町117−150
電話0138・85・2041

宿泊 日帰

❖**アクセス**：JR 函館駅から車で 1 時間❖**1 泊 2 食（税込）**：8950 円❖**日帰り入浴**：大人 300 円、小学生 100 円、未就学児無料、6 時～15 時、不定休❖**泉質**：酸性・含鉄（II、III）− アルミニウム・カルシウム − 硫酸塩泉

無数の爆裂火口から噴煙を上げる道南の霊峰恵山。その中腹の登山口あたり、エゾヤマツツジに囲まれて立つのが、三代目夫婦で営む一軒宿。温泉の湧出は江戸期天保年間にも遡る。開業した1932年（昭和7年）当初は湯元の地獄谷付近に宿があったが、荷物を背負う湯治客に便宜を図り、直線距離で2・5メートル下方に移転。源泉は今も火口原の集湯槽から自然流下させている。

湯はpH値2・2と強い酸性を示す。含まれる緑礬やみょうばんが皮膚表面の菌繁殖を抑制し、収れんしてなめらかに整える天然の妙薬だ。

魅力は温泉に止まらない。ご主人が腕を振るう食膳は、脂ののったメバルの煮付けやタラの昆布締め、ホッケのツミレ汁など、眼下に広がる津軽海峡の鮮魚を主役におかみの千春さんが育てた野菜、摘んだ山菜が脇を固める美味づくし。

時を忘れて湯に浸かり、旬の魚をたらふく味わい、朝までぐっすり。気さくなご夫婦のもてなしも心地よい、いぶし銀の湯どころだ。

渡島

大船上の湯温泉

# ホテル函館ひろめ荘

函館市大船町832－2
電話 0138・25・6111

世界文化遺産のある垣の島・大船遺跡から車で約10分の温泉宿。宿の開業こそ平成だが、温泉地の開湯そのものは江戸期の天保年間以前に遡る。元来の源泉は硫黄泉系で、1994年に新規掘削して得た新湯はナトリウム―塩化物泉系。

隣接する保養センター1階の浴場では硫黄の匂い漂うクリーミーな乳白色の硫黄泉系と、さらりと優しい透明なナトリウム―塩化物泉系の2種類をかけ流す。ホテル棟2階の浴場ではナトリウム―塩化物泉が、適温化されて湯船に流しっぱなしに。入り比べるのも楽しい。

❖アクセス：JR函館駅から車で約1時間❖1泊2食（税サ込）：大人14000円～❖日帰り入浴：大人490円、小人200円、未就学児100円、8時～20時（最終受付19時）無休❖泉質：①ナトリウム－塩化物・炭酸水素塩泉②含硫黄－ナトリウム－塩化物泉❖備考：送迎あり（宿泊者要予約）

大沼温泉

# 函館大沼 鶴雅リゾート エプイ

七飯町大沼町85－9
電話 0138・67・2964

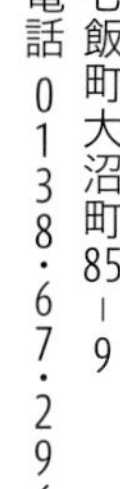
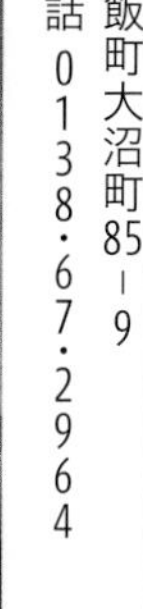

JR大沼公園駅の間近にある宿泊設備を備えたレストラン。大沼国定公園の小沼に接し、ハーブや花木に彩られた庭園に包まれている。その料理は道南の野菜、魚介など半径50マイル（約80キロ）圏内の食材を中心に展開する滋味豊かなコース料理だ。

旅の仕上げは優しい温泉。湯元から日々欠かさず供給される源泉で仕立てる館内の風呂は、男女別の洗い場付き露天風呂の大浴場と予約制貸し切り風呂を宿泊客のために用意。そして全30ある客室の18室に専用の温泉風呂が付いている。5室は居間に風呂を設けた「スパリビング」タイプ。

❖アクセス：JR大沼公園駅から徒歩5分、JR函館駅から車で約40分❖1泊2食（税サ込）：大人22000円～❖日帰り入浴：不可❖泉質：単純泉❖備考：送迎あり（要予約）

❖ななえ天然温泉

## ゆうひの館

ななえ天然温泉
七飯町本町4丁目6－1
電話 0138・64・1126

日帰 露天

函館の隣町、七飯町にある日帰り湯。丹精込めて整備されたアカマツ並木が続く美道・赤松街道沿いにある。隣接する老人保健施設を運営する医療法人が「お年寄りに温泉を楽しんでもらいたい」とボーリングし、温泉を掘り当てた。

浴場は設備も整い、温泉は熱交換した源泉を落としてあふれさせつつ、汚れをろ過するため内部循環する方式。木々に囲まれた露天風呂には屋根が付いていて、天候に左右されない。もとは網元の別荘だった場所で、庭園をそのまま生かした露天からは田園を染める夕陽が望める。

❖**アクセス**：JR函館駅から車で約30分、JR七飯駅から徒歩約15分❖**料金**：大人（12歳以上）490円、中人（6歳以上12歳未満）150円、小人（6歳未満）80円❖**時間**：10時～21時、無休❖**泉質**：ナトリウム・カルシウム－塩化物・硫酸塩泉

❖西大沼温泉

## 函館大沼プリンスホテル

七飯町西大沼温泉
電話 0138・67・1111

宿泊 日帰 露天

道南きっての景勝地・大沼公園のシンボルマウンテン駒ケ岳の裾野に広がるリゾートホテル。ゴルフ、セグウェイ、サイクリングや自然散策と多彩なメニューが用意されている。

地下1階にある西大沼温泉「森のゆ」には、ホテル敷地内の源泉から毎分270リットルの湯が届く。泉質は肌にやさしいアルカリ性単純温泉。ホテル敷地内の池に面し、湯浴みしながら池のコイやカモを愛で、ゆったり心を休めることができる。

露天風呂からは、新緑、紅葉、雪見と四季折々の景観と、夜にはライトアップされた幻想的な風景を眺めながら温浴が楽しめる。

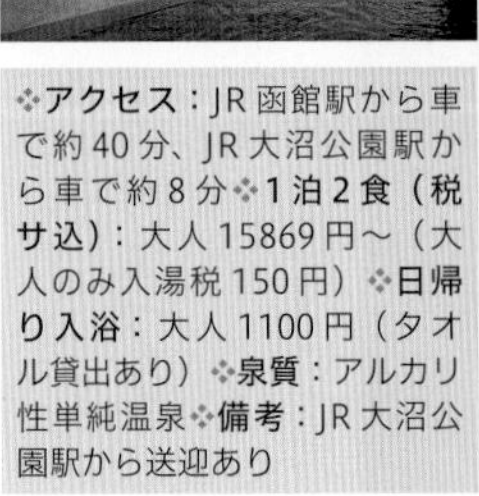
❖**アクセス**：JR函館駅から車で約40分、JR大沼公園駅から車で約8分❖**1泊2食（税サ込）**：大人15869円～（大人のみ入湯税150円）❖**日帰り入浴**：大人1100円（タオル貸出あり）❖**泉質**：アルカリ性単純温泉❖**備考**：JR大沼公園駅から送迎あり

渡島

❖アップル温泉

七飯町健康センター

# アップル温泉

七飯町中野194–1
電話 0138・66・3601

日帰 露天

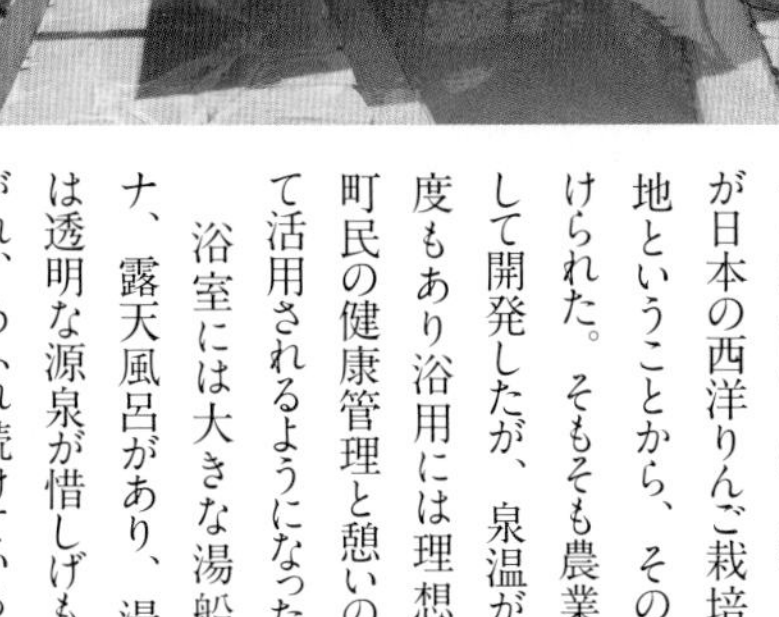

❖**アクセス**：JR函館駅から車で約20分、JR大中山駅から徒歩約10分❖**料金**：大人400円、6歳以上12歳未満200円、幼児100円❖**時間**：10時～21時30分、火曜日・元日休み❖**泉質**：アルカリ性単純温泉

のどかな田園風景の中にたたずむ町営の日帰り湯。七飯町が日本の西洋りんご栽培発祥の地ということから、その名が付けられた。そもそも農業用水として開発したが、泉温が54・2度もあり浴用には理想的で、町民の健康管理と憩いの場として活用されるようになった。

浴室には大きな湯船にサウナ、露天風呂があり、湯口からは透明な源泉が惜しげもなく注がれ、あふれ続けている。露天のみ、寒冷期は温度維持のために湯を温めるが、内湯同様にかけ流しだ。新湯の張り替えも毎日徹底。一番風呂を目指す常連さんの気持ちがわかる。

❖鹿部温泉

# 温泉旅館吉の湯

鹿部町鹿部45
電話 01372・7・2211

宿泊 日帰

❖**アクセス**：JR函館駅から車で約1時間、JR鹿部駅から車で約10分❖**1泊2食（税サ込）**：大人7550円～❖**日帰り入浴**：大人500円、小学生以下300円、小学生未満200円、12時～19時、不定休❖**泉質**：ナトリウム–塩化物・硫酸塩泉

鹿部町にある老舗の温泉宿。部屋数は和室が12、家族経営の静かな宿だ。創業は1932年（昭和7年）で現経営者の吉英樹さんは3代目。1929年（昭和4年）の駒ケ岳大噴火からの復興を目指し、土建業を営んでいた曽祖父が温泉を掘り当て、祖父が旅館を始めた。

場所は鹿部港にほど近く、自前の泉源は宿脇にある。泉温が80度あるので冬は館内暖房などに熱交換して60度ほどにし、湯量を絞りながら湯船へ落とす。それでも熱いので湯客に応じて差し水するが、土地の温泉好きは簡単に水足しせず、備え付けの湯もみ棒で湯をかき冷まして入っている。

❖**鹿部温泉**

温泉旅館

# 鹿の湯

鹿部町鹿部58
電話 01372・7・2001

宿泊

日帰

露天

❖**アクセス**：JR 函館駅から車で約 1 時間、JR 鹿部駅から車で約 10 分❖**1 泊 2 食（税サ込）**：大人 10050 円〜❖**日帰り入浴**：大人 500 円、中学生 500 円、小学生 300 円、幼児 100 円、13 時〜 19 時 30 分、不定休❖**泉質**：ナトリウム－塩化物・硫酸塩泉

江戸期に菅江真澄が「海べたに湯泉(ゆいで)あり。ナヒシュルカ（疝気(せんき)によい湯）という」と記した開祖の湯で、1661年（寛文元年）の発見、1780年（安永9年）年の開湯。当地の網元で、浴場を代々経営してきた伊藤家が1920年（大正9年）に旅館を新造して、味覚の方でも名を馳せた。

湯を開いたのが網元だったこともあり、良湯とともに海の幸の大盤振舞いが楽しめる。今も昔も宿前の港にあがる鮮魚料理が目玉。ホッケにカレイ、マイカ、ソイ、アイナメとお膳の上で浜の暦が一目瞭然。名物タコシャブは、一片一片を花びらのように薄く引く。煮立つ湯の中で振り、ふわりと丸まったところをポン酢にくぐらせ口へ運べば、弾む食感、ほのかな甘み。合いの手の酒も一段と進む。

湯はシャッキリした肌合い。内湯にも露天にも惜しみなく流れ続け、清らかそのもの。江戸の昔から疝痛封じと伝わっただけに、塩分が身体を芯から温める。

渡島

❖森町の温泉

# グリーンピア大沼

森町赤井川229
電話 01374・5・2277

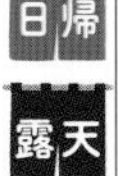

❖**アクセス**：JR函館駅から車で国道5号経由、約40分❖**1泊2食（税込）**：大人12300円〜❖**日帰り入浴**：大人600円、シニアと大学生までの学割が550円、3歳以上250円、3歳未満無料、6時〜9時と11時〜21時、無休❖**泉質**：ナトリウム－炭酸水素塩温泉

眺める場所や時間で表情を変える道南の麗峰・駒ケ岳。夏に泊まったグリーンピア大沼の7階ツインの窓からは、その優美な山容が目の前に迫り、裾にたなびく雲さえも絵物語の一場面のようで、カメラのシャッターを切ることも忘れてしまっていた──。

洋室36平方メートル、和室39平方メートルと、全室がゆったりした眺めのいい客室。グリーンピア大沼というと、アクティビティの多彩なファミリーリゾートとして知られているが、旅好きの人なら一度泊まってみればその部屋が、大人が静かにくつろぐのにもふさわしい場所だということに気づくだろう。

温泉も明るく広やかで、主浴槽に打たせ湯、ジャグジー、寝湯、サウナなど設備もとりどり。源泉温度に対して湯船が広いため加温はするが、湯口からはたっぷりとなめらかな重曹の湯を注ぎ、あふれさせている。

親子と孫の三世代が遊べる様々な施設や遊具が屋外にも館内にも揃い、悪天候でも楽しめるというのが最大の魅力なのだろう。だが一方で、美しい山を眺め、温泉に安らぎ、深く眠れる休日を過ごせるのもこのホテルの滞在の喜びなのだ。

❖駒ケ峯温泉

## ちゃっぷ林館

森町駒ケ岳657−16
電話 01374・5・2880

駒ケ岳の裾野に湯けむりをあげる町営の日帰り温泉。湯客の一番のお目当ては、施設も景色も広々とした露天風呂。主浴槽は30人規模で、広々としていて開放感がある。珍しいひとり風呂、屋根掛けの風呂にサウナもそろう。湯の中から望む駒ケ岳の山容もまた見事。湯の管理も源泉を生かすよう、内湯は湯口から新湯を注ぎ続ける「半循環式」にし、露天は生湯そのままをかけ流している。

施設内のレストラン「桜はな」では前浜で水揚げされた新鮮な魚介から軽食、たらこラーメンといった個性あるメニューまでさまざま。

❖**アクセス**：JR函館駅から車で約40分、JR赤井川駅から車で約7分❖**料金**：大人500円、65歳以上・中学生450円、小学生220円、幼児110円❖**時間**：10時～21時、不定休❖**泉質**：単純温泉❖**備考**：食事付き団体プランは送迎あり（要予約）

❖濁川温泉

## 中央荘

森町濁川75−8
電話 01374・7・3010

田園風景に佇む温泉旅館。中央荘がこの地に開業したのは50年ほど前のこと。現在は三代目と四代目のおかみさんふたりで切り盛りしている。部屋は10畳主体のゆったりした間取り。畳に寝ころぶと、まわりの田んぼから蛙の合唱が聞こえてくる。

浴室は内湯が一つ。素朴で明るく、湯船には源泉がそのまま惜しげもなく注がれている。湯は自前の赤湯、泉質は美肌づくりのナトリウム—塩化物・炭酸水素塩泉。

食事は鳥鍋や山菜料理が味わえる。予約が必要だが、濁川産トマトを使用した自家製ピザも人気だ。

❖**アクセス**：JR函館駅から車で約1時間10分、JR石谷駅から車で約10分❖**1泊2食（税サ込）**：大人8800円～❖**日帰り入浴**：大人400円、小人150円、9時～21時、無休❖**泉質**：ナトリウム－塩化物・炭酸水素塩泉

❖濁川温泉

# 元湯神泉館 にこりの湯

森町濁川85－1
電話 01374・7・3311

日帰 露天

森町の西端、噴火湾から5キロの山あいに開ける小盆地、濁川。濁川温泉で最も古く、江戸期の1807年に開設されたのがにこりの湯。江戸時代、当時の村役人が湯治場を開設し、姿を変えつつも200年を超えて営まれてきた。

当館の真価は湯にこそある。内湯はヒバ造りの湯船を3層に仕切るもので、源泉の注ぎ口に近いほどキリリと熱く、遠いほど穏やかだ。露天では抱えるほどの日高石が背もたれや長椅子代わり。眺めて良し、もたれて良し。湯の管理や清掃も徹底していて、源泉の質と清らかさを維持し続けている。

❖**アクセス**：JR函館駅から車で約1時間10分❖**料金**：大人550円、6歳〜11歳220円、3歳〜5歳110円、2歳以下無料❖**時間**：9時〜21時、不定休❖**泉質**：ナトリウム・マグネシウム－炭酸水素塩・塩化物泉

❖北斗市内の温泉

# ホテル・ラ・ジェント・プラザ函館北斗

北斗市市渡1丁目1－7
電話 0138・77・5055

北海道新幹線が発着する新函館北斗駅に隣接。温泉は分湯だが、源泉は日に数トン単位で運ばれる。内湯も露天も湯船一つのシンプルさ。露天は駅の目の前という場所柄、目隠しがされ、天井の一部を空に開放する。天候に左右されず、風も吹き込まない。

客室は機能とデザイン性が同居し、ダブルやツインに加えて小さな子供連れにも嬉しい畳敷きのファミリールームもある。1室限りの「トレインビュールーム」は、窓際に寝台特急カシオペアのリビングをモチーフにしたソファコーナーを設える。2022年から犬と一緒に宿泊できるプラン「STAY WITH DOG」を始め、好評だ。

❖**アクセス**：JR新函館北斗駅に隣接、JR函館駅から車で約30分❖**1泊朝食付き（税込）**：1人1室の場合8000円〜❖**日帰り入浴**：大人500円、未就学児無料、13時〜23時、無休❖**泉質**：ナトリウム－塩化物泉

❖七重浜温泉

# 天然温泉 七重浜の湯

北斗市七重浜8丁目4―1
電話0138・49・4411

❖**アクセス**：JR函館駅から車で12分❖**料金**：大人660円、高校生440円、中学生と小学生390円、未就学児無料❖**時間**：5時～22時、不定休❖**泉質**：ナトリウム－塩化物泉

青い海に横たわる函館山のシルエット。露天風呂から見晴らす七重浜の海景色はとても久しぶりで、思わず胸が熱くなった。

長くこの地で愛され、惜しまれつつ閉館した温浴施設が、2022年6月から新たな運営会社により再生を遂げたのが、この「七重浜の湯」。眺望自慢の露天には、源泉温度は決して高くないのに手間暇をかけて適温に整えた湯をかけ流す上質の風呂が湯煙をあげている。湯客はこの露天でのんびりするだけで温泉浴、日光浴、潮風を浴びるオゾン浴が自然にできるのだ。

温泉に並んで人気を集めるサウナでも、海に面した露天での爽快な外気浴が入浴効果を押し上げている。

復活した施設だけに設備に年季が入っているのは否めないが、補って余りあるのが日々のちょっとしたもてなし。例えば正午まで提供するドリンク付き「モーニングセット」はなんと300円。その他の軽食も手頃だ。

海岸国道に面する立地から客層は地元、観光、仕事疲れを癒すビジネス客まで幅広い。あなたの温泉ドライブの計画にも加えてみては。

❖東前温泉

東前温泉

# しんわの湯

北斗市東前85－5
電話 0138・77・8000

北斗市の日帰り湯。2種類の自家源泉をすべての浴槽にかけ流す。広い露天ゾーンに設置されているのが1周18メートル、深さ1・2メートルの歩き湯だ。内湯でしっかりと体をなじませてから、左右からジェット噴射の快い刺激を受けながら湯の中を進む。湯の粘性や浮力を生かした本格的な健康増進設備なのだ。

　併設のビジネスホテルの宿泊客は営業時間内ならいつでも湯浴みができる。一部客室には浴室に源泉がひかれている。内湯には、低温・中温・高温に分かれたワイドな浴槽、泡風呂、寝かせ湯、打たせ湯、乾式サウナにミストサウナと、こちらも相当な充実ぶり。

❖アクセス：JR函館駅から車で約30分、JR新函館北斗駅から車で約12分❖料金：大人510円、7～12歳250円、3～6歳130円、2歳以下無料❖時間：5時～22時（最終受付21時）、無休❖泉質：①単純温泉②ナトリウム・カルシウム－塩化物泉❖備考：宿泊は隣接の「ホテル秋田屋」1泊2食7700円～（電話0138・77・8555）❖備考：団体送迎あり（要予約）

❖せせらぎ温泉

# 北斗市健康センターせせらぎ温泉

北斗市本町4丁目3－20
電話 0138・77・7070

北斗市の日帰り温泉施設。合併前の大野町が1993年、町民の健康施設として大野川のほとりに開設したのが成り立ち。現在は社会福祉法人が運営を受け継いだ。入浴料金が大人400円と安いのもうれしい。湯は毎日入れ替えて、清潔に保たれている。

　内湯の大型浴槽は泉温がそれぞれ異なり、体調や好みで入り分けができる。泉質はナトリウム・カルシウム―塩化物温泉のかけ流し湯。肌にしっとりとからみつき、湯上がりも身体はぬくぬく。露天から見るなだらかな山並みも心に残る。施設内には80畳と25畳の広間と、軽食コーナー「ルシエロ」があり、食事をしたり、寝転んでのんびり過ごす利用者も多い。

❖アクセス：JR新函館北斗駅から車で約10分❖料金：大人400円、中高生350円、小学生140円、幼児70円❖時間：9時～22時、月曜日休み（祝日の場合は営業）❖泉質：ナトリウム・カルシウム－塩化物泉

❖木古内温泉

# ビュウ温泉のとや

木古内町大平20−2
電話 01392・2・4055

北海道新幹線が停まるまち、木古内町にある温泉。海岸沿いの国道228号を行き来する人々が気軽に汗を流す庶民的な湯どころ。

海辺に面した立地を生かし、浴室は壁一面がガラス窓。刻々と色を変える津軽海峡は湯浴みの供に格別だ。とりわけ朝焼けの情景は美しく、常連の泊まり客たちの大きな楽しみとなっている。源泉はぬるめで加熱するものの循環はせず、湯の特性と清浄を保っている。

主浴槽の他にジェットバス、気泡湯、45度の高温湯があるのも、熱湯（あつゆ）好みの漁師町ならでは。

❖**アクセス**：JR函館駅から車で約50分、JR木古内駅から車で約5分❖**1泊2食（税別）**：大人8800円〜❖**日帰り入浴**：大人600円、子供400円、幼児300円、11時〜21時、無休❖**泉質**：ナトリウム−塩化物泉❖**備考**：カード利用可

❖知内温泉

# 知内温泉旅館 ユートピア和楽園

知内町湯ノ里284
電話 01392・6・2341

開湯は1247年（宝治元年）と、文献に残る北海道最古の温泉である。敷地には五つの自然湧出の泉源があるが、昔も今もすべてが自噴を続ける。温泉裏手の丘には、歳月を経て積もった湯の花の小高いドームができている。湯温は熱いが、肌へのあたりは優しい。

浴場は坂の上に源泉がある「上の湯」と源泉が上の湯よりも建物に近い場所にある「下の湯」の2カ所。男女別になっていて計4カ所、その他に混浴が楽しめる庭園仕立ての露天がある。内湯の床は、流れ続ける源泉が刷毛となり、湯の花を幾重にも塗り込めて波形の文様を成す。

❖**アクセス**：JR函館駅から車で約1時間15分❖**1泊2食（税別サ込）**：大人14150円〜❖**日帰り入浴**：大人800円、小人500円、幼児300円、7時〜20時30分、無休❖**泉質**：全てナトリウム−塩化物・炭酸水素塩泉❖**備考**：露天風呂は混浴

渡島

❖松前温泉

温泉旅館
# 矢野

松前町福山123
電話 0139・42・2525

宿泊 日帰 露天

松前城の天守閣が静かに見下ろす老舗旅館。創業の1951年当時は料理旅館。いまも松前マグロやクジラ汁といった郷土の味覚で湯客の舌を喜ばせてくれる。宿の夕げは、例えばフキノトウ味噌、松前本マグロ、アワビ、ウニなど松前の旬が一目瞭然。予約制で昼食時などに味わえる、松前十四代藩主の婚礼の祝膳を文献から再現した「藩主料理」もある。

温泉を掘り当て現在の姿になったのは1990年。旅行客ばかりでなく、日帰り湯もあり、地元の人にも愛されている。温泉は薄濁りの琥珀色で、湯温などの関係でかけ流しはしていないが、毎夜の換水と清掃は欠かすことがない。

❖**アクセス**：JR函館駅から車で約2時間、JR木古内駅から車で約1時間❖**1泊朝食付き（税サ込）**：大人7300円〜❖**日帰り入浴**：大人600円、小人300円、15時〜22時、無休❖**泉質**：ナトリウム－硫酸塩泉

❖松前温泉

# 松前温泉休養センター

松前町大沢652－14
電話 0139・42・4919

日帰

1986年に町民の保養施設として開業。建物は瓦ぶきの純和風造り。男女浴室の仕切りは城壁を模し、建物の外装と同じ茶色の瓦ぶき屋根を使っている。壁には藩主の松前家の家紋をあしらった。風格もたっぷりだ。

浴場は天井が高く、湯殿には広い湯船、それにサウナと水風呂も。湯口からは適温に整えた湯が絶えず注がれる。ろ過しつつ、余剰分はあふれるがまま。春には咲きほころぶ種々の桜が建物周りに50本ほど。休憩スペースには畳敷きの大広間があり、ゆっくりくつろげる。手頃な食堂メニューや持参の弁当をお供に「温泉で小さな花見」もいい。

❖**アクセス**：JR函館駅から車で約1時間50分、JR木古内駅から車で約1時間❖**料金**：大人400円、小人（小学6年生以下）無料❖**時間**：11時〜21時（最終受付20時）、火曜日休み❖**泉質**：ナトリウム－塩化物・硫酸塩泉

❖八雲温泉

# おぼこ荘

八雲町鉛川622
電話 0137・63・3123

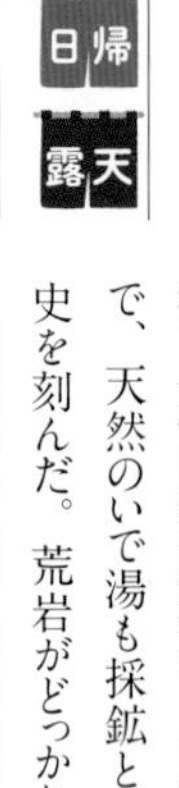


❖アクセス：JR 函館駅から車（道央自動車道経由）で約 1 時間 30 分、JR 八雲駅から車で約 25 分❖1泊2食（税別）：大人 12650 円～❖日帰り入浴：大人 600 円、小学生 300 円、未就学児無料、11 時～ 20 時、不定休❖泉質：①ナトリウム・カルシウム－炭酸水素塩・塩化物泉②ナトリウム－塩化物・炭酸水素塩泉

雲石国道の途中、雄鉾（おぼこ）岳登山口の手前3キロに現れる山荘風の温泉宿。一帯は江戸期からの鉱山地区で、天然のいで湯も採鉱とともに歴史を刻んだ。荒岩がどっかり鎮座する露天風呂には、黄土色の湯面に生湯が満々と流れ込み、そのまま縁からこぼれていく。

現在は民間経営。部屋数は清楚な和室と和洋室とが、あわせて19。

二つの泉質を備えるかけ流しの湯、野趣満点の大岩風呂はよく知られているが、おかみさんを柱とする家庭的なもてなしもとても良い。

料理は予算と好みで、会席膳か囲炉裏料理かを選ぶ。どちらも上質であり、太平洋と日本海の二海、そして広い山野にまたがる八雲ならではの食材がぎっしりだ。

❖上の湯温泉

温泉旅館 **銀婚湯**

八雲町上の湯119

電話 0137・67・3111

宿泊 日帰 露天

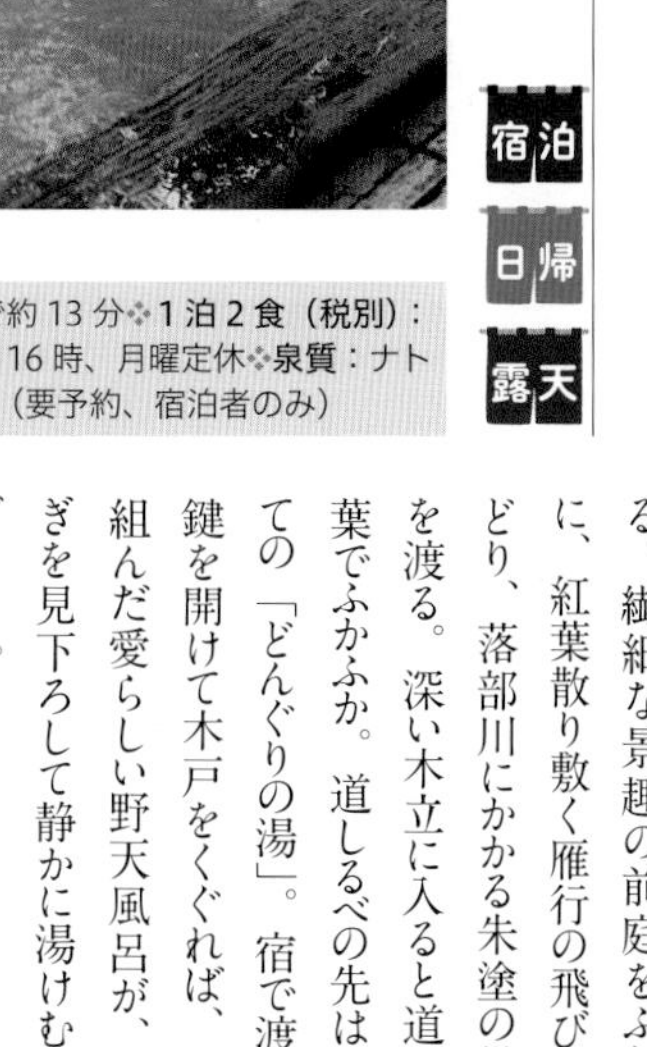

❖**アクセス**：JR 函館駅から車で約 1 時間 20 分、JR 落部駅から車で約 13 分❖**1 泊 2 食（税別）**：大人 13350 円～❖**日帰り入浴**：大人 800 円、小人 400 円、12 時～ 16 時、月曜定休❖**泉質**：ナトリウム－塩化物・炭酸水素塩泉など❖**備考**：JR 落部駅から送迎あり（要予約、宿泊者のみ）

宿を取り巻く九万坪もの敷地には一周一時間ほどの散策路が延びている。繊細な景趣の前庭をふり出しに、紅葉散り敷く雁行の飛び石をたどり、落部川にかかる朱塗の吊り橋を渡る。深い木立に入ると道は落ち葉でふかふか。道しるべの先はお目当ての「どんぐりの湯」。宿で渡された鍵を開けて木戸をくぐれば、丸石で組んだ愛らしい野天風呂が、せせらぎを見下ろして静かに湯けむりをあげていた。

遊び心に満ちた貸切野天、男女別の大浴場、家族風呂など11の風呂が湯客を待つ銀婚湯。数百年前から温泉の存在は知られ江戸期弘化3年（1846年）には松浦武四郎が浴したと記録に残る。本格的な掘削は大正年間で、おりしも1925年（大正14年）5月10日、大正天皇の銀婚式当日に見事な湯を掘り当てた。宿の名はこれに由来する。

憧れの宿と呼ばれつつ値も手頃。景趣、味覚、もてなしのどれもが一級だが、比類ないのは自然庭園に彩られた湯の美しさ。心も洗い清める名湯である。

❖見市温泉

# 見市温泉旅館

八雲町熊石大谷町13
電話 01398・2・2002

宿泊

日帰

露天

❖アクセス：JR函館駅から車（道央自動車道経由）で約1時間40分、JR八雲駅から車で約30分❖1泊2食（税サ込）：大人15000円〜❖日帰り入浴：大人500円、小人300円、12時〜21時、無休❖泉質：ナトリウム－塩化物泉❖備考：カード利用不可

渡島半島の中央にそびえる遊楽部岳の南麓を切り込み、日本海へと注ぐ見市川。そのほとりに明治元年の開業以来、創業一族で営む湯宿がある。筆者の知る限り世襲六代は北海道で唯一だ。初代の大塚要吉氏が湯を発見したのは慶応年間の終わり。熊の湯浴みの逸話も伝わる山中に、遠くはサハリンからも湯治客が絶えなかった。

「湯のおかげで痛みが消えた、治った、といったありがたい言葉を耳に育ちました。私はお湯を守るために継いだのです」と六代目主人の大塚大さん。湯元は川筋に沿って宿から300メートルほど上流で、導管で自然流下させ、湯船に水一滴加えずバルブによる湯量調整だけで掛け流す。雪崩などで何度も管ごと流されても、良湯のために手順は頑なに守る。

食は宿周囲の山と田畑、前海の恵みを吟味し、冴えた包丁さばきで膳に仕立てる。「自分の料理は、生産者さんの努力の結晶を最後に仕上げたもの。感謝を込めて精進を続けます」。

## ❖上の湯温泉

パシフィック温泉ホテル

# 清龍園

八雲町上の湯162－1

電話　0137・67・2011

宿泊　日帰　露天

山林に囲まれた1万1000坪の敷地に構える清龍園。保有する湯は地下120メートル付近から自噴する道内でも希有な高温泉だ。巨石で設えた露天風呂は目を見張るほどダイナミック。そこに水足しせずに適温化した源泉が絶え間なく注がれ続けている。

オーナーは送電線などの設備工事会社社長。仕事で全国を回る中、その土地土地の温泉がいかに疲れた心身を慰撫するものか身をもって知った。だからこそ「お湯と風呂には本当の贅沢をしたい」と熱く語る。

❖**アクセス**：JR函館駅から車で約1時間20分、JR落部駅から車で約10分❖**1泊2食（税サ込）**：大人11150円～❖**日帰り入浴**：大人600円、4歳～小学生300円、11時～20時、無休❖**泉質**：①ナトリウム－塩化物・硫酸塩泉②ナトリウム－塩化物・炭酸水素塩泉❖**備考**：カード利用不可

## ❖八雲町内の温泉

天然温泉銭湯

# 和の湯（やわらぎ）

八雲町立岩201－8

電話　0137・64・2626

日帰　露天

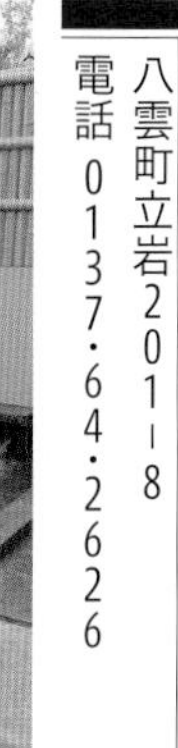

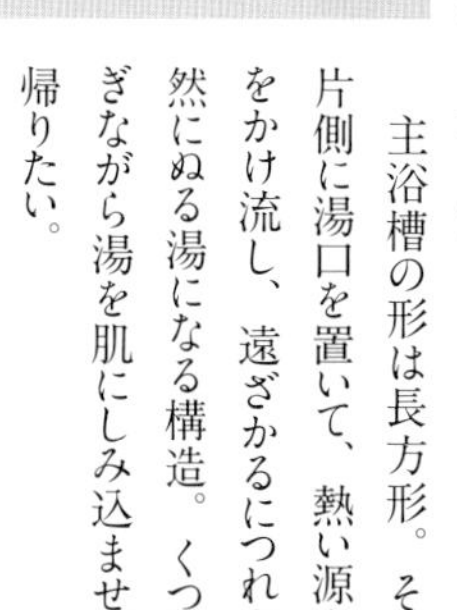

畑の中にぽつんとある日帰り温泉。2004年に誕生したこの温泉は、名湯ぞろいの八雲では新顔だが、湯の質は引けをとらない。温泉井は湯殿から10メートルあるかないかの場所にあり、源泉の鮮度も折り紙つき。湯船の中で手を揺らすと、トプン、と重い、濃厚なナトリウム－塩化物強塩泉だ。湯上がりの肌はしっとり。皮膚炎に悩むご近所の人が、天然の薬だと湯を持ち帰るほどだ。

主浴槽の形は長方形。その片側に湯口を置いて、熱い源泉をかけ流し、遠ざかるにつれ自然にぬる湯になる構造。くつろぎながら湯を肌にしみ込ませて帰りたい。

❖**アクセス**：JR函館駅から車（道央自動車道経由）で約1時間20分、JR八雲駅から車で約10分❖**料金**：大人490円、小学生150円、未就学児80円❖**時間**：12時30分～21時30分、無休❖**泉質**：ナトリウム－塩化物強塩泉

長万部温泉

# 長万部温泉ホテル

長万部町温泉町402
電話01377・2・2079

宿泊　日帰

赤い屋根に白い壁、玄関先では季節の花々の鉢植えとフクロウの人形が大勢そろって湯客をお出迎え。正面外壁に目をやれば、赤い「ゆ」の字に「大衆浴場」の黒文字が。アットホームな庶民派ホテルは、ご近所の皆さんが風呂桶片手に日々通う銭湯でもある。

浴場は昔ながらのたたずまい。年季の入った8の字形の湯壺には源泉があふれ、大きい側は39度から41度、小さい側は41度から43度と湯温が書いてある。身体を清め、ぬるい側へ足先から沈むと、とろりと濃厚な源泉が肌に絡む。

❖アクセス：JR長万部駅から徒歩約20分❖1泊2食（税サ込）：大人9100円～❖日帰り入浴：大人490円、中学生300円、小人150円、幼児80円、6時～21時、無休❖泉質：ナトリウム－塩化物泉❖備考：JR長万部駅から送迎あり（要予約）

長万部温泉

# おしゃまんべ温泉 丸金旅館

長万部町温泉町403
電話01377・2・2617

宿泊　日帰　露天

長万部温泉はどの旅館も源泉かけ流しにこだわり、天然温泉を大切にしている。丸金旅館の湯も身体を芯から温め、皮膚のむくみも改善してくれる。泉温にも恵まれたため、配湯を受ける各宿は質のいい源泉風呂を提供することができる。

この旅館は風呂がいい。男女別の内湯は一方が柾目のひのき風呂、もう一方は石風呂。そこに琥珀色の源泉がとぷとぷと注がれる。

ガラス戸の向こうには石組みの露天も。地元の特産品を取り入れた手作りの味も提供。

❖アクセス：JR長万部駅から徒歩約10分❖1泊2食（税サ込）：大人9830円～❖日帰り入浴：大人500円、小人300円、7時～21時、無休❖泉質：ナトリウム－塩化物泉❖備考：カード利用可

渡島

❖長万部温泉

ホテル あづま

長万部町温泉町402-8
電話01377・2・2018

宿泊 日帰

長万部温泉の中でもとりわけ料理に定評がある温泉旅館。札幌で板前修業を積んだご主人が、毛ガニ、ホタテ、ホッキなど海産物を主体に、季節の地ものを食べ応えのあるお膳に仕立ててくれる。料理人があるじの場合、往々にしてそうであるように、この宿も「温泉も鮮度が第一」とばかり、毎日の換水を怠ることはない。

客室数に比べると風呂は広々しており、特に男性湯は立派なもの。2槽の浴槽はいずれもかけ流しで、好みや体調で選べるように熱めとぬるめに温度を分けている。

❖**アクセス**：JR長万部駅から徒歩約10分❖**1泊2食（税サ込）**：大人7850円～❖**日帰り入浴**：大人500円、小人300円、15時～20時、不定休❖**泉質**：ナトリウム－塩化物泉❖**備考**：カード利用：不可

❖長万部温泉

温泉旅館 もりかわ

長万部町温泉町403-10
電話01377・2・5555

宿泊 日帰

もりかわはアットホームな温泉旅館。ごく普通の家庭料理がおいしいわけは、ご主人の実家である真狩の農家から食べ時の野菜がたっぷりと届くから。

「このアンデスってイモは、うちのジャーマンポテトみたいな、くっきりした味つけに合うよ」と、時には常連さんにもおすそわけ。

風呂は内湯が一つ。湯は手つかずの源泉をかけ流している。お湯換えも清掃も毎日欠かさないとあって、こってり濃厚な源泉本来の持ち味を満喫できる。

❖**アクセス**：JR長万部駅から徒歩約10分❖**1泊2食（税サ込）**：大人8250円❖**日帰り入浴**：大人500円、小人（5歳～小学生）250円、10時～15時、不定休❖**泉質**：ナトリウム－塩化物泉

❖長万部温泉

## 昇月旅館

長万部町温泉町403
電話01377・2・2222

宿のあるじは本業が漁師。そこで妹さんがおかみ役を任された。それから月日は流れ、「お客様のおかげでどうにか続いて……」とおっとりした笑顔。食膳に頻繁にのぼる海の幸は当然、前浜もの。「ここはホッキもホタテもおいしいし、肝心の温泉も申し分ない。素材に助けられているんです」。

湯も素材重視。沸かさず、薄めずの放流式で、温泉そのものを味わうにはうってつけ。「湯上がりはお帰りになって寝るまで身体がポカポカしてますよ」。その言葉、大げさではなかった。

❖**アクセス**：JR長万部駅から徒歩約10分❖**1泊2食（税サ込）**：大人7000円～❖**日帰り入浴**：大人500円、小人300円、13時～17時、無休❖**泉質**：ナトリウム－塩化物泉❖**備考**：カード利用不可

❖長万部温泉

## ホテル四国屋

長万部町温泉町403
電話01377・2・2311

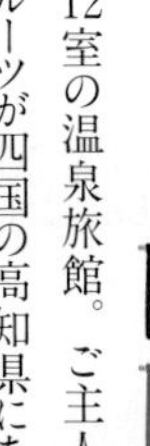

全12室の温泉旅館。ご主人一家のルーツが四国の高知県にあることから、その名が付けられた。この地の多くの宿がそうであるように、JR駅や高速道路とのアクセスの良さからビジネス客の利用が多い。夕食は基本的には食堂でいただくが、ひとり泊まりの場合には「食堂でポツンと召し上がるのも寂しいでしょうから……」と、部屋まで運んでくれる。献立は素朴なおふくろの味。

分湯される源泉を沸かさず薄めずそのまま放流しているので、湯の効力が肌で実感できる。7時から9時まで早朝入浴ができ、人が少ないため「穴場」だという。

❖**アクセス**：JR長万部駅から徒歩約10分❖**1泊2食（税込）**：大人7850円～❖**日帰り入浴**：大人500円、小人300円、幼児無料、15時～21時、不定休❖**泉質**：ナトリウム－塩化物泉❖**備考**：早朝入浴7時～9時、大人500円、小人300円、幼児無料。カード利用不可

❖長万部温泉

温泉旅館

## 大成館

長万部町温泉町400

電話01377・2・2225

長万部温泉の開湯は1955年、天然ガスの試掘の際に温泉がわき出し、あっという間に温泉街が誕生したという。泉質と湯量に恵まれた長万部温泉の宿はいずれも家庭的な雰囲気で、1960年創業の大成館もその一つ。

小振りだが掛け流しの源泉風呂と部屋出しの夕食を味わって、料金はビジネスホテルの1泊程度。観光ばかりか出張利用の常連が多いのもうなずける。

濃厚な掛け流しの食塩泉は、眠りにつくまで温もりがずっと尾を引く。

❖**アクセス**：JR長万部駅から徒歩約20分❖**1泊2食（税込）**：大人9280円～❖**ビジネス料金1泊2食（税込）**：7300円（弁当付＋660円）❖**日帰り入浴**：大人700円、小人300円、10時～12時、不定休❖**泉質**：ナトリウム－塩化物泉❖**備考**：ペット同伴可

❖二股温泉

## 二股らぢうむ温泉

長万部町大峯32

電話01377・2・4383

宿泊

日帰

二股らぢうむ温泉は巨大石灰華ドームで有名な温泉。浴槽にはそれぞれ温度と深浅の差をつけて、温浴効果に変化を与えた。温泉療養の面では工夫した設計だ。原生林に囲まれているため、四季を通して渓谷の樹木が、心身を潤してくれる。

部屋は53室ですべて和室。ひなびた湯治場の匂いは薄れたが、いまも病気や怪我の治療を目的とした湯治が多い。新しい浴室は男女別の内湯と混浴の湯、さらに10メートルの歩行浴ができる温水プールもある。

❖**アクセス**：JR函館駅から車（道央自動車道経由）で約2時間❖**1泊2食（税サ込）**：大人8400円～❖**日帰り入浴**：大人1100円、小人500円、7時～18時、無休❖**泉質**：ナトリウム・カルシウム－塩化物泉❖**備考**：露天風呂は混浴と女性専用あり。カード利用不可、JR長万部駅から送迎あり（要予約）

渡島

## 湯の川温泉

### 湯元 啄木亭

函館市湯川町1丁目18－15
電話 0570・026・573
宿 日 露

1924年（大正13年）作庭の松岡庭園が保存され、目を和ませる。温泉は11階の最上階に位置し、函館の景色を一望できる。温泉につかりながら、美しい夜景や鮮やかな稜線を眺めることができる。

❖アクセス：JR函館駅から車で約10分❖1泊2食（税込・入湯税別）：大人11000円～❖日帰り入浴：大人1200円、小学生600円、幼児無料、13時～21時、無休❖泉質：ナトリウム・カルシウム－塩化物泉❖備考：JR札幌駅から送迎あり（片道2500円、往復4000円、要事前予約）

## 鍛治温泉

### 鍛治温泉

函館市鍛治1丁目34－15
電話 0138・56・0131
日 露

銭湯が1999年に温泉銭湯へ。ゆったりサイズの湯船を置いて湯客に喜ばれている。

❖アクセス：JR函館駅から車で約20分❖料金：大人490円、小人150円、幼児80円❖時間：14時～22時30分、日曜日・13時～22時30分、木曜日休み❖泉質：アルカリ性単純温泉

## 八雲カルシウム温泉

### 温泉ホテル 八雲遊楽亭

八雲町浜松152
電話 0137・63・4126
宿 日 露

国道5号沿いにある温泉。湯は自前で湯量も豊富なので、和室8室の浴槽（宿泊限定）にも直接引いており、個室でゆっくり温泉三昧も。

❖アクセス：JR函館駅から車で約1時間10分、JR八雲駅から車で約15分❖1泊2食（税込）：大人8700円～❖日帰り入浴：大人550円、小学生250円、幼児100円、2歳以下無料、12時～21時、無休❖泉質：ナトリウム－塩化物泉

## 戸井温泉

### 函館市戸井ウォーターパーク 温泉保養センターふれあい湯遊館

函館市原木町285－1
電話 0138・82・2001
日

湯は単純硫黄泉を加熱して循環使用するが、毎日の換水と清掃の甲斐あって清潔感は高い。大浴槽は港町らしく44度と熱め。ほかにも、低温の浴槽、サウナもある。併設するキャンプ場で宿泊も可（コテージも有）

❖アクセス：JR函館駅から車で約40分、函館空港から車で約30分❖料金：大人360円、小人150円、幼児80円❖時間：10時～21時、月曜日休み・年末年始ほか❖泉質：単純硫黄泉

渡島

❖湯の川温泉

## ホテル 雨宮館

函館市湯川町1丁目26－18
電話0138・59・1515

宿 日

湯の川温泉の源泉そのままを利用。再利用せず、かけ流しだから、浴後のぬくもりが違う。また、水風呂も井戸水のかけ流し。

❖アクセス：市電「はこだてアリーナ前」電停から徒歩1分❖1泊素泊まり（税サ込）：大人4800円～❖日帰り入浴：大人（中学生以上）500円、小人200円、幼児100円、6時～22時、無休❖泉質：ナトリウム・カルシウム－塩化物泉

❖湯の川温泉

## ホテルテトラ湯の川温泉

函館市湯川町3丁目12－11
電話0138・59・4126

宿 日 露

低予算で楽しめるビジネスホテル。天然温泉100％で、加温・加水なしで、源泉をそのままかけ流す。内湯のほかに、岩組みの半露天風呂もある。

❖アクセス：JR函館駅から車で約15分❖1泊2食（税込）：大人9650円～❖日帰り入浴：入浴料550円、手ぶらセット900円（バスタオル、フェイスタオル、飲み物）、13時～22時❖泉質：ナトリウム・カルシウム－塩化物泉

❖湯の川温泉

## 平成館 しおさい亭

函館市湯川町1丁目2－37
電話0138・59・2335

宿 露

津軽海峡を望む眺望が自慢のホテル。浴場は7階と4階にあり深夜に男女を入れ替える。

❖アクセス：JR函館駅から車で約10分❖1泊2食（税サ込）：大人2名1室17600円（入湯税別）海側和室8畳❖日帰り入浴：不可❖泉質：ナトリウム・カルシウム－塩化物泉

❖海峡の湯

## ラビスタ函館ベイANNEX

函館市大手町5－23
電話0138・24・2273

宿 露

2023年にオープンした10階建てのホテル。「ラビスタ函館ベイ」の客室が全335室なのに対し、アネックスは全74室で1室当たりの作りを広めにし、天然温泉風呂付きの部屋も用意した。

❖アクセス：JR函館駅から徒歩15分❖宿泊：13400円～（時期やプランなどにより変動あり）❖日帰り入浴：不可❖泉質：ナトリウム－塩化物強塩温泉

❖**吉岡温泉**

## 吉岡温泉 ゆとらぎ館

福島町吉岡303
電話 0139・48・5955

日 露

「青函トンネル」工事宿舎跡地に立つ町営の日帰り湯。浴室は高温湯に低温湯、寝湯、歩行湯、気泡湯、露天など浴槽バリエーションも豊富。

❖**アクセス**：JR函館駅から車で約1時間40分、JR木古内駅から車で約45分❖**料金**：大人400円、小学生以下無料❖**時間**：10時30分 ～21時30分、月曜日休み（祝日の場合は翌日休み）❖**泉質**：ナトリウム・カルシウム－硫酸塩泉

❖**知内こもれび温泉**

## 知内町健康保養センター こもれび温泉

知内町元町103－2
電話 01392・6・2323

日 露

健康づくりを目的とした公営温泉。脱衣所直結のリラクゼーションプールが魅力。体の不自由な方が家族といっしょに入浴できる個室浴室は予約すれば通常なら1時間の入浴時間を2時間へ調整も。

❖**アクセス**：JR函館駅から車で約1時間❖**料金**：大人350円、65歳以上150円、小学生以下100円❖**時間**：火曜～日曜10時～20時、月曜休み（月曜が祝祭日の場合は営業、翌日火曜が休み）❖**備考**：個室浴室は要予約、リラクゼーションプール利用時は要水着、水泳帽❖**泉質**：ナトリウム・カルシウム－硫酸塩・塩化物泉

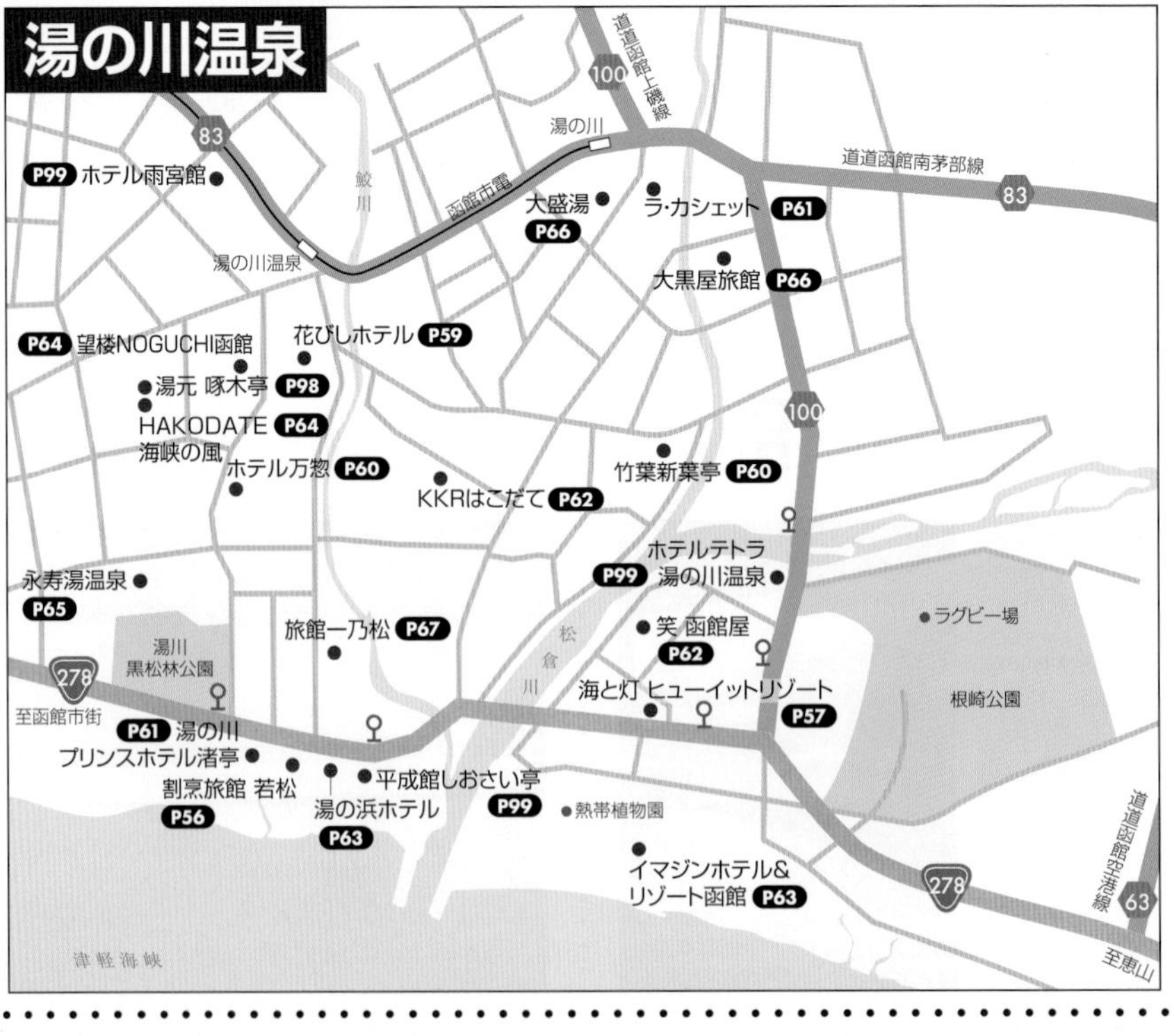

## 湯の川温泉

道道函館上磯線
100
83
湯の川
道道函館南茅部線
P99 ホテル雨宮館
鮫川
函館市電
大盛湯 P66
ラ・カシェット P61
湯の川温泉
大黒屋旅館 P66
P64 望楼NOGUCHI函館
花びしホテル P59
湯元 啄木亭 P98
HAKODATE 海峡の風 P64
ホテル万惣 P60
KKRはこだて P62
竹葉新葉亭 P60
ホテルテトラ 湯の川温泉 P99
永寿湯温泉 P65
旅館一乃松 P67
松倉川
笑 函館屋 P62
ラグビー場
湯川黒松林公園
278
至函館市街
海と灯 ヒューイットリゾート P57
根崎公園
P61 湯の川プリンスホテル渚亭
割烹旅館 若松 P56
湯の浜ホテル P63
平成館しおさい亭 P99
熱帯植物園
道道函館空港線
イマジンホテル&リゾート函館 P63
63
津軽海峡
至恵山

おふろで健康づくり

# 腸　温めほぐし、活性化

腸を整えることは、すなわち免疫力を高めること。腸の働きを活性化させるには温度が鍵。子供の頃に「おなかを冷やすな」と暑い夏でも布団をかけ直された経験はないだろうか。腸は冷えに弱く、温かければ活発に働く。

また腸は腹壁のすぐ内側にあり、自分の指先で刺激を伝えられる内臓だ。優しくもみほぐして活性化を後押ししよう。

風呂の湯温は38度が目安、入浴前に水を1杯。体を洗い、湯船に10分。ぬる湯で自律神経の副交感神経を優位にして、腸のぜん動運動を促進させる。

湯の中で腸をマッサージ。両手をおへその上で重ね、軽く押しながら時計回りに8回ほど回す。次に指先を重ね、大腸に沿って押し流す。まず右骨盤の内側を押し、上に押し上げ右肋骨の下へ、みぞおちを通って左肋骨の下へ、そこから押し下げて左骨盤の内側、最後に下腹を左から右へ。これを3回繰り返す（図①）。

湯船から出て洗髪などして一呼吸おき、再び湯船へ。最初は深呼吸。おなかに手を当て、動きを意識しながらゆっくり5回、深く吸い、深くはき切る。

息を吸いながら湯船の左縁に手を添え、肋骨下の大腸を意識しつつ、息を細く長くはきながら上半身を大きくひねる（図②）。はき切ったら正面に体を戻し、今度は右側を同様に。左右2、3セット繰り返す。

最後に両足を伸ばして胸を張り、両手をお尻の横に置いて、左右交互に5回ずつ、骨盤を上にあげて脇腹をキュッと縮める（図③）。腸への刺激と、骨盤のゆがみ改善につながる。

疲れた日は、回数は半分で大丈夫。細く長く続けて腸を元気に、免疫力を上げていこう。

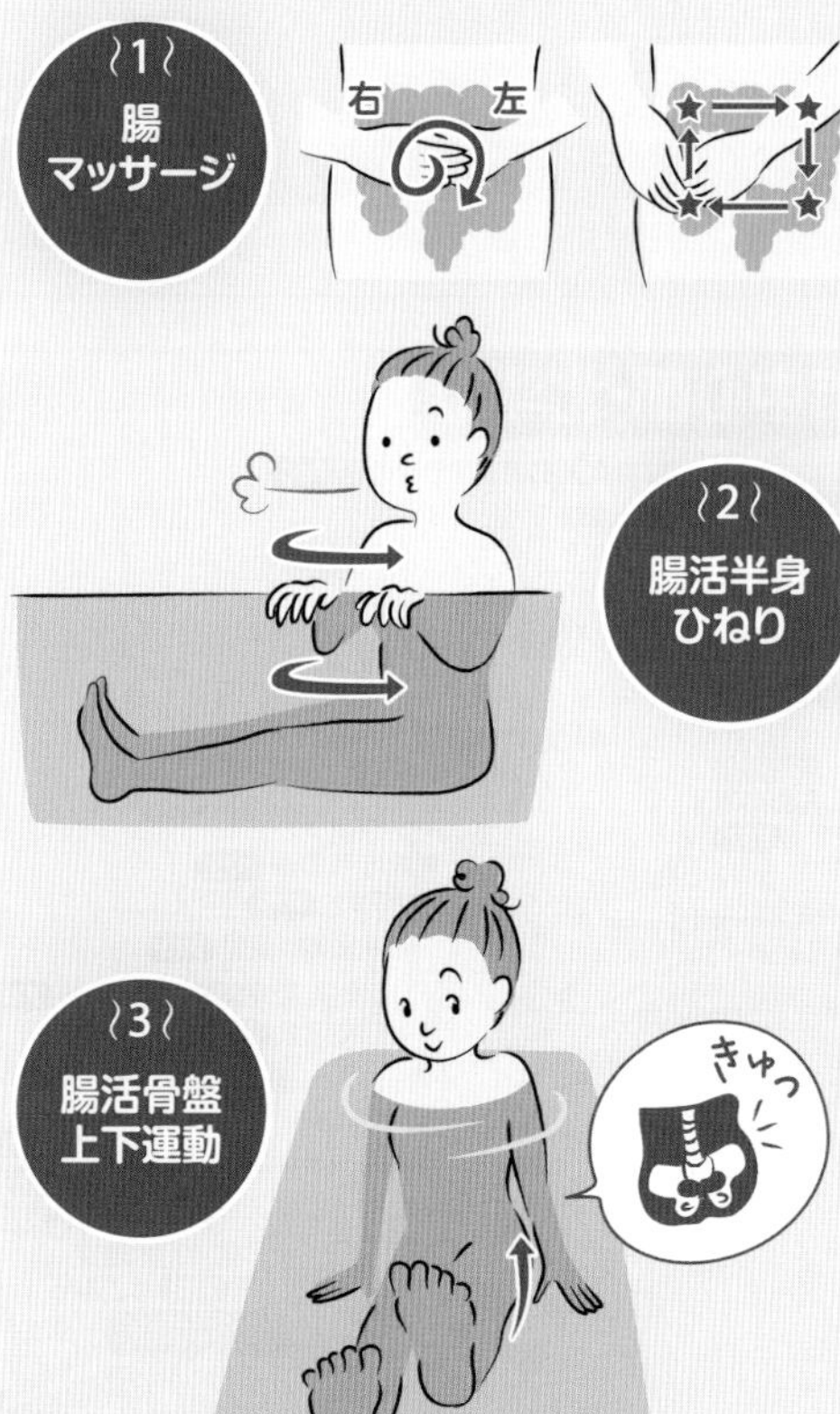


渡島

渡島

# 渡島・檜山①

JR森駅
森町
森IC
5
駒ケ岳
JR鹿部駅
鹿部町
温泉旅館 鹿の湯 P82
温泉旅館吉の湯 P81
太平洋
229
P110 ゆりの里 活性化センター
おとべ温泉郷 光林荘 P110
P83 グリーンピア大沼
P80 函館大沼プリンスホテル
P109 いこいの湯
大沼公園IC
俄虫温泉旅館 P113
厚沢部町上里 P107 ふれあい交流センター
227
JR大沼公園駅
JR大沼駅
函館大沼鶴雅 P79 リゾート エプイ
ホテル函館ひろめ荘 P79
乙部町
P104 繁次郎温泉
厚沢部町
厚沢部うずら温泉 P105
JR新函館北斗駅
ななえ天然温泉 ゆうひの館 P80
ぬくもり P104 保養センター
館地区憩いの家 P106
七飯町
JR七飯駅
278
P76 川汲温泉旅館
ホテル恵風 P77
江差町
29
ホテル・ラ・ジェント・プラザ 函館北斗 P85
函館IC
日本海
江差旅庭群来 P105
北斗市
P78 恵山温泉旅館
恵山岬灯台
道道上磯厚沢部線
上ノ国町
JR函館駅
函館空港IC
花沢温泉 P108
上ノ国町国民温泉 保養センター P108
5
函館空港
函館市
函館市恵山 福祉センター P77
278
道南いさりび鉄道
七飯町健康センター アップル温泉 P81
228
新幹線 木古内駅
ビュウ温泉 のとや P88
函館市 戸井ウォーターパーク 温泉保養センター ふれあい湯遊館 P98
木古内町
P88 知内温泉旅館 ユートピア和楽園
津軽海峡
知内町
大千軒岳
知内町健康保養センター こもれび温泉 P100
228
北海道新幹線
福島町
P89 松前温泉 休養センター
吉岡温泉 ゆとらぎ館 P100
松前町
温泉旅館 矢野 P89

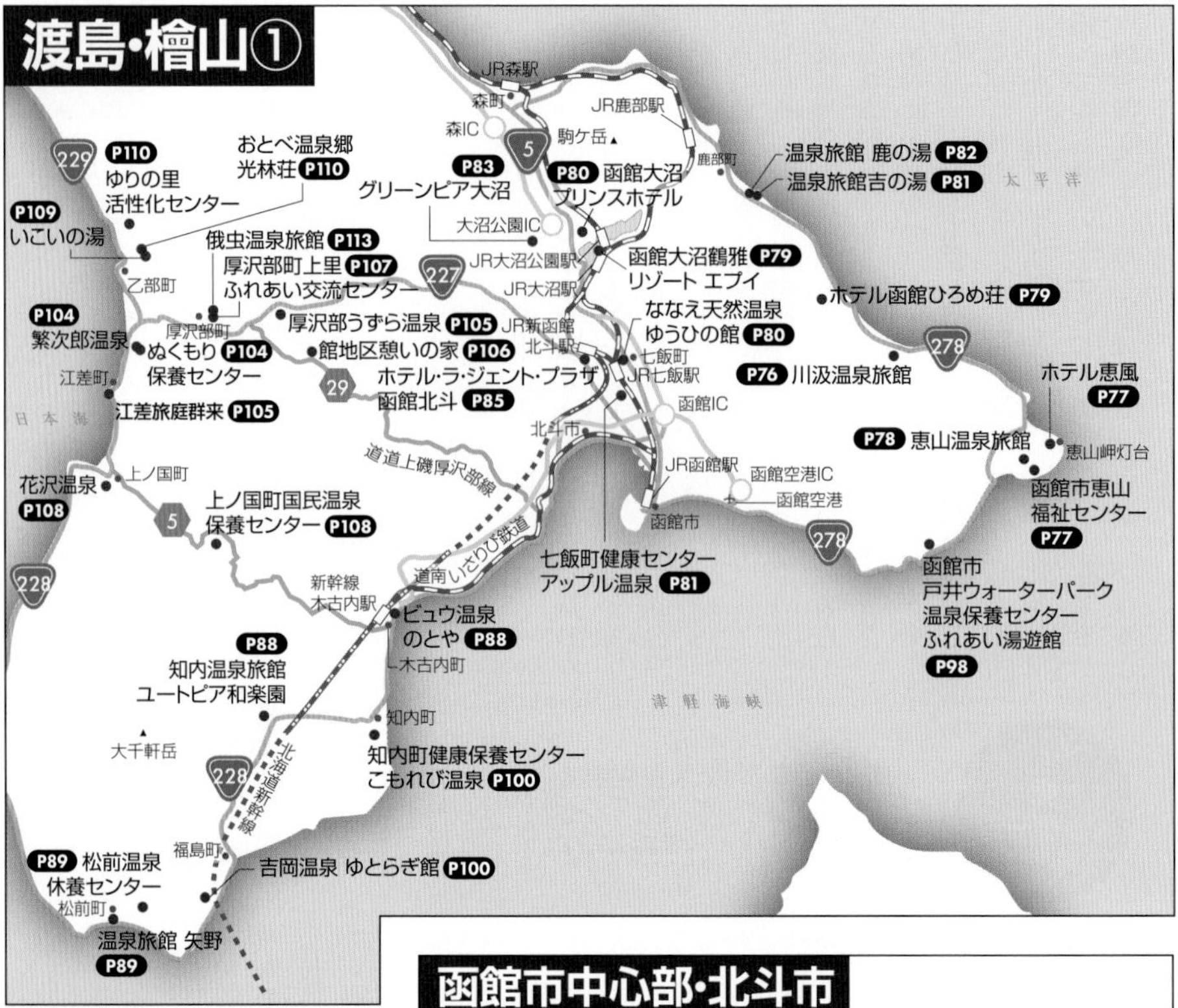

# 奥尻

# 函館市中心部・北斗市

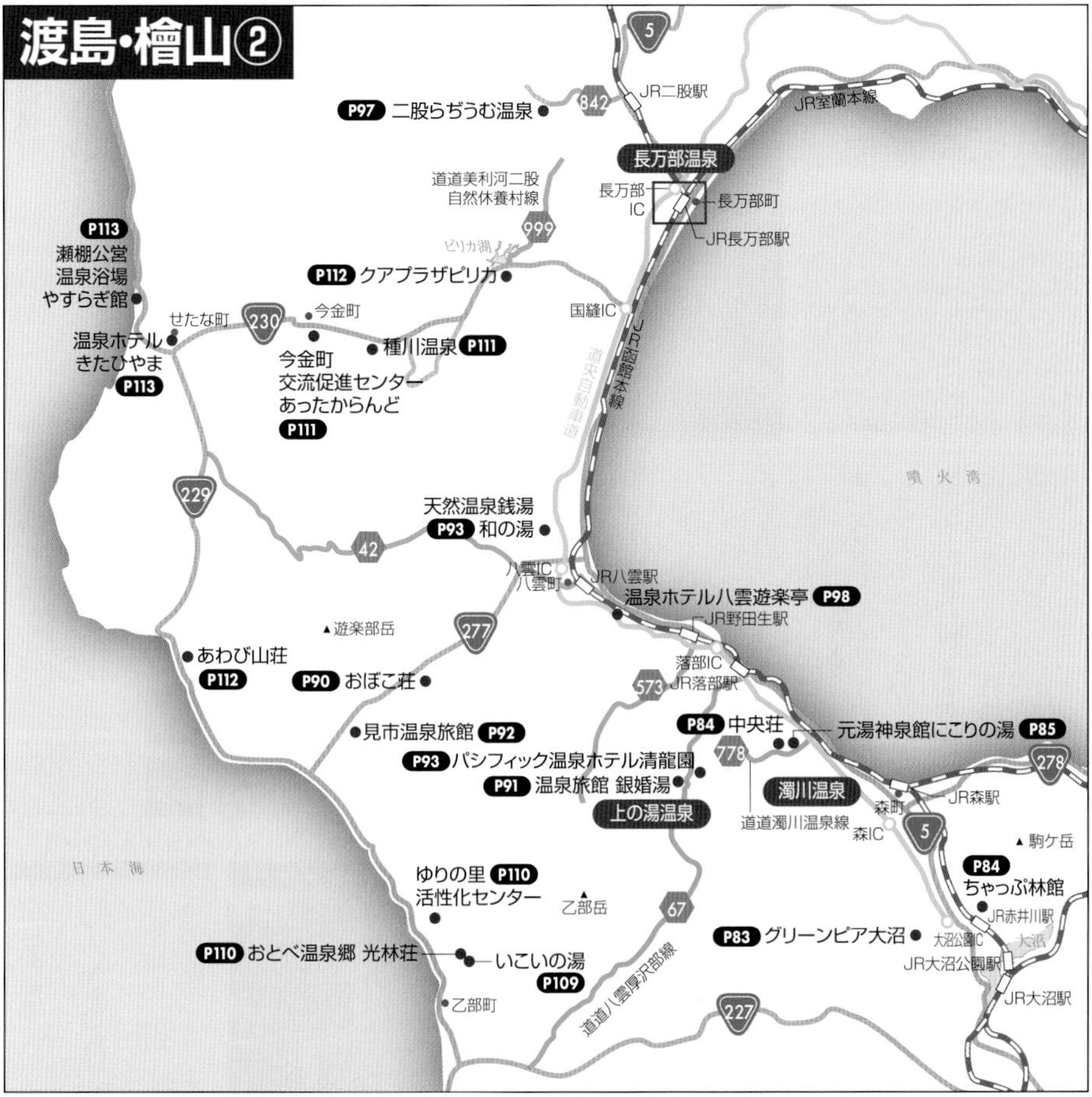
渡島・檜山②
P97 二股らぢうむ温泉
JR二股駅
842
5
JR室蘭本線
長万部温泉
長万部IC
長万部町
JR長万部駅
道道美利河二股自然休養村線
999
ピリカ湖
P112 クアプラザピリカ
P113 瀬棚公営温泉浴場やすらぎ館
せたな町
230
今金町
温泉ホテルきたひやま P113
種川温泉 P111
今金町交流促進センターあったからんど P111
国縫IC
JR函館本線
道央自動車道
噴火湾
229
42
天然温泉銭湯 P93 和の湯
八雲IC
八雲町
JR八雲駅
温泉ホテル八雲遊楽亭 P98
JR野田生駅
遊楽部岳
277
あわび山荘 P112
P90 おぼこ荘
落部IC
573
JR落部駅
見市温泉旅館 P92
P84 中央荘
元湯神泉館にこりの湯 P85
P93 パシフィック温泉ホテル清龍園
778
278
P91 温泉旅館 銀婚湯
濁川温泉
上の湯温泉
JR森駅
森町
道道濁川温泉線
森IC
駒ケ岳
日本海
ゆりの里活性化センター P110
乙部岳
67
P84 ちゃっぷ林館
JR赤井川駅
P110 おとべ温泉郷 光林荘
いこいの湯 P109
P83 グリーンピア大沼
大沼公園IC
大沼
JR大沼公園駅
JR大沼駅
乙部町
道道八雲厚沢部線
227

函館市街
ラ・ジェント・ステイ函館駅前 P69
5
千歳町
JR函館駅
新川町
457
P69 函館国際ホテル
函館駅前
函館どつく前
ラビスタ函館ベイ P99 ANNEX
函館市役所
松風町
至湯の川温泉
大町
278
P68 ラビスタ函館ベイ
市役所前
魚市場通
末広町
十字街
道道立待岬函館停車場線
函館市電
279
ルートイングランティア函館駅前 P71
675
山麓
山頂
函館山ロープウェイ
函館山
宝来町
ホテル&スパ P70 センチュリーマリーナ函館
青柳町
津軽海峡
谷地頭
湯元谷地頭温泉 P68

長万部温泉
長万部IC
至黒松内
至室蘭
5
道央自動車道
JR函館本線
JR室蘭本線
37
至八雲
P94 長万部温泉ホテル
P94 おしゃまんべ温泉 丸金旅館
P95 温泉旅館 もりかわ
P96 ホテル四国屋
P96 昇月旅館
P95 ホテル あづま
P97 温泉旅館 大成館
5
長万部町
JR長万部駅
噴火湾
道道長万部公園線
1141
至八雲

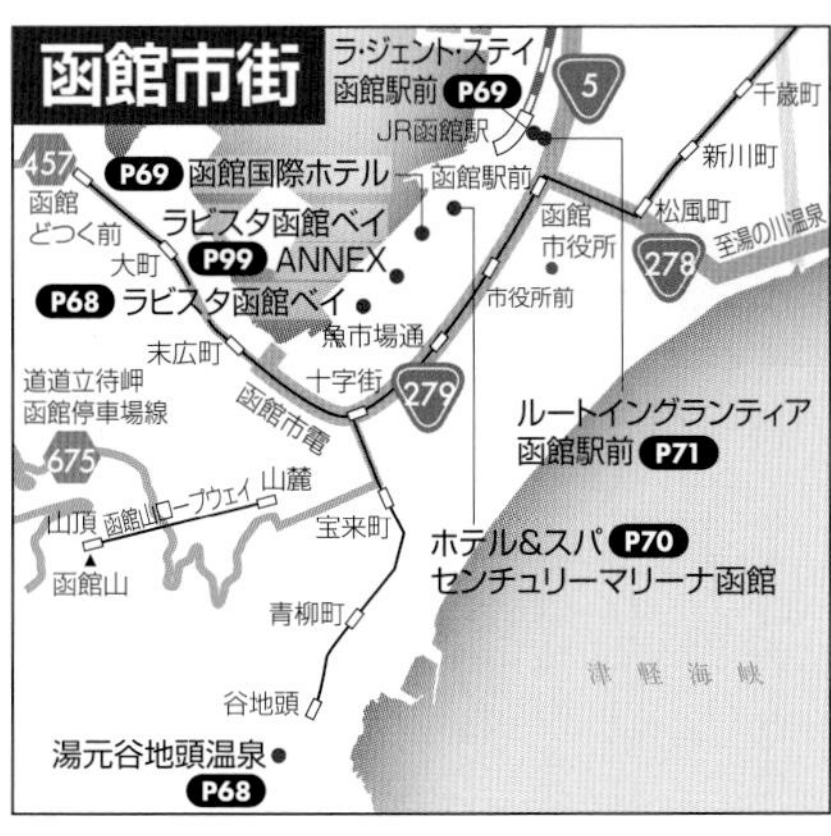

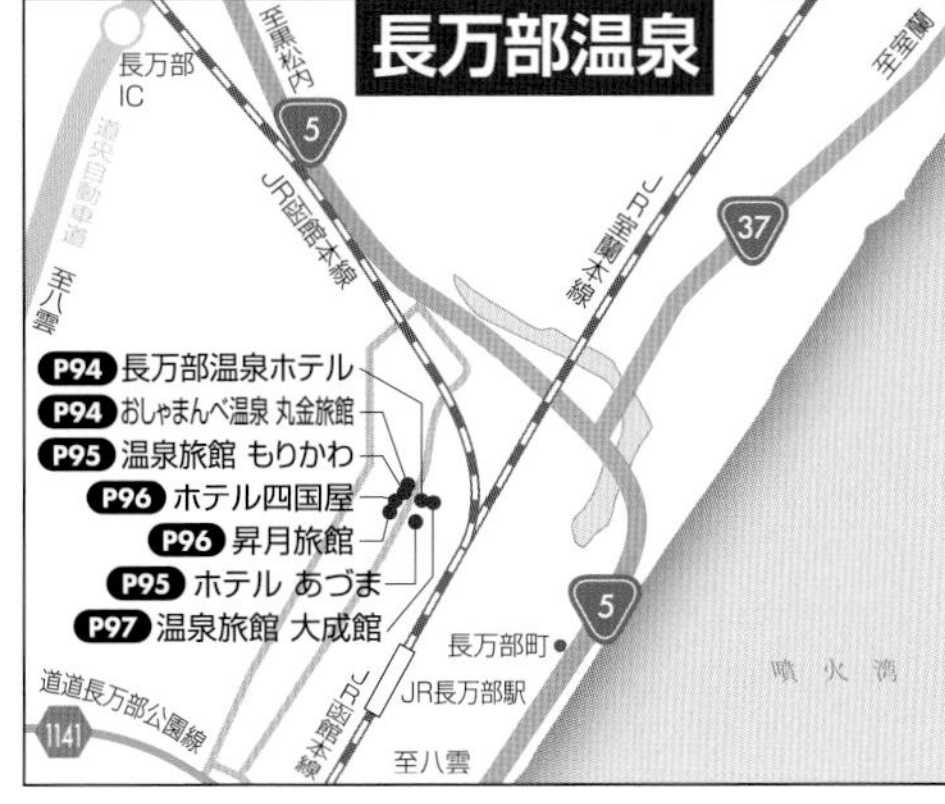

❖江差温泉

# 繁次郎温泉

江差町田沢町82－7
電話 0139・54・5454

平日は夕方5時から営業開始。その理由はこの温泉、知的障害を持つ人の就労支援施設で、温泉と福祉の多機能型施設のため。湯賃は格安だが、浴用設備の充実ぶりもすばらしい。誠実な手で日々磨き上げられる浴室には、気泡湯つきの主浴槽、マッサージ効果がある圧注浴槽、源泉そのものをかけ流す扇形の浴槽、さらに、ジャグジー温泉などが配置されている。

露天のスペースには、温泉浴槽のほかに、車椅子対応のフィンランドサウナまでも揃う。機能のその先に優しさあふれる名湯だ。なお、土、日は12時から営業している。

❖**アクセス**：JR函館駅から車で約1時間30分、JR木古内駅から車で約1時間❖**料金**：大人300円、65歳以上および身障者150円、6歳～11歳120円、3歳～5歳100円、2歳以下無料❖**時間**：平日（祝日含む）17時～21時、土・日曜は10時～21時、無休❖**泉質**：単純温泉❖**備考**：町内送迎あり（要予約）

❖江差温泉

# ぬくもり保養センター

江差町尾山町126
電話 0139・52・0083

江差町北部、繁次郎浜がある道の駅近くの高台にある。地域の生活環境向上や福祉目的で建てられた町営日帰り湯。町内会の人々によって運営され、年季の入った建物はいつもよく清掃されている。

かけ流しの湯は弱アルカリ性の単純温泉で、美肌づくりの特効薬。毎日欠かさぬ換水と内部清掃も、温泉の高い品質を支えている。澄んだ湯に身体をあずけると、松やツツジを配する中庭の眺めが心を穏やかにしてくれる。建物の前には同じ源泉を使った屋根付きの足湯があり、約30センチで膝下までつかることができる。

❖**アクセス**：JR函館駅から車で約1時間30分、JR木古内駅から車で約1時間❖**料金**：大人440円、70歳以上220円、12歳未満140円、6歳未満100円、3歳未満無料❖**時間**：11時～17時、月曜日休み❖**泉質**：単純温泉

檜山

❖江差温泉

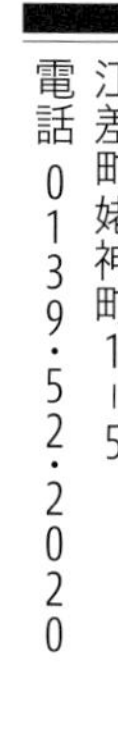

# 江差旅庭 群来

江差町姥神町1-5
電話 0139・52・2020

❖**アクセス**：JR函館駅から車で約1時間30分、函館バスで約2時間、JR木古内駅から車で約1時間❖**1泊2食（税込）**：大人47450円〜❖**日帰り入浴**：不可❖**泉質**：ナトリウム－炭酸水素塩・硫酸塩泉❖**備考**：函館バス姥神町フェリー前バス停から送迎あり（要予約）

部屋数7室の高級温泉旅館。1泊1人4万円台からの高級路線で2009年に開業した。鷗島が望める海沿いを建設地に選び、景観を損なわないようにと平屋にした。設計は建築家・中山眞琴氏によるもので、玉石を敷き詰めた庭は海原、独立した七つの客室は木造船のイメージだという。それぞれの「船」は63平方メートルあり、玉石の波しぶきを臨むテラスとリビング、寝室、小さな文机を置く和室、そして源泉を満たす湯殿を備える。

社長が故郷の厚沢部町で経営する農園で育てた野菜や卵、ヒツジなどの食材を提供するなどきめ細やかなサービスで、さらに評価を高めている。

❖うずら温泉

# 厚沢部うずら温泉

厚沢部町鶉町853番地
電話 0139・65・6366

宿泊 日帰

❖**アクセス**：JR函館駅から車で国道227号経由約1時間❖**素泊まり（税込）**：9340円〜❖**日帰り入浴**：大人400円、小学生200円、未就学児無料、13時〜21時、月曜定休（祝日の場合は翌日）❖**泉質**：アルカリ性単純泉

チロル風のとんがり屋根の建物は、田園の緑によく映える。

1995年の開業なのでやや年季は入っているが、丁寧な清掃のおかげで過ごしやすい。フロント前から階段で2階に上がると、ツインルーム16室と和室2室の客室フロアだ。

1階の奥手にある浴場は、大きな窓から陽光が差し込み明るくシンプル。単純泉を張った主浴槽と気泡浴槽、それにヒバの自生林北限の地・厚沢部にふさわしい総ヒバ造りの贅沢なサウナもある。

❖館城温泉

# 館地区憩いの家

厚沢部町館町628-3
電話 0139・66・2632

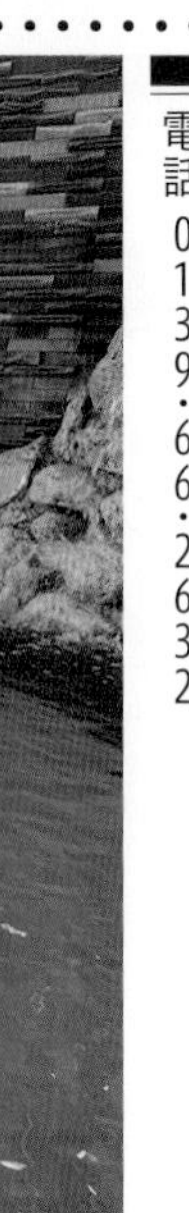

❖**アクセス**：JR 函館駅から国道 227 号経由で約 1 時間❖**料金**：大人 380 円、小学生 140 円、未就学児無料❖**時間**：13 時～ 20 時（4 ～ 10 月）、13 時～ 19 時（11 ～ 3 月）、金曜定休❖**泉質**：アルカリ性単純温泉

町を代表する農作物のメークインにとどまらず、米や野菜類などを幅広く生産する厚沢部町の館地区。温泉への道々は田畑や森の緑に囲まれ牧歌的だ。案内看板も少なく、方向音痴の著者はカーナビに頼らなくては迷いそうだった。

館地区の憩いの家だという名前の通り、1984年の開業以来、地域の日々の集いの場であり、家風呂のない人には大切な公衆衛生の場であり、町内のお年寄りや体の不自由な人のためには事前予約すれば、手すりなどが整い、一緒に家族などが入れば介助もしやすい「小浴室」にも温泉を張ってくれる。入浴料は令和のいまも大人380円と、まるで昭和の銭湯代だ。

内湯のみだが湯船は広々。温泉はアルカリ性単純泉でpH値が8・8の、俗に言う「美人の湯」、肌ざわりはツルッツルだ。湯は循環使用するものの、たっぷりと新湯を注いであふれさせている。湯温などはその日の季節・気温に応じて管理人さんが誠実に手管理している。

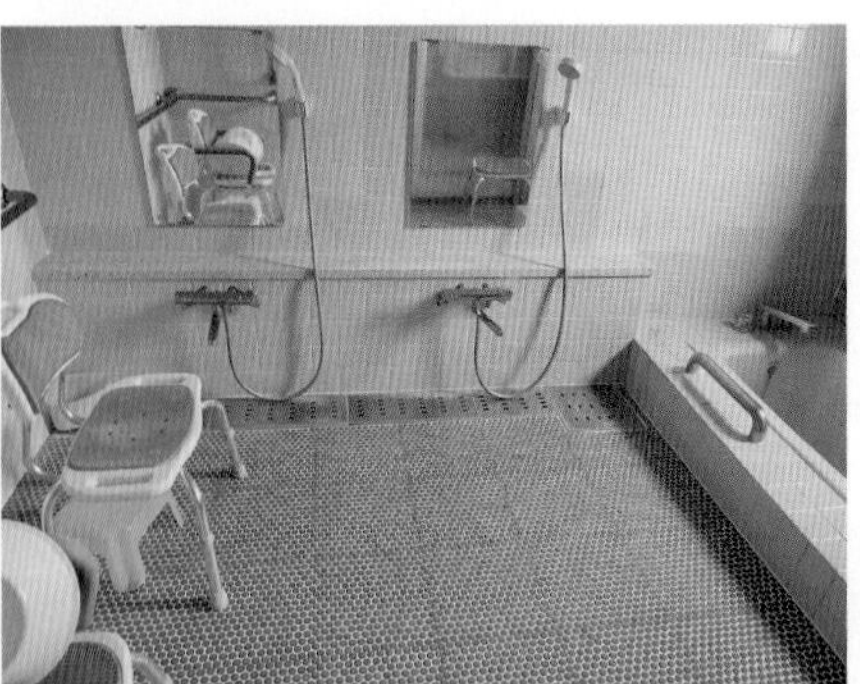

❖厚沢部町内の温泉

厚沢部町

# 上里ふれあい交流センター

厚沢部町字上里92-1
電話 0139・64・3100

日帰　露天

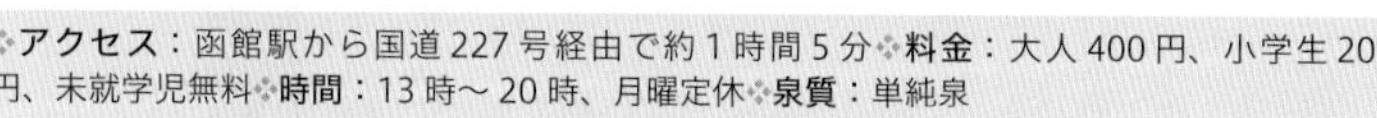

❖**アクセス**：函館駅から国道227号経由で約1時間5分❖**料金**：大人400円、小学生200円、未就学児無料❖**時間**：13時～20時、月曜定休❖**泉質**：単純泉

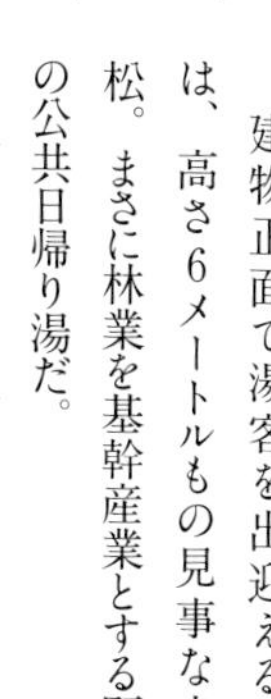

建物正面で湯客を出迎えるのは、高さ6メートルもの見事な赤松。まさに林業を基幹産業とする町の公共日帰り湯だ。

象徴的な赤松ばかりでなく、浴場含め建物の内外に木材をふんだんに使用。サウナ内装の木の意匠まで洒落ている。

泉温は低めなのだが、それを補う熱源は、いわば現代版の薪焚きにあたるチップボイラー。風呂には熱くした源泉を絶えず注ぎ、内部で循環し、あふれさせている。

浴場には主浴槽とジェットバスがあり、小窓とテレビもついたサウナも人気。隠れた魅力がそのサウナの水風呂で、水道水ではなく厚沢部山中の、周辺にワサビやクレソンも育つ水源地から届くまろやかな湧水だ。露天風呂に行けば、松のきれいな庭見の風呂で、さながら古風な温泉宿のよう。林業の街のプライドを感じさせる、小さくも美しい日帰り湯だ。

❖花沢温泉

# 花沢温泉

上ノ国町字勝山141-1
電話 0139・55・1770

重要文化財指定の建造物に史跡の館跡など、北海道では数少ない中世の面影を残す上ノ国。松前領主蠣崎氏が居城とした山城・花沢館跡（国指定史跡）周辺は花沢公園として整備されている。そのエリアに湧く湯がここだ。

源泉を熱交換機で適温にして、低温・高温の内湯と露天にかけ流す。管理も秀逸で、浴場、脱衣所、休憩スペースに至るまで隅々ピカピカ。

これで湯代が百円玉2枚きり。財布にもありがたい、庶民の名湯だ。

❖**アクセス**：JR函館駅から車で約1時間30分、JR木古内駅から車で約50分❖**料金**：大人200円、3～11歳100円❖**時間**：10時～21時、火曜日（祝祭日の場合は翌日）と年末年始定休❖**泉質**：ナトリウム－炭酸水素塩・塩化物泉

❖湯ノ岱温泉

# 上ノ国町国民温泉保養センター

上ノ国町湯ノ岱517-5
電話 0139・56・3147

清流天の川のほとりに立つ、知る人ぞ知る名湯。場所は旧江差線の「湯ノ岱」駅から歩いて10分の場所にある。

貫禄の湯殿には、赤銅色の湯の花が湯縁にこってり盛り上がる大浴槽と中浴槽、最奥に小さな円い浴槽があり、2種類の源泉を駆使して湯温を大きく変えている。38度と35度の湯船は源泉のみ、42度の浴槽は38度の源泉に加熱した水道水を加水して整えており、全てかけ流しだ。「以前は大浴槽が加熱した湯だったけど、1番人気が38度でみんなギュウギュウ詰めでも入るものだから、今では大浴槽が38度になったのよ」と常連の女性がにこにこと教えてくれた。

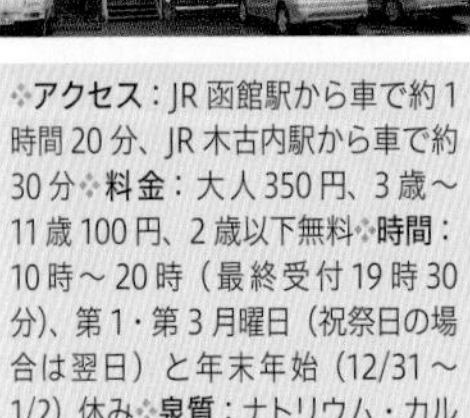

❖**アクセス**：JR函館駅から車で約1時間20分、JR木古内駅から車で約30分❖**料金**：大人350円、3歳～11歳100円、2歳以下無料❖**時間**：10時～20時（最終受付19時30分）、第1・第3月曜日（祝祭日の場合は翌日）と年末年始（12/31～1/2）休み❖**泉質**：ナトリウム・カルシウム－塩化物・炭酸水素塩泉

❖神威脇温泉

# 神威脇温泉保養所

奥尻町湯浜98番地先
電話 01397・3・1130

1978年に奥尻町営の温泉保養所としてオープンし、地元住民に愛される神威脇温泉。泉質の良さや、湯浜の海沿いの立地から見える海の景観が観光客にも知られている。

ここの温泉の特長は濃厚な湯。建物は最新式とはいかないが、他の施設にはない工夫がある。浴場を1、2階別に設け、それぞれ個性を打ち出しているのだ。2階は海に面した眺望の風呂。ガラス窓に広がる夕陽の見事さは筆舌に尽くしがたい。湯の方は濃厚な源泉をかけ流している。一方、1階には源泉そのもの、力強い赤湯がなみなみと満たされている。

❖**アクセス**：奥尻港フェリーターミナルから、車で20分、町有バスで約1時間❖**料金**：大人420円、小人160円、幼児無料❖**時間**：10時30分～20時30分（年末年始休み）❖**泉質**：ナトリウム・カルシウム－塩化物泉

❖乙部温泉

# いこいの湯

乙部町館浦527－2
電話 0139・62・3264

館内は美術館のような日帰り湯。浴室壁面にずらりと並ぶのは乙部の海を焼き込んだタイル絵。味わい深い湯出し口は、日本海の波を模した石の彫刻。いこいの湯は、絵画、彫刻、書、陶芸作品をいたるところに展示するアートホールのよう。

肝心の湯。内湯は深浅の段差をつけた30人規模の主浴槽に、サウナ、水風呂というシンプルな設計。小さな石庭、ヤチダモ林を望める露天風呂も備えている。湯は、源泉を水足しせず、熱交換機で湯温を調整したフレッシュなもの。循環せずにかけ流すうえ、浴槽の湯は毎日総入れ替え。源泉の効能も期待できるというもの。

❖**アクセス**：JR函館駅から車で約1時間30分❖**料金**：12歳以上400円、6歳～11歳200円、5歳以下100円❖**時間**：11時～21時、月曜日休み❖**泉質**：ナトリウム－硫酸塩・塩化物泉

❖鳥山温泉

# ゆりの里活性化センター

乙部町鳥山427－1
電話 0139・62・2037

日帰

2021年4月から町営に変わったが、管理は自治会が行っている。まさに地域の井戸端役。営業も週に4日だけ。だが湯の良さと日々欠かさぬ換水清掃、人情味あふれる雰囲気目当てに、口コミで訪れる温泉愛好家も多い。

温泉はかつて800メートルほど先の泉源付近に設けてあったが、1998年の同施設整備を機に、湯を導管で引いて現在の場所に浴室も新設した。だから土地の人は昔の呼び名のまま「鳥山温泉」と呼ぶ。赤銅色の濃密な源泉が間断なくあふれる。温泉だと示す看板が通り道にも施設前にも出ていないので、事前に確認を。

❖**アクセス**：JR函館駅から車で約1時間30分❖**料金**：大人（12歳以上）300円、中人（6歳以上12歳未満）150円、小人（6歳未満）50円❖**時間**：夏季（5～11月）13時～20時、冬季（12月～4月）13時～19時、月・水・金曜日休み❖**泉質**：ナトリウム－硫酸塩・塩化物泉

❖乙部温泉

# おとべ温泉郷 光林荘

乙部町館浦527－2
電話 0139・62・3347

泊 宿
天 露

乙部町にある温泉宿泊施設。1983年の開湯以来から源泉かけ流し。

道産木材をふんだんに使ったぬくもりのある造りが特徴で、客室数は17室。各部屋の名前は乙部町の観光名所や昔の地区の呼び名が付けられている。

木と石とで構えた内湯は、湯船一つと洗い場のみの端正な設え。宿泊時には、隣にある町営「いこいの湯」と両方を入り比べる楽しみもある。露天の赤銅色の源泉をたたえた四角い湯船は風格のある東屋仕立て。

❖**アクセス**：JR函館駅から車で約1時間30分、JR新函館北斗駅から車で約1時間❖**1泊2食（税サ込）**：大人13900円～❖**日帰り入浴**：月曜日のみ12時～17時❖**泉質**：ナトリウム－硫酸塩・塩化物泉❖**備考**：JR新函館北斗駅などから送迎あり（団体のみ、要予約）

❖種川温泉

# 種川温泉

今金町種川296
電話0137・82・0388

日帰

　今金の中心街から車で7、8分。国道230号を南に折れた道筋の、種川という集落にある日帰り浴場。1975年開業のこの温泉は地元の人々が農作業の汗を流したり、集っては井戸端会議を楽しむ憩いの場となっており、運営は地域の方々が協力して行っている。

　男女同じ広さの浴場には湯船がひとつ。湯は透明、泉質は「熱の湯」の愛称を持つナトリウム—塩化物泉。窓からは静かに日の光が差しこむ。自由に飲食物を持ち込めるため、畳敷きの無料休憩所でゆっくりくつろぐことができる。

❖**アクセス**：JR函館駅から車（道央自動車道経由）で約1時間50分、JR国縫駅から車で約25分❖**料金**：大人490円、小学生150円、幼児80円❖**時間**：10時〜21時、日・祝日は9時〜21時、木曜日休み❖**泉質**：ナトリウム－塩化物泉

❖今金温泉

# 今金町交流促進センター あったからんど

今金町今金435－230
電話0137・82・3711

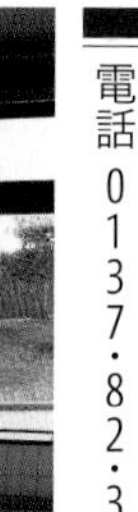

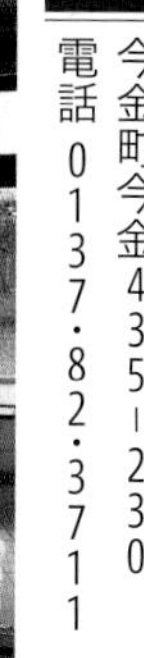

日帰

　市街地にお年寄りが歩いて通える温泉を—。町内の温泉愛好家グループが、カンパと行動力とで町を動かしてできた町営日帰り湯。お年寄りのためにと、建物は玄関から浴室、湯船に至るまで段差を最小限にした。

　ここの湯は源泉1リットルあたりの含有成分が47グラム以上と道内トップレベルの濃厚なものだが、水は一切足さない。

　湯温が均一になるよう浴槽内でろ過はするが、湯口からは新湯が常に注がれている。換水は毎日、浴槽内も磨き上げられ、良湯を守る心意気を感じる。

❖**アクセス**：JR函館駅から車（道央自動車道経由）で約2時間、JR国縫駅から車で約30分❖**料金**：大人490円、小人150円、幼児80円❖**時間**：10時〜22時（土・日・祝日は9時〜22時）、水曜日13時〜22時（祝日の場合は9時〜22時）❖**泉質**：ナトリウム－塩化物強塩泉

ピリカ温泉

# クアプラザピリカ

今金町美利河205－1
電話　0137・83・7111

宿泊　日帰　露天

「クアプラザピリカ」はピリカスキー場を中核とする今金町の温泉宿泊施設。清流日本一の後志利別川（しりべしとしべつかわ）の上流にあり、青空に映えるふたつの尖塔がシンボル。

温泉は大きな窓から日差しが差し込む広い浴場で、主浴槽と普通湯浴槽、サウナ、水風呂、露天風呂を設置。大自然に囲まれた露天風呂は開放感があり、日帰り入浴のリピーターも多いというのがうなずける。内湯では壁一面の大きなガラス窓からの景観が楽しめる。施設がある美利河地区には、複合ダムとしては日本一の長さ（1480メートル）を誇る美利河ダムなどの見どころも。

❖**アクセス**：JR函館駅から車（道央自動車道経由）で約1時間40分、JR国縫駅から車で約15分❖**1泊2食（税サ込）**：大人8150円～❖**日帰り入浴**：大人550円、小人200円、12時～22時（最終受付21時）、無休❖**泉質**：ナトリウム・カルシウム－塩化物・硫酸塩泉

貝取澗温泉

# あわび山荘

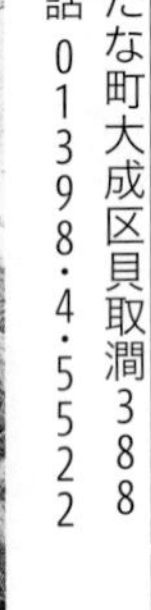

せたな町大成区貝取澗388
電話　01398・4・5522

宿泊　日帰　露天

宿名の通り、一番の自慢はあわび料理。刺し身のほか、踊り焼き、釜飯などが並ぶ。刺し身のコリリッとした歯触りもよし、火を通してのふっくらした食感や甘みも格別だ。

湯は4キロ山側の泉源から流下させ、野趣豊かな大岩風呂へと惜しげなく流し込む。薄茶の湯は身体の芯から熱を灯し、湯あがりから眠るまで快い余韻を残す。

露天風呂は小谷に接し、紅葉、雪見と四季の彩りが湯浴みに興を添える。

❖**交通**：函館市街から八雲町経由で約2時間30分❖**1泊2食（税込）**：大人9800円❖**日帰り入浴**：大人410円、小学生140円、幼児70円、5～8月は9時～21時、9～4月は9時～20時、無休❖**泉質**：ナトリウム－塩化物・炭酸水素塩泉

❖瀬棚温泉

## 瀬棚公営温泉浴場やすらぎ館

せたな町瀬棚区本町948-7
電話 0137・87・3841

日 露

浴場には主浴槽、気泡湯、サウナ、水風呂、半円形の露天風呂。湯は38度の源泉を加熱し循環使用。湯上がりには足裏のツボを刺激する「健康遊歩道」が有効。

❖**アクセス**：JR函館駅から車（道央自動車道経由）で約2時間、JR長万部駅から車で約1時間❖**料金**：大人410円、6歳～11歳140円、3歳～5歳70円、10時～21時、第1・3月曜日と元日休み❖**泉質**：ナトリウム－塩化物泉

❖俄虫温泉

## 俄虫（がむし）温泉旅館

厚沢部町上里92
電話 0139・67・2211

宿 日 露

農閑期の湯治場として親しまれる畑の中の和風宿。和室11室の客室規模に比べて広い湯殿はタイル張りで、日本庭園風の露天風呂もある。

❖**アクセス**：JR函館駅から車で約1時間15分、JR新函館北斗駅から車で約50分❖**1泊2食（税サ込）**：大人9200～13200円❖**日帰り入浴**：大人400円、小人200円、10時～21時、不定休❖**泉質**：単純温泉

❖北檜山温泉

## 温泉ホテル きたひやま

せたな町北檜山区徳島4-16
電話 0137・84・4120

日帰り入浴施設を兼ねたスパホテル。温泉棟は、泡風呂、寝湯、ジャグジーバスなど種類豊富。

❖**アクセス**：JR函館駅から車（道央自動車道経由）で約2時間、JR長万部駅から車で約1時間❖**1泊2食（税サ込）**：大人9390～16650円❖**日帰り入浴**：大人410円、6歳～11歳140円、3歳～5歳70円、10時30分～22時（最終受付21時）❖**泉質**：ナトリウム－塩化物温泉

❖朝里川温泉

## おたる宏楽園

小樽市新光5丁目18－2
電話0134・54・8221

美庭で知られる湯宿。温泉露天付きの客室も28室。自然石をあしらう露天や内湯には自家源泉を用いている。開湯は1956年だが、先々代がこの地に池を整えて始めたのは早くも1935年（昭和10年）あたりから。湯よりも宿よりも早く、美庭で人を招いたのが宏楽園なのだ。

約6・6ヘクタールもの園内の、特に手をかけた建物周り8千坪にはカエデ、ケヤキ、ツツジ、アカシア…そして200本を数えるソメイヨシノやヤマザクラ。花が終わればサクランボが実り、秋にはその葉が鮮やかに紅葉する。庭の花木も空に胸広げ、湯客の到来を待っている。

❖**アクセス**：札樽自動車道朝里ICから車で約1分、JR小樽築港駅から車で約10分❖**1泊2食（税込）**：大人22000円～（時季により変動あり）❖**日帰り入浴**：大人（中学生以上）3400円、子供（4歳～小学生）2200円、15時～22時（予約制）❖**泉質**：アルカリ性単純泉

❖小樽市内の温泉

## ドーミーインPREMIUM小樽

小樽市稲穂3丁目9－1
電話0134・21・5489

JR小樽駅前にある宿。宿に一歩足を踏み入れると、北日本随一の商都として発展してきた小樽ならではの匂いを醸し出す。ロビーから客室まで大正ロマンに満ちた和洋折衷の意匠がそこここに。ツインやダブルのほか和洋室や和室も充実し、家族の思い出作りにも最良の旅空間だ。朝食の和洋バイキングは海鮮丼や炙り焼きなど海の幸を贅沢に揃える。

湯は泉源至近の自家源泉。大浴場は小樽運河のガス灯がモチーフのステンドグラスの照明が灯る癒しの空間だ。繁華な場所柄、眺望の代わりに風通しを選んだ「外気浴」の風呂では、雪を思わせる丸いガラス灯が湯浴みの時を演出してくれる。岩風呂、陶器風呂も味がある。

❖**アクセス**：JR小樽駅から徒歩1分（札樽自動車道・小樽ICより約7分）❖**1泊素泊まり（税サ込）**：8000円～、朝食付き10000円～（時期やプランなどにより変動あり）❖**日帰り入浴**：不可❖**泉質**：ナトリウム－硫酸塩・塩化物温泉

## 朝里川温泉

### 小樽旅亭　藏群（くらむれ）

小樽市朝里川温泉2－685
電話0134・51・5151

宿泊　露天

小樽の倉庫群を思わせる墨色の低層の棟々が、朝里川を背に佇む。ほどなくして北海道で最も知られた「大人の湯宿」となった。建築家・中山眞琴氏とオーナーが構想と具現化に数年の歳月を費やし、2002年に開業。小樽にゆかりの作家や俳人の名を冠した客室は、それぞれ趣の異なる19室。自然素材の漆喰や和紙張りの壁。家具調度は時を刻んだ和骨董を中心に、李朝や明朝の香りも加わる。

浴場は朝里川に面して造られ、特に露天はせせらぎの音も心を満たす。

**アクセス**：札樽自動車道朝里ICから車で約3分、JR小樽築港駅から車で約20分 **1泊2食（税込）**：2名1室大人1名52800円～ **日帰り入浴**：不可 **泉質**：カルシウム・ナトリウム－塩化物・硫酸塩泉 **備考**：JR小樽築港駅から送迎あり

## 小樽市内の温泉

### 運河の宿　おたる ふる川

小樽市色内1丁目2－15
電話0134・29・2345

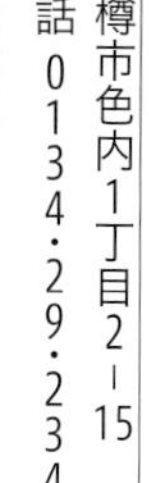

宿泊　露天

小樽運河前に佇む客室30の湯宿。客室は展望温泉付きの特別室やツイン、シアターのような大窓を配したトリプル、和風洋室と多彩。2023年春にリニューアルし、温泉付和洋室4部屋も完成した。

湯は敷地地下に湧く自家泉源。2カ所の大浴場は宿泊者だけのお楽しみだ。「壱の湯」の風呂は軟石で設え、壁一面に古民家の瓦を配す独特の趣向。「弐の湯」の内湯には、ちょっと不思議な風呂がある。川にも似た長い湯船の続きに、こんもり円やかな石の洞窟。ほの暗いその中は、浅瀬に温泉がひたひたと満ち、木で枕と手すりを整えた素朴な寝湯がふたつ並ぶ。

**アクセス**：JR小樽駅から車で約5分、徒歩約13分 **1泊2食（税込）**：大人17050円～ **日帰り入浴**：不可 **泉質**：ナトリウム－塩化物泉

✣朝里川温泉

## ウィンケルビレッジ

小樽市朝里川温泉2丁目686
電話 0134・52・1185

小樽の朝里川温泉郷にあるコテージやキャンプサイト、シーズンアクティビティなどを揃える複合型宿泊施設。朝里川温泉スキー場は徒歩圏内、テニスコートやパークゴルフ場も近い。

温泉を備えるのは6室あるコンドミニアム。1フロアタイプ3室と、2階のある2フロアタイプが3室あり4～7名まで利用可能。その全室のテラスに専用露天風呂があり、家族や親しい仲間同士でいい思い出が作れそうだ。テラスには薪用暖炉にテーブルもあり、ダッチオーブンやバーベキューセットをレンタルしてワイルドな夕げを味わうことも。

✣**アクセス**：JR小樽駅から車で約20分、札樽自動車道朝里ICから車で約5分✣**1棟1泊（税込）**：42240円～（季節により1人単位の人数料金もあり）✣**日帰り入浴**：不可✣**泉質**：カルシウム・ナトリウム－塩化物温泉

✣奥沢温泉

## 中央湯

小樽市奥沢3丁目27－22
電話 0134・32・0502

日帰

水源地と奥沢十字街のちょうど真ん中になるため、中央湯という名が付けられたという。1937年（昭和12年）創業、昭和世代なら胸の奥がキュンとなる「あの頃の風呂屋さん」だ。

男女を間仕切りする姿見大鏡に、首の長い台秤。「壱」「弐」「参」と漢数字を彫り込んだ木製の脱衣箱。湯船は浴室の真ん中にデンと鎮座。真ん丸の主浴槽の手前に半身浴もできる子供向けの四角い浅湯、向こう側に噴流付きの湯。しかも、せっけんの泡を落とそうとカランで流すが、いつまでたってもツルッツル…。そう、カランの湯も温泉なのだ。

✣**アクセス**：JR小樽駅から車で約10分、JR南小樽駅から車で約5分✣**料金**：大人490円、小人150円、幼児80円✣**時間**：14時～20時、月曜日休み✣**泉質**：アルカリ性単純温泉

❖小樽市内の温泉

# 神仏湯温泉（しんぶつゆ）

小樽市住ノ江1丁目5－1
電話0134・22・3893

❖アクセス：JR南小樽駅から徒歩約5分、JR小樽駅から車で約8分❖料金：大人490円、小人150円、幼児80円❖時間：12時30分～翌1時、月曜日休み❖泉質：単純泉

明治、大正の昔から営々と続いてきた地域の湯。JR南小樽駅から徒歩5分ほどの場所にある。現館主のご一家が買い取って「住ノ江湯」ののれんを掲げたのが1930年（昭和5年）。1936年（昭和11年）に「神仏湯」と名を新たにする。昭和の終わりには温泉掘削に成功し、1989年には1階を公衆浴場、2階部分を家族風呂とする現在の姿になった。

浴場は小振りだが源泉重視のかけ流し風呂、圧注浴と気泡湯、子供にも安心な浅い湯船もある。地下1300メートルから無色透明の温泉が湧き出し、加水はせず温度は42～44度とやや高め。湯船につかると体の芯までしっかり温まる。

❖平磯温泉

# 料亭湯宿 銀鱗荘（ぎんりん）

小樽市桜1丁目1
電話0134・54・7010

❖アクセス：JR小樽築港駅から車で約4分、JR小樽駅から車で約10分❖1泊2食（税サ込）：大人38650円～❖日帰り入浴：不可❖泉質：ナトリウム－塩化物塩泉❖備考：JR小樽築港駅から送迎あり（要予約）

小樽の平磯岬の高台に建つ。もとは1900年（明治33年）に建造された大網元の大邸宅。往時の栄華を伝える巧緻極めた内外装は和洋混然とした独特の雰囲気を醸している。浴室はクラシカルな御影石張りの内湯に、巨石造りの豪壮な露天風呂を備えている。

露天に出れば眼下には石狩湾が優美に弧を描く。ウミネコの鳴き声が船の汽笛に混じることも。

2023年7月には将棋の王位戦7番勝負の第3局が行われ、藤井聡太王位と佐々木大地七段が対局したことでも話題になった。

ニセコ昆布温泉

## 旬の宿 ニセコグランドホテル

ニセコ町ニセコ412
電話 0136・58・2121

宿泊 日帰 露天

1954年（昭和29年）の昭和天皇、皇后のご来道に際して町が中心となって建築した、いわばニセコの迎賓館として誕生したホテル。

現在は民間経営で、天皇が宿泊した別棟跡地には、混浴の庭園風大露天風呂ができた。

男女ともに湯浴み着のレンタルがあり気軽に利用でき、他に女性専用露天風呂もある。内湯は男女別の浴室を仕立ててある。また、温泉の天然保湿成分「メタケイ酸」の含有量が豊富で、肌の新陳代謝を促進する。

入浴後の肌のしっとり感は評判で「若返りの湯」と称し、源泉本来の魅力と効果が十分に確かめられる。

**アクセス**：JR札幌駅から車で約2時間 **1泊2食（税サ込）**：大人8850円～ **日帰り入浴**：大人（中学生以上）1300円、小人650円、11時30分～21時、（月・水・金は露天風呂清掃のため15時頃まで利用不可）、不定休 **泉質**：①ナトリウム－塩化物泉②ナトリウム－塩化物・炭酸水素塩泉 **備考**：露天風呂は混浴と女性専用あり

ニセコアンヌプリ温泉

## 湯心亭（ゆごころてい）

ニセコ町ニセコ438
電話 0136・58・2500

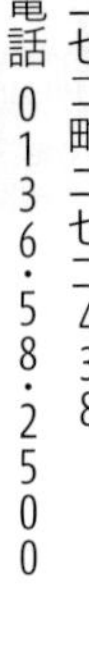
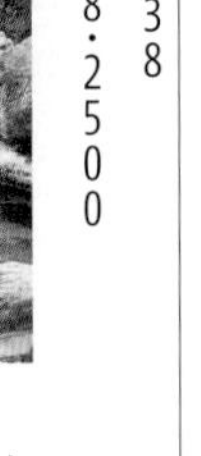

宿泊 日帰 露天

宿の敷地内にふんだんに湧き出る自家源泉。旧泉質名で言うところの含食塩芒硝重曹泉、愛称「美人の湯」だ。これを薄めず使い回さず、湯船にそのまま流し込む。ニセコ南麓から湧き出る豊富な源泉の泉温は49度。差し水や塩素、循環装置を一切使用しない。内湯はつつましく質朴な造り。その先の戸を開ければ、目の前は一転、錦秋が彩る豪快な岩露天。池のような大風呂に満ちあふれるのは無色透明な生湯。

食事も温泉旅館にありがちな質より量の料理にせず、道産食材を中心にした和洋の創作膳を提供している。

**アクセス**：JR札幌駅から車で約2時間 **1泊2食（税サ込）**：大人10500円～ **日帰り入浴**：大人1000円、中学生900円、小学生500円、幼児無料、6時～24時（最終受付23時）、無休（清掃日は16時頃～営業開始） **泉質**：ナトリウム－炭酸水素塩・硫酸塩・塩化物泉

❖ニセコ昆布温泉

# ホテル甘露（かんろ）の森

ニセコ町ニセコ415
電話 0136・58・3800

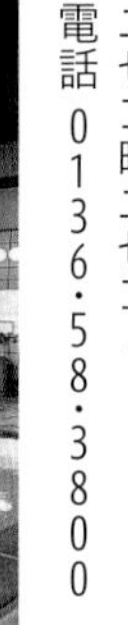

温泉街の通りからひと足離れて一軒宿のような佇まい。客室の広窓は四季を映しだし、緑陰に湧く温泉はたっぷりと風呂を満たす。自前の湯は質と温度に恵まれ、大浴場は硫黄の匂いの湯けむりでさながらミストサウナだ。一部客室の温泉露天は源泉を生のままかけ流している。露天風呂で深呼吸すれば、森の息吹も体に染み込む。

浴場前の階段を上った先にはフィットネスルームがあり、宿泊客は無料で利用できる。ウエアや靴はレンタルも可能。常駐する指導者からストレッチ方法やマシントレーニングを教わり、汗をかいたら階下の浴場でリフレッシュ。

❖アクセス：JR札幌駅から車で約2時間、JRニセコ駅から車で約15分❖1泊2食（税込）：大人13420円～❖日帰り入浴：大人1500円、小人300円、未就学児無料、11時～最終受付20時（土日祝日・繁忙期16時）、無休❖泉質：含硫黄－ナトリウム・カルシウム－塩化物・炭酸水素塩・硫酸塩泉（硫化水素型）❖備考：JRニセコ駅から送迎あり（宿泊のみ・要予約）

後志

❖ニセコ昆布温泉

# 杢（もく）の抄（しょう）

ニセコ昆布温泉　鶴雅別荘

ニセコ町ニセコ393
電話 0136・59・2323

宿泊 日帰 露天

羊蹄山の麓に佇む奥ニセコ昆布温泉の一角にある宿。古くは紅葉谷温泉と呼ばれた。豊かな樹林に囲まれた空間で、ニセコアンベツ川のせせらぎを聞きながら、癒しの時を過ごせる。

客室数は24。全てが50平方メートル以上あり、和モダンのインテリアも洗練されている。温泉露天風呂やサウナ、フィンランド式サウナが付いたニセコの大自然が目の前に広がる「展望温泉風呂付き特別室」など、様々なバリエーションを用意する。

風呂には柔らかな肌触りの自家泉を張る。露天風呂は山肌に囲まれた穏やかな風情。無色透明の湯は食塩泉系の美肌湯だ。

❖アクセス：JR札幌駅から車で約2時間、JRニセコ駅から車で約15分❖1泊2食（税込）：大人30450円～❖日帰り入浴：夕食とセットで15400円～❖泉質：ナトリウム－塩化物・炭酸水素塩泉❖備考：JRニセコ駅から送迎あり（要予約）

❖ニセコ町内の温泉

## ワン・ニセコ・リゾート・タワーズ

ニセコ町ニセコ455-3
電話0136・50・2111

宿泊 日帰 露天

105の客室全てがバルコニーとキッチンを備えたスイートルーム仕様。上質なホテルのサービスを提供しながら、ロングステイを楽しんでもらうホテル・コンドミニアムだ。

内外装には建築家・隈研吾氏の手がけた空間デザインが施されている。例えば山岳の景色と呼応する、皮付きの木で覆われたエントランスの庇。生きた自然を取り込むクールなデザインが建物好きの目を奪う。

温泉は半月形の内湯で、景色を取り込んだ岩組みの露天にたっぷりと湯が満ちる。

❖**アクセス**：JR倶知安駅から車で約30分❖**1泊2食（税サ込）**：大人12000円～❖**日帰り入浴**：大人950円、小学生550円、小学生未満無料、12時～21時❖**泉質**：ナトリウム－炭酸水素塩泉・塩化物泉❖**備考**：JR倶知安駅から無料シャトルバスを運行（要予約）

❖ニセコ町内の温泉

## ニセコノーザンリゾート・アンヌプリ

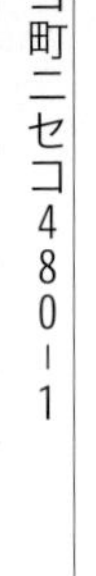
ニセコ町ニセコ480-1
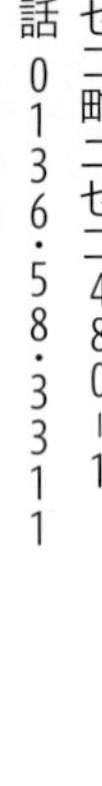
電話0136・58・3311

宿泊 露天

欧米の山岳リゾートを思わせるアースカラーのフォレスターラウンジやライブラリー。何よりもくつろぎ感を大切にしている設えだ。

落ち着いた雰囲気は客室も同様。インテリアは穏やかで品が良く、広さも十分。車椅子でも過ごしやすいハートフルルームも。

すっきりとモダンな浴場では、内湯にも露天風呂にも上質な源泉をかけ流している。

食事は常時30品以上の料理を揃えるビュッフェがメインダイニングとなっている。事前に連絡すれば、7品目の食物アレルギーに対応したメニューも用意してくれる。

❖**アクセス**：JRニセコ駅から車で約10分❖**1泊2食（税別）**：大人1人15000円～❖**日帰り入浴**：不可❖**泉質**：ナトリウム－塩化物・硫酸塩・炭酸水素塩泉

❖ニセコアンヌプリ温泉

## いこいの湯宿 いろは

ニセコ町ニセコ477

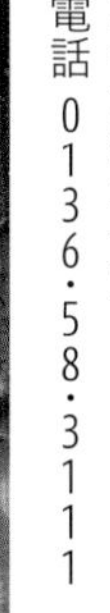

電話0136・58・3111

宿泊 日帰 露天

アンヌプリ南麓に位置する温泉宿。彩り豊かな食が好評で、夕食では羊蹄山麓を中心に北海道産の新鮮な食材を使用した和食膳が楽しめる。

源泉掛け流しの露天風呂は、天然保湿成分メタケイ酸豊富な「美肌の湯」。野鳥の声が聞こえる森林浴、艶やかな紅葉風呂や深々と雪見風呂など、四季折々のやすらぎが堪能できる。

内湯は循環しながらもたっぷり新湯を注ぎ足し、あふれさせている。

隣接のニセコアンヌプリ国際スキー場までは徒歩6分。

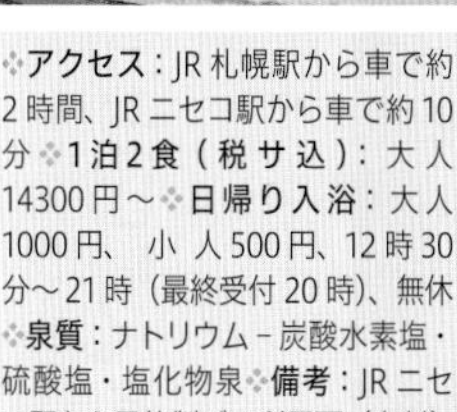

❖**アクセス**：JR札幌駅から車で約2時間、JRニセコ駅から車で約10分❖**1泊2食（税サ込）**：大人14300円～❖**日帰り入浴**：大人1000円、小人500円、12時30分～21時（最終受付20時）、無休❖**泉質**：ナトリウム－炭酸水素塩・硫酸塩・塩化物泉❖**備考**：JRニセコ駅から予約制バス利用可（有料）

❖ニセコ五色温泉

## 五色温泉旅館

ニセコ町ニセコ510

電話0136・58・2707

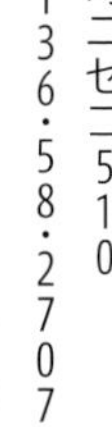

宿泊 日帰 露天

ニセコ連峰の開発は、江戸の文化・文政期に始まったイワオヌプリの硫黄採掘が皮切り。それはやがてニセコの温泉開発へと結びつく。五色温泉郷の誕生は1920年（大正9年）ごろ。昔も今も変わらぬ自然湧出泉は、泉質名からもさまざまな成分の含有がうかがえる。酸性泉は物質を溶かす力が強く、成分の種類も総量も多くなる傾向があるが、一説に「五色」の名は、多彩な成分を含むことにもよるようだ。

宿ではすべての風呂が源泉掛け流し。浴場それぞれにカラマツ材や石造りの露天風呂がある。噴火口から自然流下させた生湯は青みを帯びた白濁で、硫黄の香りがふんぷん。

❖**アクセス**：JR札幌駅から車（札樽自動車道経由）で約1時間50分、JR倶知安駅またはJRニセコ駅から車で約20分❖**1泊2食（税サ込）**：大人9170円～❖**日帰り入浴**：大人（中学生以上）800円、小人（5歳以上）500円、9時～20時（11月～4月10時～19時）、無休❖**泉質**：酸性・含硫黄－マグネシウム・ナトリウム・カルシウム－硫酸塩・塩化物泉（硫化水素型）

東山温泉

# ヒルトンニセコビレッジ

ニセコ町東山温泉
電話 0136・44・1111

山々を壮大な絵画のように眺める洗練された客室。そして、一日を締めくくるのが、上質な温泉だ。浴場は、内湯がひとつ、露天がひとつとシンプルそのもの。しかしそこには蜜のように肌にとろける源泉があふれている。露天の目の前は鯉の跳ねる半月状の池。さざ波立つ水面の向こうは木立と山。夜は月明かりが、湯浴みの控えめな供となる。

アクセス：JR札幌駅から車で約2時間、JR比羅夫駅から車で約15分 **1泊2食（税サ込）**：2名1室の室料（朝食付き）で18300円～。夕食は各レストランが対応し、ビュッフェの場合7458円～ **日帰り入浴**：不可 **泉質**：ナトリウム－塩化物泉 **備考**：JR倶知安駅から送迎あり

ニセコ花園温泉

# 坐忘林（ざぼうりん）

倶知安町花園76－4
電話 0136・23・0003

原生林に包まれるニセコの静かな山あいにある高級宿。全15棟の客室はそれぞれ70～86平方メートルの高床式平屋建てで、別荘が廊下でつながっている感覚。大窓のフレームは額縁となり、季節ごとに色味を変える森景色を写し出す。食も、研ぎ澄まされた技をもって「林」を表す。料理で表現する朝露の感触、木の葉を踏みしめる音、野山の滋味が、舌と心に忘れがたい余韻を残す。

「大浴場」を作らぬ代わりに、各部屋にゆったりとした内湯と自然に溶け込んだ露天風呂を備え、自家源泉をかけ流す。内湯に絶えず流れる源泉の水音は水琴窟に似た響きを生む。

**アクセス**：JR札幌駅から車（札樽自動車道経由）で約1時間30分、JR倶知安駅から車で約10分 **1泊2食（税込）**：大人80000円～ **日帰り入浴**：不可 **泉質**：ナトリウム－炭酸水素塩・塩化物泉

❖ニセコ樺山温泉

# 楽 水山

倶知安町字樺山119－1
電話 0136・22・0520

❖アクセス：札樽自動車道余市 IC から国道 5 号線経由で約 1 時間 20 分❖1 泊 2 食（税込・宿泊税、入湯税別）：66000 円～❖日帰り入浴：不可❖泉質：ナトリウム－塩化物・炭酸水素塩温泉

宿泊

一つひとつが美しい別荘にも似た、18の離れの客室。北海道産の木材をふんだんに使った落ち着いた家具や障子、和の畳などインテリアは無垢な色合い。だからこそ、春の若葉、夏の蒼穹、秋の紅葉、冬の銀雪が彩る窓外の雄大な羊蹄山の景趣が心に染みる。

その全客室に、ゆったり手足を伸ばせる広さの、かけ流しの温泉風呂がある。浸かってみれば、濃厚な赤湯の源泉に力強く抱きしめられるようだ。浴室は開放的な半露天スタイル。湯浴みの後はテラスに出て、季節の風で火照りを鎮めるのもいい。

食事は創作フレンチ、日本料理、鉄板焼きがあり、連泊が楽しみだ。著者が試した泊谷智史料理長によるフレンチのコースは、積丹のウニやニセコの自然卵、ハーブなど後志周辺の時季の食材を中心に展開する滋味に富んだ逸品づくし。素材そのものの五味、食感を知り抜き、最上の組み合わせで仕立てるからこそ「調味料らしい調味料は塩ぐらい」という、無駄を削ぎ落とした美味が生まれるのだろう。

景色に、味覚に、浸かる湯に、様々な感覚が揺り動かされる閑静な宿だった。

❖倶知安町内の温泉

## ザ・ヴェール・ニセコ

倶知安町ニセコひらふ1条4丁目3－17
電話 0136・21・5811

ニセコマウンテンリゾートグラン・ヒラフのファミリーリフトの真隣に位置し、スキーイン・スキーアウトが可能なリゾートコンドミニアム「ザ・ヴェール・ニセコ」。全72室の独立性の高い客室は、窓辺にニセコの四季を映す洗練された空間だ。特に最上階に位置するペントハウスは、広々としたプライベートバルコニーと露天風呂を備え、天井まで届く大窓には羊蹄山がダイナミックに迫る。

浴槽には生のままの湯がとうとうと。とろりと柔らかな源泉はマグネシウム・ナトリウム・カルシウム—炭酸水素塩・塩化物泉でメタケイ酸も豊富に含む、なかなか珍しいタイプの美肌湯だ。

❖**アクセス**：JR倶知安駅から車で10分❖**1泊1室素泊まり（税サ込）**：大人36000円〜❖**日帰り入浴**：不可❖**泉質**：マグネシウム・ナトリウム・カルシウム－炭酸水素塩・塩化物泉❖**備考**：温泉の営業時間は時期によって異なる（要確認）



❖ニセコ湯の里温泉

## ニセコ　ロッジベアーズ

蘭越町湯里167－33
電話 0136・58・3288

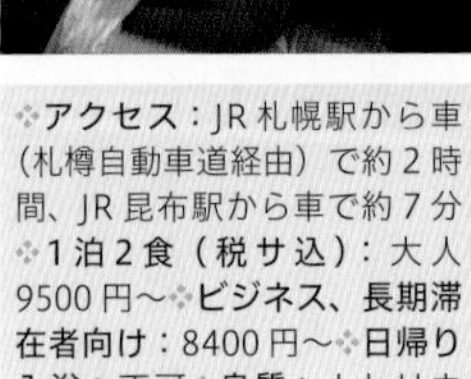

ロミロミは、ハワイの伝統的な施術だ。腕、肘、指、手のひらなど下腕全体を自在に使い、体重をのせ、血液やリンパの流れを整える。そのロミロミが体験できる癒やしの宿がニセコ湯の里温泉郷で38年営むニセコロッジベアーズ。予約制のロミロミは日帰りでの対応も可能で、オーナー夫人の松浦京子さんの卓越した手わざに加え、朗らかな人柄が心のよどみも流してくれる。

効果を押し上げてくれるのが、施術前の温泉だ。2カ所の浴室はそれぞれ鍵をかけて1人でも家族単位でも湯あみを楽しむことができる。泉質は俗に「温まりの湯」と呼ぶ旧名の食塩泉だ。

❖**アクセス**：JR札幌駅から車（札樽自動車道経由）で約2時間、JR昆布駅から車で約7分❖**1泊2食（税サ込）**：大人9500円〜❖**ビジネス、長期滞在者向け**：8400円〜❖**日帰り入浴**：不可❖**泉質**：ナトリウム－塩化物泉

# 黄金（こがね）温泉

蘭越町黄金258－1
電話 0136・58・2654

**アクセス**：JR 昆布駅から車で 5 分、道道 343 号沿いに看板あり **料金**：大人 500 円、小学生 300 円、幼児 100 円 **時間**：9 時～ 19 時。期間中（5 月～ 10 月）無休、冬季休業 **泉質**：ナトリウム－塩化物・硫酸塩・炭酸水素塩泉

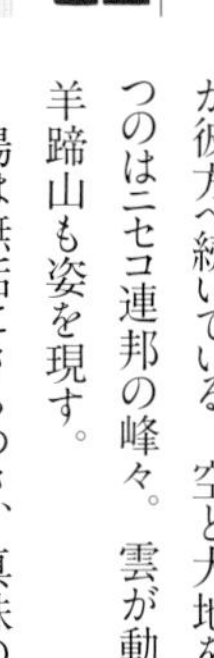

露天の岩風呂にとぷんと沈み、見渡せば、美しい純農村の風景がはるか彼方へ続いている。空と大地を分かつのはニセコ連邦の峰々。雲が動き、羊蹄山も姿を現す。

湯は無垢にきらめき、真珠のような気泡が肌を包む。生きた源泉にふれて、体が蘇っていくのを感じる。夢か現か―。人生のご褒美のような昼下がりだ。

1994年、温泉好きが高じて自宅敷地で湯を掘り当てた蘭越町の米農家、林農場。山から木を切り出し、穴を掘り、露天のダイナミックな石風呂に寝湯、かま風呂、内湯も脱衣所も全て一から作り上げた。当初は家族とご近所でささやかに楽しんでいた湯が口づてに広まり、求めに応じて2002年、営業を開始した。

その後19年間を切り盛りしてきた先代に代わり、2021年に継いだのは林賢治さん。建物の素朴な味は残しつつ美しく整え、露天には新たに2つの打たせ湯、駐車場横には東屋掛けの洒落た足湯も整備した。

「大工仕事も設備のアイデアも仲間に助けられています。農作業がある中の手作業で時間がかかりますが、少しでもいい温泉にと」。

恵まれた温泉だけなら「名湯」にはならない。手をかけ、心を込めて整える「田んぼの名湯」。この先も目を離せない。

❖昆布川温泉

# 幽泉閣

蘭越町交流促進センター

蘭越町昆布町114－5
電話0136・58・2131

1958年（昭和33年）から歴史を刻む幽泉閣。鉄路側に、ゆったりとフラットな「バリアフリールーム」が1室ある。広さの分だけ値段が上がる通常のホテルの計算式とは異なり、身体障害者手帳を示せば、この広々した部屋に介助の同伴者を含めて少し割安に滞在できる。

大浴場には露天に乾式・湿式のサウナなどさまざまな浴用設備がそろい、主浴槽や気泡湯は「かけ流し」方式。名物の「あつ湯」は源泉かけ流しで45度ほどもあり、山の温泉ではまれ。近隣のみならず遠方からも温泉好きが訪れる。

❖**アクセス**：JR昆布駅から徒歩5分、JR札幌駅から車で約2時間30分❖**1泊2食（税込）**：大人9500円〜❖**日帰り入浴**：大人600円、小人360円、10時～21時30分、（月曜日のみ12時～）、無休❖**泉質**：ナトリウム－塩化物・炭酸水素塩温泉❖**備考**：宿泊料金のみカード利用可

❖黒松内温泉

# 黒松内温泉ぶなの森

黒松内町黒松内545
電話0136・72・4566

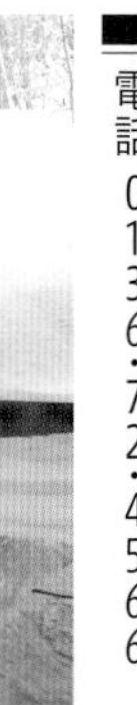

自生林では日本北限という「歌才ブナ林」間近の丘陵に建つ第三セクター経営の日帰り温泉。2カ所の大浴場は洋風と和風とがあり、日替わりで男女を入れ替える。和風はひのき風呂が自慢で、大小の石が配置された中庭の景色を楽しめる。洋風は源泉掛け流しの浴槽やジェットバスで伸び伸びできる。

2人で利用できる個室タイプの岩盤浴設備もあり、1時間の利用で840円。露天に出れば、目の前が森。温かな湯に包まれて森の息吹を吸い込むひと時は格別。なお、ブナ林の紅葉は10月後半がピーク。黄金色に輝く森もぜひ一度堪能してみては。

❖**アクセス**：JR札幌駅から車（札樽自動車道経由）で2時間30分、JR黒松内駅から車で約5分❖**料金**：大人600円、小人300円、幼児無料❖**時間**：11時～21時30分（最終入場21時）、4～10月は第1水曜日、11～3月は第1・第3水曜日（いずれも祝日の場合は翌日）休み❖**泉質**：アルカリ性単純温泉

❖宮内温泉

# 宮内温泉旅館

島牧村泊431
電話 0136・75・6320

宿泊　日帰　露天

ブナの原生林やこのうえなく透明度の高い海など、手付かずの自然が残る島牧村。辺りを180度山に囲まれた秘境に位置する「宮内温泉」は、安政時代に発見された古湯で、80年前から営まれるレトロな旅館。昭和時代にタイムスリップしたかのような佇まいは、どこか昔懐かしい哀愁を感じさせる。

泉質は俗にいう美人湯で、肌の柔らかさがよみがえるよう。料理は家庭料理で食材は近隣の魚介、山菜、野菜。農家兼業だけに自家製米のご飯もおいしい。

風呂は豊富な源泉をかけ流し。内湯は温度差を設けた熱湯とぬる湯がある。

❖**アクセス**：JR小樽駅から車で約2時間30分、JR黒松内駅から車で約30分❖**1泊2食（税込）**：大人7600円～（季節により変動あり）❖**日帰り入浴**：大人500円、小人300円、10時～20時受付終了、不定休：SNSにて告知❖**泉質**：ナトリウム－炭酸水素塩・硫酸塩泉❖**備考**：カード利用不可、島牧村役場前から送迎あり（要予約）

## お湯の浮力と摩擦抵抗

お湯に漬かっていると胸に圧迫感をおぼえ、呼吸が少しずつ速くなることがあります。これは漬かった深さに比例して身体に水圧がかかっているからです。水圧によって、首まで漬かる全身浴では胸囲も腹囲も数センチ単位で縮むともいわれています。腹囲が縮むことによって、その上の横隔膜が押し上げられ、肺の容量が減少し、これを補うために呼吸数が増します。

同様に、血管も圧迫されて心臓に血液が押し戻され、呼吸と心臓の働きがさかんになります。全身の血液循環がよくなると、酸素や栄養がより多く身体に供給され、二酸化炭素や老廃物の排出も進み、その結果疲労の回復が促されます。

入浴中は、温熱の作用によって末梢血管が拡張し血圧を下げるように働き、一方でこの水圧が血圧の著しい低下を抑えています。ざばっと勢いよくお湯から上がったとき、一瞬めまいをおこしたことはありませんか。これは水圧から急に解放され、急な血圧低下を招いて脳貧血状態になるためです。お湯に入るときも出るときものんびりと、が大事なのです。

お湯の浮力や摩擦抵抗は、温泉でのリハビリテーションなどでは大変役立っています。水の中では身体が軽くなり、体重60キロの人なら湯面から出ている頭の重さをそのまま加えてもわずか10分の1ほどに。普段なら運動に負担を感じる、腰痛や関節痛を抱える人、肥満の人でも楽に身体を動かせます。さらに水には粘性があるため摩擦抵抗も強く、お湯の中で身体を動かして筋力アップをはかることができます。

寿都温泉

# ゆべつのゆ

寿都町湯別町下湯別462
電話 0136・64・5211

湯別地区の温泉は1880年（明治13年）に開発された湯治場としての歴史がある。現在はこの「ゆべつのゆ」が寿都唯一の温泉。浴室のカーブを描くガラス壁からは、陽光がたっぷりと差し込む。混み合っても十分手足を伸ばせそうな主浴槽にジャグジー風呂、サウナ、ミストサウナなどを完備。2種類の源泉を引いており、違いを楽しめるよう湯を分けて注いである。

主浴槽の中央には長椅子式の座浴も置かれ、湯疲れせずに長湯ができる。家族風呂にもフレッシュな源泉を使用。露天風呂からは白樺木立の向こう、青空にブレードを回す白い風車が見晴らせる。田園を渡る涼風は火照った頬に爽やか。

**アクセス**：JR小樽駅から車で約1時間50分、JR黒松内駅から車で約15分 **料金**：大人600円、小学生300円、幼児無料 **時間**：10時30分～21時、第1月曜日休み（祝日の場合は翌日） **泉質**：ナトリウム・カルシウム－塩化物泉・含硫黄－カルシウム、ナトリウム－塩化物泉 **備考**：敷地内に宿泊用コテージあり（夏季のみ営業）

岩内温泉

# サンサンの湯

岩内町野束500
電話 0135・62・3344

熱い風呂を好むのは港町、というのは定説だ。日本海の街・岩内のこの湯も長年、地元の人々をぽっかぽかに温め続ける名湯だ。貫禄ある湯船は温度違いの2槽。女性湯でぬる湯が43度、あつ湯46度。男性湯はさらに1度ずつ高い。とはいえ「そのままならお子さんなど入れません。自由に水を足して」とご主人。「常連さんも、よほどぬるければ熱い源泉を足します。お客さんたちでつくる温泉ですよ」と笑う。

愛犬家の館主夫妻は、春には桜の咲く敷地に整備したドッグランを湯客のために無料開放している。

**アクセス**：JR札幌駅から車（札樽自動車道ほか経由）で約1時間50分、岩内バスターミナルから車で約15分 **料金**：大人600円、中学生400円、小学生200円、未就学児無料 **時間**：9時～21時（最終受付20時30分）、不定休 **泉質**：ナトリウム－塩化物強塩泉

後志

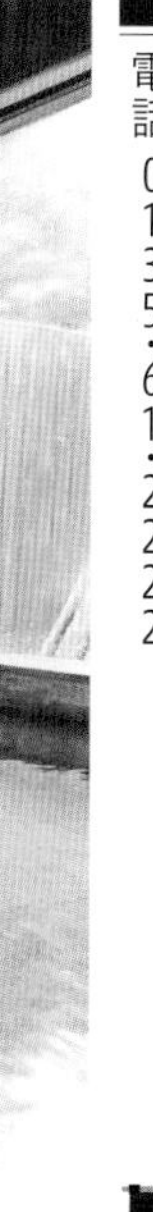

❖岩内温泉

いわない温泉

# 高島旅館

岩内町野東505
電話 0135・61・2222

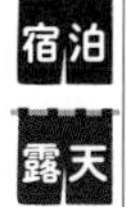

宿泊 露天

❖アクセス：JR 札幌駅から車（札樽自動車道ほか経由）で約 1 時間 50 分、岩内バスターミナルから車で約 15 分❖1 泊 2 食（税込）：大人 11150 円～❖日帰り入浴：不可❖泉質：ナトリウム－炭酸水素塩・塩化物泉❖備考：岩内バスターミナルから送迎あり（要予約）

豪快な海鮮料理で名を轟かす高島旅館。大絵皿に跳ねるヒラメの活き造り。身をよじる活アワビ。ボタン海老に黒ホッキ、毛ガニ、モンケの塩焼き…食卓はまるで大海原だ。

鮮度が高いのは、実は料理ばかりではない。温泉通にこそ堪能して欲しいのが、湯の鮮度だ。泉源は宿から150メートル程上部の山麓にあり、そこから自然流下で宿へ引き、タンクに一切溜め置かずに職人技のバルブ調節で程良く整え、内湯と露天風呂にかけ流す。浴場は宿泊客専用。風呂の湯は日毎抜き、磨き、新湯を張って出迎える。

湯殿はヒバと御影石使いの湯船にスギ壁の粋な設え。肌を包むしなやかな湯触りは一級品だ。時間をかけて実直に行う清掃のお陰で湯も活きいきと体に染み渡る。

どんな高級食材も、食べる頃合いを忘れれば香りは抜け、雑味が混じる。いい湯とは鮮度。浸かればわかる。

◆岩内温泉

# おかえりなさい

岩内町野束491
電話0135・61・4111

◆アクセス：岩内バスターミナルから車で約15分◆1泊2食（税込）：大人8900円〜（アワビ、毛ガニ、ウニは事前予約制）◆日帰り入浴：大人800円、小学生400円、未就学児無料、10時〜21時（日曜〜金曜）、10時〜15時（土曜・祝前日）、第2火曜日休み◆泉質：ナトリウム・塩化物泉◆備考：カード利用可（VISA、MASTERのみ）、岩内バスターミナルから送迎あり（要予約）

この宿、そもそもは同じ岩内温泉郷の海鮮料理で名高い「高島旅館」の別館だった。同旅館の板場で長年腕をふるった岩佐要さんが夫婦で独立し、宿の主となった。高級旅館の名建築と新鮮な料理がリーズナブルな料金で満喫できるとあって、人気がある。

夕食は「おかえりなさい」という宿名通り、家族の帰郷に母親が仕度するような体に優しい浜料理だ。脂ののった前浜産の根ホッケやイカ刺しなど、仕入れる海の幸は地元で穫れた新鮮な素材ばかりで、外れがない。事前予約制だが、アワビ（1個）、毛ガニ（半身）、ウニ（1人前）も1700円で味わえる。

湯も味に負けず、力強い。ゆったりした風呂に手足を伸ばせば、かけ流しの源泉がクッと体をとらえて、芯から温めてくれる。柔らかな湯心地に加え、岩内の街と日本海を見下ろす大窓のパノラマも旅心を満たす。

後志

❖岩内温泉

# いわない高原ホテル

岩内町野東505
電話 0135・62・5101

眺望が素晴らしいホテル。岩内岳北麓に点在するいわない温泉郷の施設の中でも最も高所に位置する。岩内岳北麓2万坪という広大な敷地には、荒井記念美術館や、イワナイブルワリー&ホテルがあり、美術と自家製クラフトビールと温泉が楽しめるユニークなリゾートだ。

温泉ホテルは源泉かけ流し。セルフロウリュのサウナと大自然に囲まれてトトノウ。ホテルからは積丹半島を一望、夜景が楽しめ、自慢の大浴場からも同じ眺望が望める。夕暮れから刻々と色を変えていく海の街の風景を眺めながら、のんびりと湯浴みするのは悪くない。

湯は源泉を適温化してそのまま湯船に注ぐ。

❖**アクセス**：岩内バスターミナルから車で約15分❖**1泊2食（税サ込）**：大人15900円～❖**日帰り入浴**：大人1000円、小人600円、幼児（3歳以上）300円、15時～21時（最終受付20時）、日曜のみ12時～21時、無休❖**泉質**：ナトリウム－炭酸水素塩・塩化物泉

❖盃温泉

# 潮香荘

泊村盃温泉
電話 0135・75・2111

積丹半島西岸の小さな港、盃漁港。これを見下ろす高台にある潮香荘は、全室が海側にある景趣の宿。そして日本海の荒波で育った水揚げしたての新鮮な魚介をたっぷり食べさせてくれる味の宿。

清楚な浴場には、旅のお客と地元客が半々ほど。露天風呂からも海を眺めることができる。泉質はカルシウム・ナトリウム―硫酸塩泉。湯は澄んで、さらさらと肌に優しい。

宿の下を走る国道は、美しい海岸線が次々に展開するドライブウェイ。荒波が刻んだ大小の奇岩が断崖や波間に露頭する様子は、一見に値する。

❖**アクセス**：JR札幌駅から車（札樽自動車道ほか経由）で約2時間、岩内バスターミナルから路線バスで約40分❖**1泊2食（税サ込）**：1室2名大人12320円（入湯税150円別）～（食事内容等により異なる）❖**日帰り入浴**：中学生以上大人600円、3歳～小学生350円、幼児無料、10時～19時（日によって入浴受付時間が変更、月2回の清掃日は16時～）、水曜休み❖**泉質**：カルシウム・ナトリウム－硫酸塩泉❖**備考**：カード利用不可、盃温泉湯元バス停から送迎あり（要予約）

❖日本海ふるびら温泉

## しおかぜ

古平町新地町90－1
電話 0135・42・2290

日本海を遠望する高台にある町営の温泉施設。かつてニシン漁で栄えたこの地らしく番屋をイメージした外観が特徴だ。湯は濃厚なナトリウム―塩化物泉のかけ流し。赤銅色で、肌をギュッと抱きしめる。さほど長湯もしないのに、額には汗粒がポチリポチリ。

手頃な料金とのどかな休憩室、高台からの眺望を生かした露天風呂なども魅力だ。思わずうなったのは露天付きの家族風呂だ。足腰の弱った家族を手助けしやすい、見てくれよりも機能に重きを置いた脱衣所や浴室。介添えに必要な人数分の負担を気にせずに済む、1室単位の料金設定。もちろん内湯にも露天にも、湯は景気よくあふれている。

❖**交通**：余市町市街から車で国道229号経由で約30分❖**料金**：大人550円、小中学生250円、幼児無料。家族風呂は1室1時間1100円❖**時間**：10時～21時、第1・3木曜日休み（祝祭日は営業）❖**泉質**：ナトリウム－塩化物泉❖**備考**：露天風呂は11月下旬～4月上旬頃休止

❖ワイス温泉

## ワイス温泉旅館

共和町ワイス256－35
電話 0135・72・1171

宿泊 日帰

倶知安峠を北に下りた国道5号沿いだが、まわりを森に囲まれ、静かなたたずまい。大きな看板にも助けられて迷うことはまずない。

ニセコ山系ワイスホルン山麓で、地下資源探査の際に偶然発見された温泉で、開業した1970年当時は町営施設で、10年後に民営となり、今に続く。

湯殿はシンプルそのもので、広い浴場の真ん中に畳12畳分もの湯船が備えられ、高温と低温に分かれていて、湯が常にあふれっ放し。浴後は汗がひかないほど温まる。

毎月楽しいイベントを開催しているのでHPを確認してみては。

❖**アクセス**：JR札幌駅から車（札樽自動車道ほか経由）で約1時間40分、JR小沢駅から車で約5分❖**1泊2食（税込）**：大人6700円～❖**日帰り入浴**：大人500円、小人400円、平日16時～20時、土・日・祝日10時～20時、無休❖**泉質**：ナトリウム－塩化物・硫酸塩泉❖**備考**：カード利用不可

後志

積丹温泉

# 岬の湯しゃこたん

積丹町野塚町212-1
電話 0135・48・5355

アクセス：JR 小樽駅から車で国道 229 号経由約 1 時間 10 分 料金：大人 900 円、小学生 450 円、未就学児無料 時間：夏季（4 月～ 10 月）は 11 時～ 20 時、冬季 11 時 30 分～ 19 時、夏季は水曜定休、冬季は水曜と木曜定休（祝日は開業） 泉質：ナトリウム－塩化物・炭酸水素塩温泉

露天風呂へのドアを開ければ、そこは積丹ブルーの海が広がる。青い空、青い海、白いレースの波頭、海に突き出す神威岬。目隠し壁に遮られがちな女性湯からの眺望さえダイナミックに広がるのは、海に面する丘の上という立地ならでは。

　この露天風呂で得られる「効果」は、温泉由来だけに限らない。海辺の大気はマイナスイオンの宝庫で、各種のミネラルも豊か。また昨今はとかく敬遠されるが、自然に浴びる日光は骨の生育を促し、免疫を強化するビタミンDの生成には欠かせない。太陽高度の低い北海道ではより重要だ。

　つまり、「温泉浴」「海の大気浴」「日光浴」が一度に出来るのが岬の湯…。おっと、もうひとつ「サウナ浴」を忘れてはならない。

　2022年から加わった魅力の一つに、ロウリュ可能なハルビア製のストーブを設えた湿式サウナがある。壁には男性はヤニマツ、女性はクスノキの香り板も。クールダウンの水風呂は積丹の天然地下水で。仕上げは日本海を眺める外気浴だ。

　実はこの岬の湯、町営温泉として20年間親しまれつつも、2022年1月に一度休館。しかし、まちづくりの企業が赤字覚悟で引き継ぎ、同年春から段階的に改装を重ねて営業再開、見違える進化を続けている。温泉ファンならぜひ一度、この新たな4浴を試してほしい。

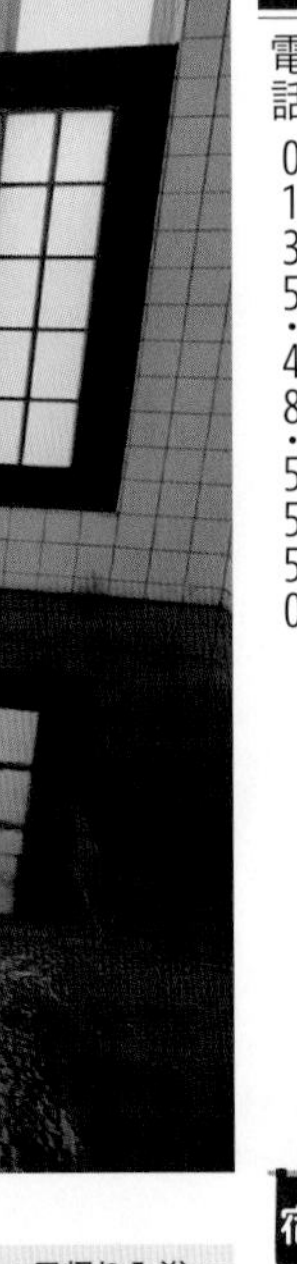

シララ姫の湯温泉

# ニャー助のホテルん

積丹町西河原町14－2
電話 0135・48・5550

宿泊　日帰

**アクセス**：札樽自動車道余市 IC から車で約 50 分 **1 泊 2 食（税込）**：12800 円～ **日帰り入浴**：大人 700 円、小学生 350 円、未就学児無料　15 時～ 20 時、不定休 **泉質**：ナトリウム－炭酸水素塩温泉 **備考**：冬季は休業

このページを開いて、何より宿名を「ホテルん…、ん?」と二度見した方は多いだろう。私も意味を尋ねずにはいられなかった。

「玄関に書いたら、一度通り過ぎた方も、あれはなんだ?と戻ってきてくれるかなって」。おかみの三帆さんは茶目っ気たっぷりに笑う。

ニャー助とはオーナー夫婦と暮らす5匹の「看板猫」たち。入口右手になんと「猫ルーム」があり、ドア越しに猫たちの気ままな様子が眺められ、スタッフに声をかければ部屋に入って触れ合うこともできるのだ。

「猫アレルギーの方もおられるので館内に猫は入らせないし、お客様のペット猫も宿泊できません。ですがお泊りの半数以上は猫好きの方ばかり」。そうは言ってもこの湯宿は、温泉好きにこそたまらない。なにしろ玄関先の泉源から湯船に運ばれるのは、重曹を主成分に遊離二酸化炭素がkgあたり665・5mg、メタ珪酸も187・6mg含んだ希少湯なのだ。温泉の湧出口は気体が逃げにくいよう浴槽の内部にあり、身を沈めるとビーズ粒のような無数の泡が肌にまとわり、湯上がりは体の芯からポッポッと火照り出す。

宿前に広がるのは、積丹ブルーの大海原。海景色に、温泉に、看板猫に、そして板前のご主人による時季の美味に癒される、季節限定の積丹の穴場宿である。

後志

鶴亀温泉

# 鶴亀温泉

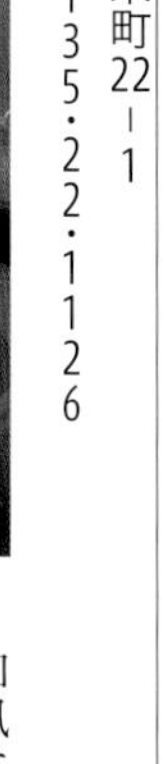

余市町栄町22－1
電話 0135・22・1126

宿泊 日帰 露天

和風モダンの洒落た外観に、木肌を生かした内装。ごろりとくつろげる畳敷きの大広間。

2階をゆったりとって設えた大浴場は、大理石と鉄平石をふんだんにあしらう渋さ。こってり濃厚な赤湯に身体を沈め、湯のなめらかさとプルリとした弾力を全身で味わえば満足至極。泉質は鉄を含むナトリウム－塩化物泉で、身体を芯から火照らせる。

宿泊棟の「VILLAつるかめ」には簡易キッチン付きの客室も用意されている。

**交通**：JR小樽駅から車で約25分、JR余市駅から車で約7分 **1泊素泊まり（税サ込）**：大人6400円～ **日帰り入浴**：大人850円、小学生300円、11時30分～21時、無休 **泉質**：ナトリウム－塩化物泉 **備考**：カード利用不可。

余市川温泉

# 余市川温泉 宇宙の湯

余市町入舟町322
電話 0135・22・4126

日帰 露天

余市の道の駅にもほど近い庶民派の温泉銭湯。屋根に陣取るスペースシャトルの模型が目印だ。温泉は、自前の美肌湯があふれるかけ流しの実力派。浴場は、とっぷり深めの主浴槽に子供風呂、ぬるめの超音波風呂、サウナもそろう。ウイスキー、ブルーベリーなどご当地風呂もある。

露天は眺望が望めないぶん、風景パネルを置いたり、囲いに葡萄を実らせたりとひと工夫。

宇宙飛行士毛利衛さんの出身地ということもあり、1階のロビーには関連コーナーも展示されている。

**アクセス**：JR小樽駅から車で約30分、JR余市駅から徒歩約15分 **料金**：大人480円、中人140円、小人70円 **時間**：9時30分～22時、水曜日は13時～21時、無休 **泉質**：カルシウム・ナトリウム・マグネシウム－塩化物泉

❖赤井川カルデラ温泉

# 赤井川村保養センター

赤井川村赤井川71
電話 0135・34・6441

❖**アクセス**：JR札幌駅から車（札樽自動車道ほか経由）で約1時間20分、JR余市駅から車で約20分❖**料金**：大人400円、小学生200円、未就学児無料❖**時間**：10時～21時（最終受付20時30分）、月曜定休（祝日の場合は翌日）❖**泉質**：ナトリウム・カルシウム－塩化物・硫酸塩泉

赤井川村にある日帰り湯。開湯は1983年で、公共施設の熱源にと掘削したら暖房より温浴向きの温泉が噴き出し、5人で満杯の仮設浴場を建てたのが始まりだ。現在の保養センターは1988年から。

浴室は清楚で好ましい。何より驚いたのは浴場管理だ。象徴的なのが岩風呂。豪快に自然石を積み上げた造りの風呂は、湿気と清掃の難しさから時として汚れの付きやすい場所にもなる。それがこの浴場ではぬめりさえ無縁。目立たぬ部分も丁寧な手仕事で清められていた。肝心の湯も、源泉を手動調節する泉温管理が実に細やかだ。

❖京極温泉

# 京極温泉

京極町川西68
電話 0136・42・2120

❖**アクセス**：JR札幌駅から車で約1時間40分、JR倶知安駅から車で約20分❖**料金**：中学生以上600円、小学生300円❖**時間**：10時～21時（最終受付20時30分）食堂11時30分～19時、月1回月曜日不定休、元日❖**泉質**：ナトリウム－塩化物・硫酸塩

ふきだし湧水は羊蹄山の伏流水が噴き出す恵みの泉だ。京極温泉は京極町のふきだし公園のすぐそばにある日帰り入浴施設。ふきだし公園の水くみ帰りや羊蹄登山の汗を流す人々でいつもにぎやかだ。

晴れた日の露天に出てみれば、端正な蝦夷富士・羊蹄山の絵のような姿が目の前に。羊蹄の山裾に湧く湯は旧泉質で言う含芒硝食塩泉。湯は2キロ離れた泉源から引き、夏は源泉そのまま、冬は熱交換システムで加温する。

毎夜の換水と清掃の甲斐あって、この町自慢の湧水にも似てさらりと爽やかな湯ざわりだ。

ルスツ温泉

# ルスツリゾート　ことぶきの湯

留寿都村字泉川13番地
電話　0136・46・3111（総合予約センター）

宿泊　日帰　露天

ジェットコースターやアトラクションなどの遊園地、三つの山にリフト14基、ゴンドラ4基を擁するスキー場をはじめ、北海道を代表するリゾート施設「ルスツリゾート」。ホテルのノースウイング6Fに2019年にオープンしたのが「ルスツ温泉　ことぶきの湯」。風呂は多彩で、大きな窓ガラスの内湯や支笏洞爺国立公園の山並みを一望できる横幅20メートルの露天のほか、洞窟風呂、ジェットバス、サウナも備える。洗い場は一つ一つが広々としたスペースをとっていて、親子でもストレスなく使うことができる。

日帰り入浴もできるが、利用するには遊園地の入園券が必要になる。

**アクセス**：札幌から国道230号経由で約90分 **1泊2食**：16100円（遊園地券付き）～※季節により異なる **日帰り入浴**：大人1300円、4歳～12歳650円、6時～9時、14時～25時 **泉質**：ナトリウム－炭酸水素塩泉（中性低張性高温泉） **備考**：宿泊料金や入浴料金は変動制のため、施設へ直接問い合わせを。

ルスツ温泉

# ルスツ温泉

留寿都村留寿都156－54
電話　0136・46・2626

日帰

留寿都村の畑地の中、案内は目立たぬ看板ひとつだけという小さな日帰りの村営湯。焦げ茶の板張りの建物には、受付と休憩所、脱衣所と内湯だけ。仮設浴場ゆえ、湯代も300円だけという質素な風呂だが、ここは湯そのものが比類なく素晴らしいのだ。泉源は風呂の間近にあり、湯が「生きている」のが肌でわかる。源泉かけ流しのうえ毎朝新湯を張っているから、清らかさも折り紙付き。

料金が料金だけに石けんの類いはないが、これほどの良湯は、ただただ全身の美容液のように、身体に湯をしみ込ませているだけでいい。清掃は丁寧でトイレも洗浄機つき。

**アクセス**：JR札幌駅から車で約1時間40分、JRニセコ駅から車で約30分 **料金**：大人300円、15歳200円、小学生～14歳100円、未就学児以下無料 **時間**：11時～21時、水曜日、年末年始休み **泉質**：ナトリウム－塩化物・炭酸水素塩泉

真狩温泉

# まっかり温泉

真狩村緑岡174－3
電話 0136・45・2717

日帰 露天

ユリ根の生産量が日本一の真狩村。まっかり温泉はのどかな田園地帯にたたずむ。木肌も清々しいログハウス調の平屋は、背景の山並みによく似合う。浴室に入ると羊蹄山が真正面にそびえ、ことに露天は羊蹄山を一望する特等席だ。

湯は自前のナトリウム―塩化物・硫酸塩・炭酸水素塩泉と単純温泉とのふたつの源泉をブレンドし、たっぷりとオーバーフローさせている。毎日の湯抜き、清掃も徹底したもので、朝一番に張られる新湯の爽やかさは温泉愛好家を喜ばせている。

**アクセス**：JR 札幌駅から車で約1時間50分、JR ニセコ駅から車で約15分 **料金**：大人600円、小学生250円 **時間**：10時～21時（最終受付20時30分）※10月～3月は11時～、月曜日休み（祝日の場合は翌日） **泉質**：ナトリウム－塩化物・硫酸塩・炭酸水素塩泉と単純温泉の混合利用



ニセコひらふ温泉

# 湯元ニセコプリンスホテル ひらふ亭

倶知安町ニセコひらふ1条4丁目5－43
電話 0136・23・2239

宿 日 露

スキー場を目の前にするリゾートホテル。温泉を引く露天風呂付き客室の多さも魅力。

**アクセス**：JR 札幌駅から車（札樽自動車道ほか経由）で約1時間50分、JR 倶知安駅から車で約15分 **1泊2食（税サ込）**：大人12100円～ **日帰り入浴**：大人1200円、4歳～小学生600円、※12月～3月は別料金。7時～10時30分、13時30分～23時、無休 **泉質**：ナトリウム－塩化物・炭酸水素塩泉

神恵内温泉

# 珊内ぬくもり温泉

神恵内村珊内村57－29
電話 0135・77・6131

日

海岸国道から200メートルほどの所にあるレモン色の建物。麦茶色の湯で、源泉を加熱して湯口から注ぎ、浴槽内で循環しながらオーバーフローさせている。

**アクセス**：JR 札幌駅から車（札樽自動車道ほか経由）で約2時間10分、JR 小沢駅から車で約45分 **料金**：大人500円、中学生400円、4歳～小学生200円 **時間**：13時～20時、月曜日と年末年始（12/31 ～ 1/3）休み **泉質**：ナトリウム－塩化物・硫酸塩冷鉱泉

❖小樽天然温泉

## 湯の花朝里殿

小樽市新光5丁目12番24号
電話 0134・54・4444

日 露

小樽市東部の山間部の朝里川温泉街にある日帰り温泉施設。札幌や小樽市中心部にも近い。大広間には自由に読めるコミックを備えるなど施設も充実している。

❖**アクセス**：札幌から車で札樽自動車道朝里ICより約2分❖**料金**：大人（中学生以上）880円、小学生（6歳～12歳）400円、幼児（1歳～5歳）200円❖**時間**：9時～23時❖**泉質**：ナトリウム－硫酸塩・塩化物泉

❖小樽天然温泉

## 湯の花 手宮殿

小樽市手宮1丁目5－20
電話 0134・31・4444

日 露

現代版鰊御殿といった外観が目を引く。洋風と和風2カ所の浴室も設備が多彩で、和風の露天では新しくなった露天石風呂やマスコットキャラクターのゆうゆ君がいるつぼ風呂でゆったりくつろげる。

❖**アクセス**：JR小樽駅から車で約10分❖**料金**：大人880円、小人400円、幼児200円、0歳児無料❖**時間**：9時～23時、無休❖**泉質**：ナトリウム－硫酸塩泉

❖朝里川温泉

## 小樽 朝里クラッセホテル

小樽市朝里川温泉2丁目676－1
電話 0134・52・3800

宿 日 露

四季折々の自然が楽しめる岩造りの露天風呂のほか、サウナ・水風呂も完備している。

❖**アクセス**：JR小樽駅から車で約20分、札樽自動車道朝里ICから車で約5分❖**1泊2食（税サ込）**：大人2名1室13350円～❖**日帰り入浴**：平日大人1500円、小人750円、11時～18時（土・日・祝日は～16時）、無休❖**泉質**：カルシウム・ナトリウム－塩化物泉

❖朝里川温泉

## ホテル武蔵亭

小樽市朝里川温泉2丁目686－4
電話 0134・54・8000

宿 日 露

和室主体の静かなホテル。評判を集める料理は道内産食材を多用する和食膳。浴場は本館に内湯と露天。身も心も癒される湯だ。

❖**アクセス**：JR小樽駅から車で約40分、札樽自動車道朝里ICから車で約5分❖**1泊2食（税サ込）**：大人20300円～❖**日帰り入浴**：大人800円、小人400円、幼児（1歳～5歳）200円、5時～21時、無休（曜日により営業時間変更あり）❖**泉質**：カルシウム・ナトリウム－塩化物泉❖**備考**：JR小樽駅から送迎あり（要予約）

## 小樽幸和温泉

### 小樽温泉 オスパ

小樽市築港7－12
電話 0134・25・5959

日 露

深夜の休息やフェリーの時間調整にも重宝される湯。年中無休。

**アクセス**：JR小樽駅から車で約10分、JR小樽築港駅から徒歩約15分 **料金**：大人850円、小人300円 **時間**：24時間（清掃時間7時50分〜9時30分、水曜日のみ7時50分〜13時）、無休 **泉質**：ナトリウム－塩化物強塩泉 **備考**：深夜料金加算あり

## ニセコ湯の里温泉

### ペンション NORTE

蘭越町湯里167－4
電話 0136・58・2534

宿

尖塔が印象的なペンション。浴室は1カ所で、時間によって男女を交代する。引湯する関係でやや加熱するが、源泉の持ち味を残す優しい肌触りのかけ流し湯だ。

**アクセス**：JR札幌駅から車（札樽自動車道ほか経由）で約2時間10分、JR昆布駅から車で約7分 **1泊2食（税込）**：大人6000円 **日帰り入浴**：不可 **泉質**：ナトリウム－塩化物泉 **備考**：カード利用不可

## ニセコ駅前温泉

### ニセコ駅前温泉 綺羅乃湯

ニセコ町中央通33
電話 0136・44・1100

JRニセコ駅からすぐの日帰り温泉。家族風呂や「アロマオイル入りセルフロウリュ」式のサウナもある。

**アクセス**：JRニセコ駅から徒歩1分 **料金**：大人（高校生以上）600円、小人（小・中学生）250円、幼児無料 **時間**：10時〜21時30分（最終受付21時）、第2・第4水曜日休み（祝祭日の時は翌日）、※8月〜10月は無休 **泉質**：単純温泉（低張性弱アルカリ性温泉） **備考**：身障者対応型小浴場は1時間1200円、要予約

### 小樽市街

ドーミーイン P114 PREMIUM小樽
運河の宿 おたる ふる川 P115
JR小樽駅
道道小樽港線
JR函館本線
新日本海フェリーターミナルビル
P140 小樽温泉オスパ
JR南小樽駅
P117 神仏湯温泉
新南樽市場
小樽IC

小樽②
ウィングベイ小樽
P117 料亭湯宿 銀鱗荘
JR小樽築港駅
平磯公園

手宮地区
手宮公園
手宮緑化植物園
P139 湯の花 手宮殿
至祝津
至稲穂小樽駅方面
道道小樽海岸公園線
小樽市総合博物館
小樽港

## 後志全域

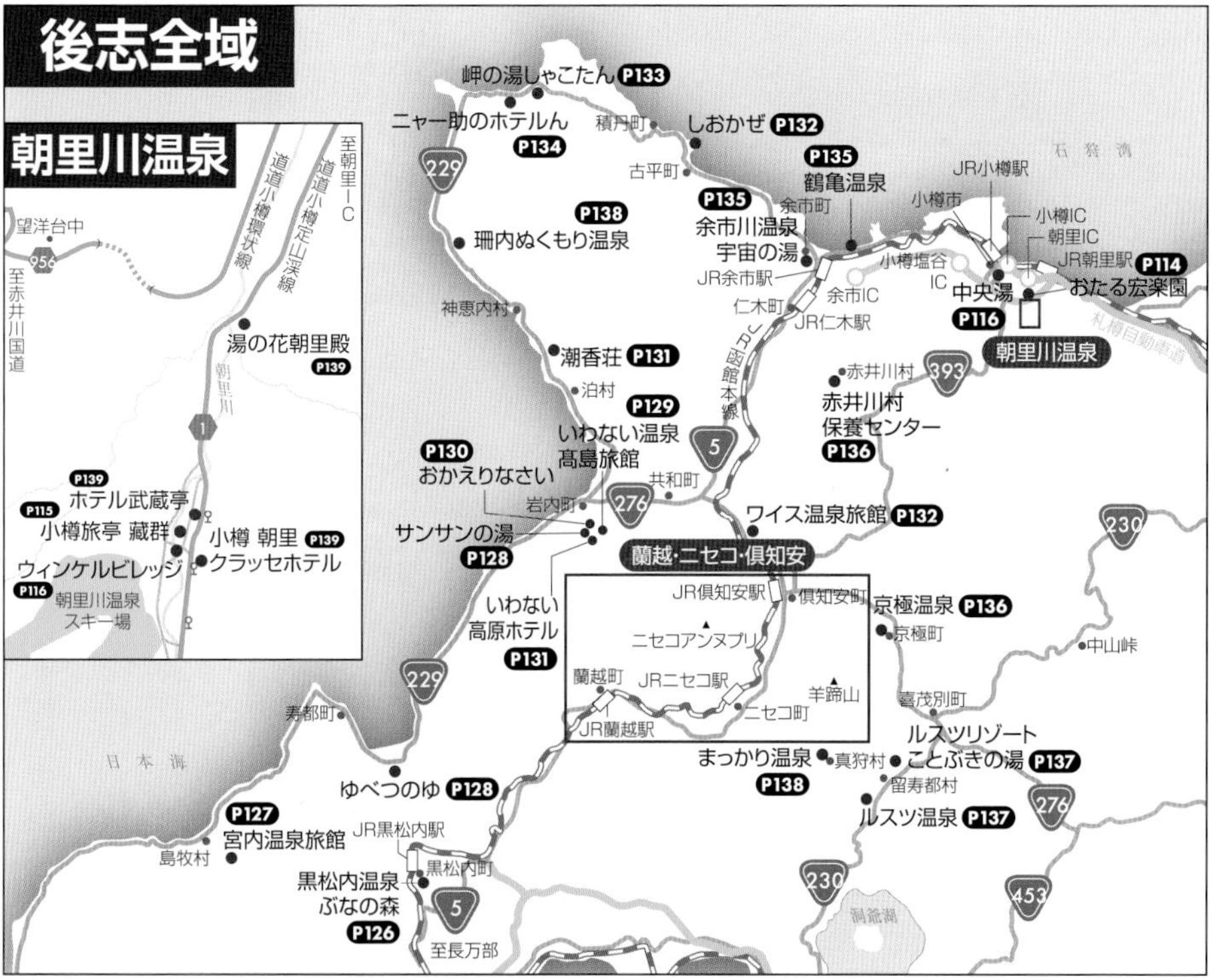

## 朝里川温泉



## 蘭越・ニセコ・倶知安

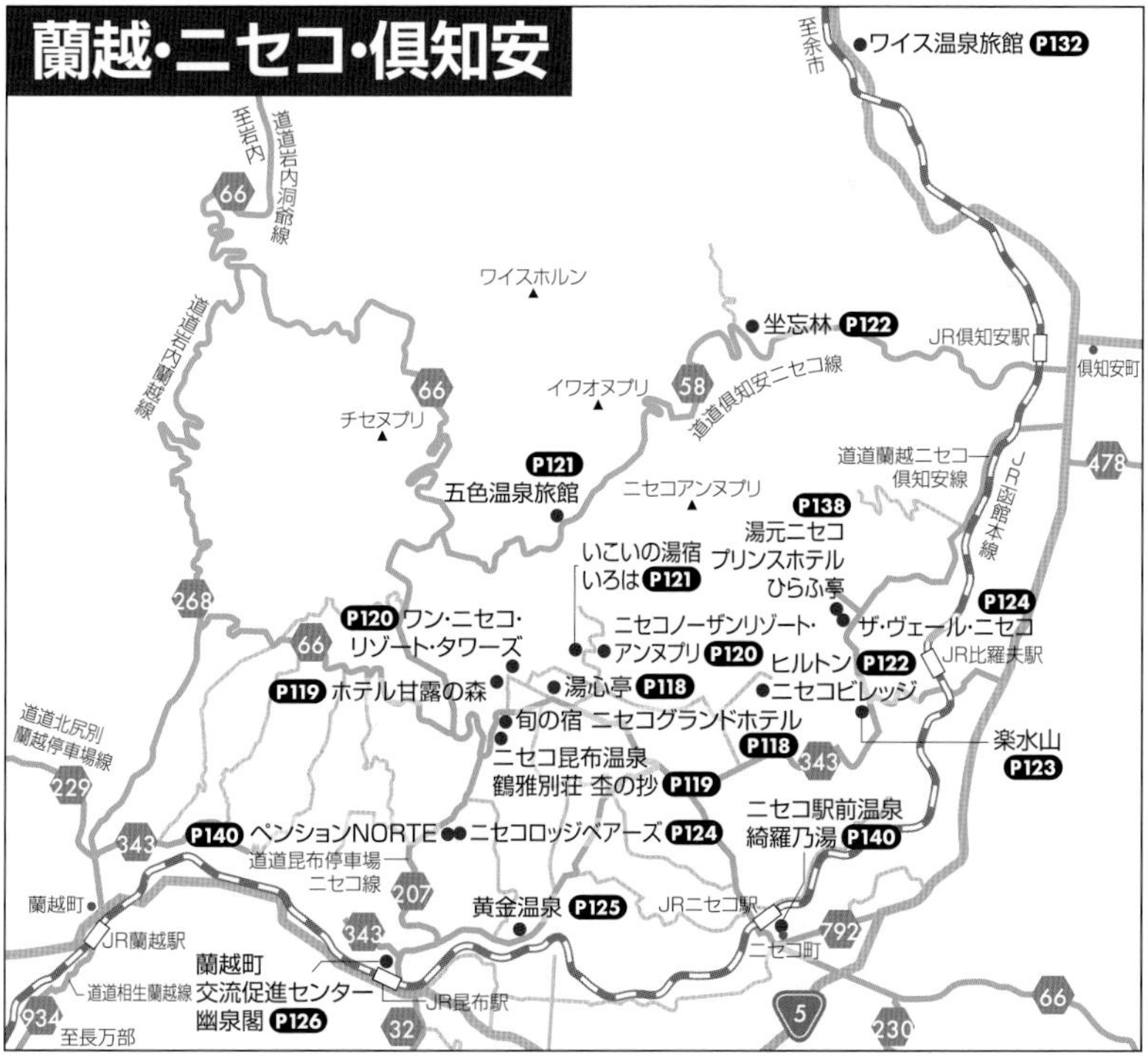

岩見沢温泉

# ほのか

岩見沢市上幌向南1条1丁目1196−2

電話 0126・35・5526

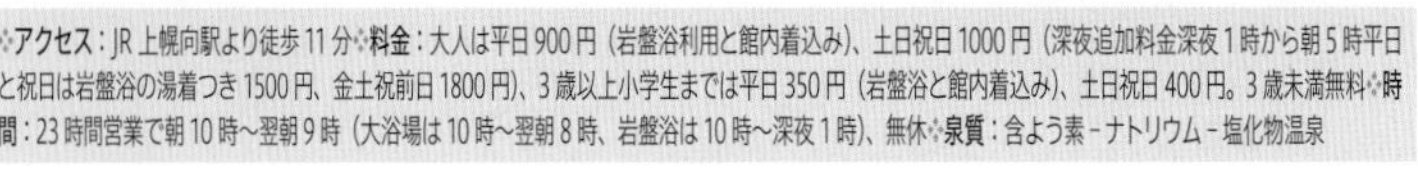
❖アクセス：JR上幌向駅より徒歩11分❖料金：大人は平日900円（岩盤浴利用と館内着込み）、土日祝日1000円（深夜追加料金深夜1時から朝5時平日と祝日は岩盤浴の湯着つき1500円、金土祝前日1800円）、3歳以上小学生までは平日350円（岩盤浴と館内着込み）、土日祝日400円。3歳未満無料❖時間：23時間営業で朝10時～翌朝9時（大浴場は10時～翌朝8時、岩盤浴は10時～深夜1時）、無休❖泉質：含よう素−ナトリウム−塩化物温泉

スーパー銭湯を愛する人の「いまコレが欲しい！」がギュッと凝縮した至福の湯空間。道内7店、全国9店を展開するほのかグループの2023年夏開業の最新店だ。

洗い場で身を清めて大浴場をひとめぐり。濃厚な食塩泉を満たす主浴槽「塩の湯」に、マッサージ効果の「音波の湯」、ひとり占めサイズの「高濃度炭酸泉（人工泉）」と血行促進に抜群の浴槽が続き、さらに高温サウナと水風呂、そして女性湯だけに優しい温度のミストサウナで塩マッサージができる引き締め効果抜群の「塩サウナ」も揃う。

露天エリアでは、温泉と並んで存在感を放つのがフィンランド式「バレルサウナ」と木肌も優しい「冷水桶風呂」。外気浴用の快適な椅子も備えられ、露天エリアだけで過ごすサウナーも少なくはなさそうだ。

だが、もうひとつ、忘れてはならないのが岩盤浴エリア。室温が異なる3カ所の岩盤浴で男女一緒に湯衣を着てリラックスしながら体を芯から温められる。その1つ「龍蒸洞」では毎日4回、スタッフによるロウリュを無料開催。初めての人も気軽にエンタメ性に富んだ熱波の時間を楽しんでみては。

❖毛陽温泉

ログホテル

## メープルロッジ

岩見沢市毛陽町183－2
電話 0126・46・2222

宿泊　日帰

木肌の美しい4棟構成、全15室のログホテル。太い原木の列柱が並ぶ風格あるエントランスでは、薪のはぜる暖炉が来客を出迎える。湯は無色透明だが、ナトリウム炭酸水素塩泉特有のとろりとした肌合い。浴用設備は、内湯にひのきと黒御影石のふたつの湯船、それに屋外に丸太造りのフィンランド式サウナがある。

ユニークなのは低い源泉温度を生かして、サウナ後のクールダウンに、と冷たい源泉風呂を仕立てているところ。温度差がもたらす刺激が新陳代謝を活発にするうえ、成分の薬理効果も期待できる一石二鳥の風呂だ。

❖**アクセス**：JR札幌駅から車で約1時間20分、JR岩見沢駅から車で約30分❖**1泊2食（税サ込）**：大人15000円～❖**日帰り入浴**：大人800円、小人250円、幼児無料、11時～20時（最終受付19時）、無休❖**泉質**：ナトリウム－炭酸水素塩冷鉱泉❖**備考**：カード利用不可、JR岩見沢駅から送迎あり（要予約）

空知

❖岩見沢温泉

湯元

## 岩見沢温泉なごみ

岩見沢市志文町345
電話 0126・32・1010

日帰　露天

2007年に造られた日帰り湯で、浴場設備はバラエティに富み、かつユニーク。

電気風呂を併設した主浴槽に、ゆっくりと湯浴みしやすいややぬるめの露天寝風呂、薬草の香りがする温度も穏やかな漢方ミストサウナ、体の凝った部分に水流の刺激を与えやすい立ったまま入るジェットバスなど、入浴が人に与える効果をよく考えた風呂が揃っている。

めん類やご飯ものがそろう食事メニューと入浴のセットプランもお値打ちだ。湯浴み後に食事を楽しみひと息ついて、再入浴できるのもうれしい。

❖**アクセス**：JR札幌駅から車で約1時間、JR志文駅から車で約5分❖**料金**：大人490円、小人150円、幼児80円❖**時間**：11時～23時、無休❖**泉質**：ナトリウム－塩化物泉

❖北村温泉

# 北村温泉ホテル

源泉掛け流し43度

岩見沢市北村赤川156－7

電話0126・55・3388

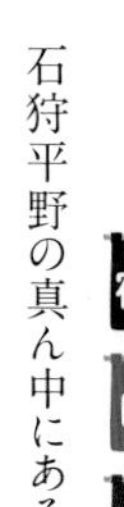

石狩平野の真ん中にある旧北村の湯どころ。開湯は1984年。源泉は、湯の濃さを示す「成分総計」が泉水1キログラムあたり29グラムもあるナトリウム—塩化物強塩泉。これを一切の手を加えず風呂に満たし、かけ流している。こってりとした弾力に富む湯は全身をよく温め、その温もりを長く持続させる。ナトリウム—塩化物強塩泉の効能から来る愛称は「温まりの湯」で、まさにそれを実感できる。

毎日すべての浴槽の換水と清掃をし、朝4時から新湯を張って一番風呂に備えている。浴室の屋外には二つの露天風呂もある。

❖**交通**：JR札幌駅から車で約1時間❖**1泊2食（税サ込）**：大人12650円～❖**日帰り入浴**：大人650円、小学生300円、幼児無料、6時～23時30分（最終受付23時）、無休❖**泉質**：ナトリウム－塩化物強塩泉

❖南幌温泉

# ハート&ハート

なんぽろ温泉

南幌町南9線西15

電話011・378・1126

日帰り側の風呂は広々サイズ。気泡浴に打たせ湯もあり、主浴槽は混み合ってもゆったり手足を伸ばせる広さ。屋外に出ると味わい深い樽風呂がある。宿泊側の浴場には、小庭仕立ての和風露天、それに道内でも珍しい本格的なラドン風呂もある。

泉質はナトリウム—塩化物温泉。泉温と湯量に恵まれたかけ流しの良湯だ。

日帰り利用の食堂メニューも充実しており、名物は南幌の特産キャベツが主役のキャベツ天丼。丼をはみ出す特大サイズで、添え物のキャベツのキムチが食欲をそそり、オープン以来変わらぬ人気だ。

❖**アクセス**：JR札幌駅から車で約50分、JR江別駅から車で約12分❖**1泊2食（税サ込）**：大人12500円～❖**日帰り入浴**：大人750円、小学生300円、幼児無料、10時～21時、無休❖**泉質**：ナトリウム－塩化物温泉❖**備考**：宿泊のみカード利用可、2024年夏以降大型改修工事のため、数ヶ月、全館休館予定

空知

三笠天然温泉

三笠天然温泉

# 太古の湯スパリゾート

三笠市岡山1042−20
電話 01267・2・8700

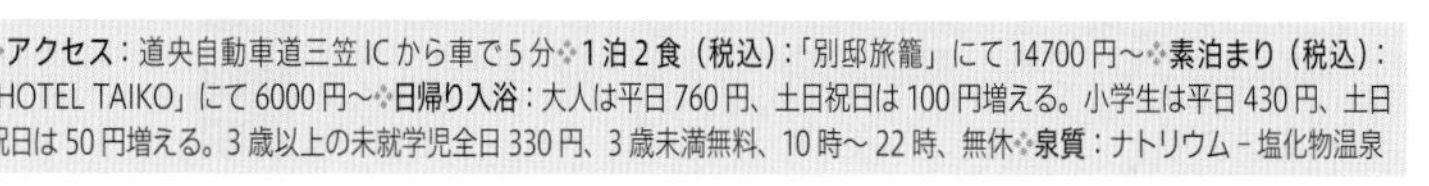

アクセス：道央自動車道三笠ICから車で5分 1泊2食（税込）：「別邸旅籠」にて14700円〜 素泊まり（税込）：「HOTEL TAIKO」にて6000円〜 日帰り入浴：大人は平日760円、土日祝日は100円増える。小学生は平日430円、土日祝日は50円増える。3歳以上の未就学児全日330円、3歳未満無料、10時〜22時、無休 泉質：ナトリウム−塩化物温泉

湯船に体を預け、高い天井までぐるりと見渡せば、樹齢600年から1000年というヒバの太柱、黒塗りの梁、漆喰の壁に鉄平石の床…。いやはやなんと豪壮な造りの湯殿だろう。

その名の通り、風格ある太古の樹々で設えた湯どころは、とろりとした食塩泉を満たした主浴槽に、ぬるめのジェット寝湯、富士山の溶岩から切り出した岩盤を使用したミスト式の岩盤浴、同じく乾式のマグマサウナなど多彩な浴用設備が勢揃い。サウナ後の水風呂も大きな木造り風呂で、柔らかな天然水が心地いい。

露天に出れば、東屋仕立てのヒノキ風呂に開放的な石風呂、外気浴の椅子も点々と。どの風呂から楽しむかしばし迷うほどだ。

広い敷地内にはこの浴場棟のほか2棟の宿泊施設が併設しているが、広い道内でも類を見ないのは、1棟が掘りごたつのある食事処で囲炉裏会席を味わえる10室の和風旅館で、もう1棟がセミナーやイベントが開催可能な多目的ホールを備えた40室のホテルであるということ。その多様性を含めて、今後も気になる温泉リゾートだ。

❖由仁温泉

## ユンニの湯

由仁町伏見122
電話 0123・83・3800

英国風庭園「ゆにガーデン」とともに東武グループが運営するリゾートの中にある人気の温泉だ。ログ調の建物が風景にとけこむ。コーヒー色の源泉は、炭酸水素イオンが多く含まれ、俗に「美肌の湯」といわれる温泉。地下1300メートルから湧き出る黒褐色の温泉は、泥炭地帯に位置しており、地下水が数千年前に堆積した石炭層に浸透してこの色がうまれているとか。

宿泊施設も完備。なかでも、4室ある露天風呂付客室の夕食は部屋食で用意され、人気が高い。地元食材を生かした夕食膳を楽しみながら心も体もリフレッシュできる。

❖**アクセス**：JR札幌駅から車で約1時間10分、JR由仁駅から車で約5分❖**1泊2食（税サ込）**：13500円〜❖**日帰り入浴**：大人800円、小学生400円、幼児無料、通常営業10時〜21時、朝風呂5時30分〜8時、無休（年2回設備点検のため休館あり）❖**泉質**：ナトリウム‐炭酸水素塩・塩化物泉❖**備考**：由仁駅からの送迎あり（要予約）

❖歌志内温泉

## チロルの湯

歌志内市中村78−3
電話 0125・42・5588

宿泊 日帰 露天

歌志内市内の素朴な山あいの風景にアルプスのスイス風建物が映える。この温泉は泉温こそ低いが、重曹泉特有のなめらかな肌合いが特徴だ。その温泉の湯元が実は旧炭鉱にあり、坑口より豊かに自然湧出しているのだ。浴場は主浴槽につぼ湯、サウナや水風呂、露天などを備える。

湯上がりに向かったレストランにも郷土を伝えるメニューが待つ。かつて産炭地の家庭で食卓にのぼった「なんこ」―馬の腸を柔らかく煮込み、野菜などを合わせてみそなどで味付けしたものだが、鍋仕立ての定食や小鉢で気軽に楽しめる。

❖**アクセス**：JR札幌駅から車（道央自動車道経由）で約1時間20分、JR砂川駅から車で約15分❖**1泊2食（税サ込）**：大人9800円〜❖**日帰り入浴**：大人500円、小人300円、6時〜8時（朝風呂）、10時〜22時、不定休❖**泉質**：ナトリウム‐炭酸水素塩泉

❖滝川温泉

# 滝川ふれ愛の里

滝川市西滝川76－1
電話 0125・26・2000

宿泊 日帰 露天

滝川市西部ラウネ川ほとりの3・7ヘクタールに日帰り温泉、レストラン、キッズコーナー、コテージなどを整備している。

本館を右手に進むと温泉ゾーンがあり、採光のいい浴室には主浴槽に寝湯漕、気泡浴槽、乾式とミストの2タイプのサウナなどがずらりとそろう。

湯は循環ろ過させながら加温して浴槽に入れる方式。露天には石風呂と岩風呂の2種類の浴槽があり、大空をあおぎながら身体を伸ばしてゆったりくつろぐことができる。

隣接する滝川キャンプサイトではフリーサイト、カーサイトに加え、グランピングもあり、キャンプをしながら温泉も楽しめる。

❖**アクセス**：JR札幌駅から車（道央自動車道経由）で約1時間20分、JR滝川駅から車で約12分❖**宿泊（コテージ素泊まり税込）**：1棟5名まで30000円～（10名まで利用可、6名から追加料金あり）❖**日帰り入浴**：大人630円、小人250円、幼児無料、8時～22時（最終入場21時30分）❖**泉質**：ナトリウム－塩化物・炭酸水素塩泉❖**備考**：カード利用不可

❖青の洞窟温泉

# ピパの湯 ゆ～りん館

美唄市東明町3区
電話 0126・64・3800

宿泊 日帰 露天

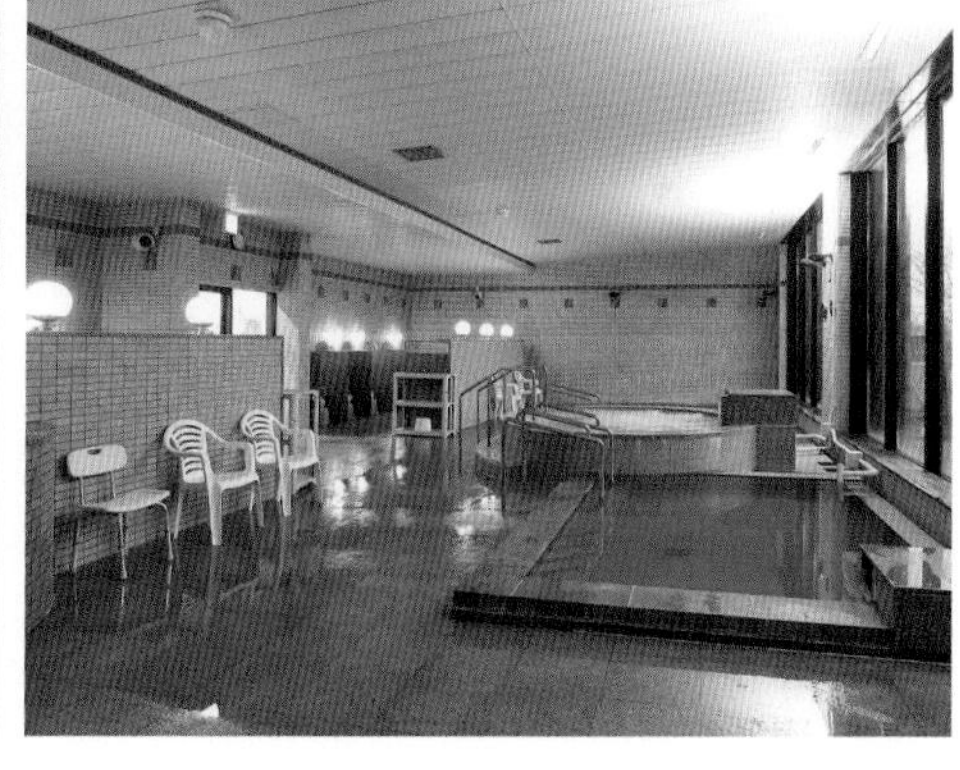

道央道美唄インターに程近い丘の上に佇む温泉宿。温泉名にもある印象深い露天風呂「青の洞窟」は、日中は見晴らし爽やか、黄昏時からは洞窟の中がライトアップされて神秘的な雰囲気になる。

自慢のコーヒー色のナトリウム－炭酸水素塩泉は腐植質をも含む通称「モール温泉」と呼ばれるタイプで美肌づくりにもってこい。洞窟外の景色もよく、眼下には落葉松林と美唄の街並み、丘の向こうからは鐘の音も響く。館内全体が吹き抜けや大窓を配した明るい印象だ。全34室ある客室のうち3室に、人気の高い温泉ひのき風呂も用意している。

❖**アクセス**：JR札幌駅から車（道央自動車道経由）で約1時間20分、JR美唄駅から車で約15分❖**1泊2食（税サ込）**：大人11500円～❖**日帰り入浴**：大人650円、小人300円、7時～21時、無休❖**泉質**：ナトリウム－炭酸水素塩泉❖**備考**：近郊のみ無料シャトルバスあり（曜日限定）

❖ながぬま温泉

# ながぬま温泉

長沼町東6線北4

電話 0123・88・2408

馬追丘陵の麓に広がる「ながぬまコミュニティ公園」の一角に立つ公共の温泉宿泊施設。園内にはオートキャンプ場、パークゴルフ場、テニスコートなどがそろい、春から秋の週末などは大にぎわいだ。

浴場施設は主浴槽に気泡浴槽、圧注浴槽、サウナと多彩で、開放的な眺めの露天風呂もある。

毎分1150リットルと道内屈指の湧出量で、惜しげもなく湯船にたっぷりとかけ流している。

❖アクセス：JR札幌駅から車（道央自動車道経由）で約1時間、JR由仁駅から車で約10分❖**1泊2食（税サ込）**：大人10600円〜❖**日帰り入浴**：大人700円、小人300円、幼児無料、9時〜22時（最終受付21時30分）、11月上旬休館日あり❖**泉質**：含よう素－ナトリウム－塩化物強塩温泉

❖北竜温泉

# サンフラワーパーク北竜温泉

北竜町板谷163－2

電話 0164・34・3321

作付面積日本一を誇る北竜町名物のひまわりと温泉を活用したユニークな健康増進施設。

1992年に開業し、国道275号沿いにそびえる竜の門が目印。人工温泉の浴槽を設置し、伊香保・ひまわり・別府と、年間3種の温泉の素が使用されている。

1日交代で男女湯を切り替える。奇数日は男湯が「龍心の湯」、女湯が「ひまわりの湯」。広々した浴場には主浴槽に気泡湯、寝湯、打たせ湯、露天、乾式とミスト2種類のサウナ等を設置。浴槽の換水清掃は毎日行い、湯は清浄だ。

❖**アクセス**：JR札幌駅から車（道央自動車道経由）で約1時間40分、JR妹背牛駅から車で約15分❖**1泊2食（税サ込）**：大人9900円〜❖**日帰り入浴**：大人500円、小人250円、幼児無料、9時30分〜22時、無休❖**泉質**：ナトリウム－塩化物泉❖**備考**：送迎応相談

❖幌新温泉

## ほろしん温泉ほたる館

沼田町幌新377
電話 0164・35・1188

豊かな緑と清流が育む「ほたるの里」として知られる空知管内沼田町の幌新地区。その名の通り、夏にはホタルが飛び交う閑雅な里山にある公共ホテル。1928年（昭和3年）8月、同町の住職が幌新での観音講に向かう途中、こんこんと湧く泉水を発見した、というのが始まりだ。1963年に正式に分析され、現在は公共の湯として住民の健康増進の一役を担う。

湯は低温の単純硫黄冷鉱泉で、主浴槽には加熱・循環して使用しているが、サウナ用の冷水の方が実は源泉そのままだ。

❖**アクセス**：JR札幌駅から車（道央自動車道経由）で約1時間40分❖**1泊2食（税サ込）**：大人9638円〜❖**日帰り入浴**：大人500円、小人250円、幼児無料、10時〜22時、無休❖**泉質**：単純硫黄冷鉱泉

❖新十津川温泉

## 美緑（みりょく）の宿グリーンパークしんとつかわ

新十津川町総進189-1
電話 0125・76・4000

穏やかな田園風景が広がる新十津川町の「ふるさと公園」の一角に立つ。青空を写す池やピンネシリ岳の山容を見晴らす3階建てだ。

浴室には大きな窓辺に沿って設えた広い主浴槽と温度差を設けた副浴槽、気泡浴、サウナと水風呂がそろう。泉温がやや低めの源泉をほど良く整え、湯口からは常に新湯がたっぷりと注がれ、あふれるまま。ほうじ茶色でアルカリ性の単純泉は、重曹泉系の組成でとろりとなめらか。

食事は新十津川産の農産物、道産のエゾシカ料理などが提供されている。

❖**アクセス**：JR札幌駅から車（道央自動車道経由）で約1時間20分、JR滝川駅から車で約15分❖**1泊2食（税込）**：大人11000円（入湯税150円込）〜❖**日帰り入浴**：大人600円、小人300円、幼児無料、8時〜21時（最終受付20時）、無休❖**泉質**：単純温泉❖**備考**：展望風呂は宿泊者専用

芦別温泉

# 芦別温泉スターライトホテル&おふろｃａｆé星遊館

芦別市旭町油谷1番地
電話 0124・23・1155

宿泊　日帰　露天



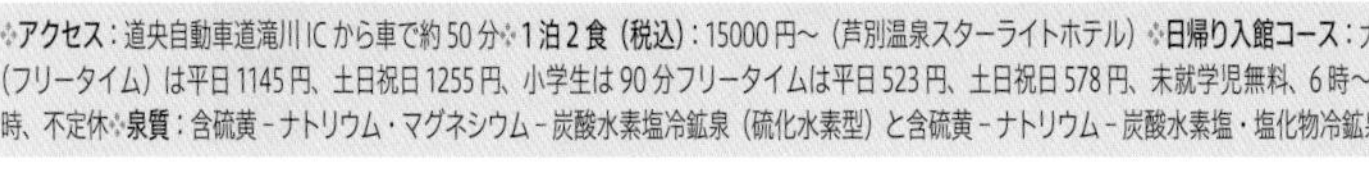
アクセス：道央自動車道滝川ICから車で約50分　1泊2食（税込）：15000円～（芦別温泉スターライトホテル）　日帰り入館コース：大人（フリータイム）は平日1145円、土日祝日1255円、小学生は90分フリータイムは平日523円、土日祝日578円、未就学児無料、6時～22時、不定休　泉質：含硫黄－ナトリウム・マグネシウム－炭酸水素塩冷鉱泉（硫化水素型）と含硫黄－ナトリウム－炭酸水素塩・塩化物冷鉱泉

全国展開する「おふろｃａｆé」ブランドの北海道唯一の施設。入浴のみならず1日のんびりできる空間づくりが特徴だ。星遊館では挽きたてコーヒーとともに1万冊もの漫画や雑誌、書籍に没頭できる「森の図書館」や地産地消の「空のカフェ」、マッサージチェアのあるラウンジに間接照明の仮眠室、コワーキングスペースも用意している。

浴場は、主浴槽、低温風呂、高温サウナに塩サウナ、露天エリアは広い湯船に壺風呂、バレルサウナも揃う充実ぶり。2種類の源泉を別個の湯船に利用しており、浴感の違いなども楽しめる。特に温泉愛好家にたまらないのは、冷泉であることを最大限に活かし、源泉かけ流しのとろりとした水風呂や硫黄香漂う飲泉まで整えているので、源泉そのものの魅力や効力を余すところなく享受できることだ。

そのほか湯浴みしながら試せる無料の泥パックや、湯上がりに味わう無料のデトックスウォーターなど、美容や健康への嬉しい配慮もいろいろと。休憩してからまたひと風呂…と、1日があっという間に過ぎていきそうだ。

### ❖栗山温泉

天然温泉くりやま
ホテルパラダイスヒルズ

栗山町湯地91
電話 0123・72・1123  

しっとりお肌になると評判の「美肌の湯」。栗山町随一の天然温泉は保温、保湿効果も抜群との評判。金土日祝日は男性限定の熱波サウナが人気。サウナの後は源泉水風呂もある。

❖**アクセス**：JR札幌駅から車で約1時間10分、JR栗山駅から車で5分❖**1泊2食（税サ込）**：大人11150円〜❖**日帰り入浴**：大人650円、小人350円（各350円増しで館内着＋タオルセット付き）、6時〜24時（最終受付23時）、不定休❖**泉質**：ナトリウム－塩化物泉

### ❖浦臼温泉

浦臼町温泉保養センター
浦臼町自然休養村センター

浦臼町キナウスナイ188
電話 0125・68・2727 宿 日

国道275号沿い、浦臼町の「道の駅」の向かいに立つ公共温泉。日帰り浴場と宿泊施設とが渡り廊下でつながっている。浴場の広い窓からは、鶴沼が一望できる。

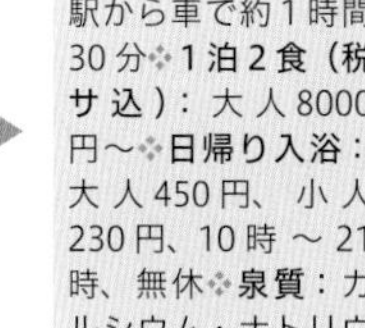

❖**アクセス**：JR札幌駅から車で約1時間30分❖**1泊2食（税サ込）**：大人8000円〜❖**日帰り入浴**：大人450円、小人230円、10時〜21時、無休❖**泉質**：カルシウム・ナトリウム－塩化物強塩泉❖**備考**：カード利用不可

### ❖エルム高原温泉

## エルム高原温泉ゆったり

赤平市幌岡町377-1
電話 0125・34・2155   

家族旅行村をはじめレクリエーション施設やキャンプ場が隣接するエルム高原の保養拠点。大浴場をはじめ高温風呂、泡風呂、サウナのほか、露天風呂からは、連なる山々の紅葉や緑の四季を感じながらのんびり。薬湯風呂の日もあり、疲れを癒してリフレッシュできる。

❖**アクセス**：JR札幌駅から車（道央自動車道経由）で約1時間20分、JR赤平駅から車で約10分❖**料金**：大人500円、小人300円❖**時間**：10時〜22時（最終受付21時30分）、無休❖**泉質**：冷鉱泉❖**備考**：隣接してコテージがあり宿泊もできる（要予約）TEL0125-34-2177

❖えべおつ温泉

## えべおつ温泉

滝川市江部乙町西12丁目8-22
電話 0125・75・2555

宿 日

湯の起こりは大正初期。現在の湯は1982年に新たに開発したもので、いまは掘削時より泉温が下がり加温しているが、再利用せずかけ流しで提供している。

❖アクセス：JR江部乙駅から徒歩すぐ、JR札幌駅から車（道央自動車道経由）で約1時間20分❖素泊まり1泊（税サ込）：大人6000円～❖日帰り入浴：大人600円、小人300円、9時30分～22時（月曜15時～）、無休❖泉質：単純温泉

❖深川温泉

## イルムの湯 アグリ工房まあぶ

深川市音江町音江600
電話 0164・26・3333

宿 日 露

都市と農村の交流施設。職員総出で毎日完全換水、清掃に励んでいて、さわやかな湯だ。

❖アクセス：JR札幌駅から車（道央自動車道経由）で約1時間20分、JR深川駅から車で約15分❖宿泊（コテージ素泊まり税込）：1棟8人まで17000円（10人まで利用可、9人から追加料金。土・日・祝日の前日は18500円）❖日帰り入浴：大人500円、小人300円、10時～22時、無休❖泉質：冷鉱泉❖備考：市内無料送迎あり（月・水・金曜のみ）

❖上砂川岳温泉

## パンケの湯

上砂川町字上砂川65-106
電話 0125・62・2526

宿 日

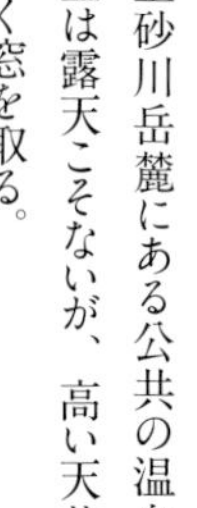

上砂川岳麓にある公共の温泉。浴室は露天こそないが、高い天井まで広く窓を取る。

❖アクセス：JR札幌駅から車（道央自動車道経由）で約1時間20分、JR砂川駅から車で約15分❖1泊2食（税込）：大人7600円～❖日帰り入浴：大人500円、小人300円、10時～22時（土・日・祝日は9時～、最終受付いずれも21時30分）、無休❖泉質：冷鉱泉

❖秩父別温泉

## ちっぷ・ゆう&ゆ

秩父別町2085
電話 0164・33・2116

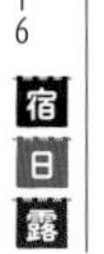
宿 日 露

田園の中にたたずむ町営の温泉宿泊施設で、露天風呂などバリエーションに富んだ風呂が人気。

❖アクセス：JR札幌駅から車（道央自動車道経由）で約1時間30分、JR秩父別駅から徒歩5分❖1泊2食（税込）：大人2名1室1人9390円～❖日帰り入浴：大人500円、小人250円、幼児無料、5時～7時30分／9時～23時30分、無休❖泉質：ナトリウム-塩化物泉❖備考：①シルクの湯と黄金の湯の2浴場があり、男女日替わり利用②カード利用不可

❖湯の元温泉

# 湯の元温泉旅館

三笠市桂沢94番地
電話　01267・6・8518

宿泊　日帰　露天

❖アクセス：道央自動車道三笠ICから車で約35分❖1泊2食（税込）：11440円～❖日帰り入浴：大人600円、小学生250円、3歳までの未就学児100円、3歳未満無料、夏季10時～21時、冬季は～20時、不定休❖泉質：該当なし（自然湧出泉）

道道岩見沢三笠線を山あいへと走ると、樹々に埋もれて立つ一軒宿に出会う。青い屋根に宿名を大きく手書きした素朴な佇まい。開業は1957年（昭和32年）で、道の行く手にある桂沢ダムと同じ。ダム工事の宿舎の払い下げを機に、山中に湧いていた硫黄の冷泉を引いて風呂を整えたのが始まりだった。

地元と温泉ファンに長く愛されたが、地域の人口減などもあり近年は廃業の危機に。そこに「引き継ぎます」と手を挙げたのが関東でグループホーム事業を手掛けた杉浦一生さんだ。故郷・北海道の温泉宿を拠点に新たなグループホームを設け、障がいのある人とない人が垣根なく働き過ごす豊かな場所を築きたかったという。

そして現在、風呂に料理、宿泊と旅館のもてなしを継承しつつ、朝食用の卵を産む鶏を飼い、雑木林にソロキャンパー向けのキャンプ場を造成するなど仲間との手作業の整備で集客を図るとともに、「鶏を育てる」「キャンプ用の薪を作る」などホーム利用者の就労の場も次々と増やしている。

そんな湯の元温泉にひとつ悩みがある。十年毎に更新が必要な温泉分析を春に実施したところ、成分が薄いと温泉に認定されなかったのだ。私の取材経験でもこの宿の源泉は2000年には食塩泉、その10年後は単純硫黄泉と変遷があった。渓流のほとりに湧く自然湧出泉は特に春の増水期に雪解け水の影響を受けやすい。2010年の分析書といまを比較すると実は総合的な成分量はやや増えているが、硫黄成分の値が足りていない。秋冬に分析し直せば結果はまた違うのだろうが、10万円を超す費用もかかる。

杉浦さんはその事実を浴場前に掲示している。地元のお父さんに言わせると「でもね、いい湯だよ。夜もぐっすりさぁ」。

温泉本が掲載する宿としては番外編だ。でも本音を言えば、私もこのお父さんに同感なのだ。

# 空知北部

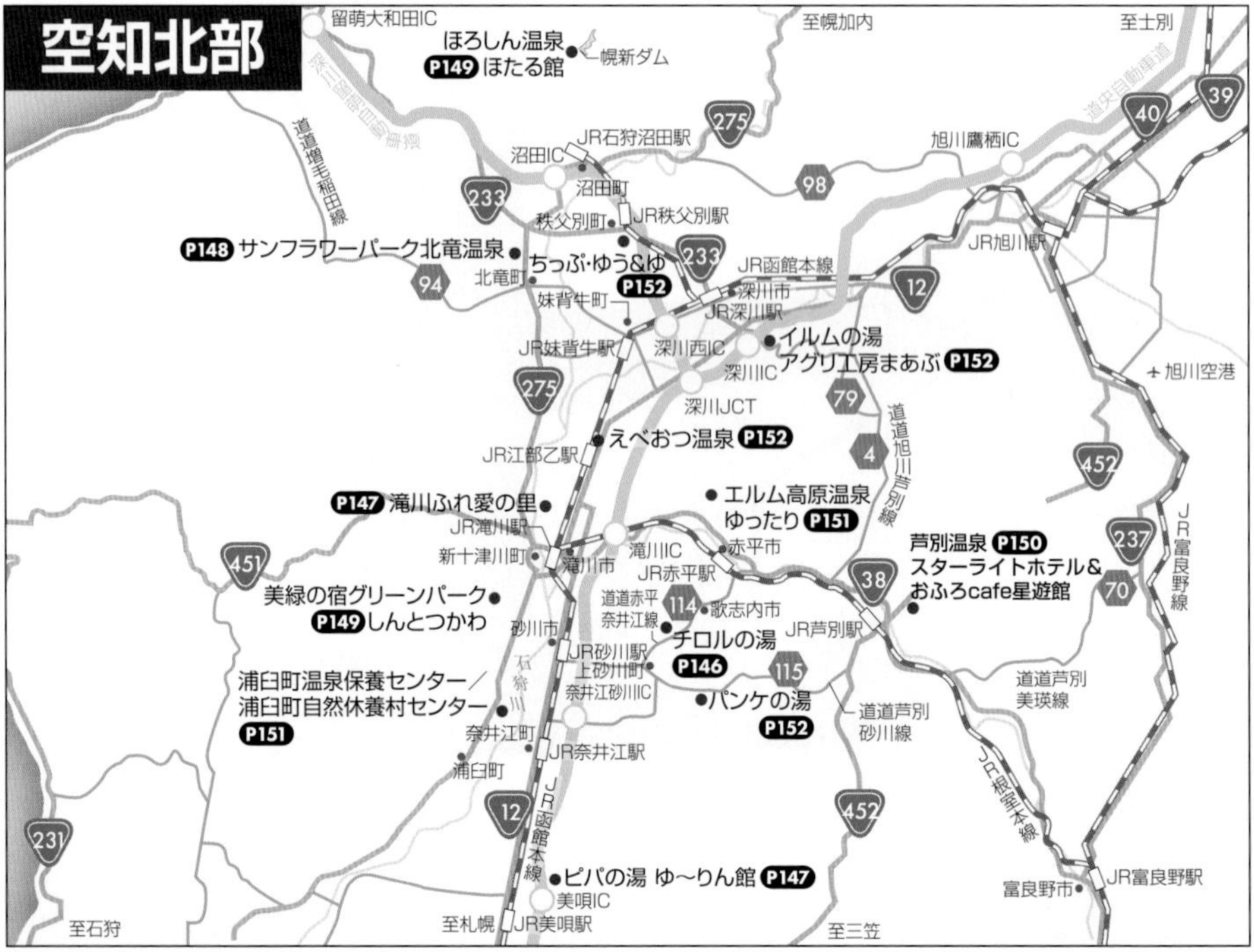

留萌大和田IC
至幌加内
至士別
ほろしん温泉
P149 ほたる館
幌新ダム
深川留萌自動車道
道道増毛稲田線
275
40
39
沼田IC
JR石狩沼田駅
沼田町
旭川鷹栖IC
233
98
秩父別町
JR秩父別駅
P148 サンフラワーパーク北竜温泉
ちっぷ・ゆう&ゆ
P152
233
JR函館本線
JR旭川駅
北竜町
94
深川市
12
妹背牛町
JR深川駅
JR妹背牛駅
深川西IC
イルムの湯
深川IC
アグリ工房まあぶ P152
旭川空港
275
深川JCT
79
道道旭川芦別線
えべおつ温泉 P152
4
JR江部乙駅
452
エルム高原温泉
ゆったり P151
P147 滝川ふれ愛の里
JR滝川駅
滝川IC
237
新十津川町
滝川市
赤平市
芦別温泉 P150
スターライトホテル&
おふろcafe星遊館
451
JR赤平駅
38
JR富良野線
美緑の宿グリーンパーク
P149 しんとつかわ
道道赤平奈井江線
114
歌志内市
70
砂川市
チロルの湯
JR芦別駅
JR砂川駅
P146
石狩川
上砂川町
115
浦臼町温泉保養センター／
浦臼町自然休養村センター
P151
奈井江砂川IC
パンケの湯
P152
道道芦別美瑛線
道道芦別砂川線
奈井江町
JR奈井江駅
浦臼町
JR根室本線
12
452
231
JR函館本線
ピパの湯 ゆ〜りん館 P147
富良野市
JR富良野駅
美唄IC
至石狩
至札幌
JR美唄駅
至三笠

# 空知南部

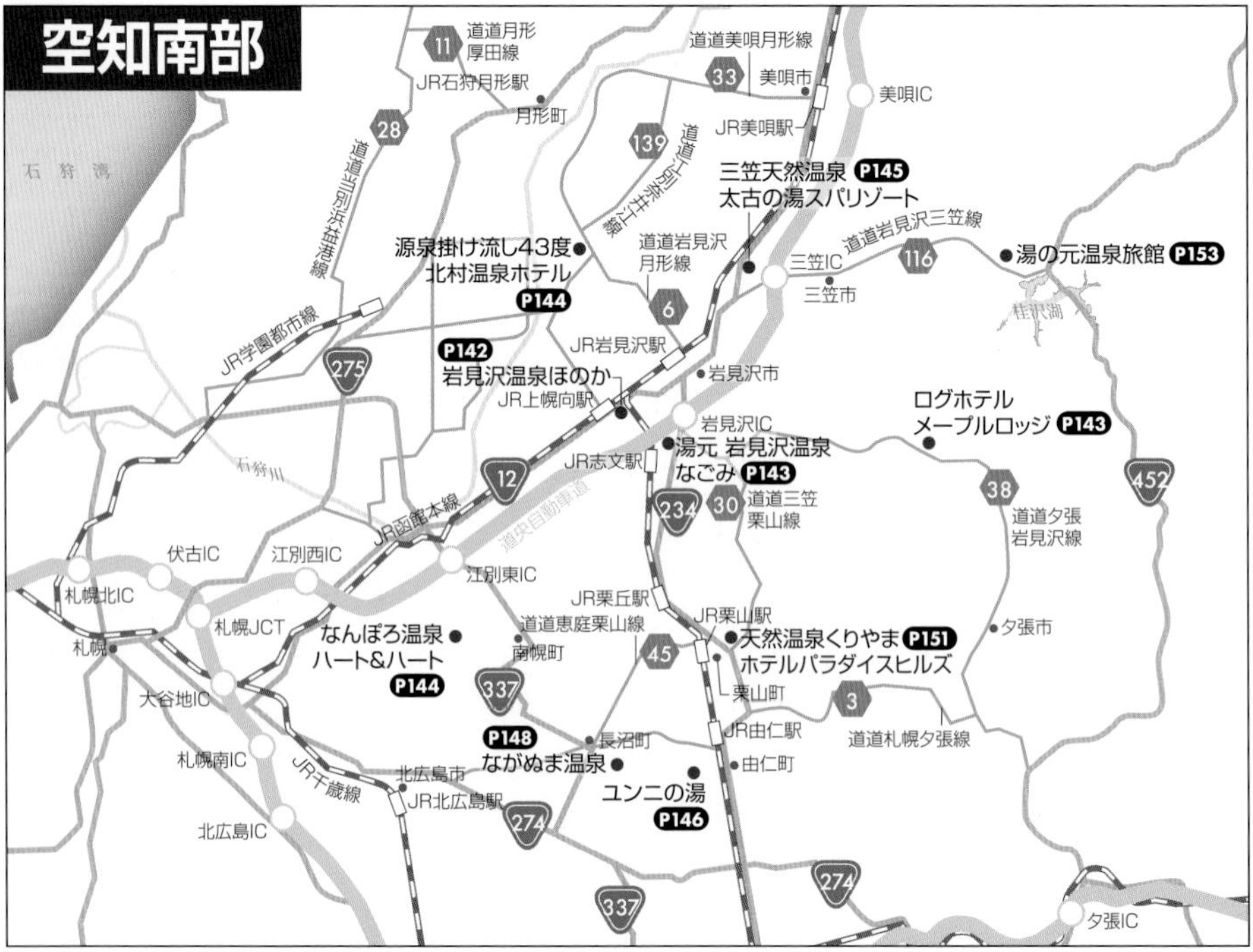

11
道道月形厚田線
道道美唄月形線
JR石狩月形駅
33
美唄市
美唄IC
月形町
28
139
JR美唄駅
石狩湾
道道当別浜益港線
道道岩見沢奈井江線
三笠天然温泉 P145
太古の湯スパリゾート
道道岩見沢三笠線
源泉掛け流し43度
北村温泉ホテル
P144
道道岩見沢月形線
三笠IC
116
湯の元温泉旅館 P153
三笠市
桂沢湖
6
JR学園都市線
P142
岩見沢温泉ほのか
JR岩見沢駅
岩見沢市
275
JR上幌向駅
岩見沢IC
ログホテル
メープルロッジ P143
湯元 岩見沢温泉
なごみ P143
石狩川
JR志文駅
12
452
38
234
30
道道三笠栗山線
道道夕張岩見沢線
JR函館本線
道央自動車道
伏古IC
江別西IC
江別東IC
札幌北IC
JR栗丘駅
札幌JCT
JR栗山駅
道道恵庭栗山線
天然温泉くりやま P151
夕張市
札幌
なんぽろ温泉
ハート&ハート
P144
南幌町
45
ホテルパラダイスヒルズ
大谷地IC
337
栗山町
3
P148
長沼町
JR由仁駅
道道札幌夕張線
札幌南IC
ながぬま温泉
JR千歳線
北広島市
ユンニの湯
P146
由仁町
JR北広島駅
北広島IC
274
274
337
夕張IC

おふろで健康づくり

# 腰回りのだるさ解消

家で過ごす時間を充実させる健康器具の人気が高まっている。ただ私も身に覚えがあるが、手に入れたことで満足し、数回試して放置…ということも。運動習慣のない人がいきなり負荷をかけ過ぎて、かえって体を痛めることも心配だ。

お風呂ストレッチの利点は、器具もお金も使わず、その方法と習慣を誰でも楽に身に付けられるところ。浴槽の大きさに限りがあるぶん、無理に動かし過ぎてケガをするリスクも少ない。

ここでは腰のだるさの解消を目指す。ただし、ぎっくり腰を含む突発性の腰痛で痛みや腫れがある時は、運動はむろん入浴も禁物。入浴ストレッチが効果的なのは突発性の症状が治った後、姿勢を変えないことなどで生じる筋肉疲労などからくる腰痛に対してだ。ソファでテレビを見る時間が長くなったら、ぜひお試しを。

湯温は38度が目安、水を1杯飲む。体を洗って湯船に10分。この時、好きな歌などを歌うのも呼吸や腹筋の強化にいい。一度洗髪などして体を休め、再び湯に漬かって開始だ。

最初は深呼吸。息を吸いつつ両手をゆっくり上にバンザイをし、吸いきったら、両手を下ろしながらより細く長く息を吐く動作を3～5セット繰り返す。

続いて、息を吸いつつバンザイした手指を上に向かって組み、吸いきったら息を吐きつつ、腰から上の上半身全体を右にひねる。吐き切ったら、息を吸いながら体を正面に戻し、今度は吐きながら左にひねる。呼吸とともに正面、右、正面、左…の一連の動作を3～5セット繰り返す（図①）。

次は、まず胸を張り、左かかとをバスタブの壁に突き出し（膝を曲げても構わない）息を吸い、右のすねを抱えて息を吐きながら膝を曲げおなかに引き寄せる（図②）。次の呼吸のタイミングで反対側も。一連の動作を3～5セット繰り返す。

最後に、足をゆるく曲げて膝を閉じ、胸を張って両腕を湯船の縁にのせたら、膝を右に倒し、左のお尻を上げる。次の呼吸のタイミングで膝を戻し、今度は左に倒し、右のお尻を上げる（図③）。骨盤のゆがみ解消につながるこの運動を、3～5セット繰り返す。深呼吸して締めくくり。湯上がりにも水分をしっかり取ろう。

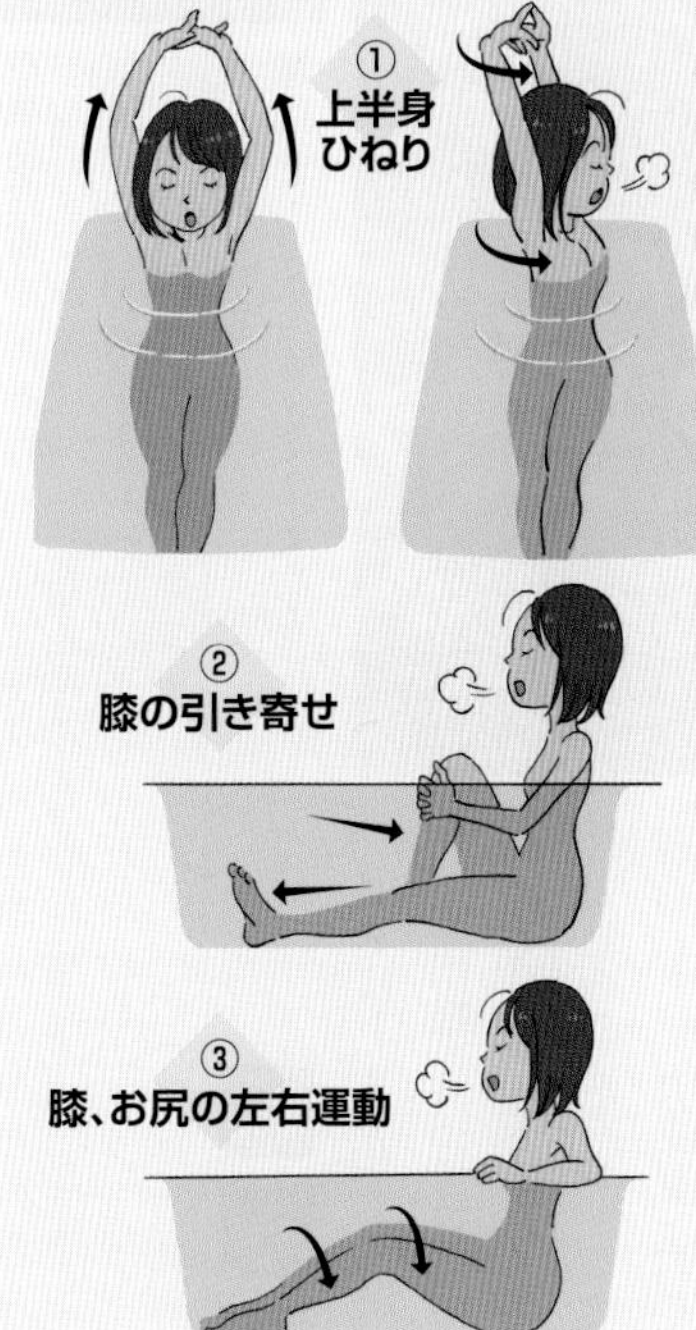

❖旭岳温泉

## 湯元湧駒荘（ゆこまんそう）

東川町旭岳温泉
電話 0166·97·2101

宿泊 日帰 露天

1914年（大正3年）に発見された開祖の湯・湧駒荘は、古くから竹藪温泉と呼ばれていた。浴室から近くて2メートル、遠くても55メートル程に主要な泉源があり、小さな湧泉に至っては敷地のそこかしこに。「ユコマンの湯」「シコロの湯」「神々の湯」の三つの浴場では、これら成分の異なる5種類の源泉を楽しめる。

浴場は本館と別館に2カ所ずつ。本館の「ユコマンの湯」「シコロの湯」は夜半に男女ののれんを入れ替えるので、宿泊すれば風情の異なる両方を味わえる。別館の「神々の湯」には、通年で楽しめるかけ流しの露天もある。

❖**アクセス**：JR旭川駅から車で約1時間、旭川空港から車で約40分❖**1泊2食（税サ込）**：大人12000円～❖**日帰り入浴**：大人1200円、小人600円、幼児無料、12時～19時（最終受付18時）、不定休（日帰りは別館「神々の湯」のみ）❖**泉質**：2泉がマグネシウム・ナトリウム・カルシウム－硫酸塩・塩化物・炭酸水素塩泉、3泉がマグネシウム・カルシウム・ナトリウム－硫酸塩・塩化物・炭酸水素塩泉❖**備考**：JR旭川駅などからシャトルバスあり（有料）

❖旭岳温泉

## 大雪山 白樺荘

東川町旭岳温泉
電話 0166·97·2246

開業は1968年。湯は忠別川の川縁に二つの自然湧出の泉源を持ち、その湯がそのまま流れ込み、また自然の中へと還っていく。だからこそ風呂の清掃について若主人は注意深く、強い洗剤は山の環境を壊すからと高圧洗浄とブラシの手力で毎日懸命に汚れを落とす。

設えは青空に展望塔を伸ばす木肌の美しい外観、陽光注ぐレストランと、景観の利を外からも内からも生かした造り。

風呂の造りもいい。内湯も露天風呂も小振りだが、優しい肌ざわりで瞬く間に小さなパールのような気泡が全身を包む。

❖**アクセス**：JR旭川駅から車で約1時間、旭川空港から車で約40分❖**1泊2食（税サ込）**：大人相室8060円～、個室9990円～❖**日帰り入浴**：800円、13時～20時、無休❖**泉質**：カルシウム・マグネシウム・ナトリウム－硫酸塩・塩化物泉❖**備考**：JR旭川駅などからシャトルバスあり（有料）

❖旭岳温泉

# ラビスタ大雪山

東川町1418
電話0166・97・2323

宿泊　露天

周囲は手付かずの原生林に包まれ、館内からも大雪山連峰の主峰・旭岳を望める。

8タイプが用意された客室は白壁にダークブラウンの木材を効かせ、ランプやドアノブがクラシカルな香りを漂わせる大人の雰囲気。3台のベッドを置く部屋やゆったりとした和洋室などがあり、家族やグループでの滞在などさまざまな客層に対応する。

温泉は旭岳温泉ならではの澄み切った自然湧出泉。山の香りに包まれた浴場、森陰に憩うように湯浴みする寝湯、岩肌が野趣漂う露天などすべての浴槽に掛け流されている。

❖**アクセス**：JR 旭川駅から車で約1時間、旭川空港から車で約40分❖**1泊2食（税サ込）**：14000円～（時期やプランなどにより変動あり）❖**日帰り入浴**：不可❖**泉質**：カルシウム・マグネシウム・ナトリウム－硫酸塩・塩化物泉❖**備考**：JR 旭川駅などから送迎あり（冬季限定・要予約）

❖旭岳温泉

# ロッジヌタプカウシペ

東川町旭岳温泉
電話0166・97・2150

宿泊　日帰　露天

この山の湯宿は、亡くなったご主人と仲間とで食堂を振り出しに30年以上かけて造りあげた「作品」だ。風格のある丸太組みの外観はアルプス山中のシャレーのよう。

意匠の極めつけは露天風呂。渓流のほとりに仕立てた風呂の目隠しがなんと、上からモビール状に吊るした数本の丸太だ。ぶらぶら揺れる丸太林をくぐり抜けると大きな自然石で組んだ湯船が日差しにきらめく湯をたたえている。自然流下で導かれる無垢な湯はひと時も流れを止めず、湯つぼからあふれて再び川に溶け混じる。

食事は山の香りがふんだんな素朴な献立で味もいい。

❖**アクセス**：JR 旭川駅から車で約1時間、旭川空港から車で約40分❖**1泊2食（税サ込）**：大人10000円～❖**日帰り入浴**：大人700円、小人300円、13時～16時、不定休❖**泉質**：カルシウム・マグネシウム・ナトリウム－硫酸塩・塩化物泉❖**備考**：①露天風呂1カ所は男女交代か混浴、10月中旬～6月上旬まで入浴不可、②カード利用不可

## ❖旭岳温泉

旭岳温泉 **ホテルベアモンテ**

東川町旭岳温泉
電話 0166・97・2325

大雪山系旭岳の西麓に佇む旭岳温泉。ホテルベアモンテは旭岳ロープウェイまで徒歩3分という自然探訪には最高の立地にある。建物は欧米の山岳リゾートの趣で、冬にはロビーの暖炉に太薪がくべられる。客室は56室。2022年6月にリニューアルオープンし、2部屋を1つにし、スタンダードツインでも50平方メートル以上で、ゆったりと配する。

食事はメイン料理と創作料理が並ぶビュッフェスタイル。地場素材を用いて丁寧に仕上げた料理の数々は健康の一助にも。広々とした浴場には温度を整えた清らかな湧泉が常にあふれる。

❖**アクセス**：JR旭川駅から車で約1時間、旭川空港から車で約40分❖**1泊2食（2名1室・税サ込）**：大人18700円〜❖**日帰り入浴**：大人1140円、小人570円、幼児以下無料、12時30分〜19時（最終受付18時）、無休❖**泉質**：カルシウム・マグネシウム・ナトリウム−硫酸塩・塩化物泉❖**備考**：JR旭川駅などからシャトルバスあり（有料）

## ❖旭岳温泉

アートヴィレッジ **杜季**（とき）

東川町旭岳温泉
電話 0166・97・2222

宿泊 露天

旭岳を望む客室3室の宿泊施設。もともとは林業関係の宿泊施設だった建物で、外観こそ山宿の素朴な佇まいをそのまま残すが、中に入れば印象は一転。ホールの白壁は独特の風合いの風景写真や抽象写真で飾られ、アートギャラリーのよう。オーナーは東京の日本料理店や道内のホテルで和食の腕を振るった料理人。訪れる人が何事にも煩わされず、ゆっくり料理を堪能できる場所を求め、宿を始めた。

風呂は貸し切りで入る。2年がかりで岩を組んだ手造りの露天風呂は、忠別川の一部と見分けがつかぬほど野趣に富み、自然湧出の澄んだ生湯があふれ続ける。

❖**アクセス**：JR旭川駅から車で約1時間、旭川空港から車で約40分❖**1泊2食（税込）**：大人20050円〜❖**日帰り入浴**：不可❖**泉質**：カルシウム・マグネシウム−硫酸塩・塩化物泉❖**備考**：カード利用不可❖**備考**：JR旭川駅などからシャトルバスあり（有料）

## ❖旭岳温泉

旭岳温泉

# ホテル　ディアバレー

東川町旭岳温泉
電話　0166・97・2334

宿泊

原生林に埋もれるように、大小の山荘風のホテルや宿が点々と現れる旭岳温泉。全26室限りのこの小さなホテルでも、吹き抜けラウンジの大窓いっぱいに旭岳の姿が映る。意匠を変化させた客室は9タイプ。スタンダードからラグジュアリーツインまで全体にゆとりを感じさせる造りとなっている。

イタリア製タイルが彩る浴室は、シンプルな浴槽がひとつのみだが、湯は渓谷の山ひだから自然湧出する澄み切った宝物。旧名でいう「含正苦味食塩石膏泉」は泉質としてまれな上、手付かずのまま湯船にあふれている。

❖**アクセス**：JR旭川駅から車で約1時間、旭川空港から車で約40分❖**1泊2食（2名1室・税サ込）**：大人10450円～（入湯税大人250円別）❖**日帰り入浴**：不可❖**泉質**：カルシウム・マグネシウム・ナトリウム－硫酸塩・塩化物泉❖**備考**：JR旭川駅などからシャトルバスあり（有料）

## ❖天人峡温泉

御やど

# しきしま荘

東川町天人峡温泉
電話　0166・97・2141

宿泊　日帰　露天

前身の「旅荘　大雪荘」の開業は1953年。民芸調のロビー、地元作家の書や書画で迎える落ち着いた客室、展望ひのき風呂を据えた特別室も2部屋ある。露天風呂からは、折々の紅葉や樹氷に彩られた渓谷が屏風絵のように広がっている。

半世紀の間に館内はすっかり改装されたが、変わらずに残るのは、大浴場のひのきの壁にある羽衣の滝が描かれたタイル絵。「先代からのタイル絵だけはそのままに」と二代目おかみさん。味わい深い渓谷絵巻が、知らず知らずに長湯を誘う。

❖**アクセス**：JR旭川駅から車で約1時間、旭川空港から車で 約40分❖**1泊2食（税込）**：大人12250円～❖**日帰り入浴**：大人900円、小学生500円、4歳～6歳400円、3歳以下無料、12時～17時、無休❖**泉質**：ナトリウム・カルシウム・マグネシウム－硫酸塩・炭酸水素塩・塩化物泉❖**備考**：宿泊者のみ国立公園入口から無料送迎あり（そのほか条件付きで近郊送迎可、要問合せ）

上川

❖白金温泉

## 大雪山白金観光ホテル

美瑛町白金温泉
電話 0166・94・3111

宿泊 日帰 露天

美瑛の丘の豊かな連なりを縫って十勝岳の西北麓へ。シラカバやカラマツの清々しい並木。この白樺街道を抜けた標高600メートルの高原が白金温泉郷だ。開湯は1950年。良質の源泉湧出に掘削事業の指揮をとった当時の町長は「白金を掘り当てた」と嘆声を上げた。温泉名の由来だ。

大型館ながらも和室中心の落ち着いた湯宿で、男女ののれんを入れ替える2カ所の湯殿には、温度差のある浴槽が備えられ、源泉が惜しみなくあふれている。露天は地元産の天然石を350トンも使った豪快な設えで、東屋風の屋根が涼やかな陰をつくっている。

❖**アクセス**：JR旭川駅から車で約50分、JR美瑛駅から車で約25分❖**1泊2食（税サ込）**：大人8950円〜❖**日帰り入浴**：大人1000円、小人450円、11時30分〜21時（日・祝日11時〜）、無休❖**泉質**：ナトリウム・マグネシウム・カルシウム－硫酸塩・塩化物泉❖**備考**：旭川または美瑛から宿泊客専用無料送迎バスあり（要予約）

❖白金温泉

## 温泉民宿 林道

美瑛町白金温泉
電話 0166・94・3036

宿泊

白金温泉街の中ほどにある家庭的な雰囲気の宿。1961年に土産物屋兼食堂として創業し、1991年に改築して二階部分に6室の客室を設け、民宿業も始めた。ご主人と奥さん、お母さんの3人による家族経営で、もてなしも料理の味にもほっとするものがある。

風呂は小振りだが、湯は源泉をそのままかけ流しており、熱いと感じるお客が水を足さないかぎり薄めることはない。

小さな宿ならではの臨機応変な対応ぶりが旅好きにはありがたい。

❖**アクセス**：JR旭川駅から車で約50分、JR美瑛駅から車で約25分❖**1泊2食（税サ込）**：大人8000円❖**日帰り入浴**：不可❖**泉質**：ナトリウム・マグネシウム・カルシウム－硫酸塩・塩化物泉❖**備考**：カード利用不可

❖白金温泉

## 美瑛町国民保養センター

美瑛町白金温泉
電話 0166・94・3016

日帰

❖**アクセス**：JR旭川駅から車で約50分、JR美瑛駅から車で約25分❖**料金**：大人300円、小人100円❖**時間**：9時30分〜20時（木曜および11月〜4月は18時まで）、月曜日休み（月曜日が祝日の場合は翌日休み）❖**泉質**：ナトリウム・マグネシウム・カルシウム－硫酸塩・塩化物泉

1973年に設立された美瑛町が運営する日帰り入浴施設で、白金温泉の中心部にある。

浴場は内湯一つに洗い場少々のシンプルな造り。おや、と目が行ったのは、昔の銭湯風の男女の間仕切り。曇りガラスとタイルを組み合わせたもので、向こうの姿は見えずとも気配はわかり、上部の隙間から声も届く。

風呂には熱い褐色の源泉がなみなみと満ちている。お湯替えと内部清掃を毎日欠かさず行う浴槽に、黄褐色の源泉を生のままたっぷりとあふれさせている。館内にはゆっくり過ごせる無料の休憩室も用意されている。

❖白金温泉

## 白金温泉ホテル

美瑛町白金温泉
電話 0166・94・3333

宿泊 日帰 

❖**アクセス**：JR旭川駅から車で約50分、JR美瑛駅から車で約25分❖**1泊2食（税別）**：大人8000円〜❖**日帰り入浴**：大人1000円、小人450円、幼児300円、11時〜20時（最終受付19時30分）、無休❖**泉質**：ナトリウム・マグネシウム・カルシウム－硫酸塩・塩化物泉❖**備考**：露天風呂は男女別❖**備考**：団体送迎あり（要予約）

白金温泉を流れる美瑛川河畔に立つ和風ホテル。風呂は加水、加温、循環を一切行っていないかけ流しの湯が自慢。広々とした露天風呂は、湯温が均一に保たれるよう、浴槽の下部から源泉を流し入れている。

美瑛川のせせらぎを眼下に湯船に身体をあずければ、ついつい時のたつのも忘れてしまう。

客室は和室と別館の洋室があり、ゆったりと落ちついた雰囲気。緑豊かな窓外の眺めも悪くない。夕食は品数も豊富な会席膳で、季節感もよく表現されている。

白金温泉

# 森の旅亭びえい

美瑛町白金10522-1
電話 0166・68・1500

宿泊 日帰 露天

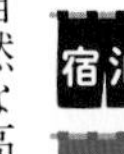

山あいの自然な高低に沿って五つの棟をしつらえ、回廊で結んだ離れ客室をもつ低層の宿は、山と森に溶け込む。切り妻屋根の和の構えは、九州・熊本出身のあるじが北と南の二つの土地への思いをつないだ「蝦夷数寄屋造り」。例えば廊下床材のシラカバ材は、温泉街への通い道「白樺街道」にちなむ。

17の客室のうち12室にはかけ流しの露天風呂も設けた。最もぜいたくな離れの5室には、通路の傍らに清流のように温泉水がほとばしる水路があり、水音が部屋へと導いてくれる。浴場も木と石とで設えた、無駄のない和の趣。森の静けさの中で、湯の音だけが響く。

❖アクセス：JR旭川駅から車で約50分、JR美瑛駅から車で約25分❖1泊2食（税サ込）：大人23650円～❖日帰り入浴：大人1000円、小学生500円、幼児300円、2歳以下無料、11時～14時、毎週月曜休み（祝日の場合は翌日休み）❖泉質：ナトリウム・マグネシウム・カルシウム－硫酸塩・塩化物泉❖備考：JR美瑛駅から送迎あり（宿泊のみ要予約）

白金温泉

# 美瑛白金温泉 ホテル　パークヒルズ

美瑛町字白金
電話 0166・94・3041

宿泊 日帰 露天

白金温泉の最も入口側に立ち、西欧的な趣で湯客を出迎える。白金温泉は全体に温泉の質や管理レベルが高いが、このホテルも然り。ゆったりした大浴場は洋風と和風の2カ所があり、熱め、ぬるめと浴槽ごとに泉温を変えて提供する。その全てがかけ流しだ。湯の入れ換えは日々怠らず、日帰り入浴の開始に合わせて新湯を整える。

客室は明るい雰囲気で、寝具は全てベッドを使用。宿泊客数によっては定食となることもあるが、マルシェダイニングでは宿泊者のための朝晩の美瑛野菜を中心としたバイキングだけでなく、ランチも実施し、日中も賑やかだ。

❖アクセス：JR旭川駅から車で約50分、JR美瑛駅から車で約25分❖1泊2食（税サ込）：大人12030円～❖日帰り入浴：大人1200円、小人800円、幼児400円、3歳未満無料、11時～21時、無休❖泉質：ナトリウム・マグネシウム・カルシウム－硫酸塩・塩化物泉❖備考：冬季のみ旭川空港、旭川中心部から送迎あり（要予約）

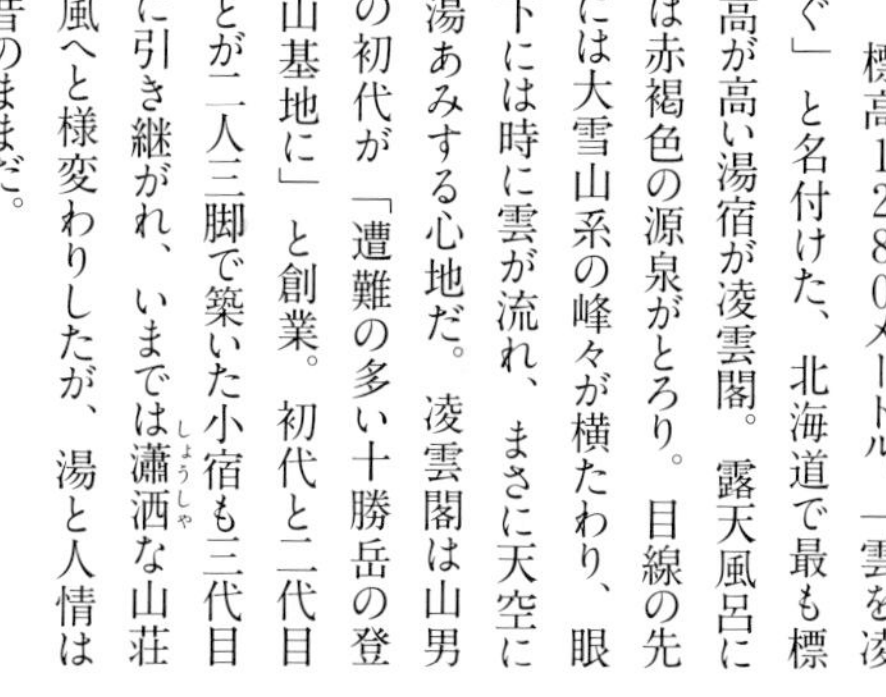

# ❖十勝岳温泉

## 湯元 凌雲閣

上富良野町十勝岳温泉
電話 0167・39・4111

宿泊　日帰　露天

❖**アクセス**：JR旭川駅から車で約1時間10分、JR富良野駅から車で約40分❖**1泊2食（税サ込）**：大人11650円〜❖**日帰り入浴**：夏季は大人（中学生以上）1000円、小学生500円、幼児無料、8時〜19時（18時30分）、不定休❖**泉質**：カルシウム・ナトリウム－硫酸塩泉と酸性・含鉄－アルミニウム・カルシウム－硫酸塩泉❖**備考**：カード利用不可

標高1280メートル。「雲を凌ぐ」と名付けた、北海道で最も標高が高い湯宿が凌雲閣。露天風呂には赤褐色の源泉がとろり。目線の先には大雪山系の峰々が横たわり、眼下には時に雲が流れ、まさに天空に湯あみする心地だ。凌雲閣は山男の初代が「遭難の多い十勝岳の登山基地に」と創業。初代と二代目とが二人三脚で築いた小宿も三代目に引き継がれ、いまでは瀟洒（しょうしゃ）な山荘風へと様変わりしたが、湯と人情は昔のままだ。

　個性の違う二つの源泉は渓谷沿いに導かれて来る。時にはそのパイプが豪雨に崩されたり、春の雪崩に呑み込まれ渓谷に消えることすらも。山中のため修理を請け負う業者もいない。だがそんな時は、開業時から「山仲間」として支えてくれた山岳関係の人々が力を貸してくれるそうだ。半世紀以上も前、ヤブを刈り進み、ドサンコと人力で荷上げして築いた宿には、山宿で生きる家族と仲間たちの深い深い思いがあるのだ。

## ❖吹上温泉

吹上温泉保養センター

# 白銀荘

上富良野町十勝岳

電話 0167・45・4126

❖アクセス：JR旭川駅から車で約1時間10分、JR上富良野駅から車で約20分❖1泊素泊まり（税サ込）：大人3100円～❖日帰り入浴：大人700円、中・高校生500円、小学生300円、幼児無料、10時～22時（最終受付21時）、無休❖泉質：カルシウム・ナトリウム－硫酸塩・塩化物温泉❖備考：①露天風呂は男女別と混浴がある②カード利用不可

標高1000メートルを優に超す十勝岳の西山腹、エゾマツの美林に囲まれ湯けむりをあげる吹上温泉。湯の歴史は思いのほか古く、発見年は開拓期の1897年（明治30年）だった。明治末には最初の湯宿が建ち、大正から昭和にかけては山岳スキーの一大拠点に。しかし戦時下の1943年（昭和18年）に捕虜収容施設建設のために解体。以降は戦後に山小屋「白銀荘」が建てられたものの、温泉は半世紀近くの間、忘れられていた。

丸木の山小屋が近代的な公共温泉「白銀荘」に生まれ変わったのは1997年。近隣に民営温泉が複数あるのに配慮して、宿泊形態は男女相部屋か個室での素泊まりのみ。

自然湧出する源泉は、十勝岳周辺に見られる高温の酸性泉。それを内湯のひのき葉風呂や寝湯、気泡湯、広大な露天の湯船一つ一つにかけ流す。さらにはロウリュのできるサウナ室や男女別の露天風呂の他に、水着着用で楽しむ男女共用の露天エリアが「運動浴場」として整備されている。水中歩行や水中ストレッチもできる水深1メートルの浴槽、すべり台付き浴槽まで。程よく鍛えられることうけ合いだ。

❖フラヌイ温泉

# フロンティアフラヌイ温泉

上富良野町新町4丁目4-25
電話 0167・45・9779

宿泊 日帰 露天

30・3度の源泉をそのままかけ流すため、ぬる湯愛好家がはるばる集う。すぐ隣に41～42度に加温した湯船もあるのだが、ほとんどの常連さんがくつろいでいるのは源泉風呂の方だ。

「熱い風呂で体を温めて、ぬる湯でスッキリ。何度でも繰り返して入ってしまうの」と指南してくれたのはご近所の女性客。このあつ湯とぬる湯は自然に「交互浴」の役割を果たしているわけだ。交互浴は疲労の回復を早め、血管の伸縮弛緩能力を高め、むくみも軽減してくれる。

客室は全て和室。宿泊プランは素泊まりから料理自慢の2食付きまで多彩だ。

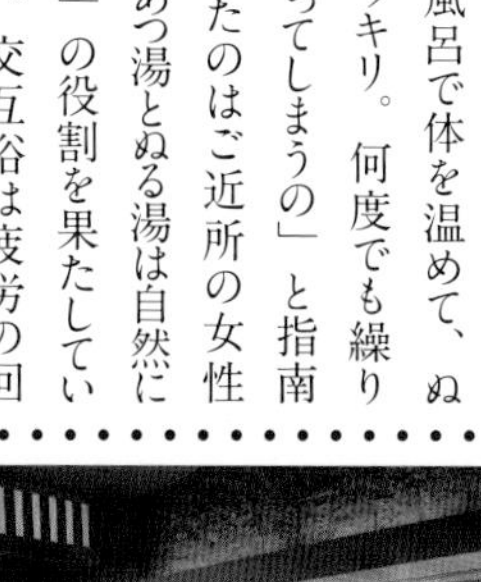

❖アクセス：JR上富良野駅から徒歩12分、JR旭川駅から車で約50分❖1泊2食（税込）：9800円～（2名1室で1名あたり）❖日帰り入浴：大人700円、小人350円、7時～22時、無休❖泉質：ナトリウム－炭酸水素塩・塩化物泉

❖富良野市内の温泉

# フラノ寶亭留

富良野市学田三区
電話 0167・23・8111

宿泊 露天

大雪連峰を遥かに見晴らすフラノ寶亭留。広々とした敷地にはラベンダー畑をはじめとする花畑や、薬物、根菜、ハーブなど多彩な自家農園、豊かな混合林が広がる。2023年4月にレストラン、料理をリニューアル。かしこまったフレンチではなく、フラノナチュラリー（ありのままの自然）をテーマにしたダイナミックなコース仕立ての新鮮な料理が評判だ。

29の客室は全室がマウントビュー。ベランダに出てみれば、敷地の畑と森の向こうに噴煙たなびく十勝岳や美瑛富士などの十勝連峰がたおやかに。その稜線が茜色に染まる夕暮れどき、金色帯びる日の出どき、いずれも比類のない美しさだ。

❖アクセス：JR富良野駅から車で約10分、JR旭川駅から車で約1時間10分❖1泊2食（税サ込）：大人22150円～（中学生以上のみ宿泊可）❖日帰り入浴：不可❖泉質：ナトリウム・カルシウム－塩化物泉❖備考：冬季のみJR富良野駅から送迎あり（要予約）

❖旭川市内の温泉

## ドーミーイン旭川

旭川市五条通6丁目964－1
電話 0166・27・5489

宿泊 露天

❖アクセス：JR 旭川駅から車で約2分❖1泊素泊まり（税サ込）：6000円～（時期やプランなどにより変動あり）❖日帰り入浴：不可❖泉質：ナトリウム－塩化物泉

客室総数174室のうち86室がダブル、55室がクイーンルーム。畳でくつろげる洗練された和洋室も8室あり、ビジネス利用のみならず家族や友人との旅の拠点としてもふさわしい。

温泉浴場は最上階の10階に。味わいある石組みの露天風呂には地下1200mから汲み上げた食塩泉が満たされている。一方で内湯の湯船には美肌効果も期待される超軟水が使用され、ボディソープの泡立ちも良い。

男女の浴場は少しだけ設備が異なり、ミストサウナは女性湯にだけ、寝湯は男性湯にだけと、湯客の傾向を慮った造りになっている。

❖旭川市内の温泉

## ホテルルートインGrand 旭川駅前

旭川市宮下通8丁目1962－1
電話 050・5847・7720

宿泊

❖アクセス：JR 旭川駅から約徒歩2分❖1泊素泊まり（税込）：7000円～❖日帰り入浴：不可❖泉質：カルシウム・マグネシウム・ナトリウム－硫酸塩・炭酸水素塩・塩化物泉

道北経済の中心都市かつ指折りの観光拠点である旭川の駅前に立つ地上17階建て、総客室数342のホテル。全室がゆったりと快適なコンフォート仕様で、ビジネス客の利用が多いシングルルームもベッド幅はセミダブルサイズ。一方で家族や友人4人と過ごせるフォースルームやバリアフリールームも備え、ビジネス利用と観光利用の双方のニーズをかなえている。

浴場は最上階の17階に設えられている。湯は含有成分豊富な天人峡の湯元から運んでいるが、小まめな配湯で清浄さをよく保っている。

❖旭川市内の温泉

## 21世紀の森の湯

旭川市東旭川町瑞穂888
電話0166・76・2108

旭川市街を出て、東旭川の田園風景を車窓に眺めながら東へ30分。大雪山系のふもとにある「旭川市21世紀の森」は自然豊かな森に、キャンプ場やバンガロー、パークゴルフ場やドッグランなどが点在する自然体験型の総合公園。その一角に「秘湯」がある。

背景の森にとけ込む板張りの湯小屋。中は簡素な、だが丁寧に清掃された脱衣所。その奥が浴室だ。あるのは素朴な洗い場と湯船がひとつ。環境に配慮して、石けんやシャンプーなどは使用禁止。

湯上がりに、湯小屋の隣の東屋で喉を潤せば、森林をザワワ……と通り抜ける風が汗をさらう。

❖**アクセス**：JR旭川駅から車で約50分、旭川空港から車で約40分❖**料金**：大人（中学生以上）100円❖**時間**：13時～20時、5月1日～11月30日の開園期間中は無休（公園内のログハウスは年末年始除き年中無休）❖**泉質**：カルシウム・ナトリウム－硫酸塩泉

❖東神楽温泉

## 森のゆ ホテル花神楽

東神楽町25
電話0166・83・3800

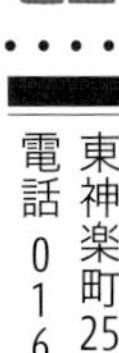

東神楽の林間57ヘクタールに広がるレク拠点、ひがしかぐら森林公園。そのセンター基地的な役割を果たしているのがこの公共ホテルだ。

建物は木材とレンガを多用した北欧的な造形で、バリアフリーへの配慮も忘れてはいない。

浴場は自然石でまとめた直線的なデザインで高温と低温の浴槽、炭酸泉、ハーバルサウナなどがあり、一番の装飾はガラス窓に広がる自然風景だ。露天は石組みの風呂を斜面の上下2カ所に配し、ここから平原の向こうに眺める大雪連峰の清々しい山容がまた見事。

❖**アクセス**：JR旭川駅から車で約30分、旭川空港から車で約15分❖**1泊2食（税サ込）**：大人10150円～❖**日帰り入浴**：大人800円、小学生350円、幼児無料、10時～21時（最終受付20時）、メンテナンス休館あり❖**泉質**：単純温泉❖**備考**：旭川市内から送迎あり（要予約）

❖富良野市内の温泉

# ラビスタ富良野ヒルズ

富良野市朝日町5－14
電話 0167・23・8666

宿泊 露天

❖**アクセス**：JR富良野駅から徒歩3分❖**1泊朝食付き（税サ込）**：11090円～（時期やプランなどにより変動あり）❖**日帰り入浴**：不可❖**泉質**：ナトリウム－塩化物温泉

ＪＲ富良野駅前にそびえる9階建てホテル。高層階の客室の窓辺には、列車が行き交う鉄路や富良野の街、その向こうに大雪の山並みが広がる。

温泉エリアは最上階に。大浴場はゆったりした空間に主浴槽、打たせ湯やサウナなどを直線的にレイアウト。露天も岩風呂や壺湯など多彩で美景を愛でつつ長湯できる。3カ所の貸切風呂もそれぞれ風情豊か。檜風呂の「山吹」や岩風呂の「芦別」は大窓の下部に設けた猫間障子のような小窓が洒落ている。開いてみると、季節の絵画を切り取る趣だ。壺風呂の「白樺」はおひとりさまでのんびりするのにいい。

❖富良野市内の温泉

# 新富良野プリンスホテル

富良野市中御料
電話 0167・22・1111

宿泊 日帰 露天

❖**アクセス**：JR富良野駅から車で約10分❖**1泊2食（税サ込）**：2名1室大人1人15409円～❖**日帰り入浴**：大人1700円、4歳～小学生850円、13時～23時30分最終受付（7～8月は18時まで）❖**泉質**：含よう素－ナトリウム・カルシウム－塩化物泉

多彩な施設でゲストを迎える新富良野プリンスホテル。滞在の中で出会う「人とストーリー」。こうした全ては脚本家の倉本聰さんのホテルに対する世界観からだという。

「紫彩の湯」の源泉は地中1010メートルにある湯脈。なめらかな肌触りの湯が心身の疲れをやさしく癒してくれる。

温泉は含よう素―ナトリウム・カルシウム―塩化物泉。露天にはさわやかな風が吹き抜ける。

サウナ室は北米の民家で使用されていたオールドパイン（松の古材）を使用。パインはサウナの熱を取り込み、再び均一に熱を放射する特性を持ち、空気がまろやかになることで快適に過ごせる。

❖湯の沢温泉

# 占冠湯の沢温泉　森の四季

占冠村占冠
電話 0167・56・2311

最近では海外からもリゾート地として知られる占冠村。でもこちらは地元の人々に長く愛されてきた素朴な湯宿。赤屋根の木造2階建てで、客室は和室が11室限り。浴場には、たっぷりと湯を張る主浴槽の隣に源泉を使用した水風呂、小さなサウナがあるだけ。浴場の源泉温度は8度ほどと低いため入浴には加熱が必要になるが、そのエネルギーを化石燃料に頼るのではなく、村の森の間伐材を薪にしてくべ、湯を立てている。

レストランに足を運ぶと、興をそそる料理があれこれと。湯も味も数やボリュームではなく、質を重視。

❖**アクセス**：JR占冠駅から車で約10分、JR旭川駅から車で約1時間50分❖**1泊2食（税サ込）**：大人11550円～❖**日帰り入浴**：大人550円、小人220円、11時（火曜16時）～20時30分（最終受付20時）❖**泉質**：ナトリウム・カルシウム－塩化物泉

❖層雲峡温泉

# 温泉ペンション銀河

上川町層雲峡温泉
電話 01658・5・3775

宿泊

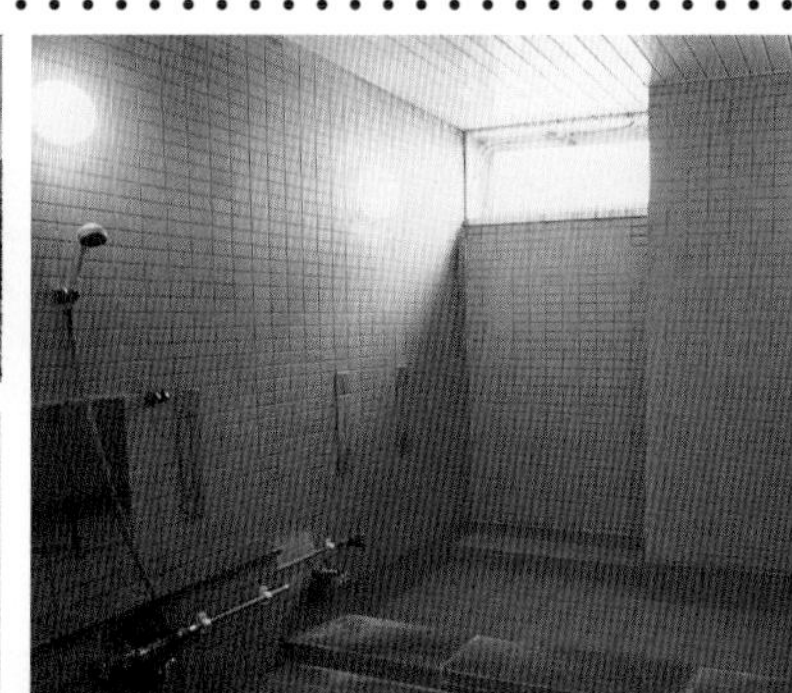

温泉街の新たな街並みづくりに歩調を合わせた欧米の山荘風のペンション。客室そのものは飾り気がないが、大きく取った窓からの緑や紅葉に勝る装飾はないだろう。浴室は内湯のみのシンプルな造りだが、その風呂には分湯を受けた源泉をそのままかけ流している。

通常料金で比較すれば宿泊費は界隈でも1、2を争う安さ。週末だの季節だのに左右されず、低めの料金設定というのは旅人のふところにありがたい。料理も山菜の小鉢にニジマスのマリネ、ヤマメの天ぷら、鴨鍋等々十分な内容。

❖**アクセス**：JR旭川駅から車で約1時間20分、JR上川駅から車で約20分❖**1泊2食（税サ込）**：大人8800円～❖**日帰り入浴**：不可❖**泉質**：単純温泉❖**備考**：予約受付時間15時～22時、カード利用不可

❖層雲峡温泉

# 朝陽リゾートホテル

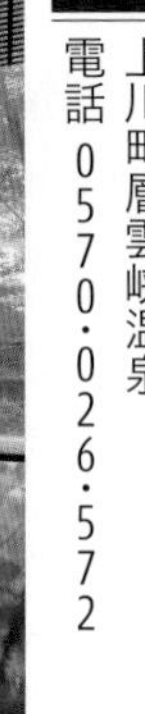

上川町層雲峡温泉
電話 0570・026・572

宿泊 日帰 露天

2種類の泉質の湯を贅沢にかけ流す、温泉好きには至福の大型ホテル。大自然をテーマにした2カ所の浴場があり、露天に木造りの湯船を置く「鳥の声」には白濁りの湯色も美しい硫黄香漂う「含硫黄―ナトリウム―炭酸水素塩温泉（硫化水素型）」。大岩をあしらう「川の囁き」には、白濁の硫黄湯に加えて、赤茶の「ナトリウム―炭酸水素塩温泉」も用いられ、湯めぐり気分が味わえる。男女のれんが夜間に替わるので、宿泊すればどちらの湯も楽しめる。

加えて窓越しに森林を眺めるサウナでは、セルフロウリュができるのも魅力だ。

❖**アクセス**：JR旭川駅から車で約1時間20分❖**宿泊**：15000円～❖**日帰り入浴**：大人1200円、小人600円、13時～19時、無休❖**泉質**：含硫黄－ナトリウム－炭酸水素塩温泉（硫化水素型）とナトリウム－炭酸水素塩温泉

❖層雲峡温泉

# 層雲閣

上川町層雲峡温泉
電話 01658・5・3111

宿泊 日帰 露天

「層雲峡の父」とも呼ばれる富山県出身の実業家、荒井初一氏が1923年（大正12年）に創業した層雲閣はこの地最初の本格旅館。

自前の源泉は肌触りの優しい熱めの単純温泉で、若干の加水のほかは余分な手を加えない源泉をぜいたくにあふれさせている。風呂の意匠にも味があり、特に大岩を豪快に組んだ露天風呂は、一浴の価値がある。

2021年4月17日に新レストランがオープン。2023年4月に高層階客室のリニューアルが完了し、創業100年を迎えた。広々としたオープンキッチンで、豊富なメニューを楽しめる。

❖**アクセス**：JR旭川駅から車で約1時間20分、JR上川駅から車で約20分❖**1泊2食（税込）**：大人15250円～❖**日帰り入浴**：大人700円、小人500円、13時～20時（大浴場は15時～20時）、特別清掃日（月・金）は15時～20時❖**泉質**：単純温泉❖**備考**：旭川から送迎あり（要予約・宿泊者限定）

❖**層雲峡温泉**

層雲峡観光ホテル
# 本館彩花　別館四季

上川町層雲峡温泉
電話01658・5・3101

層雲峡の旅館・ホテル群の中でも「湯」が光る宿。大型旅館の大規模浴場とは思えぬほど換水・清掃の状況がいい。

内湯には34度ほどの低温風呂、39～40度の中温風呂、42～43度の高温風呂があり、ひのき使いの風情ある露天風呂にも温度差を設定、交互に入浴すれば温浴効果もさらに増す。

峡谷大露天風呂「宇旅璃（うたり）」は約100坪に及ぶ大スケールの湯。北海道でも有数の広さを誇る混浴のため、家族やカップルで楽しめる。

❖**アクセス**：JR旭川駅から車で約1時間20分、JR上川駅から車で約20分❖**1泊2食（税サ込）**：大人11000円～❖**日帰り入浴**：大人2000円、小人1400円、15時～23時／6時～9時、無休❖**泉質**：単純硫黄泉❖**備考**：冬季のみ旭川中心部から送迎あり（要予約）

上川

❖**層雲峡温泉**

層雲峡
# 黒岳の湯

上川町層雲峡温泉
電話01658・5・3333

日帰り専門の「黒岳の湯」は、山腹に湧く高温の自然湧出泉で、複数ある泉源から集湯し、導管で流下させて自然に冷ましたところをさらに熱交換調整し、湯船に注ぐ。

かつては混合段階で単純泉だったが、硫黄系の泉源が加わってから、泉質が単純硫黄泉になった。硫黄香る湯殿にはゆったりした湯船が広がる。横手の階上にはサウナと水風呂、そして露天風呂も待っている。

露天では朝陽山の眺めもすがすがしく、風呂に居ながらにしてちょっとした山の醍醐味が味わえる。

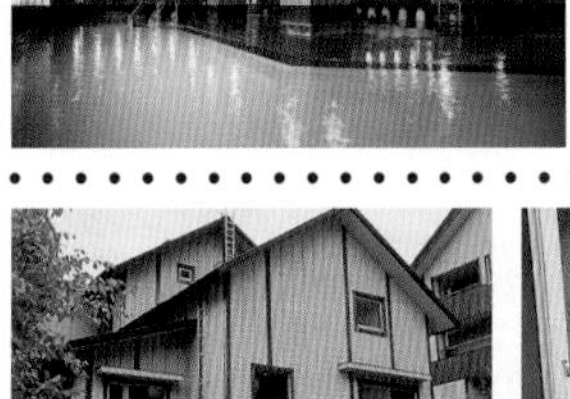

❖**アクセス**：JR旭川駅から車で約1時間20分、JR上川駅から車で約20分❖**料金**：大人600円、小人300円❖**時間**：11時～21時30分（最終受付は21時）、無休（11～4月のみ水曜日休み）❖**泉質**：単純硫黄泉

❖層雲峡温泉

## 湯元銀泉閣

上川町層雲峡温泉
電話 01658・5・3003

欧州の愛らしい温泉街をほうふつとさせる層雲峡温泉の中心部に位置する湯宿が湯元銀泉閣だ。

外観は清楚な山荘風。湯元と名乗るだけあって風呂には相応のこだわりを持ち、開業以来、源泉の使用をかたくなに守っている。

35度から80度まで泉温の異なる複数の源泉を混合し、湯量を絞ることでそのまま湯船にあふれさせ、あとは2時間おきの手作業で湯温を細やかに管理している。家族水入らずの湯浴みのために、バリアフリーの貸切風呂も用意されている。

季節の旬味を取り入れた料理も好評だ。

❖**アクセス**：JR旭川駅から車で約1時間20分、JR上川駅から車で約20分❖**1泊2食(税サ込)**：大人7500円〜❖**日帰り入浴**：大人600円、小人300円、14時〜20時、無休❖**泉質**：単純温泉❖**備考**：バリアフリーの貸切風呂あり(事前予約不可)

❖大雪高原温泉

## 大雪高原山荘

上川町層雲峡高原温泉
電話 01658・5・3818　冬季予約は 電話 0166・26・8300

標高1260メートルにある秘境の湯宿。層雲峡温泉街からは車で約50分、公共交通機関はない。深山の雪解け後、1年のうち4カ月の期間限定で岳人や秘湯ファンを待つ。宿は沼巡りの基地でもあり、硫黄香漂う白濁の源泉が山歩きに疲れた足腰を芯から癒やす。

源泉は最初、大正時代に営林署職員が熱湯を自噴する湯壺を発見したものの、場所が場所だけに開発は進まなかったが、1954年の洞爺丸台風による風倒木被害の復旧のために宿舎が建てられ、それがこの湯宿の原点となった。温泉は3本の温泉井から集めて湯をため、気温に合わせて若干の差し水で適温にしつつ、浴槽になみなみとかけ流す。

❖**アクセス**：JR旭川駅から車で約1時間20分、層雲峡バスターミナルから車で約1時間❖**1泊2食(税サ込)**：大人16100円〜❖**日帰り入浴**：大人900円、小人500円、10時30分〜16時、営業期間中無休❖**泉質**：単純酸性泉❖**備考**：営業期間6月10日〜10月10日、カード利用不可、層雲峡バスターミナルから送迎あり(宿泊限定、要予約)

❖愛山渓温泉

# 愛山渓倶楽部

上川町愛山渓

電話 050・3574・8265（りんゆう観光）

❖**アクセス**：JR 旭川駅から車で約1時間20分、JR 上川駅から車で約30分❖**1泊素泊まり（税サ込）**：大人4000円（10月中旬〜5月上旬まで休館）❖**日帰り入浴**：大人700円、小人450円、10時〜19時（最終受付18時30分）、営業期間中無休❖**泉質**：ナトリウム・マグネシウム－炭酸水素塩・硫酸塩泉❖**備考**：カード利用不可

永山岳西麓、標高約千メートルの山中にある。宿と国道を結ぶ道は冬になると雪に閉ざされるため、温泉の営業は半年足らず。自噴する湯は1909年（明治42年）に熊狩りの最中に猟師の直井藤次郎らによって、見いだされた。1926年（大正15年）に「直井温泉」として開湯。湯はマグネシウム豊富なまれな泉質で、湧き出てから一切、手をかけないままに湯口から旺盛にほとばしる。換水は日々欠かさず、清掃もしっかりしたもの。

宿から歩いて30分ほどで雲井ケ原湿原があり、登山用の装備と時間があれば高層湿原の沼ノ平、松仙園などを巡ると、胸の奥まで緑の風が染みわたる。



❖協和温泉

# 協和温泉

愛別町協和143－3

電話 01658・6・5815

宿泊　日帰

❖**アクセス**：JR 旭川駅から車で約50分、JR 愛別駅から車で約10分❖**1泊2食（税サ込）**：大人9350円〜❖**日帰り入浴**：大人600円、小人300円、7時〜22時、無休❖**泉質**：単純二酸化炭素冷鉱泉

愛別町市街地から5キロほどの山あいにある閑静な宿。きのこをふんだんに使ったフルコースで注目の的に。この特別料理は椎茸の軸を用いたきんぴらを先付に椎茸、舞茸、シメジ、エノキ、ナメコ、ラクヨウそれぞれの個性に応じて土瓶蒸し、香り揚げ、柳川など14種の料理に仕立てたもの。素材を生かしつつも素材のみに頼らぬ質の高い逸品づくしで、味の起伏も申し分ない（要予約）。

湯は二酸化炭素冷鉱泉で、約2キロ先の山奥の泉源から引き込む。キノコも美肌や痩身に役立つ食材。美容健康が気になる層もグルメ派も大いに満足がいく宿だ。

❖日向温泉

# 日向温泉

士別市多寄町4098
電話0165・26・2021

日帰

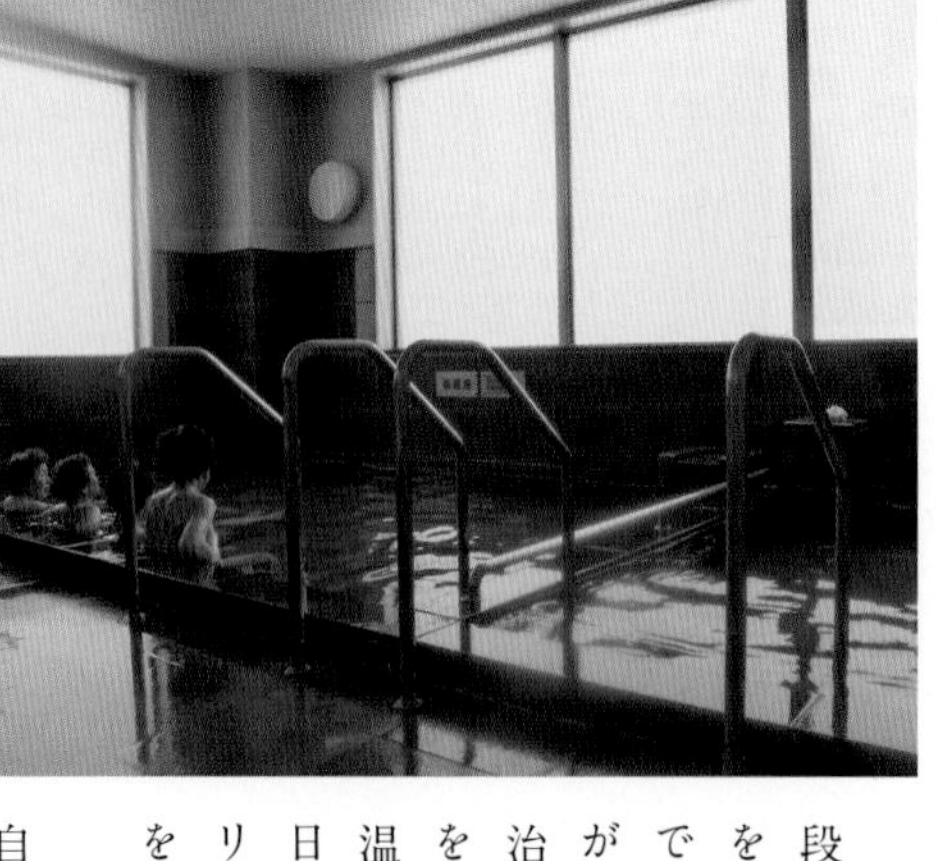

天塩川の流れが築いた小高い段丘から、はるばると田園風景を見渡す日向温泉。川の西岸で硫黄鉱泉が発見され湯治場が出来たのは1909年（明治42年）からのこと。長い年月を経て有志の熱意をきっかけに温泉開発が再開した。現在は日帰り専門、小振りながらもバリアフリーの端正な建物が湯客を出迎える。

その湯は今も昔も変わらず自然湧出泉だ。泉温に恵まれないぶん浴場規模は控えめ。だが健康に配慮した温度差のある浴槽を設け、銭湯価格でシャンプーやボディーソープも備え、休憩所もゆったり。あくまで湯客本位の経営だ。

❖**アクセス**：JR旭川駅から車（道央自動車道経由）で約1時間20分、JR多寄駅から車で約10分❖**料金**：大人450円、小人220円、幼児無料❖**時間**：10時～21時（最終受付20時30分）、水曜日休み❖**泉質**：冷鉱泉

❖五味温泉

# 五味温泉

下川町班渓2893
電話01655・4・3311

宿泊　日帰　露天

1905年（明治38年）の冬、御料地（皇室の所有地）の管理人五味勘三郎が雪原の一角に自然湧出する温泉を見つけ、土地を借り受けて宿を開いたのが始まりである。

泉源のありかは下川市街から南へ6キロの山間、泉質は「含二酸化炭素―ナトリウム・マグネシウム・カルシウム・炭酸水素塩泉」という、日本には数少ない炭酸泉だ。浴場には源泉を適温化した主浴槽の上部に、この珍しい源泉をストレートに味わえる飲泉設備がある。口に含むとシュワシュワとし、おなかの中もすっきりさせる。

❖**アクセス**：JR旭川駅から車（道央自動車道経由）で約1時間30分、JR名寄駅から車で約30分❖**1泊2食（税サ込）**：大人8570円～（料金については時期により変動あり、詳細は要問い合わせ）❖**日帰り入浴**：大人500円、5歳～小学生300円、10時～21時30分、第3月曜日休み（変更あり、要問い合わせ）❖**泉質**：含二酸化炭素－ナトリウム・マグネシウム・カルシウム－炭酸水素塩泉

❖びふか温泉

# びふか温泉

美深町森林公園、びふかアイランド内
電話 0165・6・2・2900

宿泊 日帰

「びふかアイランド」の中核施設にあたる公共温泉。美深町ではチョウザメの飼育に力を注ぎ、温泉でも、チョウザメ料理は宿泊時のチョウザメ御膳やレストランメニューで登場する。

浴室は内湯のみだがトップライトを配して採光も良好。主浴槽と圧注浴槽―乾式サウナと水風呂を設置している。つるりとした湯は旧名の含重曹食塩泉に近い冷鉱泉だ。離れのコテージの内湯にも引いていて、風呂こそ小さいが、蛇口からは冷たい生泉があふれている。

❖**アクセス**：JR旭川駅から車（道央自動車道経由）で約1時間50分、JR恩根内駅から車で約7分❖**1泊2食（税サ込）**：大人9350円～❖**日帰り入浴**：大人450円、4歳～小学生220円、3歳以下無料、11時～21時、無休（月曜は清掃のため17時～21時）❖**泉質**：冷鉱泉❖**備考**：カード利用不可

❖せいわ温泉

# せいわ温泉ルオント

幌加内町政和第一
電話 0165・37・2070

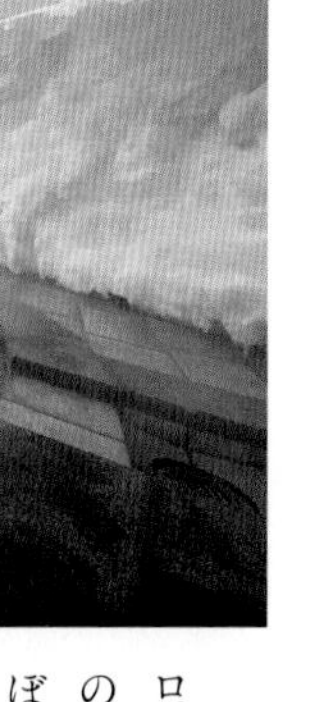

幌加内の市街地から北へ10キロほど進むと、天塩山系三頭山の山裾に一条の湯けむりがたちのぼる。道の駅「森と湖の里ほろかない」のセンターハウスの役目も担うルオントだ。

ロビーには無料で利用できる足湯があり、旅の疲れを癒す。

2020年4月にリニューアルオープンしたのが、豪雪露天風呂。豪雪地帯だけに冬になると露天では、辺り一面を白い雪が覆いつくす銀世界の情緒を楽しむことができる。「熱の湯」の愛称を持つ食塩泉だけに、浴後の温もりは尾を引く。

❖**アクセス**：JR旭川駅から車で約1時間10分、JR士別駅から車で約40分❖**料金**：大人500円、小人250円、幼児無料❖**時間**：10時～21時（最終受付20時30分）、水曜日休み（祝日の場合は翌日）、冬季は10時30分～❖**泉質**：ナトリウム－塩化物泉❖**備考**：豪雪露天風呂は冬期間のみ利用可能

❖天塩川温泉

住民保養センター

# 天塩川温泉

音威子府村咲来919

電話 01656・5・3330

宿泊 日帰 露天

湯の発見は1912年（大正元年）。鉱泉水は胃腸の働きを整える効用があるとされ、大正から昭和初期にかけて飲用薬「常盤鉱泉」として販売された。やがて時はめぐり、霊薬とうたわれながら時代に置き去りにされていた鉱泉の権利を音威子府村が買い取り、住民の保養にと建設したのが天塩川温泉である。

1989年に現在の建物が誕生した折にも、立派な大浴場の他に昔をしのぶように飲泉所を設けた。浴場は主浴槽を2槽に仕切ったすっきりとした造り。露天風呂はワイルドな石組み。

❖**アクセス**：JR天塩川温泉駅から徒歩10分、JR旭川駅から車（道央自動車道経由）で約2時間❖**1泊2食（税サ込）**：大人7250円～❖**日帰り入浴**：大人500円、小人250円、10時～21時（20時30分）、無休❖**泉質**：ナトリウム－塩化物・炭酸水素塩泉❖**備考**：カード利用不可

上川

❖なよろ温泉

# なよろ温泉サンピラー

名寄市日進

電話 01654・2・2131

宿 日

源泉温度が低いので風呂は加熱・循環利用。2022年11月に温浴施設がリフレッシュオープン。

❖**アクセス**：JR旭川駅から車で約1時間、JR名寄駅から車で約15分❖**1泊2食（税サ込）**：大人8200円～❖**日帰り入浴**：大人500円、小人250円、幼児無料、10時～22時（第3月曜日のみ17時～）、無休❖**泉質**：カルシウム・ナトリウム－硫酸塩・炭酸水素塩泉

❖ぽんぴら温泉

# ポンピラ アクアリズイング

中川町中川439-1

電話 01656・7・2400

宿 日

中川町にある公共温泉施設。客室は円筒形の外観が特徴的。浴室はガラス窓が森の緑を映す。

❖**アクセス**：JR旭川駅から車（道央自動車道経由）で約2時間30分、JR天塩中川駅から車で約5分❖**1泊2食（税サ込）**：大人7200円～❖**日帰り入浴**：大人400円、小人200円、11時～21時（最終受付20時）、無休❖**泉質**：ナトリウム・カルシウム－塩化物強塩泉

❖なかふらの温泉

## スパ&ホテルリゾート ふらのラテール

中富良野町東1線北18
電話 0167-39-3100
宿 日 露

露天風呂に洞窟風呂など浴槽は15種類と設備も充実。特に露天から眺める十勝岳連峰は絶景だ。

❖**アクセス**：JR旭川駅から車で約1時間、JR西中駅から徒歩5分❖**1泊2食（2名1室・税サ込）**：大人13000円〜❖**日帰り入浴（タオル付き）**：大人980円、4歳〜12歳500円、10時〜22時（最終受付21時）、無休❖**泉質**：ナトリウム・カルシウム−塩化物泉❖**備考**：宿泊客のみJR中富良野駅から送迎あり（要予約）

❖龍乃湯温泉

## 龍乃湯温泉

旭川市東旭川町上兵村91
電話 0166-36-1562
宿 日 露

こってり極上の鉄の湯。「活きた湯でないと温泉効果はありません」というのがおかみの信条で、風呂は毎晩10時に湯を捨てて内部を磨き、朝に新湯を張っている。

❖**アクセス**：JR旭川駅から車で約20分、JR東旭川駅から徒歩7分❖**1泊2食（税サ込・入湯税150円込）**：大人7200円〜❖**日帰り入浴**：大人600円、小人250円、9時〜22時、お盆と正月、火曜日休み❖**泉質**：単純鉄冷鉱泉

❖島ノ下温泉

## ハイランド　ふらの

富良野市島ノ下
電話 0167-22-5700

ラベンダー畑を一望する公共の温泉宿泊施設。大浴場の露天からは十勝連峰の眺望も魅力的だ。

❖**アクセス**：JR富良野駅から車で約15分、JR旭川駅から車で約1時間15分❖**1泊2食（税サ込）**：大人7850円〜❖**日帰り入浴**：大人630円、中学生410円、小学生260円、幼児無料、6時〜23時（最終受付22時）、無休❖**泉質**：弱アルカリ性低張性冷鉱泉

**❖旭川駅前温泉**

## プレミアホテル ―CABIN― 旭川

旭川市1条通7丁目
電話 0166・73・7430

宿 日

旭川中心部にある天然温泉。宿泊者は何度でも無料で利用できる。リニューアルしたサウナも人気だ。

**❖アクセス**：JR旭川駅から徒歩約5分**❖1泊素泊まり（税込）**：大人6000円〜**❖日帰り入浴**：大人1200円、小人600円（タオル付き）、未就学児無料、14時〜24時、無休**❖泉質**：冷鉱泉

**❖剣淵温泉**

## レークサイド 桜岡

剣淵町東町5141
電話 0165・34・3100

宿 日

桜岡湖畔に立つ眺望のいい公共の温泉ホテル。「絵本のまち」だけあって、ホテル館内にも絵本が並ぶ。

**❖アクセス**：JR旭川駅から車で約1時間、JR剣淵駅から車で約10分**❖1泊2食（税サ込）**：大人10100円〜**❖日帰り入浴**：大人600円、小人300円、土〜木曜10時〜21時（最終受付20時）、金曜17時〜21時（最終受付20時）**❖泉質**：単純温泉**❖備考**：JR剣淵駅などからの巡回バスあり

**❖旭川市内の温泉**

## ホテルWBFグランデ旭川

旭川市宮下通10丁目3−3
電話 0166・23・8000

旭川駅徒歩2分の場所にある天然温泉付きホテル。広々とした大浴場のほか、ジェットバス、電気風呂、サウナなど多彩。

**❖アクセス**：JR旭川駅から徒歩2分**❖宿泊（朝食あり、夕食なし）**：6900円〜**❖日帰り入浴**：大人（中学生以上）1400円、小人（3歳以上）700円、小人（2歳未満）無料、10時〜23時（最終受付22時）、無休**❖泉質**：冷鉱泉

**❖十勝岳温泉**

## 十勝岳温泉 カミホロ荘

上富良野町十勝岳温泉
電話 0167・45・2970

緑豊かな山腹に立つ宿。浴室はすべて、イチイやヒノキ、ヒバなどの木材で設えてある。

**❖アクセス**：JR旭川駅から車で約1時間10分、JR上富良野駅から車で約20分**❖1泊2食（1名1室・税サ込）**：大人12200円〜**❖日帰り入浴**：不可**❖泉質**：アルミニウム・カルシウム−硫酸塩泉

❖**層雲峡温泉**

ホテル大雪

# ONSEN&CANYON RESORT

上川町層雲峡温泉
電話 01658・5・3211

宿 日 露

層雲峡温泉の大型ホテル。最上階には露天風呂もある眺望自慢の風呂が評判だ。

❖**アクセス**：JR旭川駅から車で約1時間20分、層雲峡バスターミナルから徒歩10分❖**1泊2食（税サ込）**：大人14550円〜❖**日帰り入浴**：大人1000円、小人800円、11時〜17時、無休❖**泉質**：単純硫黄泉❖**備考**：冬季のみJR旭川駅から送迎あり（要予約）

❖**層雲峡温泉**

# マウントビューホテル

上川町層雲峡温泉
電話 01658・5・3011

宿 日 露

100%かけ流しの天然温泉で、ゆったり湯を満喫。

❖**アクセス**：JR旭川駅から車で約1時間20分、層雲峡バスターミナルから徒歩3分❖**1泊2食（税サ込）**：1室2名1人11000円〜❖**日帰り入浴**：大人600円、小人300円、13時〜20時、無休❖**泉質**：単純温泉

❖**層雲峡温泉**

層雲峡

# 朝陽亭

上川町層雲峡温泉
電話 0570・026・572

宿 日 露

紅葉をはじめ四季折々の景観を楽しめる宿。浴場は7階展望大浴場「黒岳」と2階癒しの湯「桂月」で趣きが異なるくつろぎの湯が楽しめる。眺望自慢の7階天空露天「朝陽山」からはそびえる朝陽山や柱状節理の岩肌を一望できる。

❖**アクセス**：JR旭川駅から車で約1時間20分、層雲峡バスターミナルから徒歩7分❖**1泊2食（税サ込）**：大人16500円〜❖**日帰り入浴**：大人1200円、小人600円、13時〜19時、無休❖**泉質**：単純硫黄泉

**❖岩尾温泉**

岩尾温泉宿

# 夕陽荘（せきようそう）

増毛町岩尾140
電話0164・55・9611

❖**アクセス**：JR札幌駅から車で約2時間❖**1泊2食（税込み）**：大人15000円～❖**日帰り入浴**：大人500円、4歳～小学生250円、3歳以下無料、11時（土・日・祝日10時）～21時（最終受付20時30分）、水曜日休み、冬季（11月～4月末）は休館❖**泉質**：冷鉱泉

夕陽荘との名前の通り、日本海の落日が美しい宿。1981年開業の町営公衆浴場があったが、施設が老朽化したため建て替え時に、100メートルほど丘裾に移転した。残された建物を買い取り、2007年に湯宿として再生したのは、地元で建設会社を営むご主人。改装に3年をかけた新生の宿の客室は木材を多用して周囲の木立に溶け込む印象。3室限りでいずれも海向き。

浴室は古くから内風呂一つの簡素な造り。夕げには予約により海鮮バーベキューなども楽しめる。一年で春、夏、秋だけの小宿。週末の予約は早い者勝ちだ。

**❖岩尾温泉**

# 岩尾温泉あったま～る

増毛町岩老109－1
電話0164・55・2024

日帰　露天

❖**アクセス**：JR札幌駅から車で約2時間❖**料金**：大人500円、4歳～12歳250円、3歳以下無料❖**時間**：11時～21時（最終受付20時15分）、第3木曜日（祝日の場合は前日）休み、冬季（12月～3月末）休館❖**泉質**：冷鉱泉

漁業のまちとして古くから栄えてきた増毛町。町の雄冬地区の小高い丘に立つのが、この日帰り湯。

圧倒的な海岸景勝が魅力で、雄大な日本海と小さな茂尻島を見渡せる。景色だけでなく、実は心身の保養にもいい。海辺の環境は適度な湿気があり、潮風が含むマグネシウムやヨードなどの微量元素を取り入れることができる。

夕日の色をそのまま溶かしたかのような赤湯は、冷鉱泉ながら自然湧出するもので、俗に言うモール温泉の成分とされる腐植質を含み、肌あたりが柔らかい。11月中の数日間にはリンゴを湯に浮かべる「リンゴ湯」のサービスも。

神居岩温泉

# ホテル神居岩

留萌市留萌村カムイワ495
電話 0164・42・3500

宿泊 日帰

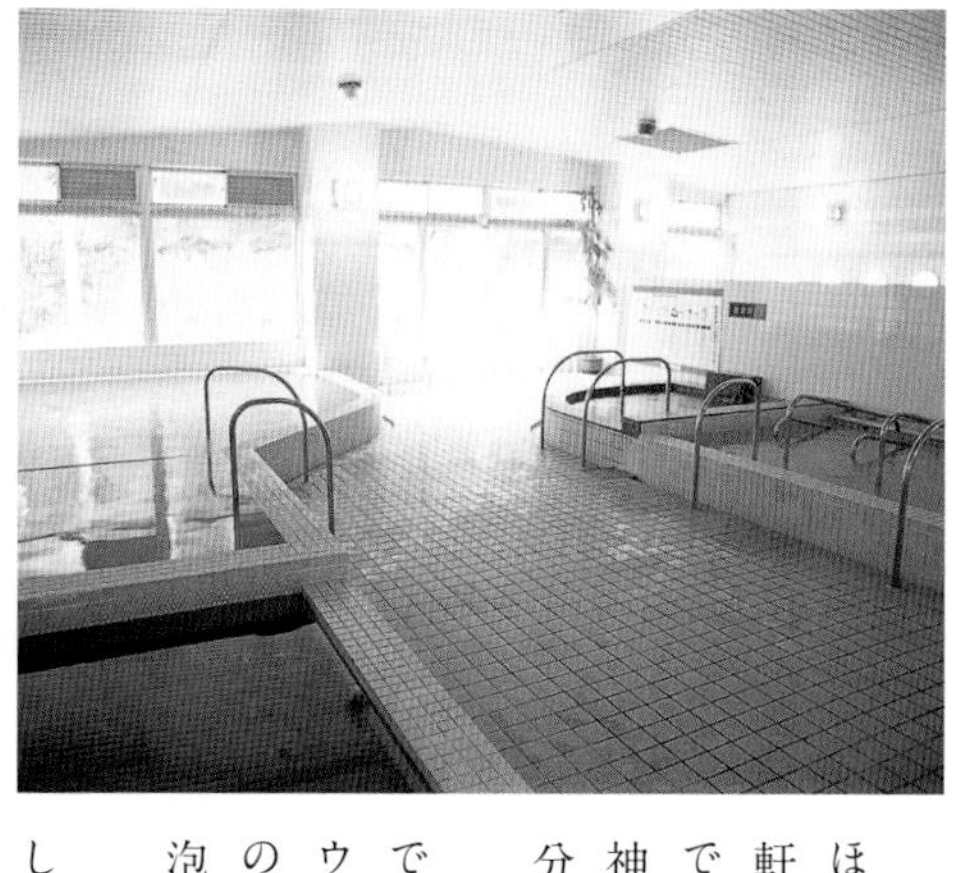

✣アクセス：留萌ICより約5分✣1泊2食（税サ込）：大人9450円〜✣日帰り入浴：大人490円、小人150円、1歳〜未就学児80円、5時〜8時、10時〜22時（月・金曜のみ〜21時）、無休✣泉質：・単純硫黄冷鉱泉・ナトリウム・塩化物強塩泉✣備考：カード利用不可、JR留萌駅から送迎あり（要予約）

留萌市中心部から車で10分ほど、留萌市街の高台に立つ一軒宿。緑豊かな閑静な場所で、ツツジや桜の名所でもある神居岩総合公園から歩いて5分の場所にある。

浴場は充実した設備が自慢で、単純硫黄冷鉱泉とナトリウム—塩化物強塩泉の2種類の自家泉源を張った寝風呂や気泡湯もそろって目移りしそうだ。

客室は19室。夕食は部屋出し。アットホームなもてなしに活力が湧いてくるのもこの宿の「温泉効果」だろう。

留萌

しょさんべつ温泉

# ホテル岬の湯

初山別村豊岬153
電話 0164・67・2031

宿泊 日帰 露天

✣アクセス：留萌市内より車で約1時間30分✣1泊2食（税込）：大人7850円〜（4名利用2食付、7〜9月は720円増し）✣日帰り入浴：大人500円、小人250円、6時30分〜8時（最終受付7時30分）／11時〜22時（最終受付21時30分）、無休✣泉質：ナトリウム－塩化物強塩泉✣備考：カード利用不可、家族風呂あり（要予約）、沿岸バス豊岬停留所から送迎あり（要予約）

初山別の港を見下ろす金比羅岬。その一帯に広がる総合公園「みさき台公園」の一角にある宿だ。建物は白壁2階建てのシンプルな造り。評判の露天風呂は海側にせり出し、霞む利尻富士や鮮やかな入り日など、刻々と変化する洋上風景が湯客をとらえて放さない。

夕食はタコやホタテ、ヒラメなどその時季に水揚げされる前浜産の幸をふんだんに使った和食膳を味わうことができる。

❖とままえ温泉

## ふわっと

苫前町苫前119-1
電話 0164・64・2810

オロロンラインと呼ばれる国道232号から少し海側に入った高台に立つ道の駅「風W（ふわっと）とままえ」。メイン施設となるのがこの温泉。湯は濃いオリーブ色した46・4度の自家源泉が特色。石使いの浴室は大人の雰囲気。デザイン違いの二つの浴室は日替わりで男女を入れ替えており、片方の露天は吹き抜け構造で、もう片方は日本海に対面している。天気がいいときは、天売島、焼尻島も一望することができる。

レストラン「風夢」では、麺類とミニ丼が選択できる「ふわっとセット」が人気。

❖**アクセス**：留萌市内から車で約50分❖**1泊2食（税サ込）**：大人8700円～❖**日帰り入浴**：大人500円、小人250円、幼児無料、10時30分～22時（最終受付21時30分）、無休❖**泉質**：ナトリウム－塩化物強塩泉

❖はぼろ温泉

## はぼろ温泉サンセットプラザ

羽幌町北3条1丁目29
電話 0164・62・3800

全室から日本海を一望でき、特に夕暮れ時は美しい。道の駅に併設され、ドライブの休憩ポイントにも。

❖**アクセス**：留萌市内から車で約1時間❖**1泊2食（税サ込）**：大人13100円～❖**日帰り入浴**：大人（中学生以上）600円、4歳～小学生300円、0歳～3歳無料、10時～22時、無休❖**泉質**：ナトリウム－塩化物

❖てしお温泉

## てしお温泉夕映

天塩町サラキシ5807-5
電話 01632・2・3111

宿 日 露

鏡沼海浜公園にある温泉。温泉は刺激の強い濃厚な個性派湯で、水で薄めず加熱・循環使用する。

❖**アクセス**：留萌市内から車で約2時間❖**1泊2食（税込）**：大人14000円～❖**日帰り入浴**：中学生以上600円、小学生以下無料、11時～22時（最終入館21時、土・日・祝日10時～22時）、不定休❖**泉質**：ナトリウム－塩化物強塩泉

❖旭温泉

# 旭温泉

遠別町旭294−2
電話01632・7・3927

宿泊 日帰 露天

海岸沿いの国道から6キロ山手に入ったあたりにポツンと立つ木造の一軒宿。1912年（大正元年）、油田を求めて試掘したところ、石油ではなく天然ガスが出てきた。調査はいったん終了したが、1964年から8年越しで天然ガス開発を行ったところ、最後の井戸からガスとともにぬるめの温泉が噴き出した。翌年、源泉をそのガスで沸かして浴場を設けたのが旭温泉の始まりだ。

お湯好きには2色そろった源泉もたまらない。赤土色の「旭の湯」に、なめらかでコーラのような色の「富士見の湯」が加わり、別々の浴槽に混ぜ合わすことなく注がれる。

❖**アクセス**：JR留萌駅から車で約1時間40分❖**1泊2食（税サ込）**：大人7200円〜（11月〜4月暖房料300円増し）❖**日帰り入浴**：大人600円、小人250円、幼児無料、9時〜21時（最終受付20時30分）、無休❖**泉質**：・ナトリウム−炭酸水素塩・塩化物泉とナトリウム−塩化物泉❖**備考**：カード利用可、沿岸バス遠別営業所から送迎あり（要予約）

❖豊富温泉

# ホテル豊富

豊富町温泉
電話0162・82・1055

宿 日

広い敷地にゆったりと立つ鉄筋4階建てホテル。温泉とともに料理が自慢で、旬の名産品を使ったごちそうがテーブル一杯に並ぶ。

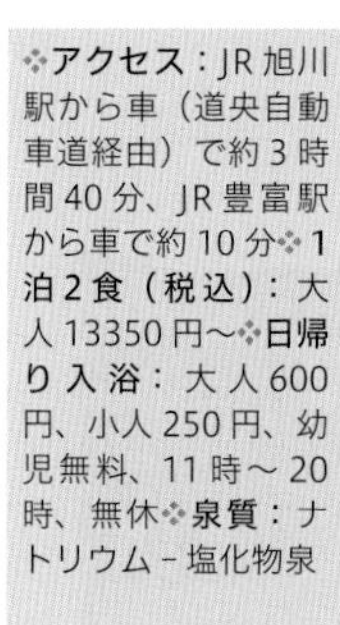

❖**アクセス**：JR旭川駅から車（道央自動車道経由）で約3時間40分、JR豊富駅から車で約10分❖**1泊2食（税込）**：大人13350円〜❖**日帰り入浴**：大人600円、小人250円、幼児無料、11時〜20時、無休❖**泉質**：ナトリウム−塩化物泉

❖稚内温泉

# 風の宿 宗谷パレス

稚内市富士見4丁目1837−1
電話0162・28・1211

宿

浴室の壁の二方がガラス張りで、女湯には漁村集落の向こうに日本海と利尻富士、男湯には山肌を覆う木立が映る。湯は泉温34度のため加熱し、加水して循環使用している。

❖**アクセス**：JR稚内駅から車で約10分❖**1泊2食（税サ込）**：大人9300円〜❖**日帰り入浴**：不可❖**泉質**：ナトリウム−強塩化物・炭酸水素塩泉❖**備考**：送迎あり（詳細は問合せを）、カード利用不可

❖礼文島温泉

# うすゆきの湯

礼文町香深村ベッシュ961－1
電話 0163・86・2345

❖**アクセス**：稚内港からフェリーで1時間55分、礼文島香深港から徒歩3分❖**料金**：大人600円、小学生以下無料❖**時間**：4月～9月は12時～21時（最終受付20時30分）、10月～3月は13時～21時（20時30分）、無休❖**泉質**：ナトリウム－塩化物・硫酸塩泉

日本最北の島レブンシリ（アイヌ語で沖の島）、愛称は「花の浮島」。その高い緯度のおかげで、本州では2千メートル級の高山にしか自生しない草花に海岸近くでさえ出会うことがある。潮騒を耳にしながら野辺の散歩道をゆけば、磯の匂いはいつのまにか濃厚な花の香りに移り変わる。

うすゆきの湯は、島のフェリーターミナルのほど近くにある日帰り湯。2009年に誕生した島民待望の温泉で、その名は薄雪のような白い綿毛に覆われた可憐な町花レブンウスユキソウに由来する。

「温泉を掘り当てて島の人々を元気にしたい」という町長の願いに端を発した掘削が見事功を奏し、道北では稀有な高温泉が湧出したのは2007年のクリスマスの日だったという。なんとも粋な大自然の贈り物だ。

港前にゆったり広がる浴場は、海原にそそり立つ利尻富士を眼前にする特等席。露天に出ればその迫力も倍加する。間断なく流れあふれる澄んだ湯は、さらりと優しく肌を慰撫する。

❖豊富温泉

# 川島旅館

豊富町温泉

電話 0162・82・1248

宿泊 日帰 露天

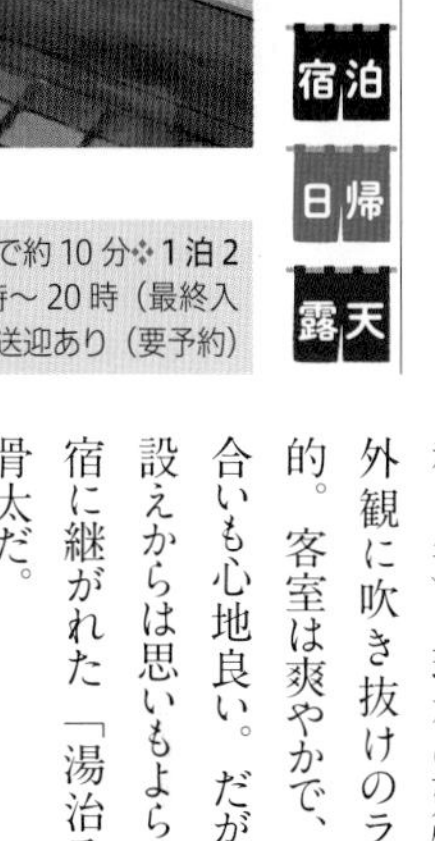

❖**アクセス**：JR 旭川駅から車（道央自動車道経由）で約 3 時間 40 分、JR 豊富駅から車で約 10 分❖**1 泊 2 食（税込）**：大人 10500 円〜❖**日帰り入浴**：大人 800 円、小人 400 円、幼児無料、13 時〜 20 時（最終入場 19 時 30 分）、不定休❖**泉質**：含よう素－ナトリウム－塩化物泉❖**備考**：JR 豊富駅から送迎あり（要予約）



北海道最北の温泉地・豊富にある老舗宿。創業は1927年（昭和2年）。現在の建物は渋い板壁の外観に吹き抜けのラウンジが印象的。客室は爽やかで、木肌や畳の風合いも心地良い。だが、このモダンな設えからは思いもよらないほど、この宿に継がれた「湯治スピリット」は骨太だ。

自然の材を活かした内外装は美しいだけでなくシックハウス症候群の原因物質となるホルムアルデヒドと無縁のものばかり。浴室はぬるい源泉風呂、湯温を整えた風呂、露天風呂があり全てかけ流しだ。豊富温泉は希少なオイル混じりの源泉を求め、皮膚の悩みを抱えた人々が全国から訪れる現代の湯治場。湯治客の思いに尽くすのが、今も昔もこの宿の流儀なのだ。

川島旅館は食の宿でもある。一流店で研鑽を積んだ三代目主人が腕を振るう創作コースは健やかな地産の食材選びにぬかりない。ユニークな「バターづくしプラン」は時季の味覚に手作りのさまざまなフレーバーバターをあしらう。体の外から温泉、内からバターと良質なオイルの力で心身が潤う。

❖豊富温泉

豊富温泉 **ふれあいセンター**

豊富町温泉

電話 0162・82・1777

日帰

❖**アクセス**：JR 旭川駅から車（道央自動車道経由）で約 3 時間 40 分❖**料金**：大人 510 円、小人 250 円、65 歳以上 300 円❖**時間**：10 時〜 20 時（火曜日休館、コロナ禍による短縮営業中）、定休元日と整備日❖**泉質**：含よう素－ナトリウム－塩化物温泉



温泉の真価が人を癒すためにあるのなら、この豊富こそ本物。湯の力が、心にも届く。

石油の匂いが鼻を突き、とろん、と油が浮く一風変わった温泉風呂で、20〜30代の女性たちが和やかに湯浴み。それぞれのペースで浸かり、休む。彼女らは、深刻な皮膚の悩みを改善したいとはるばる訪れた湯治客だ。

北海道を代表する湯治場・豊富温泉には、乾癬やアトピー性皮膚炎に悩む人々が全国から訪れる。アトピー性皮膚炎は若年層に多いため、一般的な湯治場より若い世代がグッと多い。温泉街に専門の病院はないが、皮膚疾患に対する地域の理解が深く、常駐の看護師や保健師による健康相談窓口、コンシェルジュデスクや、健康運動指導士の配置など独自のサポートも充実。北海道唯一の温泉利用型健康増進施設に国から認定された湯治空間だ。

大浴場は一般用浴場と、ぬるめで負担なく湯浴み出来る湯治用浴場があり、誰でもどちらを利用してもいい。

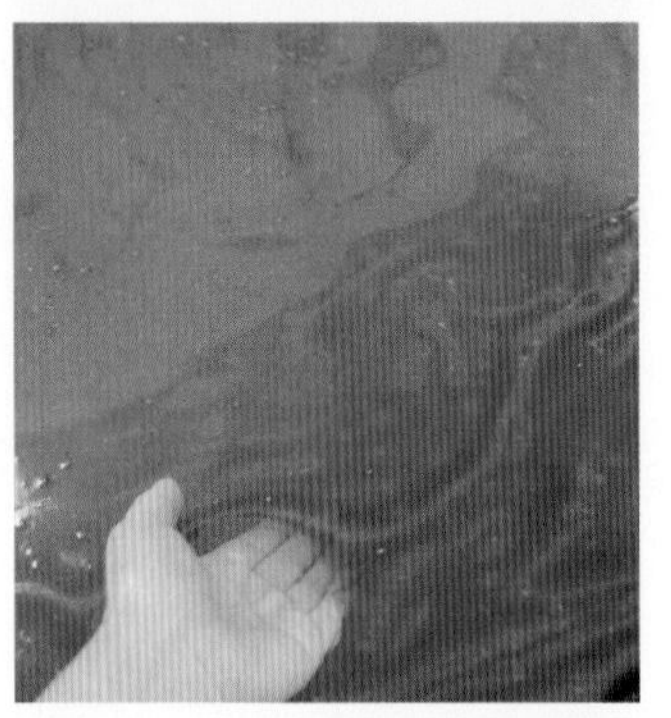

❖豊富温泉

豊富町温泉保養宿泊所
# 湯快宿（ゆかいじゅく）

豊富町温泉
電話 0162・82・3900

宿泊

※写真はふれあいセンター（P186）の写真です

❖アクセス：JR旭川駅から車（道央自動車道経由）で約3時間40分、JR豊富駅から車で約10分❖1泊素泊まり：大人（高校生以上）2750円～（2泊以上から利用可、宿泊日数や人数により料金が変動）❖備考：温泉は「ふれあいセンター」を利用

宿に温泉はないが、全国的にもまれな温泉療養の拠点として紹介したい。

豊富温泉には、乾癬やアトピー性皮膚炎に悩む人々が全国のみならず、海外からもやって来る。長期で湯治するうえでの大きな悩みは、どうしても滞在費用がかさんでしまうことだ。

町営の保養宿泊所・湯快宿は、皮膚病の療養目的で2泊以上する湯治客用に設けた格安の自炊宿だ。部屋の備品、キッチンの調理器具や食器、ユニットバス、トイレもよく整い、快適そのもの。

温泉は町営ふれあいセンターを利用する。

❖豊富温泉

# ニュー温泉閣ホテル

豊富町温泉
電話 0162・82・1243

宿泊　日帰

❖アクセス：JR旭川駅から車（道央自動車道経由）で約3時間40分、JR豊富駅から車で約10分❖1泊2食（税サ込）：大人9280円～❖日帰り入浴：大人600円、小人400円、幼児無料、7時～8時30分、13時～21時、不定休❖泉質：含よう素－ナトリウム－塩化物温泉❖備考：宿泊料金には入湯税150円が別途あり

豊富の泉質は食塩泉系で井戸により副成分は異なるが、いずれも成分が人間の体の細胞液より濃く、石油臭があり油膜が浮くなど癖が強い。だがその独特の湯こそが、皮膚疾患の湯治療養に長年、定評を得続けている。

浴場でL字形の広い湯船に身を沈めれば、油分のおかげでなめらかな極上湯がザブリとあふれる。

売店では手作りのお惣菜や、地元パン屋さんのパンやスイーツのほか、ハンドメイド雑貨などもいろいろと。周辺に食堂が少ないため、地域全体の滞在客にもありがたい存在だ。

❖ピンネシリ温泉

# ホテル望岳荘

中頓別町敏音知143－2
電話01634・7・8111

宿泊　日帰

ホテル望岳荘は中頓別町町有の温泉施設。往時、道北の物流の拠点だった中川と中頓別を結ぶポンピラ街道に冬でも雪の積もらぬ沢があり、それは鉱泉の仕業と広まったとか。竹筒による導管も試みられたが成功はしなかった。人々は容器に鉱泉をため、背負って家まで運んだ。

住民の願いが議会を通り、現代の技術をもって導管工事がなされて温泉が開業したのは1989年（平成元年）。その湯は今も、低めの泉温を適温に調えたあとは使い回すことなく、大浴場の湯船にあふれさせる。優しい肌触りは、上質な寝具のようにいつまでも浸っていたくなる。

❖**アクセス**：JR音威子府駅から車で約25分❖**素泊り（税込み）**：大人3650円～❖**日帰り入浴**：大人400円、小人170円、幼児無料、10時30分～21時（最終受付20時30分）、第2・4月曜日定休（祝日の場合は翌日）❖**泉質**：ナトリウム・マグネシウム－炭酸水素塩・塩化物泉

❖利尻富士温泉

# 利尻富士温泉

利尻富士町鴛泊栄町227－1
電話0163・82・2388

日帰　露天

鴛泊のフェリーターミナルから利尻岳の登山口方向へのんびり30分ほど歩いたところに湧く、1998年に開業した公共の日帰り温泉。

浴室は内壁にカラマツ材を巡らせしっとりとした雰囲気で、窓とトップライトから日差しがこぼれる。

内湯には主浴槽、気泡浴、乾式サウナがあり、よもぎ色の湯は浴用加熱し循環利用しているが、とてもなめらかだ。

露天風呂は石組みの湯船。囲いの向こうは針葉樹林が続き、見上げれば利尻山の頂が空を突く。

❖**アクセス**：稚内港からフェリーで約2時間、利尻島鴛泊港から車で約5分❖**料金**：大人500円、小人250円、幼児150円❖**時間**：12時～21時、無休（11月～4月は月曜日休み）❖**泉質**：ナトリウム－塩化物・炭酸水素塩泉

❖はまとんべつ温泉

## はまとんべつ温泉コテージ

浜頓別町クッチャロ湖畔17
電話 01634・2・4141（はまとんべつ温泉ウイングと同じ）

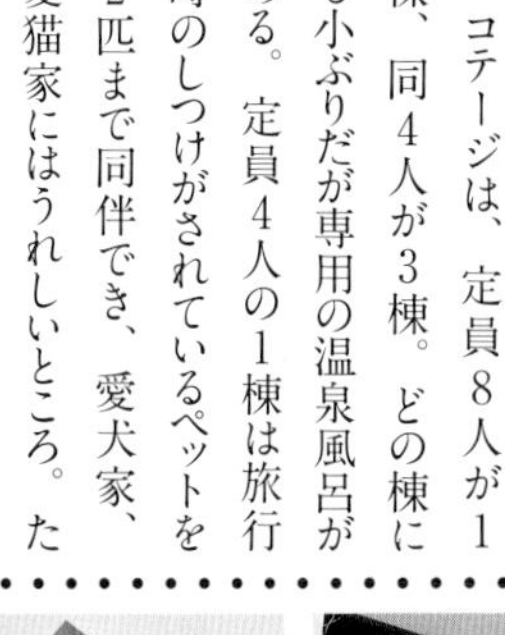

浜頓別町のクッチャロ湖は国内最北のラムサール条約登録湿地であり、道内有数のハクチョウ飛来地として知られる。湖畔を見晴らす高台に日帰り利用もできる宿泊施設「はまとんべつ温泉ウイング」があり、少し離れて「はまとんべつ温泉コテージ」が4棟、緑に囲まれて立っている。

コテージは、定員8人が1棟、同4人が3棟。どの棟にも小ぶりだが専用の温泉風呂がある。定員4人の1棟は旅行時のしつけがされているペットを2匹まで同伴でき、愛犬家、愛猫家にはうれしいところ。ただし、もちろんベッドや浴室への同伴は禁物だと心得よう。

❖**アクセス**：JR旭川駅から車（道央自動車道経由）で約3時間20分、JR音威子府駅から車で約1時間❖**宿泊（コテージ素泊まり税込）**：1棟4名まで20900円（6名まで利用可、5名からは追加料金あり）〜❖**日帰り入浴**：不可❖**泉質**：ナトリウム−塩化物・炭酸水素塩泉

❖稚内温泉

## ドーミーイン稚内

稚内市中央2−7−13
電話 0162・24・5489

宿泊 露天

JR稚内駅から徒歩2分。稚内港やフェリーターミナルからも歩いて15分という日本最北の都・稚内の旅の拠点だ。大浴場は最上階の10階にあり、男性湯の露天はオーシャンビュー、女性湯はマウンテンビューでどちらも四季の風情がある。

そして景観に劣らぬこの湯ならではの魅力が、自家源泉の泉質の珍しさだ。温泉地数日本一の北海道内にも同じ泉質の温浴施設はまれ。しかも源泉温度の低さを活かし、サウナの水風呂に非濾過循環で利用している。温泉好きはもちろん、水風呂を愛するサウナーたちにもおすすめしたい。

❖**アクセス**：JR稚内駅から徒歩2分❖**一泊朝食付き（税サ込）**：7490円〜（時期やプランなどにより変動あり）❖**日帰り入浴**：不可❖**泉質**：含鉄（Ⅱ）・よう素−ナトリウム−塩化物強塩冷鉱泉

❖稚内温泉

ヤムワッカナイ温泉
# 港のゆ

稚内市港1丁目6番28号
電話 0162・73・1126

日帰 露天

❖アクセス：JR稚内駅から車で3分❖料金：大人（高校生以上）680円、小中学生300円、未就学児100円❖時間：10時～22時（最終受付21時30分）、無休❖泉質：ナトリウム－塩化物・炭酸水素塩泉

屋台横町などが集まる複合施設「稚内副港市場」の一角にある温泉施設。2020年に一度閉店したが、2022年10月にリニューアルオープンした。温泉名の「ヤムワッカナイ」は、アイヌ語で冷たい飲み水のある沢のこと。稚内というまちの語源にもなっている。

稚内港を間近に望める景観の良さがセールスポイント。「湯船からカモメが飛ぶのが見えるなんてね」と相客の女性が目を細める露天は、稚内港が目の前。行き交う船と潮風が情感をかきたてる。イオンのおかげか、すこぶる温まる。サウナも備える。夏はデッキチェアも設けており、港を見ながらの外気浴もできる。休憩場所には約5千冊の漫画本を取り揃える。

❖歌登温泉
# うたのぼりグリーンパークホテル

枝幸町歌登辺毛内
電話 0163・68・3101

宿 日

鉄筋6階建てのホテル。湯船は源泉を加水の大浴槽と小振りの温泉浴槽と週替わりの湯の3つを用意。

❖アクセス：JR旭川駅から車（道央自動車道経由）で約2時間40分、JR音威子府駅から車で約40分❖1泊2食（税サ込）：大人9550円～❖日帰り入浴：大人480円、小人240円、10時～22時、月曜日（祝日の場合は翌日）15時～22時、無休❖泉質：含二酸化炭素－ナトリウム・マグネシウム－炭酸水素塩泉

❖はまとんべつ温泉
# はまとんべつ温泉ウイング

浜頓別町クッチャロ湖畔40
電話 01634・2・4141

宿 日

クッチャロ湖を見下ろす高台に立つ。湯は若草色の源泉を注ぎ入れつつ浴槽内でろ過する方式。

❖アクセス：JR旭川駅から車（道央自動車道経由）で約3時間20分、JR音威子府駅から車で約1時間❖1泊2食（税サ込）：大人8840円～❖日帰り入浴：11時～14時、大人400円、小人180円、14時～21時／大人550円、小人250円、無休❖泉質：ナトリウム－塩化物・炭酸水素塩泉

❖稚内温泉

## 童夢

稚内市健康増進センター稚内温泉

稚内市富士見4丁目1487
電話 0162・28・1160

日 露

ノシャップ岬近くの市営日帰り湯で、多様な浴槽が自慢。海の眺望、特に夕暮れはすばらしい。

❖**アクセス**：JR稚内駅から車で約20分❖**料金**：大人600円、小中学生300円、幼児100円❖**時間**：9時45分～22時（最終受付21時30分）、不定休、毎月1回休み（4月・10月は3日間休み）❖**泉質**：ナトリウム－塩化物・炭酸水素塩泉

❖稚内温泉

## 稚内グランドホテル

稚内市大黒2丁目13－11
電話 0162・22・4141

宿

化石海水型温泉をもつ温泉ホテル。浴槽のほかに広々サウナと水風呂がある。

❖**アクセス**：JR南稚内駅から徒歩3分❖**1泊2食（税サ込）**：大人15200円～（季節により異なる）❖**日帰り入浴**：不可❖**泉質**：ナトリウム－塩化物強塩泉❖**備考**：館内にレストラン併設。朝食バイキングは1700円

❖枝幸温泉

## ホテルニュー幸林

枝幸町北幸町1624－2
電話 0163・62・4040

宿 日

オホーツク海を見下ろす高台に立つ公共温泉。浴場設備は整っている。夕食には旬の前浜の幸が並ぶ。

❖**アクセス**：JR旭川駅から車（道央自動車道経由）で約3時間、JR音威子府駅から車で約1時間❖**1泊2食（税サ込）**：大人8700円（入湯税150円含む）～❖**日帰り入浴**：大人510円、小人250円、10時～22時（最終受付21時）、無休❖**泉質**：アルカリ性単純温泉

# 層雲峡温泉

## 愛山渓温泉



## 大雪高原温泉



# 旭岳温泉

## 天人峡温泉



# 富良野

## 湯の沢温泉



# 白金温泉・吹上温泉・十勝岳温泉

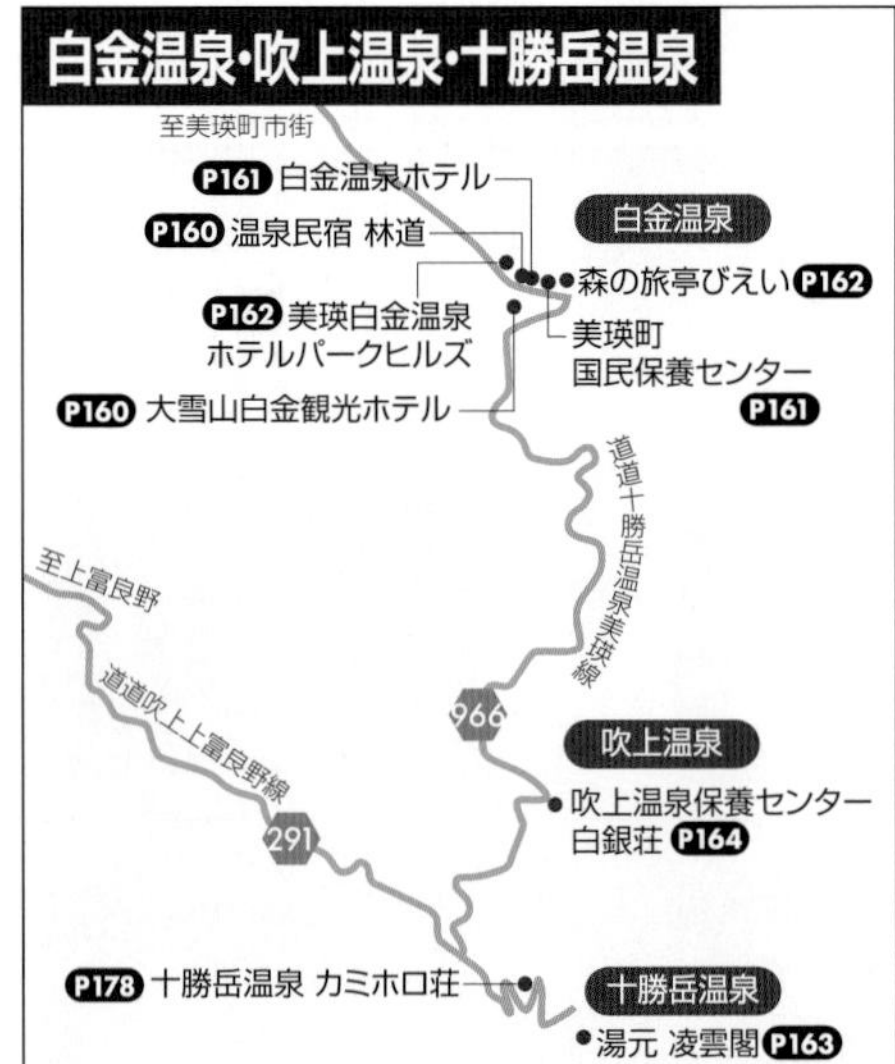


宗谷

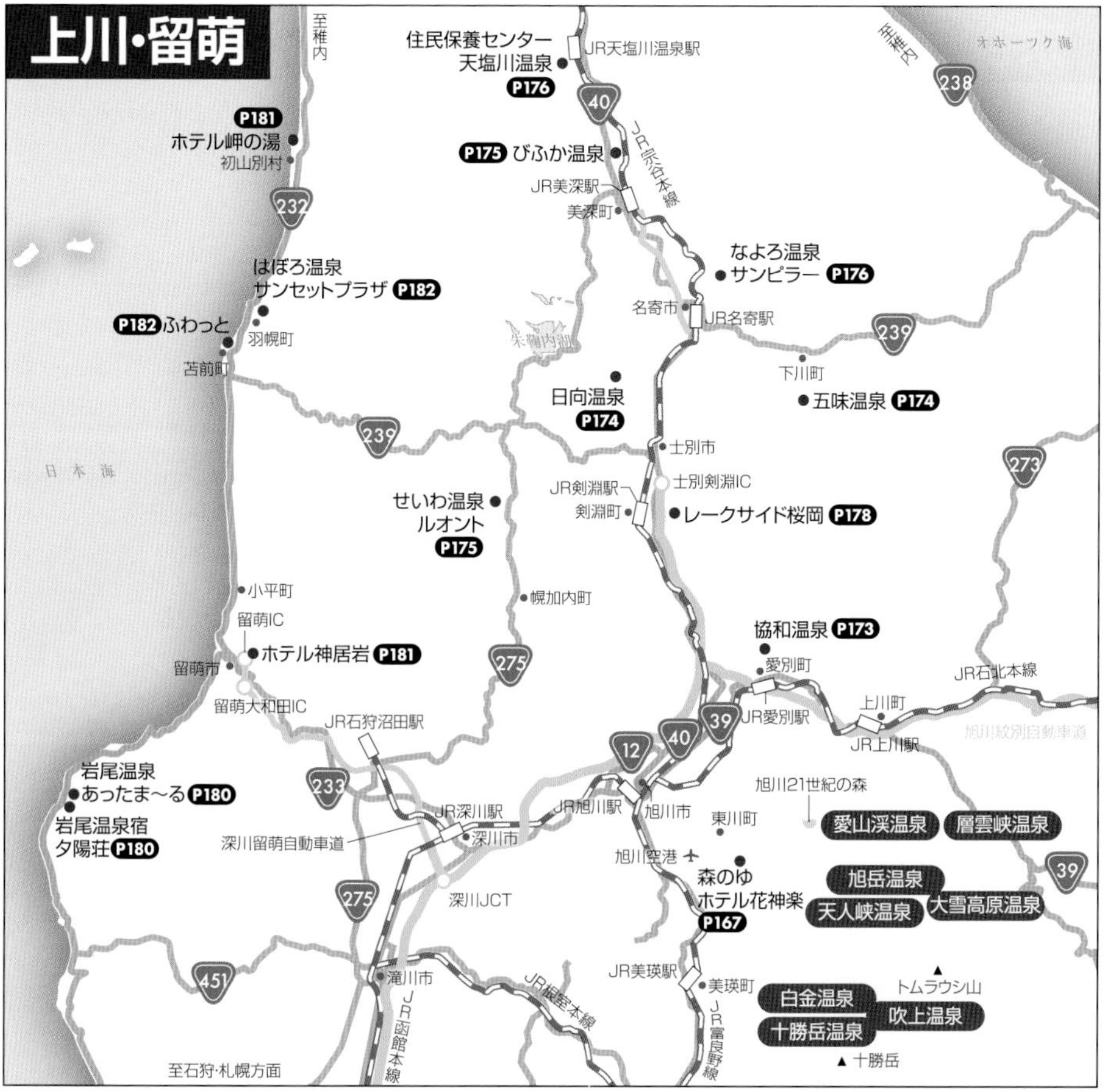

上川・留萌
至稚内
住民保養センター
天塩川温泉
P176
JR天塩川温泉駅
オホーツク海
至稚内
238
40
P181
ホテル岬の湯
初山別村
P175 びふか温泉
JR宗谷本線
JR美深駅
美深町
232
なよろ温泉
サンピラー P176
はぼろ温泉
サンセットプラザ P182
P182 ふわっと
羽幌町
名寄市
JR名寄駅
朱鞠内湖
239
苫前町
下川町
日向温泉
P174
五味温泉 P174
239
士別市
273
日本海
JR剣淵駅
士別剣淵IC
せいわ温泉
ルオント
P175
剣淵町
レークサイド桜岡 P178
小平町
幌加内町
留萌IC
協和温泉 P173
ホテル神居岩 P181
275
留萌市
愛別町
JR石北本線
留萌大和田IC
JR石狩沼田駅
39
JR愛別駅
上川町
40
12
JR上川駅
旭川紋別自動車道
岩尾温泉
あったま〜る P180
233
旭川21世紀の森
JR旭川駅
旭川市
JR深川駅
東川町
愛山渓温泉
層雲峡温泉
岩尾温泉宿
夕陽荘 P180
深川留萌自動車道
深川市
旭川空港
森のゆ
ホテル花神楽
P167
旭岳温泉
39
275
深川JCT
天人峡温泉
大雪高原温泉
滝川市
JR根室本線
JR美瑛駅
美瑛町
トムラウシ山
451
白金温泉
吹上温泉
十勝岳温泉
JR函館本線
JR富良野線
十勝岳
至石狩・札幌方面

旭川①
旭川②
P167
竜神社
21世紀の
森の湯
611
ペーパンダム
旭川鷹栖IC
道央自動車道
道道鷹栖東神楽線
JR宗谷本線
40
JR近文駅
JR函館本線
39
37
JR新旭川駅
JR南永山駅
P177
龍乃湯温泉
P166
JR石北本線
ドーミーイン旭川
295
JR東旭川駅
12
P178
140
旭山動物園
至滝川
90
道道愛別当麻旭川線
道道瑞穂旭川停車場線
プレミアホテル-CABIN- 旭川
ホテルルートインGrand 旭川駅前
P166
道道旭川環状線
至旭川21世紀の森
JR旭川駅
237
ホテルWBFグランデ旭川
P178
JR富良野線

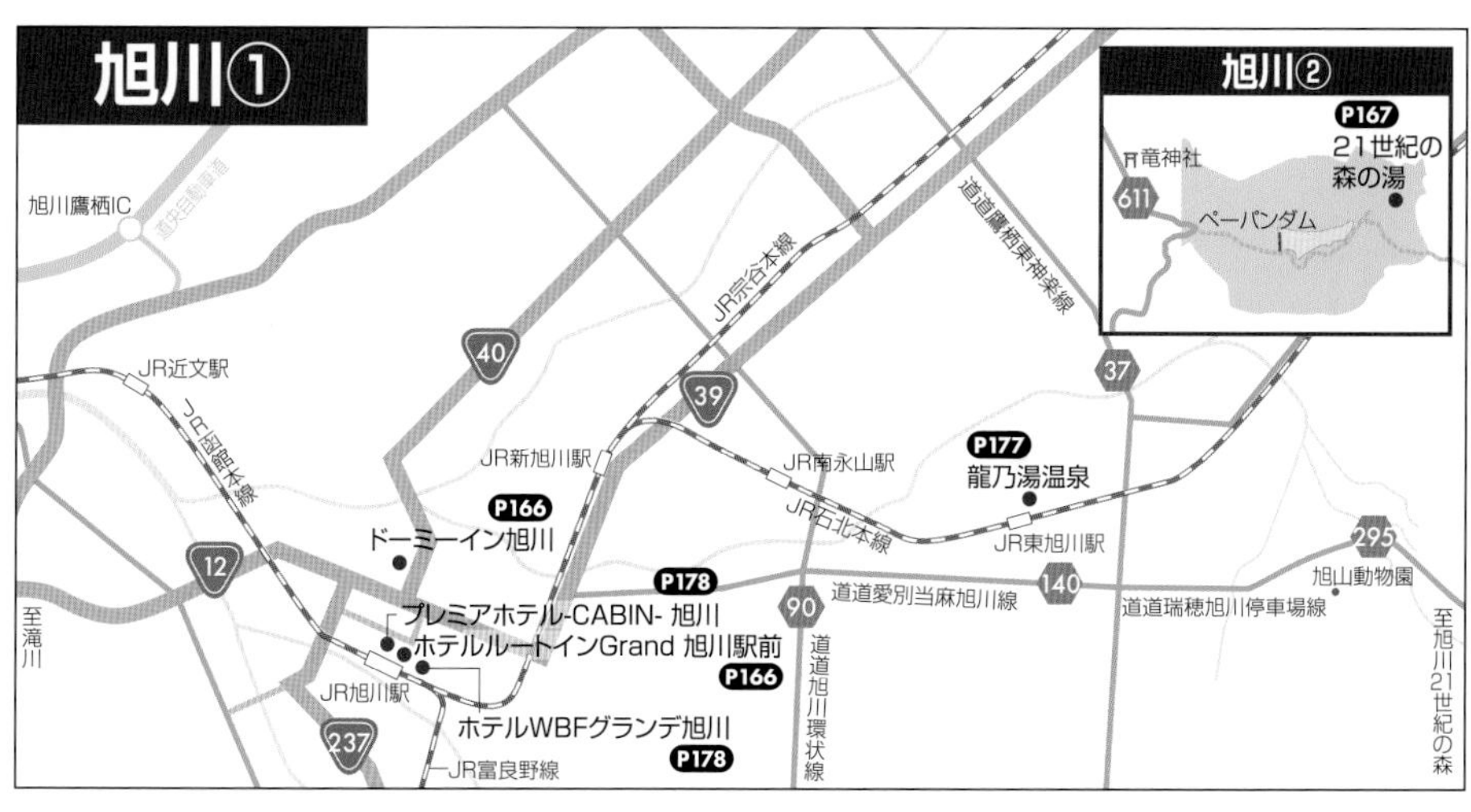

# 宗谷・上川・留萌北部

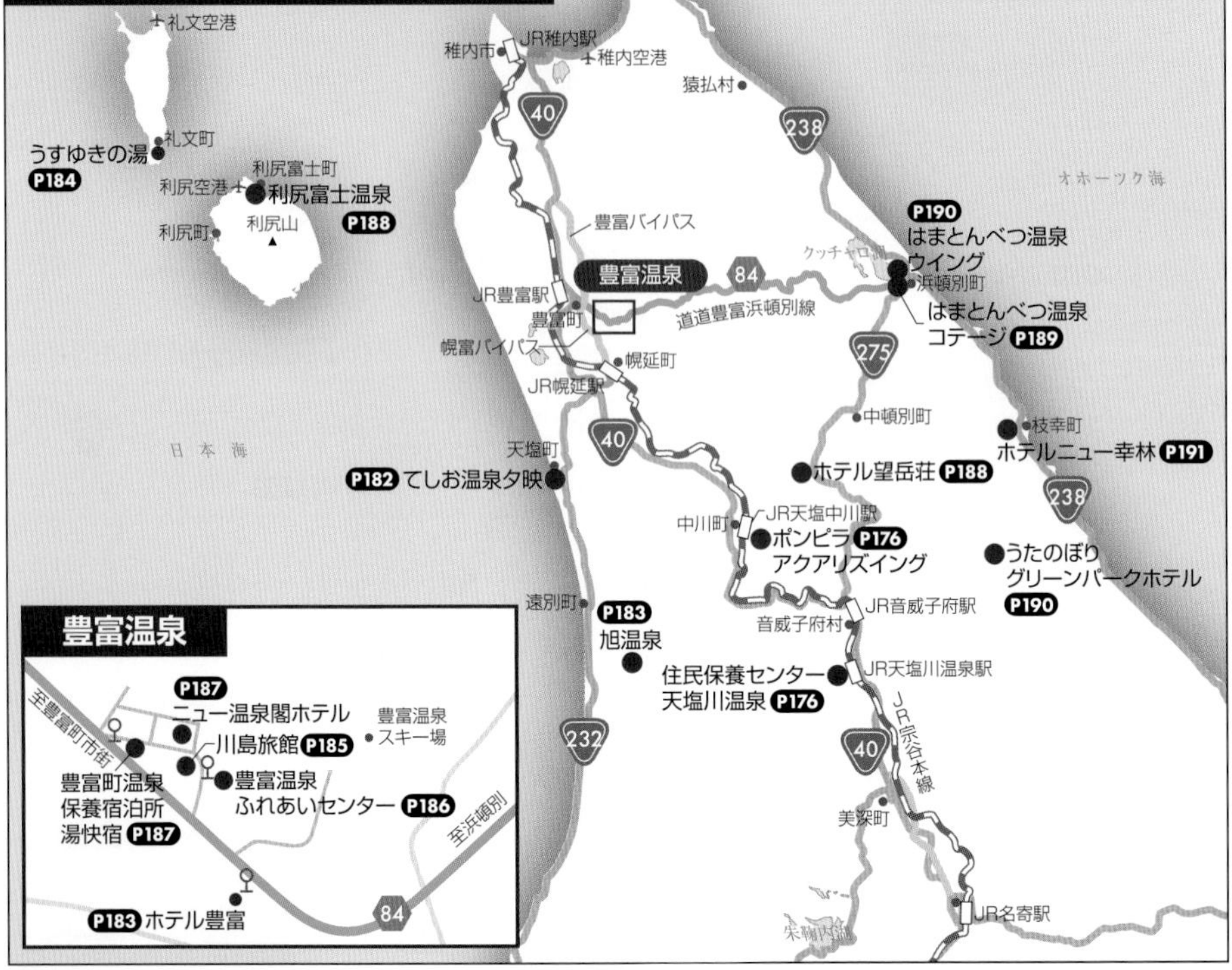

宗谷岬
礼文空港
稚内市
JR稚内駅
稚内空港
猿払村
うすゆきの湯
P184
礼文町
利尻富士町
利尻空港
利尻富士温泉
P188
利尻山
利尻町
オホーツク海
P190
はまとんべつ温泉
ウイング
豊富バイパス
クッチャロ湖
浜頓別町
豊富温泉
JR豊富駅
豊富町
道道豊富浜頓別線
はまとんべつ温泉
コテージ P189
幌富バイパス
幌延町
JR幌延駅
中頓別町
枝幸町
ホテルニュー幸林 P191
日本海
天塩町
P182 てしお温泉夕映
ホテル望岳荘 P188
中川町
JR天塩中川駅
ポンピラ P176
アクアリズイング
うたのぼり
グリーンパークホテル
P190
遠別町
P183
旭温泉
JR音威子府駅
音威子府村
住民保養センター
天塩川温泉 P176
JR天塩川温泉駅
JR宗谷本線
美深町
JR名寄駅
朱鞠内湖
40
238
84
275
232
豊富温泉
P187
ニュー温泉閣ホテル
川島旅館 P185
豊富温泉
スキー場
豊富温泉
ふれあいセンター P186
至豊富町市街
豊富町温泉
保養宿泊所
湯快宿 P187
至浜頓別
P183 ホテル豊富
84


# 稚内

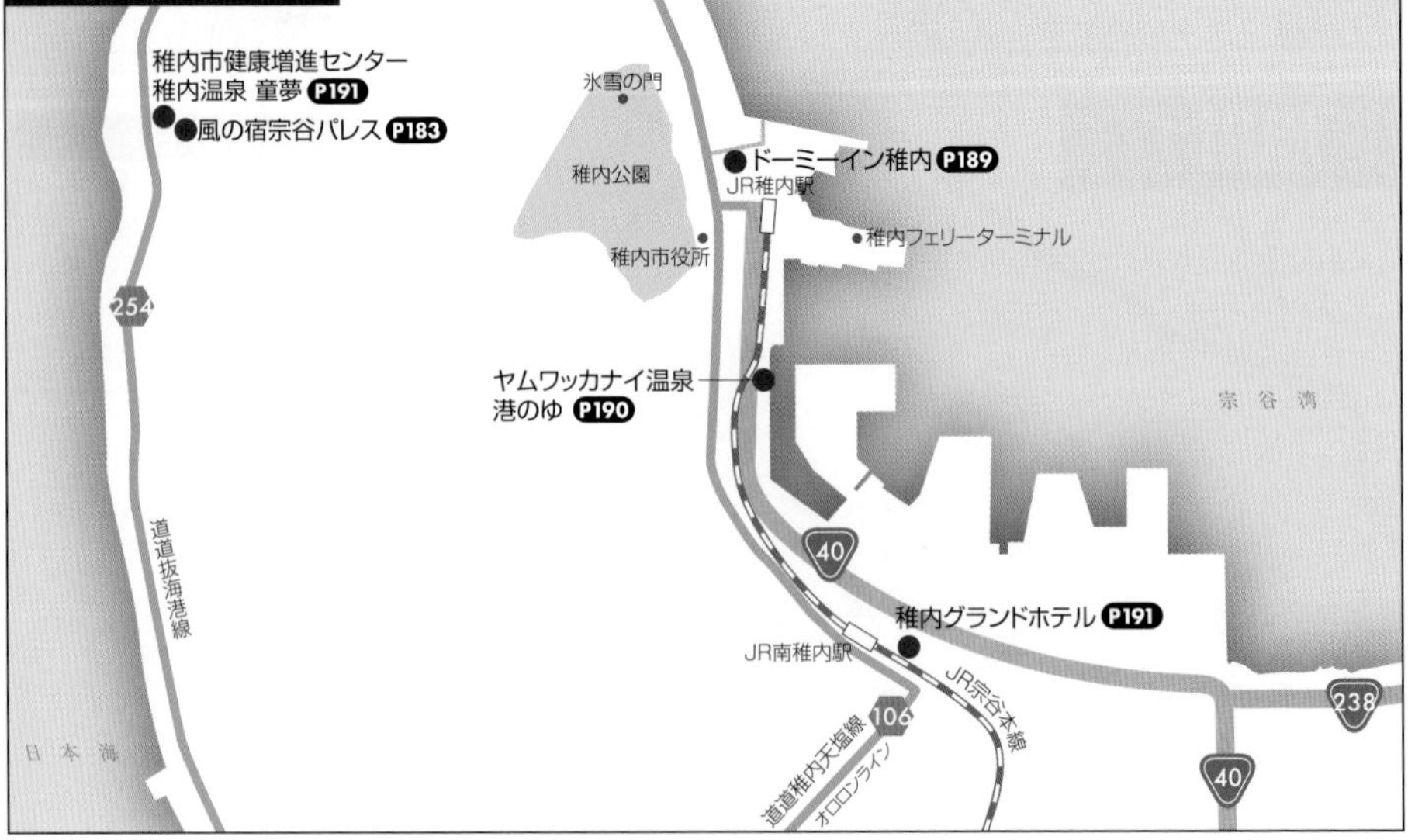

稚内市健康増進センター
稚内温泉 童夢 P191
風の宿宗谷パレス P183
氷雪の門
稚内公園
ドーミーイン稚内 P189
JR稚内駅
稚内フェリーターミナル
稚内市役所
254
ヤムワッカナイ温泉
港のゆ P190
宗谷湾
道道抜海港線
40
稚内グランドホテル P191
JR南稚内駅
JR宗谷本線
238
日本海
106
道道稚内天塩線
オロロンライン
40


宗谷

おふろで健康づくり

# 顔マッサージで疲労回復

入浴健康法の手順はシンプルで応用も利く。これまでにご紹介した肩こりや腰痛などの解消に留まらず、アレンジ次第でさまざまな効果も期待できる。

基本は「10分前後のぬる湯の入浴」の後に「体洗いや洗髪での休憩」を挟み、「再び入浴して深呼吸とストレッチ」するというたった三つのステップだ。1ステップ目で副交感神経を優位にし血行を促進。3ステップ目の呼吸と動きで体質改善を図る流れだ。

とはいえ、時には体を動かすのがしんどい日もあるだろう。今回は夏バテを癒やし、翌朝のはつらつな笑顔を目指して顔マッサージを試してみよう。パソコン作業などで無意識に顔の筋肉は疲れているもの。マッサージで眼精疲労も改善されるので、男女を問わず挑戦してほしい。

自宅の湯船に10分間も漬かるのは案外長くて退屈。この時間を利用して気になる箇所のセルフマッサージをするのがお勧めだ。温かい湯の中なら効果倍増、汗や蒸気で潤っていればマッサージクリームも要らない。

まず額のむくみとシワを改善。額の中央で両指を軽く重ね、左右に引き離すようにこめかみに向かって額を3回、押し伸ばす（図1）。

次に目元をスッキリ。目の周りの骨の境目を、指の腹で点々と優しく押しながら3周する（図2）。

顔のこりをほぐし面立ちを変える。口の端から頬骨（ほおぼね）へ、あごからこめかみへと、らせんを描くように指の腹で圧力をかける（図3）。こめかみまで指を滑らせたら人さし指と中指で耳を挟み、グルグル回して耳周りのリンパ節を刺激し（図4）、そこから首筋を通り、鎖骨へと指を滑り下ろして老廃物を流す。

2度目の入浴では、ストレッチはお休みしても良いので、バンザイをしながら深呼吸をしっかりと。骨盤を立てて足を伸ばし、息を吸いながら両手をゆっくり上に「バンザイ」して胸を広げ、吸いきったら手を下ろしながら細く長く息を吐く。これを3～5回ほど行う。

コロナ禍の中、気がつけば私たちは深呼吸をあまりしていない。深い呼吸は肺に新鮮な空気を入れ、全身に酸素を行き渡らせる大切な動作だ。それを水圧の掛かる湯船で大きく行うことで横隔膜、内腹斜筋など「呼吸筋」と総称される上半身内側の広範囲の筋肉、いわゆるインナーマッスルの一部も鍛えられるのだ。

宗谷

## ❖サロマ湖温泉

# サロマ湖 鶴雅リゾート

北見市常呂町栄浦306－1
電話 0152・54・3305

宿泊 露天

美しい情景で知られるサロマ湖畔に立つホテル。流氷の海原までも車で10分と、近距離にある。浴場も美しい。湖を目の高さに眺める1階には和風の浴場、内湯からも露天からも輝きを見晴らせる2階には北欧風の浴場があり、日によって男女を入れ替える。和風の露天は700トンもの巨石を組み上げた豪壮なもの。泉質は北海道でも稀少な鉄泉で体をよく温める。

サロマ湖は河川水とオホーツクの海水とが交じり合う、日本最大の汽水湖。味覚もまた湖の恵み。夏はホタテ、冬は牡蠣。みずみずしさと濃い甘さの奥に潮香が漂う。

❖**アクセス**：JR網走駅から車で約50分、JR北見駅から車で約1時間❖**1泊2食（税サ入湯税込）**：13350円～❖**日帰り入浴**：不可❖**泉質**：含鉄（II）－ナトリウム・マグネシウム・カルシウム－塩化物泉❖**備考**：JR北見駅から送迎あり（要予約）

## ❖北見市内の温泉

# ホテルルートイン北見大通西

北見市大通西4丁目7
電話 0157・32・7432

宿泊

北見駅から徒歩約4分という好立地のホテル。ビジネスニーズを見込んで、客室の構成も全201室のうちシングルが141室を占めている。

観光ホテルと比較すれば価格帯がリーズナブルなことから、温泉浴場があってもそれなりかと想像しがちかもしれないが、そんな人には嬉しい想定外が待っている。

男女別の浴場は内湯のみのシンプルな造りだが、窓外に坪庭を配した端正な趣きだ。温泉はpH値が9・5と高いアルカリ性を示し、なめらかな肌触りが気持ちをやわらげる。湯は自家源泉で、ホテルの敷地内に湧く。

❖**アクセス**：JR北見駅から徒歩約4分❖**1泊朝食付き（税込）**：シングル6200円～❖**日帰り利用**：不可❖**泉質**：アルカリ性低張性冷鉱泉

❖北見市内の温泉

## ドーミーイン北見

北見市北4条西2丁目7-1
電話　0157・23・5489

宿泊　露天

ＪＲ北見駅から徒歩5分。市街中心部に立ち、ビジネス利用のみならず道東旅の拠点にも良い。北見グルメと知られる焼肉の人気店もホテルから徒歩圏内に多数ある。

温泉はホテル敷地内の自家源泉で、アルカリ値が高くメタケイ酸も含む肌になめらかな、通称「美肌の湯」。石組みの露天風呂は街中ゆえの半露天スタイルだが、湯浴みで火照った頬に季節の風が心地良い。

客室は総数164室のうち、ダブルが139室という構成。全室にシモンズ社のベッドを置いているというのも嬉しい。

❖アクセス：JR北見駅から徒歩5分❖1泊朝食付（税サ込）：6490円〜❖1泊素泊まり（税サ込）：4990円〜❖日帰り入浴：不可❖泉質：アルカリ性単純温泉❖備考：料金は時期やプランなどにより変動あり

❖北見市内の温泉

## ホテルルートインGrand北見駅前

北見市大通西1丁目2-1
電話　050・5847・7503

宿泊

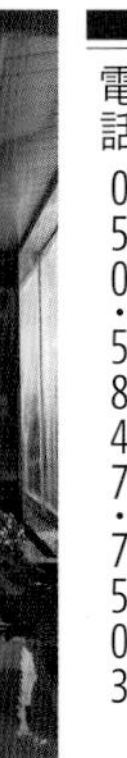

ＪＲ北見駅の目の前に堂々と立つ10階建てホテル。ビジネス仕様を超える洗練された意匠と快適性に定評があり、周辺の食事処へのアクセスもいい。家族との道東観光の折にも十分満足できるだろう。

温泉浴場は、男性湯は渋い色使いに、女性湯はナチュラルカラーに美しくまとめあげている。洗い場はパーテーションで仕切られ使い易い。

多くのシングルルームに独立したデスク兼テーブルがあり、仕事がはかどることも書き添えておきたい。疲れたら温泉が待っている。ワーケーションという言葉を聞いて真っ先に浮かぶホテルの一つだ。

❖アクセス：JR北見駅から徒歩1分❖1泊2日（税込）：朝食付き9200円〜、素泊まり8100円〜❖日帰り利用：不可❖泉質：アルカリ性低張性冷鉱泉❖備考：駐車料金1泊500円（普通車のみ駐車可）

## ❖北見市内の温泉

# 北見湯元 のつけ乃湯

北見市ひかり野3丁目2-4
電話 0157・69・4126

住宅街にある温泉銭湯。外観はすっきりとした新和風で、館内設備も充実している。浴場には主浴槽、電気風呂併設の副浴槽、寝風呂、低温と高温のサウナ、深めの圧注浴槽、水風呂などを機能的にレイアウト。屋外には北見産の鉄平石をあしらった風呂など、三つの露天風呂がゆったりと構えている。このうち主浴槽と大きな露天風呂がかけ流しだ。毎日全ての浴槽を換水、内部清掃を行っており、清潔感も折り紙付き。

湯は肌の上でぷるん、と弾む、しなやかな弾力を持つ赤湯。成分に鉄を含むせいか、じっくり浸かるうち身体の芯からポッポッとほてり出す。

❖**アクセス**：JR北見駅から車で約10分❖**料金**：大人470円、小人140円、幼児70円❖**時間**：11時～23時（最終受付22時30分）、無休❖**泉質**：ナトリウム－硫酸塩・塩化物泉

## ❖塩別温泉

# 旅館塩別つるつる温泉

北見市留辺蘂町滝の湯201
電話 0157・45・2225

看板に偽りなしと誰もが口をそろえる「つるつる」温泉。アルカリ性の硫黄の湯は肌表面の皮脂を溶かして洗い流し、とろけるような湯ざわりを生む。

館内には昔ながらの小振りな浴室と、寝湯や泡風呂など設備の整った浴場の2カ所の内湯がある。

屋外には一度に30人ほども入浴できる緑に囲まれた露天風呂も。そしてどの湯船にも流れているのは手つかずの源泉だけだ。

飲泉も保健所のお墨つきで糖尿病や痛風、便秘などの悩み解消にと愛飲する常連が少なくない。

❖**アクセス**：JR北見駅から車で約50分、JR留辺蘂駅から車で約20分❖**1泊2食（税サ込・入湯税別）**：大人8500円～❖**日帰り入浴**：大人600円、小人300円、幼児（3歳以下）無料、11時～21時（最終受付20時）、不定休（年2回）❖**泉質**：単純硫黄泉❖**備考**：近郊送迎あり（要予約）

❖滝の湯温泉

滝の湯センター

## 夢風泉

北見市留辺蘂町滝の湯128
電話 0157・67・4126

北見市留辺蘂町にある温泉宿。かつての町営時代から隠れた名湯の宿だったが、2008年に介護福祉系の民間企業が引き継いで「夢風泉」の名を加え日帰り湯となった。費用のかかる改築はできなかったというが、身障者用トイレを設置、手すりも充実させた。

泉質は、pH値9・6という強いアルカリ性の単純温泉。無色透明、とろみのある柔らかな湯ざわりが特徴だ。

大浴場にはゆったりと手足をのばせる広い湯船とこぢんまりとした湯船があり、そのどちらにも源泉がおしみなくあふれている。

❖**アクセス**：JR北見駅から車で約50分、JR留辺蘂駅から車で約20分❖**料金**：大人400円、小学生200円❖**時間**：24時間営業（月曜と金曜の9時から12時までは清掃のため入れない）、無休❖**泉質**：アルカリ性単純温泉❖**備考**：カード利用不可

❖温根湯温泉

北の山海料理の宿

## ホテルつつじ荘

北見市留辺蘂町温根湯温泉392
電話 0157・45・3355

宿泊 日帰

つつじ荘の一番の魅力は温泉。湯船には手つかずの源泉がとうとうと絶え間なくあふれている。

湯は、夏は44度～45度、冬は42度～43度と熱い。湯の肌合いはさらりと軽やかで、知らず知らず長湯になってしまう。風呂のつくりはシンプルだが清潔そのもの。

山里にありつつオホーツク海も遠くない地の利を活かし、料理にも力を入れる。

毎年5月のわずか1週間ほどの間、つつじ山の南斜面を紅紫に染めるのが温根湯名物のエゾムラサキツツジの純林。つつじ荘の名は、もちろんこの美しい紅色の花にちなんでいる。

❖**アクセス**：JR北見駅から車で約40分、JR留辺蘂駅から車で約15分❖**1泊2食（税込）**：大人8000円～❖**日帰り入浴**：大人500円、小人250円、12時～20時30分、無休❖**泉質**：アルカリ性単純温泉

温根湯温泉

美白の湯宿

# 大江本家

北見市留辺蘂町温根湯温泉466-1
電話 0157・45・2711

北見市留辺蘂、無加川ほとりに立つ。鉄筋10階建て4棟が連なる大きな温泉ホテルだけに、和洋室や和室の特別室、洋室などさまざまなバリエーションを持つ。開業は1899年（明治32年）という当地きっての老舗宿だ。原野に流れる無加川のほとりに豊かな温泉が見いだされ、創業者の大江輿四蔵氏が温泉利用の許可を得た。往時は道らしい道もなく、開発は容易ではなかったそうだ。

泉源はホテルから200メートルの距離。湯は上皮の角質を柔らかくして新陳代謝を活発にする硫黄泉。こんこんと湧き続ける湯をすべての湯船にかけ流す。

❖アクセス：JR北見駅から車で約40分、JR留辺蘂駅から車で約15分❖1泊2食（税込）：大人10950円～❖日帰り入浴：大人1000円、小人500円、14時～21時、無休❖泉質：単純硫黄泉

北見温泉

# ポンユ三光荘

北見市留辺蘂町泉360
電話 0157・42・2288

宿泊 日帰

「ポンユ」の名はその昔、負傷した動物が湯につかって傷を治しているのを見つけたアイヌ民族が、アイヌ語で「神様のくれた小さな湯」などの意味があるとされる「ポンユ」と名付け、小屋を作ったという言い伝えから。初めて営業認可を受けたのは1898年（明治31年）のこと。その古来の湯、時を経て1978年に掘削した湯の二つが、それぞれ直に専用の湯船に注がれる。

古湯は体温よりほんのり温かい自噴泉。よく磨かれた浴室で、惜しみなく流れる生まれての湯に、じっと浸かると、この上なく満ち足りた心地がする。

❖アクセス：JR北見駅から車で約30分、JR留辺蘂駅から車で約5分❖1泊2食（税込）：大人7630円～❖日帰り入浴：大人500円、小学生150円、幼児50円、9時～21時30分、無休❖泉質：アルカリ性単純温泉

## ❖滝の湯湯治温泉

源泉かけ流しの癒恵の宿

# 一羽のすずめ

北見市留辺蘂町滝の湯131
電話 0157・45・2970

宿泊 日帰

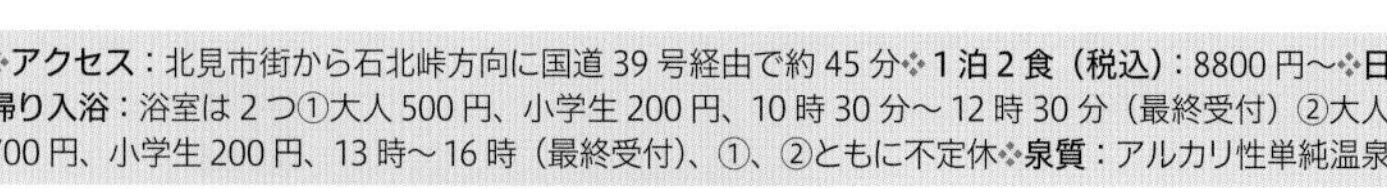

❖アクセス：北見市街から石北峠方向に国道39号経由で約45分❖1泊2食（税込）：8800円～❖日帰り入浴：浴室は2つ①大人500円、小学生200円、10時30分～12時30分（最終受付）②大人700円、小学生200円、13時～16時（最終受付）、①、②ともに不定休❖泉質：アルカリ性単純温泉



頬張れば思わずうなる、芳醇な旨み。味わいは力強く、余韻は爽やか。これほど美味しい鹿ハンバーグは初めてだ。それもそのはず、この鹿肉はなんと二代目女将の山梨深雪さんとハンティング仲間で仕留めたもの。森の中で的確に下処理を施し、迅速に保存した最上の品だ。日本に温泉宿は数多あるが、女将自らハンターとなってジビエをふるまうのはこの宿ぐらいだろう。

野趣満点の魅力は料理に限らない。1976年開業の年季の入った建物は女将さんたちが段階的に改装中だ。簡素な休憩室は薪ストーブが温もり届けるラウンジに。古い客室は明るく整えられ、2階には洒落た山荘風のゆったりした客室も設けた。

調理師免許、狩猟免許、それに建築士免許まで持つ一風変わった女将の経歴は、ホテル・飲食業界、建築関係、福祉の現場までと実に多彩。その経験とスキルが全て湯客を喜ばせる原動力に。「狩猟免許はハンターのお客様に刺激を受けて取得しました。いいと思えば自分が何歳だろうと挑戦したくて」。

温泉は代々変わらぬ極上のかけ流し湯。pH値9・65に及ぶアルカリ性の源泉は絹のよう。湯と味に癒され、力をもらえる小さな宿だ。

訓子府温泉

# 訓子府温泉保養センター

訓子府町穂波69－66
電話 0157・47・3380

のどかな農村風景の真ん中にたたずむ和風平屋の町営日帰り湯。銭湯の廃業をきっかけに町が温泉開発に乗り出し、1989年にいわゆる「美肌の湯」を掘り当てた。住民福祉が目的なので飲食施設や遊具はないが、湯の評判に近隣市町村からも温泉好きが集う。

浴室は2004年にリニューアルし、新しくぬるめの浴槽とサウナ、野外デッキを新設した。湯は循環させずかけ流している。換水と清掃は毎日必ず実施。男湯の壁面には「大地の実り」、女湯には懐かしい「ふるさと銀河線」がモチーフのタイル絵も。

❖**アクセス**：JR 北見駅から車で約 30 分❖**料金**：大人 390 円、小人 140 円❖**時間**：12 時～22 時（入浴は 12 時から）、月曜日（祝日の場合は翌日）および元日休み❖**泉質**：ナトリウム－炭酸水素塩・硫酸塩・塩化物泉

奥屈斜路温泉

# ランプの宿　森つべつ

津別町上里738
電話 0152・76・3333

美しい雲海で知られる津別峠の麓、深い森に包まれるように立つ小さな一軒宿。四季の森の風景とともに来客を歓待するのが、この地に湧く澄み切った温泉だ。浴場は低温と高温とに仕切った主浴槽、サウナと水風呂等で構成。大きなガラス窓越しに日差しがたっぷり降り注ぐ。pH（水素イオン指数）9・5を超すアルカリ性の単純泉はトロリとした肌触りの「美肌の湯」が魅力。

天然石を積み上げた野趣あふれる露天風呂は、森の香りに包まれ森林浴も楽しめる。このほか、源泉かけ流し・貸し切りの家族風呂も利用できる。

❖**アクセス**：JR 美幌駅から車で約 40 分、JR 北見駅から車で約 1 時間❖**1 泊 2 食（税サ込）**：大人 13950 円～❖**日帰り入浴**：大人 600 円、4 歳～小学生 250 円、3 歳以下無料、10 時 30 分～22 時（最終受付 20 時 30 分）、冬期間は毎週木曜日休館❖**泉質**：アルカリ性単純温泉

❖ウトロ温泉

## 北こぶし知床ホテル&リゾート

斜里町ウトロ東172
電話0152・24・2021

宿泊 露天

眼下にウトロの港、オホーツクの海原を行き交う船々やプユニ岬も一望する景勝の湯は、流氷が訪れる冬も含めて季節を問わぬ人気を誇る。

都会では決して見られない景色を浴場に、客室に、ラウンジにと用意した。ウトロの大規模ホテルで唯一、海の目の前という立地を活かした工夫のひとつが「流氷テラス」。ロビーから屋外に出て温かな足湯の席に腰掛けると、潮風に当たりながらもゆっくりとオホーツク海や知床半島の絶景が広がる。

温泉付きの客室も複数あり、「オホーツク倶楽部露天風呂付き客室」は、落ち着いた意匠の大人の空間。知床の海を独り占めする贅沢が味わえる。

❖**アクセス**：JR知床斜里駅から車で約40分、ウトロ温泉バスターミナルから徒歩5分❖**1泊2食料金（2名1室、税込、入湯税150円別）**：大人24200円〜❖**日帰り入浴**：不可❖**泉質**：ナトリウム－塩化物・炭酸水素塩泉❖**備考**：ウトロ温泉バスターミナルから送迎応相談

❖ウトロ温泉

## 知床温泉　民宿たんぽぽ

斜里町ウトロ香川245
電話0152・24・2298

宿泊

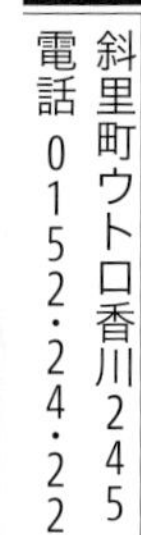

ウトロのまろやかな良湯をじっくり味わうことができる温泉民宿。

建物は木造2階建て、7室限り。宿のあるじは知床好きが高じて移り住み、前オーナーが15年続けた民宿を2010年に引き継いだ。

温泉は敷地内に別棟の浴室を造り、そこに湯を引いた。風呂は小振りだが流れているのは源泉そのもの。貸し切り風呂として24時間利用可能。

食事は浜料理が中心。新鮮な地元産の魚介や野菜を使い、旬と鮮度にはこだわりをみせる。

❖**アクセス**：JR知床斜里駅から車で約40分、ウトロ温泉バスターミナルから徒歩約10分❖**1泊2食（税サ込）**：大人9800円〜❖**日帰り入浴**：不可❖**泉質**：ナトリウム－塩化物・炭酸水素塩泉❖**備考**：カード利用不可、ウトロ温泉バスターミナルから送迎あり（要予約）

❖ウトロ温泉

# KIKI（キキ）知床　ナチュラルリゾート

斜里町ウトロ香川192
電話０１５２・２４・２１０４

❖アクセス：JR 知床斜里駅から車で約 40 分、ウトロ温泉バスターミナルから徒歩約 15 分❖1 泊 2 食（2 名 1 室、税込、入湯税 150 円別）：大人 17600 円～❖日帰り入浴：大人 2200 円、6 歳～ 11 歳 550 円、幼児無料、7 時～ 9 時 30 分、15 時～ 18 時（20 時退館）、休みはホテル営業日に準ずる❖泉質：ナトリウム－塩化物－炭酸水素塩泉❖備考：ウトロ温泉バスターミナルから送迎あり（要連絡）

知床の高台にある森のリゾート。「リゾート」の名にふさわしく、季節に合わせて存分に滞在を楽しめる。

館内を巡ってまず気づくのは、子供たちが旅の思い出を刻める場所がさりげなく、あちらこちらに用意されているということ。温かな色彩のラウンジには絵本や動物の形のミニチェア、大浴場内には「こども湯」という、子供用の浅い浴槽がある。極めつけはホテル内とは思えない、子供たちが夢中ではしゃげるカラフルな大型遊具が設置されたボーネルンド監修の屋内キッズスペース「あそびの森」。初めて旅行する子供も安心して連れてこられそうだ。

食事はビュッフェスタイルで、ライブスタイルのグリルやキッチンで様々な出来たてが提供される。旅の仕上げの温泉は、肌を優しく慰撫してくれる食塩泉系。露天は源泉かけ流し。晴れた夜なら星を見上げながら、源泉に包まれたい。

❖ウトロ温泉

# ホテル 季風クラブ 知床

斜里町ウトロ東318
電話 0152・24・3541

宿泊 露天

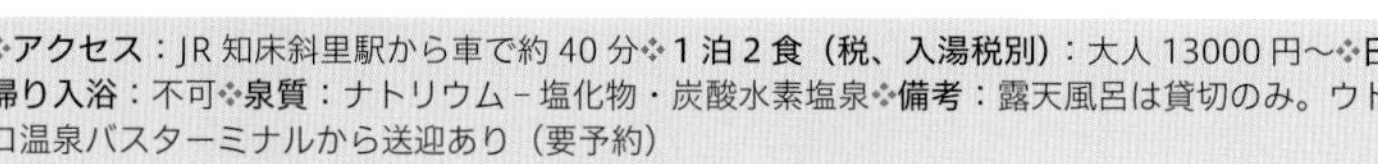

❖**アクセス**：JR 知床斜里駅から車で約 40 分❖**1 泊 2 食（税、入湯税別）**：大人 13000 円〜❖**日帰り入浴**：不可❖**泉質**：ナトリウム－塩化物・炭酸水素塩泉❖**備考**：露天風呂は貸切のみ。ウトロ温泉バスターミナルから送迎あり（要予約）

大きなホテルが集まるウトロの温泉街からは少し離れた国道沿いに立つ小さなホテル。すべて海に向いた客室は和室が5つ、2020年の冬に3部屋を改装した洋室が8つ、大人2人が定員のログハウスが2棟。館主の鈴木完也さんはホテルマンとして30年のキャリアを積み、思いを込めてこの宿を建てた。客室数を絞り、細やかでアットホームなもてなしを心がけること。その姿勢はオープンから変わらない。

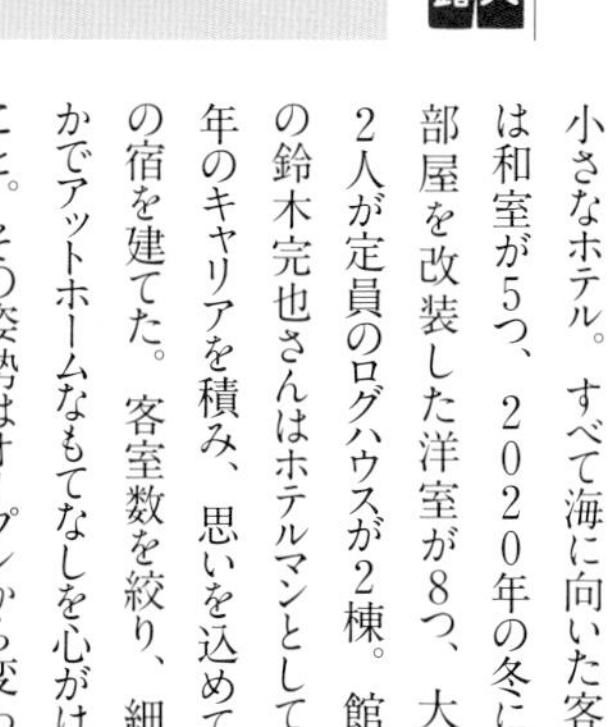

風呂は源泉かけ流しはそのまま。男女別の内湯は1階に、屋外の別棟には貸し切り露天があり、宿泊客がひと組ごと、夜ならばランタンを下げて入りに行く。風呂には最小限の灯りだけ。ランタンを湯船の縁などに置きゆっくりと浸かると、時おり潮の匂いの夜風が顔をなでる。

食事は掘りごたつ式の椅子とテーブル席がある食事処で。名物のオイルフォンデュは、地産素材に自分で衣をつけ、食卓で揚げて熱々を頬張る。

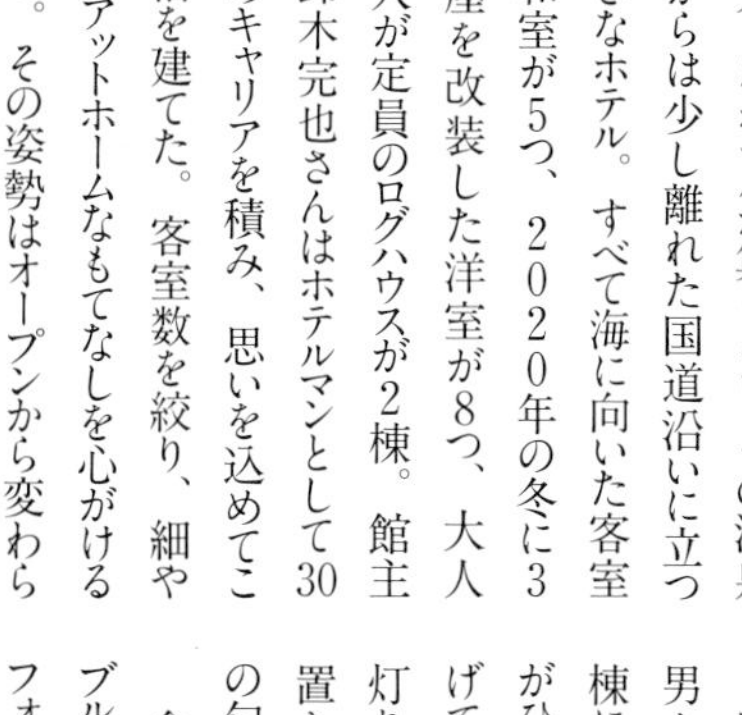

❖ウトロ温泉

## 知床　夕陽のあたる家

ONSEN HOSTEL

斜里町ウトロ香川189
電話0152・24・2764

宿泊　日帰　露天

❖アクセス：JR知床斜里駅から車で約50分、ウトロ温泉バスターミナルから徒歩約20分❖素泊まり料金（2名1室、税込、入湯税150円別）：大人8800円～❖日帰り入浴：大人1100円、小学生550円、幼児無料、15時～18時（20時までに退館）、休みはホテル営業日に準ずる❖泉質：ナトリウム－塩化物・炭酸水素塩泉

ウトロの高台に建つ全24室の小さなホステル。すべての部屋が海向き。目の前にオホーツク海の眺望が広がる。

もともとは昭和30年代にユースホステルとして開館した宿で、幾度かのリニューアル（改装）を経て、現在のモダンな内外装となるが、旅好き好みの温かい雰囲気はそのままのようだ。

露天風呂のある浴室の大窓からは、湯船に浸かりながら木立の合間に小鳥やエゾリスの姿をみることも。

広々としたロビー階のラウンジは宿泊者限定の憩いのスペース。知床に関する書籍も備え、旅の計画や読書、ゲスト同士の情報交換などをゆっくりと楽しめる。

❖ウトロ温泉

## 知床第一ホテル

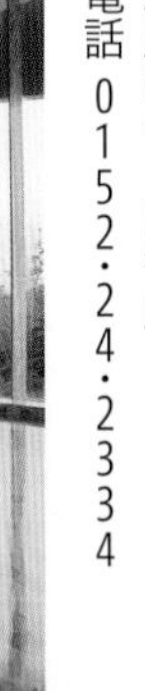

斜里町ウトロ香川306
電話0152・24・2334

宿泊　日帰　露天

❖アクセス：JR知床斜里駅から車で約40分、ウトロ温泉バスターミナルから徒歩約20分❖1泊2食（税サ込）：大人13900円～❖日帰り入浴（プール利用料込み）：大人1250円、5歳～小学生800円、15時～17時、無休❖泉質：ナトリウム－塩化物・炭酸水素塩泉❖備考：シーズンや入室人数により料金の変動あり

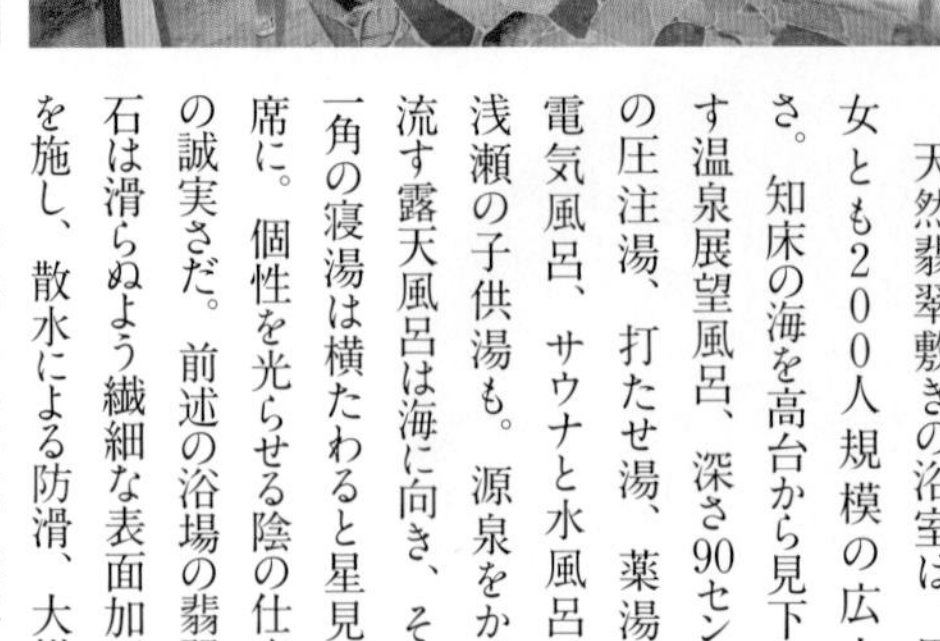

天然翡翠敷きの浴室は、男女とも200人規模の広大さ。知床の海を高台から見下ろす温泉展望風呂、深さ90センチの圧注湯、打たせ湯、薬湯に電気風呂、サウナと水風呂、浅瀬の子供湯も。源泉をかけ流す露天風呂は海に向き、その一角の寝湯は横たわると星見の席に。個性を光らせる陰の仕事の誠実さだ。前述の浴場の翡翠石は滑らぬよう繊細な表面加工を施し、散水による防滑、大掛かりな清掃は入念で、接客も親身で気取らず、心がこもる。

レストラン「マルスコイ」では、地元の食材を生かした新鮮な料理がひしめく。気になるご馳走が多すぎて選ぶのを迷うほどである。

❖斜里しれとこ温泉

# ルートイングランティア知床―斜里駅前―

斜里町港町16―10
電話 0152・22・1700

宿泊 露天

❖**アクセス**：JR 知床斜里駅から徒歩約 2 分❖**1 泊素泊まり（税込）**：6400 円〜❖**日帰り入浴**：不可❖**泉質**：ナトリウム－塩化物泉

温泉の質──という一点において、温泉地の知名度や宿の歴史等々はたいがい関係がない。

温泉に浸かるためにここに泊まる、という人はまだ少ないだろう。全国大手ホテルチェーンの一館で、ホテル名に「温泉」の文字は無い。立地は世界自然遺産・知床に向かう公共交通の要諦の知床斜里駅、斜里バスターミナルの目の前で、オールツインの客室は快適そのもの。利用層は観光客はじめ登山や釣り客、ビジネス客と幅広い。だがそうした旅客の中に温泉愛好家がいたなら、ここを選んだ幸運を感謝するに違いない。

大浴場はシンプルな内湯一つ、露天岩風呂が一つ。そこに満ちるのは惚れぼれする鮮度のモール系濃厚食塩泉だ。源泉はホテル真裏の一角に湧き、余分なガスのみ抜いてダイレクトに湯船へ。その間、わずか十数メートル。人の手を一切加えず、空気にさえ触れぬ。ピュアな源泉が、弾むような感触で肌を包む。

❖斜里しれとこ温泉

# ペンションしれとこくらぶ

斜里町文光町41－1
電話 0152・23・1844

1985年の春、「喫茶年輪」そして「ペンションしれとこくらぶ」として、JR知床斜里駅から歩いて10分のこの場所に開業。「始めた頃は宿泊代をいくらにしたらいいかもわからなかったんですよ」と、おっとり優しい奥さまで現オーナーの砂山裕子さん。

浴室は男女別で、客層に合わせてか男性湯がやや広い。そしてどちらの湯船にも琥珀色の極上源泉が間断なく注がれる。裕子さんが腕を振るう料理も秀逸。日々の仕入れで内容は変わるが、いずれも海あり山ありの地の利を生かした逸品づくし。舌の記憶と温かな会話が再訪を誘う、8室限りの宿である。

❖**アクセス**：JR知床斜里駅から徒歩10分❖**素泊まり（税込）**：大人5650円〜❖**1泊朝食付（税込）**：大人6640円〜❖**日帰り入浴**：大人500円、小人300円、13時〜20時、不定休❖**泉質**：ナトリウム－塩化物・炭酸水素塩泉

❖清里温泉

# パパスランド

清里町神威1071
電話 0152・26・2288

清里町にある道の駅「パパスランドさっつる」にある日帰り温泉。「パパス」とはジャガイモを意味するスペイン語で、周辺にはジャガイモ畑が広がる。1547メートルの名峰、斜里岳が一望できる場所にあり、絶景とかけ流しの湯を入浴料金450円で存分に味わえる。

浴場にはあつ湯、ぬる湯、打たせ湯、露天、入り口前には無料の足湯がある。湯浴み後の水分補給は大切だが、休憩室には無料の冷たい麦茶や温かい煎茶を供する給茶器も備えてある。

温泉のすぐ隣には利用料無料のパークゴルフ場やこちらも無料のドッグランもある。

❖**アクセス**：JR札弦駅から徒歩約10分❖**料金**：大人450円、高校生以下140円❖**時間**：10時〜21時、無休❖**泉質**：ナトリウム－硫酸塩・塩化物温泉

❖清里温泉

# 北天の我が家 住留（じゅうる）

清里町緑町71－45
電話0152・26・7860

宿泊 露天

旅を愛するご夫婦が永住の地として見いだし、「住み」「留まろう」という気持ちを名にした清里の宿。ゲストを迎え入れるのは1日に1組だけ。森や田園が広がる集落の一角に、一棟貸しの宿は佇む。リビング・ダイニングにはゆったりしたテーブル、心地良い椅子。コロンと寝そべりたくなる和室とこたつ。寝室には上質のベッド。緑が映える大窓の向こうは、風そよぐウッドデッキ。そして内湯と露天風呂に絶えず注がれる源泉……。

時を選ばず楽しめる温泉も極上だ。夜更けの星見風呂、小鳥の歌声が耳洗う朝風呂。次はどの季節に来ようか、と湯の中で考えるのも至福。

❖**アクセス**：JR緑駅から徒歩約10分、JR知床斜里駅から車で約40分❖**1泊2食（税サ込）**：一棟貸し（5名定員）25300円～❖**日帰り入浴**：不可❖**泉質**：ナトリウム－塩化物－硫酸塩泉

❖清里温泉

# 緑の湯

清里町緑町26
電話0152・27・5511

日帰 露天

JR釧網本線の緑駅からのんびり2分ほど歩くと、木材をふんだんに使った平屋が見えてくる。

バリアフリーの建物は、身体の不自由な人への配慮もそこここに。極めつけは瀟洒な特別浴室で、その名も「おもいやり風呂」という。予約さえあれば介護の人も一緒に、一般の入浴料だけで利用ができる。

湯は建物の傍らに湧くナトリウム―塩化物・硫酸塩泉。泉温も44・3度と理想的で、バルブの手動管理で細やかに調整しながら、露天風呂にも内湯にも、もちろん「おもいやり風呂」にも、惜しみなく源泉をあふれさせている。

❖**アクセス**：JR緑駅から徒歩2分、JR知床斜里駅から車で約35分❖**料金**：18歳以上450円、小学生以上140円、幼児無料❖**時間**：10時～21時、無休❖**泉質**：ナトリウム－塩化物・硫酸塩泉

❖大空町内の温泉

# 女満別農業構造改善センターひまわり温泉

大空町女満別西4条5丁目4－2
電話 0152・74・4747

❖**アクセス**：JR 女満別駅から車で約 5 分、女満別空港から車で約 8 分❖**料金**：大人 490 円、小人 150 円、幼児 80 円❖**時間**：11 時～ 22 時（最終受付 21 時 30 分）、定休第 2・第 4 水曜日と元日❖**泉質**：ナトリウム－炭酸水素塩・塩化物温泉

女満別空港に近い地の利もあって、道内外からもはるばると「あつ湯好き」が訪れる町営公衆浴場。恵まれた源泉温度と湯量を活かし、極上の掛け流し湯を提供する。

ユニークなのは農村部には珍しい湯温の設定で高温槽約44度、低温槽でも42度ある。「そもそも加熱したり循環する装置が付いていないので、源泉掛け流しにしかならないんです。湯加減も手管理ですよ」と勤務10年選手というスタッフさんはニコニコ。

浴場は天井高く明るい雰囲気。一つの湯船を中程で仕切って流路を作り、湯口のある方を高温槽、もう一方を低温槽にしてある。「私はぬるい方で体を慣らして最後に『締めの湯』として入るの」という女性客のすすめに従い、最後のひと風呂、「高温槽」にそろ～り…。慣れない身には熱さがしみるが、源泉のまろやかさが助け舟に。湯上りは心身がまさにシャッキリと整った。

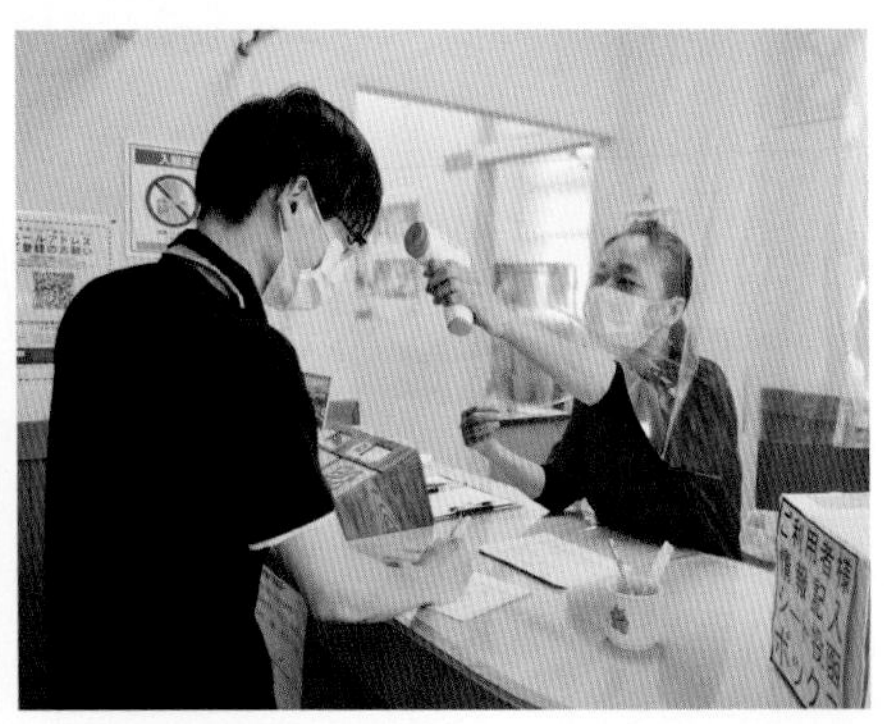

❖大空町内の温泉

# ふれあいセンターフロックス

大空町東藻琴387−9
電話 0152・66・2070

日帰

❖**アクセス**：JR女満別駅から車で約20分、女満別空港から車で約20分❖**料金**：大人490円、中人（小学生）150円、乳幼児80円❖**時間**：11時〜22時、定休は木曜日と元日❖**泉質**：ナトリウム−塩化物温泉

大空町からの指定管理者である社会福祉法人東藻琴福祉会が運営する日帰り温泉。合併前は東藻琴村が運営する施設だった。

浴場は天井が高く壁面がガラス張りになっており、外光が入って開放感たっぷり。薄茶の濁り湯を張った広めの温泉浴槽、真湯を満たしたこぢんまりした気泡湯と寝湯、サウナと水風呂を備えている。

館内奥手にはユニークな休憩室も。「ミニ昭和館」と名付けたそこは、昔懐かしい大型ステレオや古いギター、骨董家具などを置き、まるで誰かの家のような心和む佇まい。湯上りの汗が引くまでのんびりしよう。

❖女満別温泉

# 湯元 ホテル山水 美肌の湯

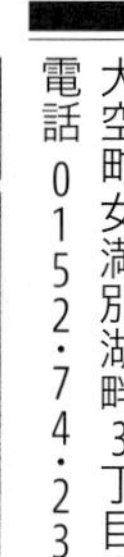

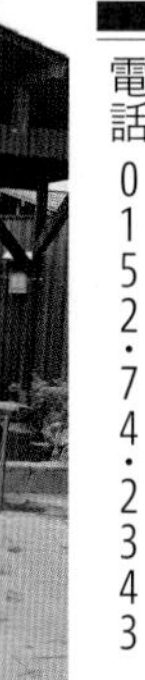

大空町女満別湖畔3丁目2−3
電話 0152・74・2343

宿泊 日帰 露天

❖**アクセス**：JR女満別駅から徒歩5分❖**1泊2食（税サ込）**：大人8800円〜❖**日帰り入浴**：大人470円、6歳〜12歳140円、6歳未満70円、11時〜22時（最終受付21時30分）、不定休❖**泉質**：アルカリ性単純温泉

JR女満別駅にもほど近く、時折、列車の行き交う音が聞こえる。ホテル山水の場所は網走湖の南東岸に広がる、道指定天然記念物の女満別湿性植物群落に近い。

建物は、地元客で賑わう銭湯に、ビジネスタイプの宿泊棟が連結した形。自慢はかけ流しの自家源泉、そして毎日欠かさぬ換水だ。内湯にはすっきりと広い主浴槽、電気風呂と圧注浴を設置した副浴槽、サウナと水風呂が。露天には御影石造りの円形風呂と、東屋仕立ての岩風呂を置き、そこに源泉を注ぎ続けている。泉質は単純温泉。緑を帯びた透明な湯はアルカリ値が高くつるつるした感触。

❖網走市内の温泉

# ドーミーイン網走

天都の湯

網走市南2条西3丁目1-1

電話 0152・45・5489

宿泊

駅・バスターミナルからも至近の、ビジネスホテルでありながら、網走中心部で唯一の温泉ホテルでもある。ゆったりと体を伸ばして湯浴みできる大浴場は宿泊者専用となり、混雑状況を部屋のVODからも確認できる。

著者がくつろいだ女性湯では、街中の立地からは思いがけない、網走の魅力を切り取る眺望が楽しめた。海へと注ぐ網走川、波間に浮かぶ帽子岩、彼方には知床連山の稜線も——。

人気の朝食は、カニ飯やしじみ汁など地元食材をふんだんに盛り込む和洋取り揃えたバイキングだ。

❖**アクセス**：JR 網走駅より徒歩約10分、網走バスターミナルより徒歩約2分❖**1泊素泊まり（税サ込）**：大人 9790 円～（時期やプランなどにより変動あり）❖**日帰り入浴**：不可❖**泉質**：アルカリ性単純泉❖**備考**：1F レストランでは、「夜鳴きそば」（毎日 21 時 30 分～23 時）の無料サービスがある。

❖網走湖畔温泉

# あばしり湖鶴雅リゾート

北天の丘

網走市呼人159

電話 0152・48・3211

宿泊　日帰　露天

いにしえの文化、ロマンに浸ることができるホテル。5～9世紀にオホーツク海沿岸で栄えた「オホーツク文化」をテーマにした内外装に変え、北方民族の住居をイメージしたテント型の足湯施設や、オホーツク産の食材を使った料理が人気だ。ラウンジの設えは竪穴住居がモチーフ。土器や矢尻、揺らぐ焚き火…古代文化を意識した装飾が設えの端々に宿る。

その神秘的な意匠の極みが、全室に露天を設けた特別フロア「古の座」。衣を解いて湯に浸かれば、草原の向こうに網走湖が光る。気分を変えて大浴場にハシゴ湯すると、露天では巨大岩が砦のように湯を囲んでいた。

❖**アクセス**：JR 網走駅から車で約 10 分❖**1泊2食（税サ込）**：大人 15950 円～❖**日帰り入浴**：大人 1650 円、小人（3 歳～小学生）880 円、15 時～ 18 時※混み具合いで早めに受付終了する場合あり❖**泉質**：アルカリ性単純温泉❖**備考**：JR 網走駅などから送迎あり（要予約）

❖網走湖畔温泉

# ホテル網走湖荘

網走市呼人78
電話０１５２・４８・２３１１

ホテル網走湖荘は、広壮な浴場に食事処、客室１５３室を有する、３棟の建物からなる。ほとんどの客室が湖水向き。時を追って色合いを変える窓辺の風景こそ宿のなによりのもてなしだ。

和洋室が中心で、お年寄りや身体の不自由な方でも過ごしやすいようにと空間をゆったりとったスイートルームクラスの設えである。

食事処もしかりで、暮れゆく湖を眺めながら日本酒を傾け、四季の幸に箸をのばせば味わいもさらに深まる。

❖**アクセス**：JR網走駅から車で約10分❖**1泊2食（税サ込）**：大人10450円～❖**日帰り入浴**：大人700円、0歳～小学生300円、13時～22時（最終受付21時）、不定休❖**泉質**：ナトリウム－塩化物泉

❖網走湖畔温泉

# 温泉旅館もとよし

網走市呼人74
電話０１５２・４８・２２４１

野鳥やエゾリスの暮らす緑の森に抱かれて立つ、客室20の宿。網走湖畔の湯宿で旨い地のものを食べたいと、もし地元の人に聞くなら、おおよそここの名が上がるだろう。

オホーツクの旬を盛り込む会席膳は、板前修業を積んだこの家の娘さんが担当。素材の吟味、味の流れや起伏にも、女性板前ならではの繊細さが光る。

浴室はいたってシンプル。自前の単純温泉をやや温めて湯温を整え、汚れの除去のためにろ過はするが、あとはザバザバと盛大に注ぐがまま、あふれさせている。

❖**アクセス**：JR網走駅から車で約10分、JR呼人駅から車で約5分❖**1泊2食（税サ込）**：大人8470円～18700円❖**日帰り入浴**：大人500円、小人400円、幼児200円、12時～20時、12月21日～30日以外無休❖**泉質**：アルカリ性単純温泉

❖勝山温泉

# おけと勝山温泉ゆぅゆ

置戸町常元1−5
電話 0157・54・2211

宿泊　日帰　露天

❖アクセス：JR 北見駅から車で約 50 分❖コテージ 1 棟 1 泊（税込）：4 人用 22000 円〜、6 人用 32000 円〜❖日帰り入浴：大人 500 円、4 歳〜小学生 300 円、3 歳以下無料、10 時 30 分〜 22 時（最終受付 21 時）、無休❖泉質：ナトリウム − 塩化物・硫酸塩温泉❖備考：近郊送迎あり（要予約）

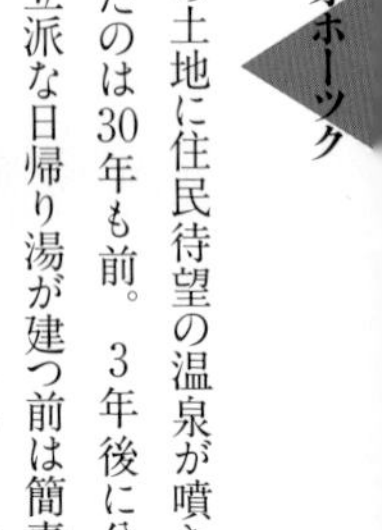

この土地に住民待望の温泉が噴き上げたのは30年も前。3年後に公共の立派な日帰り湯が建つ前は簡素な脱衣所と湯船だけの仮風呂で、和気あいあいと素朴な源泉湯を楽しんでいたという。

　時はめぐり現在の「ゆぅゆ」は変わらぬ恵まれた湯量と泉温を活かして、浴場のすべての湯船が源泉掛け流しだ。清掃状況も毎日全ての浴槽を全換水するなど申し分ない。ただ夏場などは53度もある源泉を簡単には冷まさず一部浴槽を加水する。このやり方は、ひとえに湯を愛して通い続ける近隣のご年配の皆さんのためだ。というのも…。

　平成29年に改装した内湯には主浴槽、ぬるめの浴槽、ぬるめの寝湯がゆったりと並んでいる。そして露天エリアにもぬるめの「寝転び湯」を新設。構造は寝湯だが夏はより浅湯になる。

　ぬる湯、浅湯は心臓への負担が抑えられる体に最も優しい湯。簡単には源泉掛け流しだけにしない理由がそこにあるのだ。

　敷地内には車椅子対応型の1棟含めて4棟の快適なコテージが併設し、いずれでも源泉掛け流しの温泉が存分に楽しめる。

丸瀬布温泉

## やまびこ

遠軽町丸瀬布上武利53
電話 0158・47・2233

❖アクセス：JR丸瀬布駅から車で約10分❖料金：大人600円、小学生400円、幼児無料❖時間：10時～21時（最終受付20時30分）❖営業期間：4月下旬～10月中旬（冬期間休業）❖休館日：火曜日（祝日の場合は翌日）、夏休み期間は無休❖泉質：アルカリ性単純泉❖備考：シャワー室有

11トン機関車「雨宮21号」が全長2キロの鉄路を走る丸瀬布森林公園いこいの森。雨宮号の動態保存による運行を機に誕生した同公園と周辺にはオートキャンプ場などが整備され、その休憩拠点になっているのが町営日帰り温泉の「やまびこ」だ。

男女を日替わりで入れ替える洋風と和風の大浴場は、脱衣所を含めて清潔感たっぷり。洋風浴室は主浴槽に気泡湯、寝湯、サウナに水風呂、半月形の露天がある。和風浴室では気泡湯と寝湯はないが、日替わりの薬湯があり、存分に体を癒やせる。湯はアルカリ性泉特有のなめらかさだ。

瀬戸瀬温泉

## 瀬戸瀬温泉

遠軽町湯の里
電話 0158・44・2021

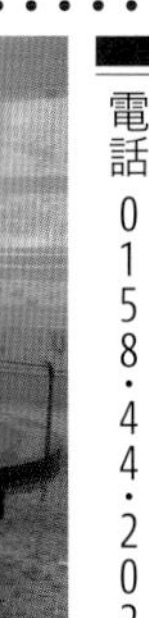

❖アクセス：JR遠軽駅から車で約20分❖1泊素泊まり（税込）：4300円（11月～4月は暖房費500円）❖日帰り入浴：大人600円、小人200円、幼児100円、9時～19時、定休水曜日❖泉質：アルカリ性単純温泉

遠軽町南西部、清流・瀬戸瀬川が切り込む山あいに、湯けむりをたなびかせる一軒宿。緩やかな三角屋根の建物はまさに昭和そのもの。低温の湯の存在は古来知られていたが、1954年に掘削により良質の温泉を得て、2年後に開かれた。

天井の高いタイル張りの浴場には、ひょうたん型の湯船が一つだけ。しかしそこにとめどなく溢れているのは、山清水のように澄み渡った極上の源泉そのものだ。アルカリ値の高い湯が、浴客の肌を美しく磨く。日帰り入浴のほかに、素泊まりも。都塵を拭うには最適かもしれない。

❖丸瀬布温泉

## マウレ山荘

遠軽町丸瀬布上武利172
電話 0158・47・2170

宿泊 日帰 露天

木立を縫って流れる武利川を遡ると、ふいに瀟洒な白壁の洋館が姿を現す。丸瀬布の静かな森の中にあるスコットランド風の4階建てリゾートホテル。温泉浴場の露天風呂へのドアを開けると、山々が眼前に迫る。つるりと肌をすべる湯はアルカリ性の単純泉だ。

客室は、北海道の自然美を昇華させた6種類の「エゾ・モダン」スタイル。木の温もりが伝わる空間を、窓外の森が爽やかに彩る。旭川カンディハウスの家具、シモンズのベッドなどハイブランドのインテリアも滞在中のくつろぎを約束。温泉好きには源泉かけ流しの湯船を備えた客室が、ペットと過ごしたい方には離れにコテージも用意されている。

❖**アクセス**：JR丸瀬布駅から車で約15分❖**1泊2食（税サ込）**：大人20000円〜❖**日帰り温泉ポッケの湯入浴**：大人600円、小学生300円、12時〜18時（最終受付17時30分）、不定休❖**泉質**：アルカリ性単純泉❖**備考**：最寄り駅などから送迎あり（要予約）

❖紋別温泉

## 紋別プリンスホテル

紋別市本町7丁目3-26
電話 0158・23・5411

宿 露

紋別市街中心部の温泉ホテル。温泉は自前の冷鉱泉。露天風呂でじっくり疲れを癒やしたい。

❖**アクセス**：JR旭川駅から車（道央自動車道、旭川紋別自動車道経由）で約2時間20分❖**1泊2食（税サ込）**：大人11000円〜❖**日帰り入浴**：不可❖**泉質**：冷鉱泉

❖美幌温泉

## 峠の湯びほろ

美幌温泉
美幌町都橋40-1
電話 0152・73・2121

日 露

カラマツ使いのドーム屋根が目を引く公共の日帰り温泉施設。浴場設備はバラエティに富む。

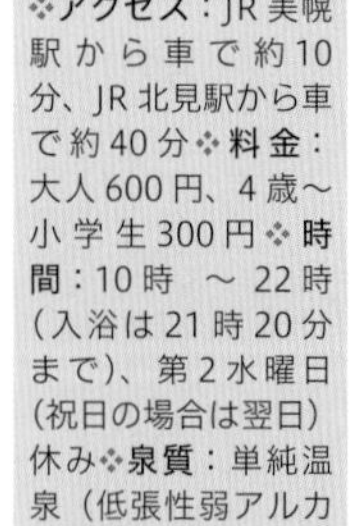

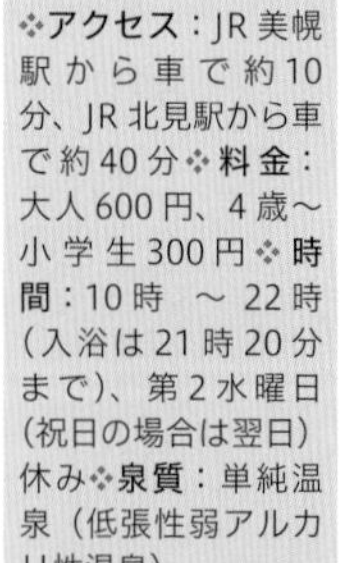

❖**アクセス**：JR美幌駅から車で約10分、JR北見駅から車で約40分❖**料金**：大人600円、4歳〜小学生300円❖**時間**：10時〜22時（入浴は21時20分まで）、第2水曜日（祝日の場合は翌日）休み❖**泉質**：単純温泉（低張性弱アルカリ性温泉）

❖ウトロ温泉

## アイヌの宿 酋長の家

斜里町ウトロ東124
電話 0152・24・2742
宿

陶芸や木彫など味わい深いアイヌ伝統文化の作品展示が印象的な宿。風呂は源泉かけ流しの本格派だ。

❖**アクセス**：ウトロ温泉バスターミナルから徒歩5分、JR知床斜里駅から車で約40分 ❖**1泊2食（税サ込）**：大人8650円～❖**日帰り入浴**：不可❖**泉質**：ナトリウム－塩化物・炭酸水素塩泉❖**備考**：近郊送迎あり（条件あり、要問合せ）※冬季12月と1月は休館している

❖ウトロ温泉

## ホテル知床

斜里町ウトロ香川37
電話 0152・24・2131
宿 日 露

ウトロ温泉街の見晴らしのいい高台にある鉄筋7階建てホテル。露天風呂は、開放感あふれる。

❖**アクセス**：JR知床斜里駅から車で約50分、ウトロ温泉バスターミナルから徒歩20分❖**1泊2食（税サ込）**：大人13350円～❖**日帰り入浴**：大人1000円、小学生以下500円、15時～20時、不定休あり、（11/1～4/24冬期間休み）❖**泉質**：ナトリウム－塩化物・炭酸水素塩泉❖**備考**：ウトロ温泉バスターミナルから送迎あり（宿泊者のみ・要事前連絡）

❖斜里温泉

## 湯元館

斜里町西町13－11
電話 0152・23・3486
宿 日

斜里岳を望む静かな温泉。湯元だけあって、こんこんと湧き出る湯は加水や加熱、循環使用などを一切しない源泉そのままのかけ流し。

❖**アクセス**：JR知床斜里駅から車で約5分❖**1泊素泊まり（税サ込）**：大人5000円～（2名利用時、夏季ハイシーズン割増／冬季暖房費あり）❖**日帰り入浴**：大人400円、中学生以下200円、幼児無料、7時～20時（19時30分）、無休❖**泉質**：ナトリウム－炭酸水素塩泉❖**備考**：カード利用不可

❖清里温泉

## ホテル緑清荘

清里町羽衣町31
電話 0152・25・2281
宿 日

日本百名山のひとつ斜里岳の登山口近くに立つ公共ホテルで、登山の足場にも格好の宿だ。

❖**アクセス**：JR清里町駅から徒歩約10分❖**1泊2食（税サ込）**：大人8800円～❖**日帰り入浴**：大人450円、小人140円、11時～21時30分（最終受付20時30分）※月曜日は15時～、無休❖**泉質**：ナトリウム－塩化物泉

## ❖小清水温泉

小清水温泉
ふれあいセンター

小清水町南町1丁目31-10
電話 0152・62・3020

宿 日

小清水市街にある温泉入浴宿泊施設。アルカリ性単純温泉で、大浴場はかけ流しに。

❖**アクセス**：JR浜小清水駅から車で約15分 ❖**1泊2食（税サ込）**：大人7531円〜❖**日帰り入浴**：大人400円、小人150円、幼児無料、10時 〜 22時（最終受付21時30分）、第3水曜日休み❖**泉質**：アルカリ性単純温泉❖**備考**：カード利用不可

## ❖かみゆうべつ温泉

# チューリップの湯

湧別町中湧別中町3020-1
電話 01586・4・1126

日 露

湧別町の道の駅にある民間の日帰り湯。和洋2種類の浴場が男女日替わりで楽しめる。

❖**アクセス**：JR遠軽駅から車で約20分 ❖**料金**：大人550円、小人300円、幼児無料❖**時間**：10時〜22時（入浴受付は1時間前まで）、無休❖**泉質**：ナトリウム－炭酸水素塩泉※予約制の「家族風呂」は入浴料だけで利用できる（2人から利用可）

## ❖生田原温泉

生田原温泉
ホテルノースキング

遠軽町生田原871-4
電話 0158・45・2336

宿 日

国道至近、鉄道駅は目の前という好立地。大浴場には男女ともにサウナと6種類の風呂を備える。

❖**アクセス**：JR生田原駅から徒歩約3分❖**1泊朝食（税サ込）**：和室（バス・トイレ無・エアコン有）7620円〜、洋室（同完備）7970円〜❖**日帰り入浴**：大人600円、3歳〜小学生350円、10時 〜 21時（最終受付20時30分）、無休❖**泉質**：冷鉱泉❖**備考**：別料金で夕食付きも可、全室禁煙ルーム

雄武オホーツク温泉

## ホテル日の出岬

雄武町沢木346-3
電話 0158・85・2626

宿 日 露

オホーツク海に突き出す日の出岬の目の前に立つ、モダンな公共温泉ホテル。

❖**アクセス**：JR名寄駅から車で約1時間30分 ❖**1泊2食（税サ込）**：大人14300円〜❖**日帰り入浴**：大人750円（町外者）、※町内者は500円、4歳〜小学生300円、全日12時〜21時30分（最終受付21時）、無休❖**泉質**：ナトリウム－塩化物強塩泉

端野温泉

## のんたの湯

北見市端野町二区792-1
電話 0157・67・6111

日 露

地区名・端野を逆さ読みした。端野町の百周年を記念して掘られた温泉。

❖**アクセス**：JR端野駅から車で約10分、JR北見駅から車で約15分❖**料金**：大人500円、4歳〜小学生300円❖**時間**：10時〜22時（入浴は21時45分まで）、1月1日と年2回のメンテナンス期間休み❖**泉質**：ナトリウム－硫酸塩・塩化物温泉

あっちゃんの温泉の基礎知識

## 温泉の適応症

温泉の適応症とは、医師の指導のもと温泉療養をしてもよい病気や症状のことをいいますが、「必ず効果がある」という意味合いではないので、あくまで大らかにとらえることが大事です。

適応症とは温泉の成分を分析して泉質を判定し、泉質ごとにおおよそ定められた内容を記したもの。温泉の千差万別の特異性が厳密に検証されているわけではないことを覚えておきましょう。

健康増進やリフレッシュのために温泉を楽しむなら、あらゆる泉質が有効に働くはずですが、病気の自覚症状があるときにはどんな泉質であってもマイナスに働く可能性があります。特に、急性の病気や重い慢性病、悪性腫瘍などを抱える場合には、温泉に入ることで弱った身体に負担をかけ、新陳代謝を亢進させて病状がかえって悪化することもあります。「風邪で熱があるから、温泉に入るのをよそうかな」と迷ったら、予定を変更するのが無難です。

温泉は身体によいといっても万能ではありません。温泉療法は、薬物療法や外科的療法のように病気や病原菌に対して素早く劇的な効果を及ぼすものではなく、2週間、3週間とゆっくり時間をかけて身体そのものがもっている治癒力を引き出すことを期待するものです。

その特長を生かして症状の安定した慢性病の回復に用いられますが、医師の指導のもと、治療の補助的手段として利用することが基本です。自己判断は禁物、くれぐれも「この温泉に入ればこの病気が治る」と早合点なさいませんように。

# オホーツク北部

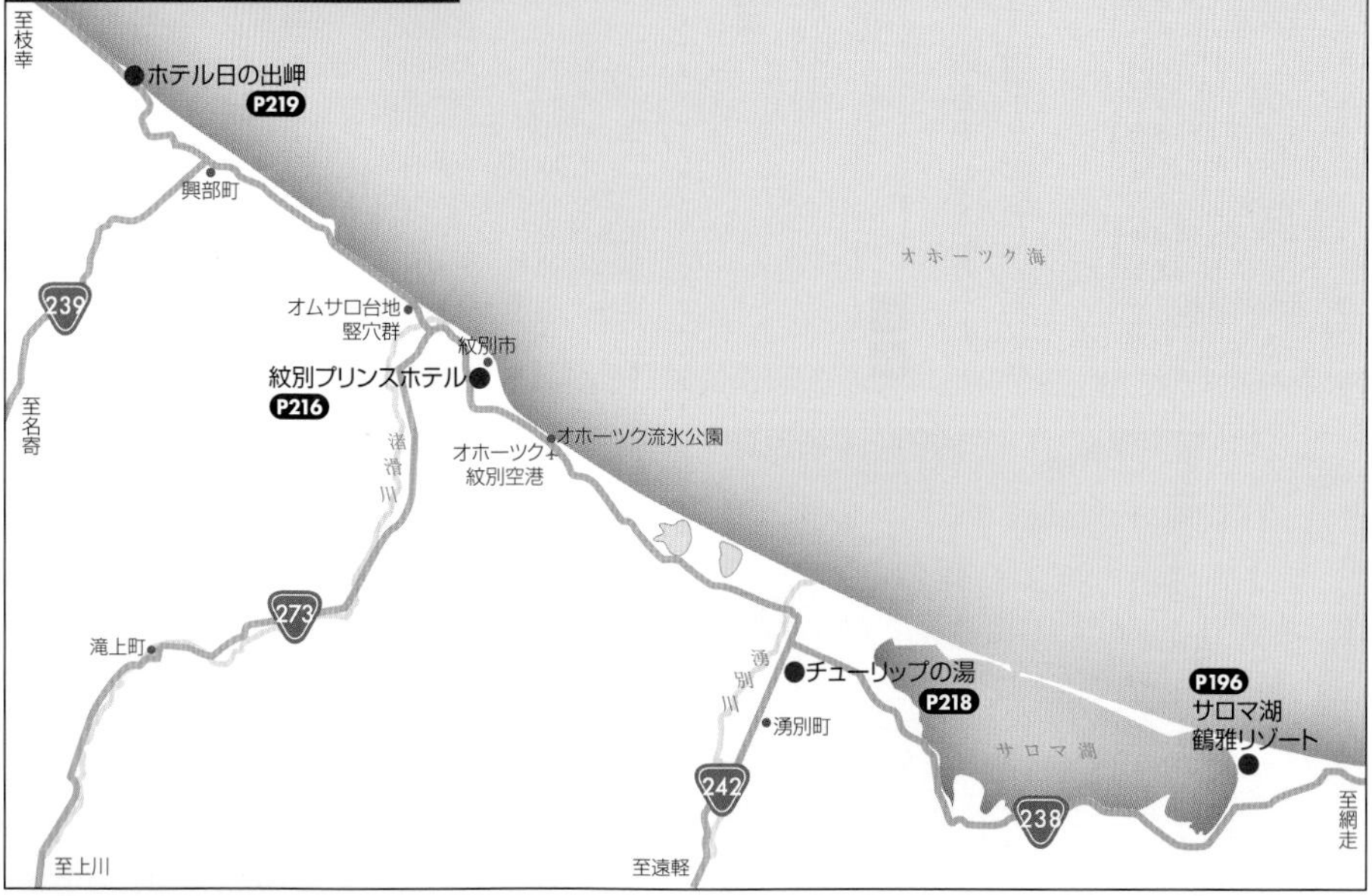

至枝幸
ホテル日の出岬 P219
興部町
239
オホーツク海
オムサロ台地
竪穴群
紋別市
紋別プリンスホテル P216
至名寄
渚滑川
オホーツク流氷公園
オホーツク紋別空港
273
滝上町
湧別川
チューリップの湯 P218
湧別町
P196
サロマ湖
鶴雅リゾート
サロマ湖
242
238
至網走
至上川
至遠軽

# オホーツク東部・羅臼

北天の丘あばしり湖
鶴雅リゾート P212
ホテル網走湖荘 P213
天都の湯
ドーミーイン網走 P212
オホーツク海
道道知床
公園線
93
知床五湖
硫黄山
羅臼岳
ウトロ温泉
334
陶灯りの宿 P345
らうす第一ホテル
羅臼町
羅臼温泉湯けむりの里
ホテル峰の湯 P345
能取湖
網走市
JR網走駅
P211
湯元
ホテル山水
美肌の湯
網走湖
温泉旅館もとよし P213
JR藻琴駅
遠音別岳
羅臼の宿まるみ
P346
JR呼人駅
39
道道網走川湯線
JR止別駅
JR知床斜里駅
斜里町
JR女満別駅
大空町
244
女満別農業構造改善センター
ひまわり温泉 P210
女満別空港
JR石北本線
小清水温泉ふれあい
センター P218
斜里
海別岳
335
102
334
小清水町
JR清里町駅
ふれあいセンター
フロックス P211
ホテル緑清荘 P217
清里町
JR釧網本線
美幌温泉
峠の湯びほろ
P216
根室海峡
美幌町
JR美幌駅
JR札弦駅
パパスランド
P208
斜里岳
244
243
緑の湯 P209
JR緑駅
北天の我が家 住留 P209
標津町
391
屈斜路湖
ランプの宿
森つべつ P202
摩周湖
中標津空港
272
野付半島

オホーツク西部
P215 やまびこ
マウレ山荘
P216
瀬戸瀬温泉
P215
至遠軽
JR生田原駅
生田原温泉 P218
ホテルノースキング
P219 のんたの湯
P197 ホテルルートインGrand北見駅前
P197 ドーミーイン北見
北見湯元
のつけ乃湯 P198
JR端野駅
JR東相内駅
北見市
JR北見駅
ホテルルートイン
P196 北見大通西
JR留辺蘂駅
JR石北本線
P200
美白の湯宿
大江本家
ポンユ三光荘
P200
P198
旅館塩別
つるつる温泉
北の山海料理の宿
ホテルつつじ荘 P199
源泉かけ流しの癒恵の宿
一羽のすずめ P201
滝の湯センター
夢風泉 P199
道道北見置戸線
訓子府町
訓子府温泉保養センター
P202
道道上武利丸瀬布線
道道本別
留辺蘂線
道道春日
置戸線
置戸町
おけと勝山温泉ゆぅゆ P214
至石北峠
至足寄
至美幌
至美幌
至阿寒
常呂川
十勝オホーツク自動車道


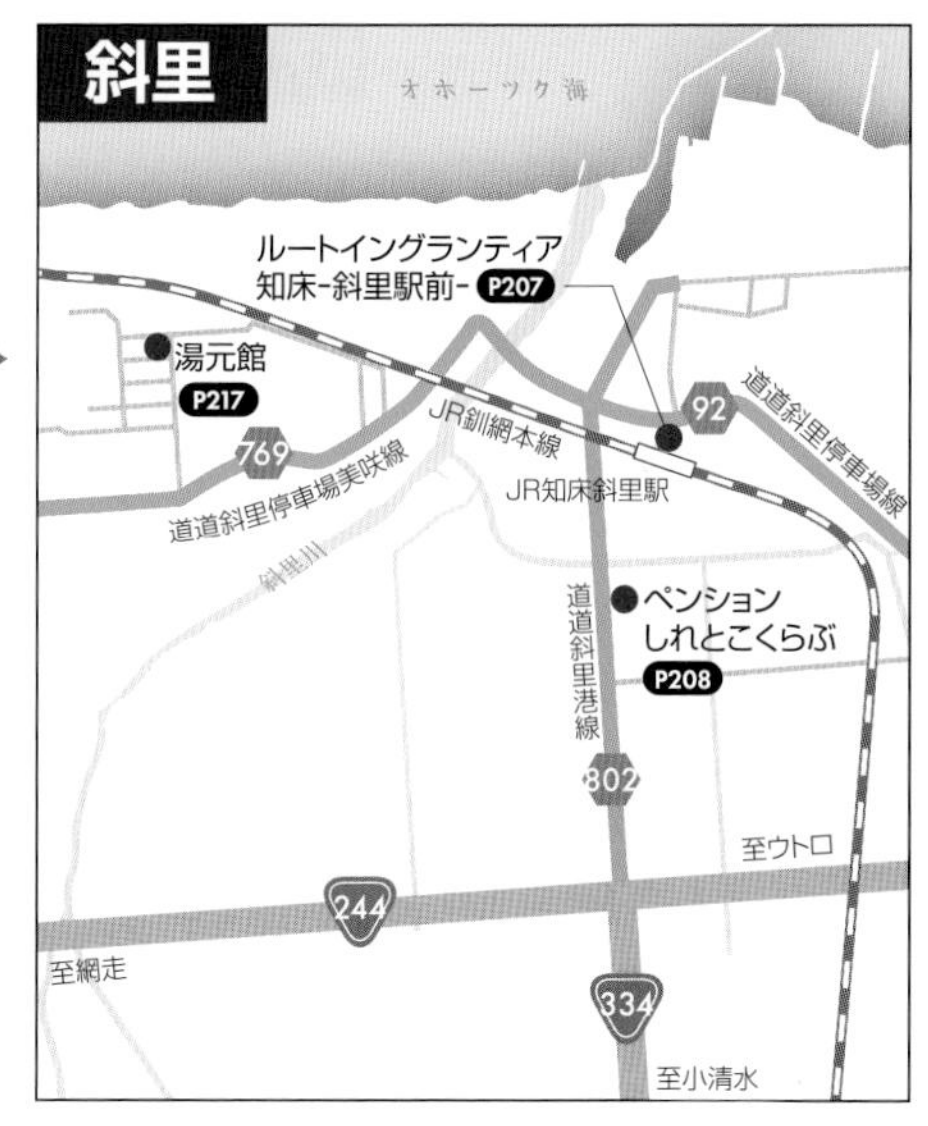

斜里
オホーツク海
ルートイングランティア
知床-斜里駅前- P207
湯元館
P217
JR釧網本線
JR知床斜里駅
道道斜里停車場美咲線
道道斜里停車場線
斜里川
ペンション
しれとこくらぶ
P208
道道斜里港線
至ウトロ
至網走
至小清水

ウトロ温泉
至知床峠
オホーツク海
ウトロ崎
ホテル
季風クラブ
知床 P205
北こぶし知床
ホテル&リゾート
P203
オロンコ岩
P206
知床夕陽のあたる家
ONSEN HOSTEL
アイヌの宿
P217 酋長の家
KIKI知床 P204
ナチュラルリゾート
ウトロ東
P206
知床第一ホテル
P203 知床温泉
民宿たんぽぽ
道の駅
「うとろ・シリエトク」
至斜里市街
ペレケ川
ウトロ高原
ホテル知床 P217

❖登別温泉

# 御やど清水屋

登別市登別温泉町173
電話 0143・84・2145

宿泊 露天

❖アクセス：JR 登別駅から車で約 12 分❖1 泊 2 食（税サ込）：大人 17900 円～❖日帰り入浴：不可❖泉質：酸性－含硫黄・鉄（II）－硫酸塩泉（硫化水素型）

御やど清水屋は前身が割烹。39の和室と和洋室は、朝夕ともにゆっくりお膳を味わうためにある。前もってわかるかぎり、宿泊客の苦手な食材や料理は皿を変え、記念日の晩餐ならより華やかに、と心がける。

献立は月がわりの創作会席。三代目主人は味覚に対して真摯な人で、現在の質の高さにおごらずに、素材であれ料理であれ、味の評判を聞けば料理長とともにどこへでも飛んでいく。したがって年ごとに食膳は新味が盛り込まれ、洗練を増し、常連の舌を飽きさせることがない。

料理に劣らず湯も本物で、照明を抑えた渋好みの浴場では登別のこっくりとした硫黄の源泉をかけ流す。白濁のとろみ湯はあつ湯とぬる湯の2通り。ぬるめの湯船に体を浮かせて、身も心も軽くなる。この宿の風呂はしっとりとした檜使いで露天は石組み。そこに生のままの源泉が静かに注がれ、音もなくあふれていく。

そろりと沈めば、湯色通りのミルクのような肌ざわりだ。なのに上がったあとは、さっぱりとして切れがいい。成分は女性の妙薬、硫黄と鉄をたっぷり含んでいる。

❖登別温泉

# 第一滝本館

登別市登別温泉町55
電話 0120・940・489

宿泊 日帰 露天

❖**アクセス**：JR 登別駅から車で約 12 分❖**1 泊 2 食（税・入湯税込）**：2 名 1 室大人 21200 円〜❖**日帰り入浴**：大人 2250 円、小人 1100 円、9 時〜 18 時（16 時〜 18 時は夕割料金適用で大人 1700 円、小人 825 円）、無休❖**泉質**：①硫黄泉②芒硝泉③酸性緑ばん泉④食塩泉⑤重曹泉

無数の噴気孔が蒸気を吐き出し、湯壷には熱泥がたぎって強烈な硫黄臭を放つ「地獄谷」の眺めを独占するようにそびえ立つ第一滝本館。さすがは江戸期の1858年（安政5年）に湯を開いた当地開祖の宿だ。シンボルである大浴場は1500坪の大空間。そこに男女合わせて35の個性豊かな湯槽がずらり。満ち溢れる湯は日本の10泉質のうち半数の5種類の泉質を揃える。男女別の浴場の他には、季節を問わず水着でのびのび体を動かせるプールゾーンもある。

浴場は宿泊客へ24時間開放する。その代わりに湯守たちが交代で浴場の清掃に繁く訪れ、機を窺いつつ壁やガラス窓も磨き上げ、湯槽の栓を抜き、清めてまた満たす。

源泉温度が高いため、湯は温度調節のために加水するが、その水さえろ過器と活水機に通した当地の天然水。そして全てがかけ流しだ。露天に行けば、湯を導く際に水車をくぐらせ、割り水せずに適温化した源泉かけ流し風呂「金蔵の湯」も設えてある。

力強い硫黄の湯が身体をグッと抱きしめるかのようだ。きんぞう、とは安政5年、皮膚病に悩む愛妻の手をとって、伝え聞いた霊泉を目指して深山へと分け入り、その人のために湯小屋を仕立てたという、心優しい創業者「滝本金蔵」の名だ。

❖登別温泉

北海道登別温泉　滝乃家別館

# 玉乃湯

登別市登別温泉町31
電話　0143・84・3333

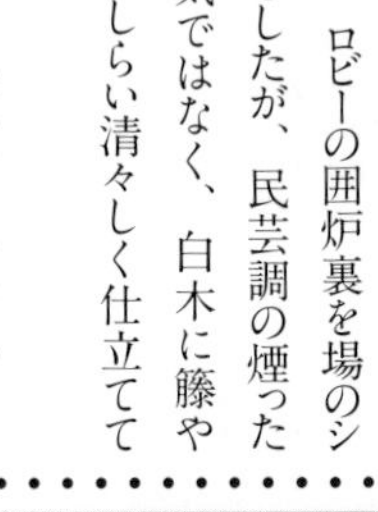

玉乃湯の設えは全体に清楚である。ロビーの囲炉裏を場のシンボルとしたが、民芸調の煙った雰囲気ではなく、白木に籐や麻をあしらい清々しく仕立ててある。

品のいい浴室には、内湯にも露天にも白濁の源泉がたっぷりと満ちあふれている。予約制の貸し切り家族風呂では、小さな子供連れも家族水いらずで温泉を楽しむことができる。

料理は料理長が厳選し、丹精込めて作る和会席料理。地場産の新鮮な素材の味を生かした、滋味豊かで繊細な味わいを堪能できる。

❖**アクセス**：JR登別駅から車で約12分❖**1泊2食（税サ込）**：大人16500円〜❖**日帰り入浴**：不可❖**泉質**：酸性・含硫黄－（ナトリウム）－硫酸塩泉（硫化水素型）❖**備考**：男女別大浴場（露天風呂付き）のほか、露天風呂付き家族風呂（要予約）も

❖登別温泉

# アデックスイン

登別市登別温泉町76－2
電話　0143・84・2205

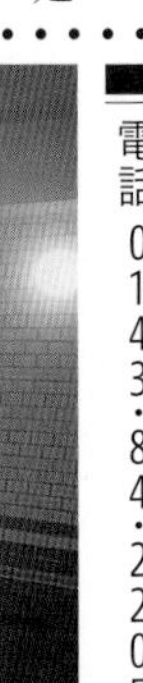

第一滝本館経営の地上7階建てのホテル。2023年4月から、ハイキングやスノーシューなど、四季を通して登別の自然を楽しむアウトドアの拠点として生まれ変わった。2階にはゲスト専用のメディアルームが設けられ、カーペットが敷かれた居心地のよい空間で、旅の計画や読書を楽しむことができる。

全47の客室はすべてツインルームで広々としていて快適だ。湯は本格的で、浴場には24時間、本館同様にリッチな源泉が流しっぱなし。おまけに宿泊客は多彩な浴槽がそろった本館の大浴場も利用できるので、リーズナブルに湯治もできる。

❖**アクセス**：JR登別駅から車で約12分❖**素泊まり（税サ込）**：大人8800円〜❖**日帰り入浴**：不可❖**泉質**：硫黄泉❖**備考**：宿泊者は姉妹館「第一滝元本館」の大浴場を無料利用可

❖登別温泉

旅亭 **花ゆら**

登別市登別温泉町100

電話0143・84・2322

トーホウリゾートが経営する高級和風旅館。全37の客室のうち、専用の露天風呂を備えた部屋は27室と、半数以上を占めている。雅亭とは棟続きになっており、宿泊客は浴場を含む双方の施設を自由に利用できる。

高い湯温をほどよくするため割水するほかは手を加えぬ良湯だ。しかも雅亭同様に日帰り利用を受け付けていないせいか、静かな湯浴みを心ゆくまで味わうことができる。

❖**アクセス**：JR登別駅から車で約15分❖**1泊2食（税サ込）**：大人26300円～❖**日帰り入浴**：不可❖**泉質**：①酸性－含硫黄－アルミニウム－硫酸塩・塩化物泉②含硫黄－ナトリウム・カルシウム－塩化物・硫酸塩泉

❖登別温泉

名湯の宿 パークホテル **雅亭**

登別市登別温泉町100

電話0143・84・2335

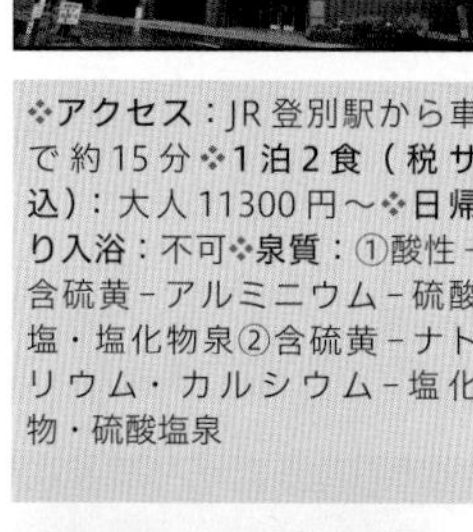

1974年創業のトーホウリゾート系列のホテル。「源泉の上に立つ」をキャッチフレーズにするように、湯が自慢の宿だ。微妙に成分の異なる自前の泉源を複数所有し、ひとつひとつの浴槽に、まったく循環せずに使用している。

湯殿は高級感のある和風の設え。露天風呂には大岩を配して野趣を添えている。食事はバイキングで、オープンキッチンで作りたての味も楽しむことができる。

❖**アクセス**：JR登別駅から車で約15分❖**1泊2食（税サ込）**：大人11300円～❖**日帰り入浴**：不可❖**泉質**：①酸性－含硫黄－アルミニウム－硫酸塩・塩化物泉②含硫黄－ナトリウム・カルシウム－塩化物・硫酸塩泉

胆振

❖登別温泉

# 望楼NOGUCHI登別

登別市登別温泉町200−1
電話 0570・026・570

❖**アクセス**：JR 登別駅から車で約 15 分❖**1 泊 2 食（税込）**：2 名 1 室の場合 1 人 39350 円〜❖**日帰り入浴**：不可❖**泉質**：含硫黄−ナトリウム・カルシウム−塩化物・硫酸塩温泉（硫化水素型）❖**備考**：宿泊利用は 13 歳以上から可。札幌駅、新千歳空港から無料送迎あり（宿泊者のみ・要予約）

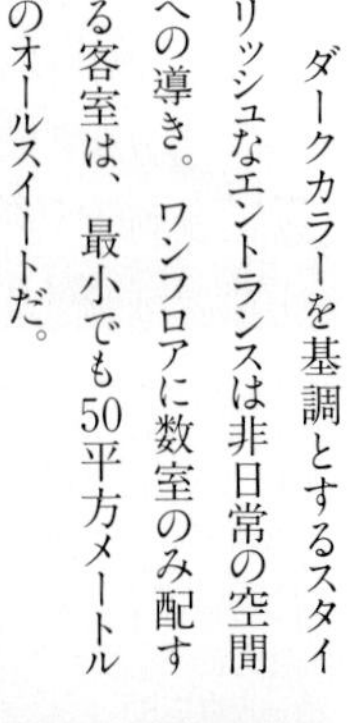

ダークカラーを基調とするスタイリッシュなエントランスは非日常の空間への導き。ワンフロアに数室のみ配する客室は、最小でも50平方メートルのオールスイートだ。

何より贅沢なのは、屈指の個性湯・登別の濃厚な硫黄泉をそれぞれの部屋の展望風呂でひとり占めできることだ。静かな夜更けに、あるいは目覚めの朝に、かけ流しの温泉に包まれ、ローブ姿でソファにくつろぐ至福といったら！ 美庭を備えた端正な大浴場も地階に備えられているのに、そこまでなかなかたどり着けないほどだ。大浴場の内湯の窓は湯に浸かった目線の高さにあり、額絵のような坪庭が目を休める。

食事は、北海道産を中心とした食材を使った和洋会席。季節ごとに旬の素材を楽しめる。

❖登別温泉

# 登別石水亭

登別市登別温泉町203-1
電話 0570・026・570

宿泊

日帰

露天

野口観光チェーンの大型温泉リゾート。ロビーから客室にいたるまでの華やかな演出、そして窓外に眺める自然の景趣が、旅の心を大いに高揚させる。

客室は辛夷（こぶし）館・銀杏館・桜館の三つの館からなり、グレードにも幅をもたせている。食事は蒸し料理とハーフバイキング、ライブ感あふれるバイキング、宴会食と幅広いスタイルから選べる。

銀杏館の露天風呂にはひのきと信楽焼の浴槽を設け、ここに白濁の湯をたっぷり満たす。温泉愛好家にも評判がいい。

❖**アクセス**：JR 登別駅から車で約 15 分❖**1泊2食（税サ込）**：大人 12100 円～❖**日帰り入浴**：大人 1200 円、小人 600 円、11 時～ 19 時（最終受付 18 時）、無休❖**泉質**：単純硫黄泉（硫化水素型）❖**備考**：JR 札幌駅から無料送迎あり（要予約・宿泊者限定）

❖登別温泉

# 登別万世閣

登別市登別温泉町21
電話 0570・08・3500

宿泊 日帰 露天

登別地獄谷から引いた硫黄の源泉を惜しみなく掛け流す登別万世閣の湯。

温泉愛好家からも支持を得るこの大浴場は国産檜と白樺の木で設えた美しい佇まいのセルフロウリュサウナも人気を博している。好みで蒸気を立てながら木香漂う室内でじっくり汗を流した後は、なんと登別の白濁の硫黄の源泉をそのまま冷却した17～19度ほどの「温泉水風呂」と、13～15度ほどの伏流水の風呂の2種類の水風呂が待っている。

仕上げは露天風呂エリアに設えた外気浴ベンチで、心と体を「ととのえ」よう。

❖**アクセス**：JR 登別駅から車で約 15 分❖**1泊2食（税サ込）**：大人 11300 円（消費税・入湯税込み）❖**日帰り入浴**：①大人 700 円、小人 400 円、7 時～ 9 時 30 分（最終受付 9 時）、②大人 1100 円、小人 550 円、13 時 30 分～ 20 時（最終受付 18 時）、どちらも無休❖**泉質**：酸性・含硫黄－アルミニウム－硫酸塩・塩化物泉（硫化水素型）

登別温泉郷

# 滝乃家

登別市登別温泉町162
電話 0143・84・2222

❖**アクセス**：JR 登別駅から車で約 12 分❖**1 泊 2 食（税サ込）**：大人 36300 円〜（文中の部屋食の場合は 50600 円〜）❖**日帰り入浴**：不可❖**泉質**：①単純硫黄泉②含硫黄－ナトリウム・カルシウム－塩化物・炭酸水素塩泉③酸性・含硫黄－（ナトリウム）－硫酸塩泉④含硫黄－ナトリウム・カルシウム－塩化物泉

1917年（大正6年）創業の老舗旅館。庭園露天風呂は今から半世紀以上前に造られた。自然と風呂とが交わる設えの宿は少なくないが、ここを超えた例がどれだけあるか。なにしろ要となる庭と湯が抜きん出て上質なのだ。内湯には種類の異なる湯が、それぞれの湯船に薄めずわかさず生のまま導かれている。

滝乃家の「地縁の湯」では、庭と浴場との境がなく、湯客の姿すら景趣にしっとりと溶けこんでいる。内湯、そして山の景を見晴らす最上階の「雲井の湯」には、種類の異なる湯がそれぞれの湯船に生のまま導かれる。

一室一室が洗練された個性の異なる客室。意表を突かれたのは、格上の部屋での夕げ。温泉露天風呂を配した贅沢な客室の一角に、一組の食卓と謎めいた「扉」がある。なんと食事の間だけ扉から仲居さんが姿を現し、料理を運び世話を焼いてくれるのだ。誠実な和の味と、卓抜なセンスの洋の味が織りなす膳の流れを「私だけの料亭」で味わう。

そして食事が終わると「料亭」は、幻のように気配すら消す。変化する舞台にも似たしゃれた部屋、紙吹雪のように雪が舞う夜の庭。秀逸な料理。これ以上の一夜はないだろう。

❖登別温泉

宿坊 **観音寺**

登別市登別温泉町119－1

電話 0143・84・2359（8～20時）

❖**アクセス**：JR 登別駅から車で約 12 分❖**1 泊素泊まり（税込）**：大人夏（6 月 1 日～ 9 月 30 日）4500 円、冬（10 月 1 日～ 5 月 31 日）5000 円（前日までに要予約）❖**日帰り入浴**：不可❖**泉質**：含硫黄－ナトリウム・カルシウム－塩化物泉❖**備考**：カード利用不可

北海道ではあまり馴染みがない宿坊。宿坊とは寺院に併設された宿泊施設のことで、決まり事はない。寺の正式名称は「浄土宗観音山聖光院」だが、地元は親しみ込めて「観音寺」「観音さん」と呼ぶ。

素泊まりの宿坊なので、精進料理にはお目にかかれない。代わりに、さすが登別、この寺独自のかけ流しの源泉「観音湯」を堪能できる。風呂は小振りで、注がれる硫黄の湯は熱い。だから「お好きなだけ水を足してゆっくりして下さい」と住職は微笑む。いっとき水を足したところで、毎日湯を抜いて清める時まで、源泉は絶え間なくあふれていくのだ。

温泉街の不燃建築の決まりなどもあり、建物は現代風。朝夕の勤行は、参加するもしないも自由だが、これはぜひとも。ご本堂では、えもいわれぬまろやかな笑顔の円空作・聖観世音菩薩、端整なお姿の高村東雲作・木彫観世音菩薩など、市指定文化財の美しい観音さまたちに対面できる。

❖登別温泉

## 夢元 さぎり湯

登別市登別温泉町60
電話 0143・84・2050

日帰

登別唯一の共同浴場。銭湯料金で「本物の湯力」を堪能できる。経営は、温泉街全体に湯を供給する登別温泉株式会社。

配湯会社の直営だけに、湯は素晴らしい。微量成分の異なる2種類の高温泉をタンクに貯水して温度を下げ、源泉のままそれぞれを別の浴槽にざぶざぶと流している。

もとは泉源近くにあった銭湯を、近年、メインストリート沿いの自社ビル地階に移転した。入り口や内装は新和風の意匠が効いた洒落た雰囲気。畳敷きの落ち着いた休憩所も用意されている。

❖**アクセス**：JR登別駅から車で約12分❖**料金**：大人490円、小人180円、幼児無料❖**時間**：7時～21時（最終受付20時30分）、無休❖**泉質**：①酸性・含硫黄－アルミニウム－硫酸塩・塩化物泉②酸性・含硫黄－ナトリウム・アルミニウム－硫酸塩・塩化物泉

❖登別市内の温泉

## いずみヴィラ

登別市登別東町3丁目17－6
電話 0143・83・1331

登別といっても山あいの温泉街からはひと足離れた、海岸国道近くの林間にたたずむ一軒宿。木造2階建て、客室24の小振りな宿で、宿泊料金も庶民的だ。

湯は自家泉源で、100メートルほど先の温泉井から引湯し、気温等の加減により熱い場合は水足しするが、あとはそのままかけ流すのみ。日帰り入浴も銭湯料金とあって、地元の人々の社交場ともなっている。

白濁で硫黄の匂う登別温泉と異なり、こちらは無色透明のなめらか湯。両方を湯めぐりするのも良い。

❖**アクセス**：JR登別駅から車で約5分❖**1泊2食（税サ込）**：大人8000円～❖**日帰り入浴**：大人420円、小人160円、11時～21時、無休❖**泉質**：ナトリウム・カルシウム－硫酸塩・炭酸水素塩泉❖**備考**：カード利用不可

❖登別温泉

## 登別グランドホテル

登別市登別温泉町154
電話 0143・84・2101

宿泊 日帰 露天

❖アクセス：JR登別駅から車で約10分❖1泊2食（税サ込）：大人13200円～❖日帰り入浴：大人2000円、2歳～小学生1000円、7時～10時、12時30分～20時（月・木曜日は14時30分～）、無休❖泉質：①酸性－含硫黄－アルミニウム－硫酸塩・塩化物泉②酸性・含鉄（II）－ナトリウム－塩化物泉③含硫黄－ナトリウム・カルシウム－塩化物泉

1938年（昭和13年）から歴史を刻む大型ホテル。ひと風呂浴びに行けば、その面影を今に残すクラシカルなローマンスタイルのドーム型大浴場が待っている。中央の高い天窓からは自然光が穏やかに降り注ぎ、装飾柱や彫像も湯浴みに趣を添える。泉質は3種類。

2022年9月に新設された「鬼サウナ」はプロサウナーでもあるTTNEの「ととのえ親方」こと松尾大さんが監修。「温泉とサウナをW主役にする」ことがコンセプトだという。

登別のシンボルである「鬼」をテーマにした110度の高温サウナ「鬼サウナ」を通して登別温泉でしかできない体験ができる。

❖カルルス温泉

## 森の湯 山静館

登別市カルルス町16
電話 0143・84・2856

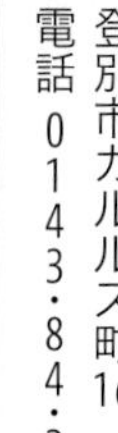
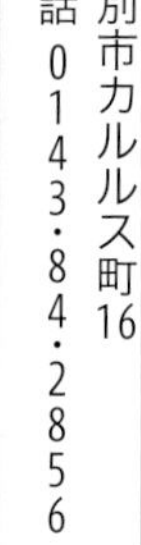

宿泊 日帰 露天

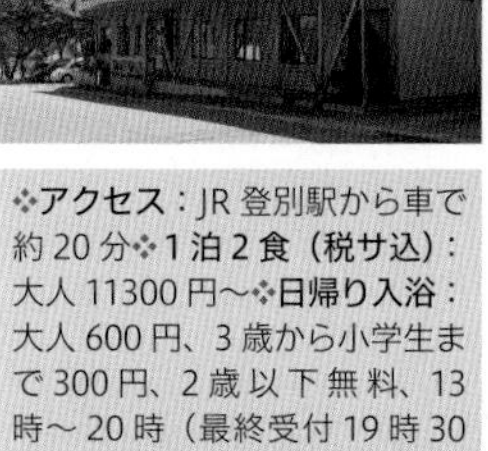

❖アクセス：JR登別駅から車で約20分❖1泊2食（税サ込）：大人11300円～❖日帰り入浴：大人600円、3歳から小学生まで300円、2歳以下無料、13時～20時（最終受付19時30分）、無休❖泉質：単純温泉❖備考：カード利用不可。JR登別駅から送迎あり（要予約）

登別温泉の北西8キロほど奥にあるカルルス温泉は、ひっそりと静かな温泉集落だ。若おかみ工藤織枝さんの祖父で、大工だった岩五郎さんが家を改装し、1975年に営業を始めた。2000年に現在の「森の湯 山静館」となった。浴場には、かけ流しの風呂の他に、飲泉所が設けられている。露天風呂は建物の裏山に面し岩と樹木に囲まれて風に吹きさらされず、安らかに湯浴みができる。

客室は18。室内の段差解消や浴場までの廊下スロープなど、年配客の過ごしやすさを優先させた。名の通りの静けさの中、疲れた心身を整えるのにいい、優しい湯どころである。

胆振

❖カルルス温泉

# 鈴木旅館

登別市カルルス町12
電話 0143・84・2285

宿泊　日帰

❖**アクセス**：JR登別駅から車で約20分❖**1泊2食（税サ込）**：大人7450円～❖**日帰り入浴**：大人500円、小人（3歳～12歳）250円、13時～20時、無休❖**泉質**：単純温泉

胆振

鈴木旅館の開業は1905年（明治38年）。カルルス温泉の集落でもひときわの風格だ。カルルス温泉は湯治場の歴史を持つ。湯力とともに穏やかな山間の環境があいまって療養・保養に好適で、昔から湯治も盛んだ。

鈴木旅館の浴場には北海道では恐らくここだけの、温泉療養に使う「木枕」が備えられている。湯治客らはこれを木床に置いて、湯がとぷとぷとあふれる浴槽の傍らに横たわる。そして胃痛なら腹の上部、腰痛なら腰へと、患部のあたりに手ぬぐいをかけてその上に何度もかけ湯する。

長時間の温泉入浴はのぼせや湯疲れも伴うが、この方法なら疲れ知らずで患部を思うがまま湯に浸すことができる。

それにしてもかけ流しの風呂で木の床を傷めず保つのは相当な苦労のはず。鈴木旅館では泊まり客が発ってから午前中いっぱいかけて浴槽を空にし、磨いて、新湯を張る。午後1時からというゆっくりめの日帰り入浴時間は、このためなのだ。

近年こそ温泉の情報開示は進んだが、この脱衣所にははるか以前から、効果的な入浴法や湯の管理方法についての案内が何枚も貼られていた。その古い一枚に「天然温泉の温度を下げるのに自然湧水で加水している」と。昔は自らの加水など明示する湯宿はなかった。ここにも湯守りとしての真っ正直な心がみえるのだ。

❖カルルス温泉

## 湯元 オロフレ荘

登別市カルルス町7
電話0143・84・2861

宿泊 日帰 露天

2023年で開湯124年のカルルス温泉。オロフレ荘では広々とした浴室のすべての浴槽で、複数の源泉を程よく合わせた混合泉をかけ流す。男5、女4の浴槽はそれぞれ湯温を変えており体調や好みに合った風呂でくつろぐことができる。

寝湯は体温にも近い微温浴で、深いくつろぎをもたらす。「小一時間ほどウトウトされる方もおられますよ」と日野安信社長がほほ笑むとおり、温泉好きの人は風呂の効果効能を体で知っているのだろう。

❖**アクセス**：JR登別駅から車で約20分❖**1泊2食（税サ込）**：大人9600円～❖**日帰り入浴**：大人500円、小人200円、幼児無料、12時～20時（退館）、無休❖**泉質**：単純温泉

❖洞爺湖温泉

## 北海ホテル

洞爺湖町洞爺湖温泉147
電話0142・75・2325

宿泊 日帰 露天

洞爺湖は多くの観光客が集まる道内を代表するリゾート地。北海ホテルは湖畔の好立地に立つ閑静な和風ホテル。客室の窓から、あるいは露天風呂から眺める湖の様子が、心をゆったりとさせてくれる。

風呂ではタイル張りの湯船からあふれるかけ流しの湯が、肌にしっとりとなじむ。共同管理し、分湯される湯を、そのまま浴槽に注いでいる。

食事は魚介が中心、しかもワカサギやヒメマスなど、季節に応じて目の前の新鮮な湖水の味覚が並ぶ。

❖**アクセス**：JR洞爺駅から車で約10分❖**1泊2食（税サ込）**：大人10200円～❖**日帰り入浴**：大人500円、3歳～小学生300円、15時～21時、無休❖**泉質**：ナトリウム・カルシウム－炭酸水素塩・硫酸塩・塩化物泉

❖洞爺湖温泉

## ゆとりろ洞爺湖

洞爺湖町洞爺湖温泉78
電話 0570・020・165

1959年創業の和風旅館。2017年にリニューアルオープンした。この宿のいちばんの魅力は風呂の設え。整然として美しい意匠、抑えた照明、そしてあふれ続ける生湯が、宿泊者のためだけに整えられている。2カ所ある浴室は一方は総ひのき造り、もう一方は御影石造り。露天はこの宿ならではの凝りようで、ひとつは風呂そのものを竹林に流れる小川に見立てた「灯心の湯」、もうひとつは大石で野趣を醸した「清水の湯」。目隠しに外部の風景を御簾で遮り、舞台の一場面にも似た幻想的な雰囲気さえ感じさせる。

部屋は落ち着いた純和風。愛犬と泊まれる和室も用意されており、一緒に食事を楽しめる。

❖**アクセス**：JR洞爺駅から車で約10分❖**1泊2食（税サ込）**：大人13200円〜❖**日帰り入浴**：大人500円、3歳〜12歳250円（土日祝日は大人1000円、小人500円）、15時〜20時（最終受付19時）、無休❖**泉質**：ナトリウム・カルシウム－炭酸水素塩・硫酸塩・塩化物泉❖**備考**：JR洞爺駅から送迎あり（要予約）

❖洞爺湖温泉

## ザ・ウィンザーホテル洞爺リゾート&スパ

洞爺湖町清水336
電話 0142・73・1111

2008年の北海道洞爺湖サミットの会場となったホテル。豪華客船をイメージした地上11階建ての客室からの眺めは、一方が洞爺湖を見晴らすレイクサイドビューで、もう一方が内浦湾を望むシーサイドビューといずれも魅力的。シーサイドビューのほうがリーズナブルというのは北海道でもここぐらいだろう。

滞在の方式は、さまざまな特典を受けながら優雅に時を過ごせるオールスイートの「プリミエールスタイル」と、より気軽にホテルライフを楽しめる「カジュアルスタイル」の2通りで、温泉やプール、アスレチックなどの利用はどちらにも含まれている。

❖**アクセス**：JR札幌駅から車で約2時間10分、JR洞爺駅から車で約20分❖**1泊2食（税サ込）**：大人1人約30000円前後❖**日帰り入浴**：一部プランにて利用可❖**泉質**：ナトリウムカルシウム－硫酸塩・塩化物泉❖**備考**：JR洞爺駅から送迎あり（要予約）

❖洞爺湖温泉

グランヴィレッヂ洞爺

# 大和(だいわ)旅館アネックス

洞爺湖町洞爺湖温泉34－4

電話 0142・75・1085

❖**アクセス**：道央自動車道虻田洞爺湖 IC から車で洞爺湖温泉方面へ約 20 分❖**1 泊 2 食（税サ込）**：大人 9000 円～、子供料金もあり❖**日帰り入浴**：不可❖**泉質**：ナトリウム・カルシウム－炭酸水素塩・硫酸塩・塩化物泉

宿泊

青い湖水の向こうに中島、遥かに羊蹄山を見晴らす6階建ての建物。扉を開ければ、館主の中村敏之さんの笑顔がそこにある。

聞けばこのホテル、1993年に閉鎖した保養所を2013年8月に再生させたそう。ホテルマンとしての仕事ぶりを買われ、20代半ばで独立した中村さんに話が持ち上がってからしばらく悩んだ末の決断だった。この温泉街にとっては湖畔の宿の灯りが消えることは大きなイメージダウンだからだ。

新たな浴場には、二つの湯船に赤湯の源泉がなみなみとあふれる。湖を眺める清楚な客室、ベテラン料理長による夕食は手頃な宿泊費のはるか上を行くレベル。湖畔の穴場である。

ホテル向かいには、奥さんの百合子さんが営む焼きチーズカレーと自家製料理の店「パーラーふくだ」☎（0142・75・3077）がある。洞爺湖の一日を満喫するのに、最良の拠点だ。

胆振

❖洞爺湖温泉

# 洞爺観光ホテル

洞爺湖町洞爺湖温泉33
電話 0142・75・2111

洞爺湖温泉街の中心にあり、指折りの眺望をもつ洞爺観光ホテル。客室は湖側で、洞爺湖と中島、羊蹄山の大パノラマが広がり眺望抜群。

男女とも湖に面している露天風呂は特にいい。女性の展望露天風呂の心地よさ。男性の露天は庭園仕立てだ。しっとりと肌に寄り添う優しい湯に、湯あみの時間が知らずしらず長くなってしまうのだ。

「洞窟風呂」「露天付貸切温泉」など趣向を凝らした浴槽の多彩さも誇る。

❖アクセス：JR洞爺駅から車で約12分❖1泊2食（税サ込）：大人10000円〜❖日帰り入浴：午前の部（7時〜9時30分）大人600円、小人400円・午後の部（13時〜21時）大人800円、小人500円、無休❖泉質：ナトリウム・カルシウム－炭酸水素塩・硫酸塩・塩化物泉❖備考：日帰り入浴午前の部はパノラマ大浴場のみの利用。JR洞爺駅から送迎あり（要予約）

❖洞爺湖温泉

# 洞爺いこいの家

洞爺湖町洞爺町199
電話 0142・82・5177

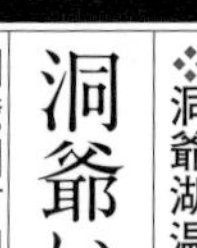

洞爺湖の北岸に位置する町営の日帰り湯。高台に立地しており、静かで落ち着いた雰囲気だ。1983年に、旧洞爺村営温泉として開業。2010年に一部内装工事と外装の改修を行った。湯の良さと宝玉のような洞爺湖の景色はここならではのものだ。

露天風呂こそないが浴室の窓は大きく、春夏秋冬洞爺湖の景色がパノラマのように広がる。湖に浮かぶ中島の緑と青い湖水とのコントラストが見事のひと言。

湯は緑色がかった黄褐色で、肌ざわりはなめらか、源泉をそのままかけ流している。

❖アクセス：JR洞爺駅から車で約25分❖料金：大人480円、小人140円、幼児70円❖時間：10時〜21時（最終受付20時20分まで）、第1・第3月曜日（祝日の場合は翌日）と12/31〜1/1休み❖泉質：ナトリウム・カルシウム－硫酸塩・塩化物泉

胆振

❖洞爺湖温泉

## 乃の風リゾート

ザ レイクビューTOYA

洞爺湖町洞爺湖温泉29－1

電話 0570･026571

❖**アクセス**：JR洞爺駅から車で約15分❖**1泊2食（税込）**：大人16800円～❖**日帰り入浴**：不可❖**泉質**：ナトリウム・カルシウム－塩化物泉❖**備考**：JR札幌駅から無料送迎あり（宿泊者のみ・要予約）

多種多様な施設が揃う温泉リゾートで、すべての部屋から洞爺湖を一望できる。建物はスタンダードな客室中心の「スパリゾート館」やプレミアム棟「乃の風倶楽部館」、愛犬とゆったり過ごせる客室など、ゲストのニーズに応じた様々なバリエーションが用意されている。朝な夕なの湖水の色をカメラに収めたり、客室からワンちゃんとそのまま湖畔に散歩に出掛けられたりと、滞在の思い出のシーンにいつも湖が登場する仕掛けだ。

温泉も然り。その名も「パノラマ露天風呂TENQOO」では、温泉が浴槽から湖面に流れ落ちるような演出が施され、浴槽と湖が一体になったような感覚を楽しめる。

❖北湯沢温泉

## 緑の風リゾートきたゆざわ

伊達市大滝区北湯沢温泉町300－2

電話 0570･026574

宿泊 露天

❖**アクセス**：JR札幌駅から車で約2時間、JR伊達紋別駅から車で約35分❖**1泊2食（税サ込）**：大人15400円～（入湯税300円）❖**日帰り入浴**：不可❖**泉質**：単純温泉（低張性弱アルカリ性高温泉）❖**備考**：JR札幌駅から送迎あり（宿泊者のみ・要予約）

豊かな森と清流のほとりにある温泉リゾート。温泉は豊富な湯量を活かして入りきれぬほどの浴槽を用意。圧巻の大露天風呂は、日本最大級の150坪もの広さ。池のような風呂で温もり、森の中を散歩するようにウッドデッキの回廊を渡ると、柚子湯、しょうが湯、りんご湯など季節によって色とりどり、香りとりどりのかけ流しの香り湯が現れる。

最上11階には展望風呂を備えたエグゼクティブルーム、9階は女子旅にぴったりのレディースルームなど、上層階3フロアはワンランク上の一夜を過ごせそうな「エンターテイメントホテル」である。

❖北湯沢温泉

# 澤の宿 錦泉閣

伊達市大滝区北湯沢温泉町40
電話 0142・88・9054

❖アクセス：JR 札幌駅から車で約2時間、JR 伊達紋別駅から車で約30分❖素泊り（税込）：大人6750円、小人3450円❖日帰り貸切露天入浴（2時間）：大人1500円、小人700円、9時～16時、不定休❖泉質：アルカリ性単純温泉❖備考：①露天風呂は混浴と女性専用があり、水着等の着用可②カード利用不可③女性用湯あみ着貸出あり200円

北湯沢温泉の一角で静かに歴史を刻む純和風の温泉旅館。築90年の館内は大正・昭和の香りが漂い、どこか懐かしい気持ちに誘われる。

温泉愛好家たちが遠方からも訪れる最大の魅力は、目の前の長流川と一体化したような野趣に満ちた露天風呂だ。混浴ではあるが、女性用の湯浴み着の有料貸し出しなどもあるので、不慣れな人でも大丈夫。

家族や親しい人同士で、日にきらめくせせらぎの音や四季折々の木立の色、そして掛け流しの澄み切った温泉全てを、五感で味わう喜びは格別だ。男女別の内湯ももちろん源泉掛け流しである。

あっちゃんの温泉の基礎知識

## あつ湯とぬる湯

入浴の温度は好みが分かれるところですが、あつ湯とぬる湯では温泉効果も正反対です。一般的に42度～43度ほどのあつ湯は、エネルギー消費量が大きく、激しい発汗を促すため入浴後は爽快感があります。入ったとたんに自律神経系のうち身体機能を活発化させる「交感神経」が緊張し、心身が興奮状態になります。身も心もシャキッとさせ、眠気を払い、低血圧の改善も期待できます。でも気がかりなのは、交感神経の緊張によって血管が収縮し、血圧や心拍数が急上昇することです。脳卒中など重大な入浴事故の要因にもなりかねないので、血圧や心臓に持病がある場合はもちろん、体力が弱まっている場合は、どうか避けてくださいね。

体温とほぼ同じ、35度～36度ほどの温度を、不感温度と呼びます。「何も感じないわけないよ」と言われそうですが、理論上は体が受ける影響、エネルギーの消費量も最小限。それより高ければ高いほど、刺激も消耗も大きくなります。

その不感温度よりほんのりと温かい程度、38度～39度あたりが一般的なぬる湯の温度です。発汗や体力の消耗が少なく、副交感神経が優位になって心身が落ちつき、安らぎを得ます。末梢血管の拡張で心臓の負担は軽くなり、血圧は下降し、節々のこりや関節の痛みなども和らぎます。

❖北湯沢温泉

# 温泉民宿たかはし

伊達市大滝区北湯沢温泉町39
電話 0142・68・6665

宿泊

3階建て家屋の1階が居酒屋、2階がそば屋、3階に客室六つという構成の温泉民宿。地元でそば店を営んでいた亡き母の意を継ぐように、料理人の高橋敏さんがそばと温泉の民宿を構えたのが1985年冬。現在は建物内で午前11時から午後9時までそば屋、その後午前0時まで居酒屋を営業。泊まり客は通常の宿泊膳を味わう以外にも、素泊まりしてそばをたぐり、はしご酒を楽しむのも自由自在。客室6の規模を思えば、食の選択の幅がかくも広いのは驚くべきだ。

温泉は、湯元で90度を超す源泉を水で適温に整え、そのまかけ流す。

❖**アクセス**：JR札幌駅から車で約2時間、JR伊達紋別駅から車で約30分❖**1泊2食（税込）**：大人8500円～、不定休❖**日帰り入浴**：不可❖**泉質**：アルカリ性単純温泉❖**備考**：カード利用不可。居酒屋は予約の団体のみ

❖北湯沢温泉

# 湯元 ホロホロ山荘

伊達市大滝区北湯沢温泉町34
電話 0570・026574

宿泊 日帰 露天

野口観光グループが運営する北湯沢温泉の3軒のホテルの浴場は、内装、浴槽の種類、泉質、湯の管理なども異なるが、なかでもお湯自慢がホロホロ山荘だ。アーバンスタイルの浴場には御影石風呂、寝湯、壺湯、香り湯など多彩な浴槽を配置。ユニークなのは深さ1・2メートルの立ち湯で、直立したまま首から足先まで温泉に浸かることができ、自身の体重負担を感じずに水中ウォーキングやストレッチができる。こうしたすべての風呂がかけ流しだ。

また、ペット可の客室を17室用意し、玄関脇にはペット用の足湯も備える愛犬家にも優しい施設でもある。

❖**アクセス**：JR伊達紋別駅から車で約35分❖**1泊2食（税サ込）**：大人9350円～❖**日帰り入浴**：大人1200円、3歳～小学生600円、2歳以下無料、10時～21時（最終受付20時）、森のソラニワとの2館湯巡りあり（大人2200円、子供1100円）無休❖**泉質**：単純温泉❖**備考**：JR札幌駅から送迎あり（宿泊者のみ・要予約）

❖北湯沢温泉

# きたゆざわ森のソラニワ

伊達市大滝区北湯沢温泉町300-7
電話 0570・026・574

❖**アクセス**：JR 札幌駅から車で約2時間、JR 伊達紋別駅から車で約35分❖**1泊2食（税込）**：大人12100円〜❖**日帰り入浴**：大人1500円、3歳〜小学生750円、2歳以下無料、10時〜21時（最終受付20時）、無休❖**泉質**：単純泉❖**備考**：「ホロホロ山荘」との二館湯めぐり料金あり（大人2200円、3歳〜小学生1100円、2歳以下無料）。JR 札幌駅から送迎あり（宿泊者のみ・要予約）

大人も思わず童心に返る非日常を楽しむホテル。館内のインテリアはポップでスタイリッシュ、温泉空間も遊び心たっぷり。1500平方メートルの温泉ビーチ「ト・コ・ナッツ」は湯温約36度に保たれ、南の島に遊ぶ気分。水着姿で通年楽しめる。屋内には25メートルプールも。

プロサウナー「ととのえ親方」こと松尾大さんプロデュースの「かまくらサウナ」も大人気だ。こちらも水着やポンチョを着て入る。

大浴場「へ・エ・スイシャ」は総御影石づくりで広々とした入浴ゾーン。子連れでも湯浴みしやすい浅めの浴槽が多く、上手に活用すれば美容づくりに役立つ半身浴や浮遊浴も満喫できる。

注目は森の中に敷設したワイルドなアスレチックパーク「ムササビ」だ。手軽に楽しめるコースから難易度の高いコースまで選択でき、幅広い層が楽しめる。木々の間に張られたワイヤーロープでハイスピードに滑空すれば気分は爽快だ。

❖壮瞥温泉

## 旬菜宿房 いこい荘

壮瞥町壮瞥温泉83
電話 0142・75・2522

自家栽培の食材を使用した料理が評判の温泉宿。宿のご主人は農家兼業で、食卓にのぼるお米は有機栽培だ。野菜、果物などは使う分だけ畑から採ってくるので、どの野菜もみずみずしい。そんな野菜と肉とを、有珠山の溶岩から作った石板で焼く「溶岩焼き」がこの宿の名物。

浴室は男女別の内湯のみ。ほぼ無色透明の湯はやわらかく、あふれる湯は生粋の源泉。「美人の湯」の愛称を持つナトリウム―炭酸水素塩泉を主成分とする佳湯で、肌のすみずみがしっとり潤う。

建物は昭和新山を背に、洞爺湖を目の前に建つ。湯あがりの湖畔散策もまたいいものだ。

❖**アクセス**：JR伊達紋別駅から車で約20分❖**1泊2食（税サ込）**：大人11080円～❖**日帰り入浴**：大人400円、小人300円、幼児無料、7時～9時／15時～21時、無休❖**泉質**：ナトリウム・カルシウム－炭酸水素塩・硫酸塩・塩化物泉

❖蟠渓温泉

## 蟠岳荘

壮瞥町蟠渓18
電話 0142・65・2277

盛りのいい、手作りのあったかい料理に明るい声。ひとりで切り盛りするおかみの小宅正代さんの人柄がよく表れたもてなしに、ほっとくつろぐ小さな温泉宿だ。湯は「源泉かけ流し」を守り続けている。湯の効果を少しでも損なわないようにと、おかみが毎晩浴槽を空にして清掃し、一晩かけて新湯をためて掛け流す。

創業は1950年。男女別の浴室のほか、ジャグジーつきの家族風呂もある。露天こそないが、湯船の大きなガラス窓からは長流川（おさるがわ）のせせらぎが一望でき、川沿いの野山の木々も一緒に楽しめる。

❖**アクセス**：JR伊達紋別駅から車で約30分❖**1泊2食（税サ込）**：大人6000円～❖**日帰り入浴**：大人300円、小人200円、7時～22時、無休❖**泉質**：ナトリウム・カルシウム－硫酸塩・塩化物泉❖**備考**：①家族風呂ジャグジー（1時間以内）大人500円、小人300円②カード利用不可

❖蟠渓温泉

# ばんけい　ひかり温泉

壮瞥町蟠渓温泉
電話 070・4765・3279

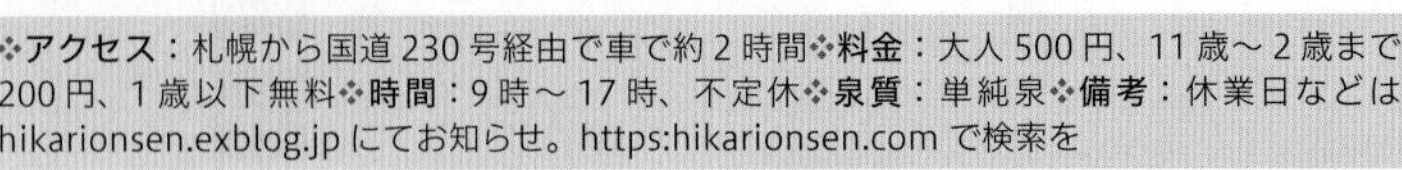

❖**アクセス**：札幌から国道 230 号経由で車で約 2 時間❖**料金**：大人 500 円、11 歳～ 2 歳まで 200 円、1 歳以下無料❖**時間**：9 時～ 17 時、不定休❖**泉質**：単純泉❖**備考**：休業日などは hikarionsen.exblog.jp にてお知らせ。https:hikarionsen.com で検索を

日帰

史書にも残らぬ時代から清流・長流川のほとりに湧く蟠渓温泉。近年は湯宿がひとつ減り、ふたつ減り…。その蟠渓温泉にひとつ、灯がともった。昔の宿名はそのままに、2022年に日帰り温泉として再出発した「ひかり温泉」だ。

共同経営する友人2人が手作業で改築した建物は外壁を黒、内壁をミントブルーで仕上げた爽やかな設え。昔の面影は見当たらないが、浴場の戸を開けると—。

味わい深いタイル張りの浴場、半円形の湯船・・・。よくよく見ればかつての浴場の造作はそのままに美しく整えられているのだ。湯は源泉をかけ流し、キラキラと床を濡らし続けている。

オーナーの一人は道外から移住し管理人として湯を守る。最高で80度もの源泉を注ぎ加減ひとつで適温に持っていくのは至難の業。だが日々微妙に異なる源泉を毎朝3時から開店までに徐々に整えるのだという。温泉は人の手によって「名湯」になる。日々精魂込めて仕上げる湯に浸かれば、それが肌でわかるはずだ。

なお、貸切風呂は旧来の浴場を改築したもので、湯もよく、広さもたっぷり。室料の1000円と人数分の壮瞥町の入湯税（12歳以上1人100円）で90分利用できる。

❖壮瞥温泉

洞爺湖　鶴雅リゾート

# 洸の謌

壮瞥町壮瞥温泉88－26

電話 0142・82・7165

宿泊　日帰　露天

❖アクセス：道央自動車道虻田洞爺湖ICから車で約40分❖1泊2食（税込）：28050円～❖日帰り入浴：日帰りプラン「昼和膳」とのセットで利用可（7700円・要予約）❖泉質：ナトリウム－炭酸水素塩・硫酸塩・塩化物温泉

カーテンを開くと視線の先には、ブルーグレーの朝霧がたゆたう幻想的な洞爺湖。観光船が行き交う賑やかな温泉街の湖畔とは少し違う、優しい夢の続きのような朝を迎えられる。

2023年春に誕生した鶴雅グループ14施設目となる洸の謌。洞爺湖と羊蹄山、有珠山、昭和新山などを借景に、樹木や草花、池や小山を設えた5万6千平方メートルもの壮大な庭園の中に佇んでいる。

様々な旅の目的に応じて用意した12タイプ48室の客室は、露天風呂を備えるラグジュアリーな客室から、ぬくもりと楽しさあふれるファミリールーム、愛犬とともに過ごせる客室までバリエーションが豊か。

大浴場は大窓から自然光が注ぐ明るい空間。アロマの香りをたのしめるオートロウリュサウナや水風呂も用意されており、洞爺湖が見える露天エリアで心地よく外気浴もできる。

食事はプランによりフレンチのコース、和食会席、鉄板焼きのいずれかを。訪れた夜に味わったのは地域の恵みを巧みに盛り込むフレンチ。暮れなずむ洞爺湖の桃色の輝きも印象的だったが、皿に描かれたみずみずしい季節の色彩にも魅了される。

胆振

❖弁景温泉

# 久保内ふれあいセンター

壮瞥町南久保内151－3
電話 0142・65・2010

日帰

土地の人々に愛される小さな湯どころ――。入り口横の売店には、菓子や総菜などの食料品をはじめ衣類や日用雑貨、祝儀袋や香典袋までもがそろい、まさにここが集落の生活とともにあることを物語る。

浴場は湯船一つの簡素な造り。だが、そこには澄み切った湯がとうとうと注がれ、あふれて床をぬらし続けている。そして湯船、カラン、脱衣所も総じて清らかなのは、日々の管理の確かさに加え、常連さんたちがまるで自分の風呂のように使用後をきれいに整えていくからだ。湯上がりには畳敷きの休憩室があり、数枚だが毛布の用意も。

❖**アクセス**：JR伊達紋別駅から車で約25分❖**料金**：大人450円、小人140円、幼児70円❖**時間**：10時～20時30分、水曜日と12/31～1/2休み❖**泉質**：ナトリウム・カルシウム－硫酸塩・塩化物泉

❖壮瞥温泉

# ゆーあいの家

壮瞥町滝之町290－44
電話 0142・66・2310

日帰

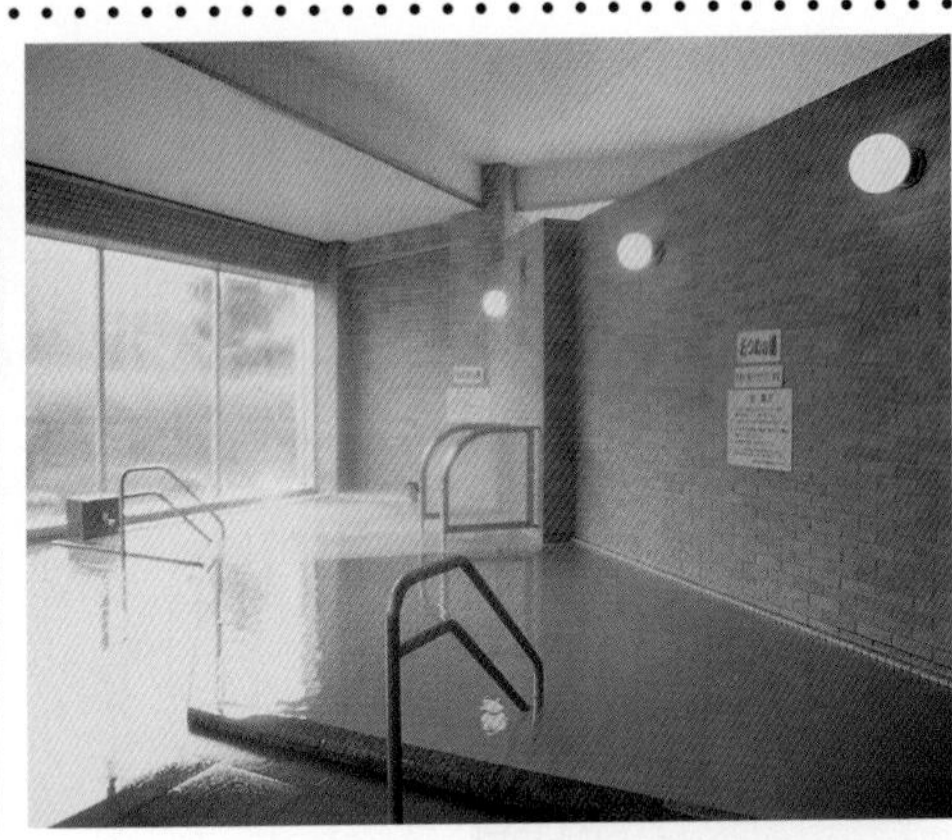

国道453号沿いに建つ町営施設「横綱北の湖記念館」に隣接する日帰り湯。爽やかな雰囲気の浴場には、仕切りによって熱め、ぬるめの温度差を設けた大きな浴槽がゆったり広がる。源泉温度が高いために湯張り時にはわずかに水で調整するが、あとはきっぱり源泉のみ。自前の泉源を持つ温泉は少し熱めの濁り湯で、肩こりや筋肉痛を和らげてくれる。

パークゴルフ場も隣接しており、入浴前にひと汗かくのも爽快だ。温泉とパークゴルフのセット割引もある。

❖**アクセス**：JR伊達紋別駅から車で約15分❖**料金**：大人450円、小人140円、幼児70円❖**時間**：10時～21時、元日休み❖**泉質**：ナトリウム・カルシウム－炭酸水素塩・塩化物泉

❖仲洞爺温泉

## 来夢人(きむんど)の家

壮瞥町仲洞爺30－11
電話 0142・66・7022

日帰

多くのキャンプ愛好者が訪れる仲洞爺キャンプ場。その敷地内にある日帰り温泉施設。加水・循環ろ過など一切しないかけ流しの良湯が銭湯料金で楽しめるとあって、町内外からドライブがてら訪れる利用者も多い。

浴場は男女とも浴槽が一つだけの内風呂だが、湯船は広く、窓の向こうには湖畔の景色が広がる。浴場には手すり、玄関とトイレはバリアフリーで、高齢の利用者などへの配慮も満点だ。温泉はカルシウム―硫酸塩泉で、ゆったりとした湯船にさらりと優しい入り心地の湯を静かにかけ流す。

❖**アクセス**：JR洞爺駅から車で約30分❖**料金**：大人450円、小人140円、幼児70円、2歳以下無料❖**時間**：10時～20時30分、（最終受付20時）※11～3月は19時まで（最終受付18時30分）、火曜日休み（7・8月無休）❖**泉質**：カルシウム－硫酸塩泉

❖虎杖浜温泉

## アヨロ温泉

白老町虎杖浜154－2
電話 0144・87・2822

日帰

虎杖浜温泉の庶民派日帰り湯。玄関正面に設けた「泉源室」では、源泉を汲み上げる設備を浴客に見えるようガラス張りにし、守護神を置いて祀ってある。あるじの源泉に対する真摯な想いが一目で伝わる。

1966年の開業当時は銭湯、後に旅館となり、2010年暮れに再び日帰り専門となった。浴室は男女それぞれ気泡湯に寝湯、中温浴槽に高温浴槽、露天風呂と、風呂好きにうれしい設備がそろう。地下550メートルからくみ上げるかけ流しの湯は、浴後の肌を滑らかに整える。約80畳の休憩スペースでは温泉を使った床暖房を完備し、好評だ。

❖**アクセス**：JR登別駅から車で約10分❖**料金**：大人490円、小学生150円、幼児無料（休憩室利用の場合は大人追加120円）❖**時間**：8時～21時（最終入場20時30分）、不定休❖**泉質**：ナトリウム－塩化物泉

❖虎杖浜温泉

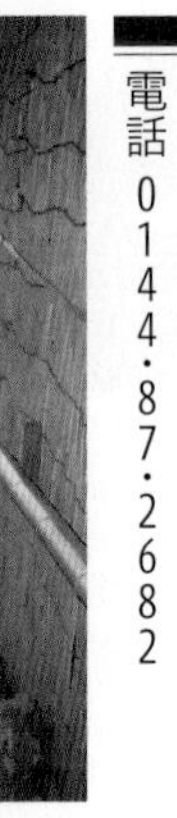

## 民宿500マイル

白老町虎杖浜2－4
電話 0144・87・2682

宿泊 日帰 露天

湯と浜料理で旅好きを惹きつける海辺の宿。ドライブインから民宿へと転業して以来、旅客からの礼状や写真が増え続けているのがなによりの財産と、おかみさんが明るく笑う。

湯はかけ流し。内風呂（2カ所）と露天風呂はひと部屋単位の貸し切り形式で、家族や恋人同士でゆっくりできる。露天からは太平洋を一望、カモメの鳴き声に潮騒が旅情を盛り上げる。

食事は部屋出し。浜の漁師から直仕入れの旬の鮮魚を素材に、板前のご主人が腕を振るってくれる。

❖**アクセス**：JR登別駅から車で約10分❖**1泊朝食付き（税サ込み）**：2名以上1人6300円、素泊まり2名以上1人5000円（1人1室利用の場合は各コースに＋500円）※11月～4月末まで暖房費1人300円増❖**日帰り入浴**：予約制貸し切り風呂／1室4人まで2000円（11時～16時）❖**泉質**：含硫黄－ナトリウム－塩化物泉❖**備考**：カード利用不可。JR登別駅から送迎あり（要予約）、チェックイン15時・チェックアウト10時

❖虎杖浜温泉

やすらぎの宿

## 湯元ほくよう

白老町竹浦121－41
電話 0144・87・2345

宿泊 日帰 露天

国道36号に面する宿。名物は300坪もの庭園仕立ての大露天風呂。露天と離れて湯治場風情の内風呂があり、温度の異なる三つの浴槽をゆったり配している。その全ての風呂に源泉をたっぷりとかけ流す。

開業は1967年で、もともとは牧場馬の飲水用井戸を掘削していたら温泉が噴出したという。自前の源泉は湯量にも泉温にも恵まれ、広々と設えた内風呂や露天風呂には加水や加熱、循環を一切しないフレッシュな源泉そのものをたっぷり満たしている。

❖**アクセス**：JR登別駅から車で約10分❖**1泊2食（税サ込）**：大人9100円～❖**日帰り入浴**：大人600円、小人300円、5時～23時（最終受付22時）、無休※女性風呂は平日8時～9時清掃❖**泉質**：アルカリ性単純温泉

❖虎杖浜温泉

# 心のリゾート　海の別邸　ふる川

白老町虎杖浜289-3
電話　0144・87・6111

❖アクセス：JR登別駅から車で約5分❖1泊2食（税サ込）：大人2名1室24000円～❖日帰り入浴：不可❖泉質：ナトリウム－塩化物泉❖備考：JR登別駅から送迎あり（要予約）

太平洋の風光を優雅に味わうなら「心のリゾート　海の別邸ふる川」。全30の客室は、愛犬と過ごせる2室の他はすべてオーシャンフロント。うち4室はプライベートテラスを設けたり、窓辺に大きなソファを海に向けたりと旅を楽しむためのさまざまな工夫が施されている。

宿泊者だけがくつろげる大浴場の露天は野趣豊か。一角には寝湯があり、横たわれば湯面と見下ろす海面が視界に溶け合って、さながら温かい磯辺にまどろむようだ。

客室だけでなく、パブリックスペースも窓という窓を可能な限り大きく設え、正面に広がる太平洋が常にそばにあるようにした。ラウンジは海に向かって椅子を置く。扉の向こうのウッドデッキには、潮風の中でうたた寝できるハンモック、長居を楽しむ屋根付足湯、潮騒に心鎮める瞑想室も。

レストランでは前浜獲れたての旬魚や、とろけるような白老牛に舌鼓。仕上げは飲み物を片手に、ウッドデッキで燦爛たる星空を仰ぐのもいい。

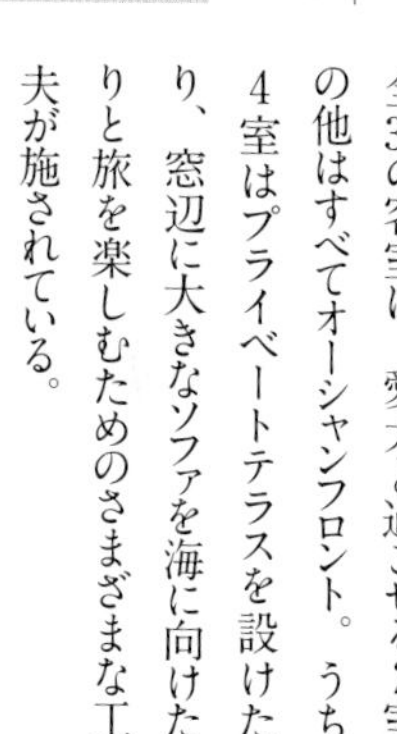

❖虎杖浜温泉

## 花の湯温泉

白老町虎杖浜40－2
電話0144・87・4035

日帰

幹線国道に沿って湯宿や立ち寄り湯が点在する虎杖浜温泉は良湯揃いだ。

花の湯温泉は国道36号沿いで家族風呂と大衆浴場が24時間年中無休の営業という心強いロードサイドのオアシス的温泉。地元近隣はもとより長距離ドライブ時のひと休みから深夜の仮眠まで利用層も幅広い。2階の休憩所も、ドライバーにとってありがたい。

湯は源泉をストレートにかけ流し、湯の張り替えも毎晩だから、ナトリウム―塩化物泉ならではの保温効果がしっかり発揮される。

❖**アクセス**：JR登別駅から車で約10分、JR虎杖浜駅から徒歩5分❖**料金**：大衆浴場／大人550円、小人220円、幼児以下無料、家族風呂／大人（2人）1400円❖**時間**：6時～翌6時　24時間無休（臨時休あり）❖**泉質**：ナトリウム－塩化物泉❖**備考**：2階休憩室は21時まで無料、21時～翌日6時まで深夜料金550円（仮眠セット付）が追加。飲物の持込みは不可

❖虎杖浜温泉

## 富士の湯温泉ホテル

白老町竹浦297－56
電話0144・87・2043

宿泊　日帰　露天

さらりさらりと肌をすべる美湯を、湯代350円で堪能できる穴場の湯どころ。「内風呂のない地元のお客様がいらっしゃるかぎり、そうそう高くはできませんよ」と温和なご主人はいう。

湯は自前の単純温泉で、アトピーの赤ちゃんを抱えるお母さんや薬品荒れに悩む看護師さんらが、入浴を兼ねてその源泉を汲みにくるという。

男性内湯に四つ、女性内湯に三つ設けた浴槽は温度を0・5度ずつ変えてあり、好みの湯加減が見つかるはずだ。露天も含めて湯は源泉をオーバーフローさせている。

❖**アクセス**：JR登別駅から車で約10分、JR竹浦駅から徒歩15分 ❖**1泊2食（税サ込）**：大人6500円～❖**日帰り入浴**：大人350円、小人150円、幼児100円、8時～22時、無休❖**泉質**：アルカリ性単純温泉❖**備考**：カード利用不可。有料送迎あり（要予約）

## ❖虎杖浜温泉

### ホテル オーシャン

白老町竹浦111
電話0144・87・3688

五右衛門風呂、冷温サウナ、また女湯には磯船の露天風呂まで備えた遊び心いっぱいの浴場が自慢の温泉ホテル。国道36号沿いにあり、ガラス張りの建物の前の駐車場は広々としていて停めやすい。自前の源泉は美肌成分を豊富に含むナトリウム―塩化物・炭酸水素塩泉で、つるつるとした湯心地があとを引く。

すべての浴槽を源泉だけでまかなっているというのも、温泉ファンには最高だ。温泉熱を利用した熱帯植物園もあり、鈴なりのバナナが熟成する頃にリクエストすると、デザートに添えてくれることも。

❖**アクセス**：JR登別駅から車で約10分❖**1泊2食（税サ込）**：大人8620円～❖**日帰り入浴**：大人600円、小人300円、幼児無料、10時～20時、無休❖**泉質**：ナトリウム－塩化物・炭酸水素塩泉❖**備考**：カード利用不可

## ❖虎杖浜温泉

### ホテル いずみ

白老町虎杖浜312－1
電話0144・87・2621

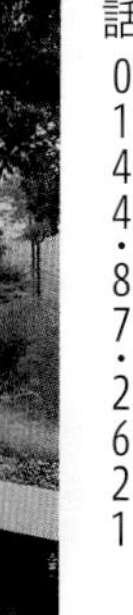

太平洋を見晴らす緑の高台に立つ温泉ホテル。周囲は適度なアップダウンのある臨海パークゴルフ場で、潮風を受けながら爽快なプレーを楽しむことができる。

ひと汗かいた後の温泉はまた格別。自慢の露天風呂は立地を生かした望洋の湯だ。海原の朝焼けといい、夜の漁り火といい、その時その時心にしみ入る眺望が日々の疲れを忘れさせ、癒やしてくれる。湯は自前の源泉を足し水も加熱もせず生のままたっぷりとかけ流している。

食事は前海の幸が目玉で、ボリュームもある。

❖**アクセス**：JR登別駅から車で約5分❖**1泊2食（税サ込）**：大人11200円～❖**日帰り入浴**：大人650円（土日祝日は700円）、小人220円、幼児110円、12時～22時（最終受付21時）、土曜日と休前日12時～17時（最終受付16時）、無休❖**泉質**：ナトリウム－塩化物泉❖**備考**：JR登別駅などから送迎あり（要予約）

## ❖白老町内の温泉

貸別荘 **齊**

白老町竹浦181－581

電話 090・1386・6456

❖アクセス：JR 白老駅から車で 18 分❖1 泊素泊まり 1 棟貸し（消費税・清掃費込み・入湯税 150 円別）：2 人～ 8 人まで利用可。2 人 18000 円～、最大 8 人 37000 円❖日帰り入浴：不可 ❖泉質：ナトリウム－塩化物温泉

宿泊

凛とした切妻の数寄屋門をくぐり、飛び石に導かれて白壁の平屋の邸宅へ。まるで老舗旅館に訪れたようなこの屋敷は、白老でも人気の貸別荘だ。

粋な腕木庇の玄関を開くと、正面に8畳の和室。左手廊下を進むと革張りソファやオーディオを据えたリビング・ダイニングに10畳の床間付き小上がり和室。そここに奇石や兜、飾皿など和の飾り物も――。

「趣味人だったもともとのオーナーが情熱をかけて完成させた空間です。その思いごと受け継いで、安らぎの場にできれば…」と微笑む現オーナーの佐々木美保さん。「齊」の名は、前オーナーの名からいただいたという。

風呂も見事。源泉が満ちる小ぶりの湯船にザブリと浸かれば、目線は自ずと窓に…。開けると、美庭の緑や花の色、季節の風が、湯浴みの喜びをもたらす。

古民家を大胆にリノベーションしてモダンに生まれ変わらせた施設もあれば、長く慈しまれた什器もそのままに風情を守る施設もある。その多様性こそが、民泊や貸別荘の面白さだ。

❖白老町内の温泉

# 汐の湯温泉

白老町北吉原200－55
電話 070・2684・0707

宿泊

❖アクセス：JR 北吉原駅から車で 4 分❖素泊まり（税込）：1 人～ 4 人まで 1 棟 24000 円と清掃費 5000 円の計 29000 円～、5 人以上は 1 人 2500 円が加わる。最大 15 人まで❖日帰り入浴：不可❖泉質：ナトリウム－塩化物・炭酸水素塩温泉

食事は自由に持ち込んで家族や仲間で羽を伸ばし、温泉三昧の一夜を楽しむ貸別荘感覚の一棟貸し。温もりあるインテリアに心和む「汐の湯温泉」はBBQのできるウッドデッキが自慢。広々したIHのシステムキッチンには調理器具や食器類も用意され、食材を揃えてミニビアガーデンやワイン・パーティも楽しめそう。

温泉は植物成分「腐食質」を含む食塩泉系のモール温泉。浸かれば滑らかな源泉が盛大にあふれる贅沢さだ。

オーナーの佐瀬キレンさんは面倒見がよく、「白老の民泊の温泉は泉質も湯船の造りも多彩です。せっかくなら…」と取材の際に、自分の宿はさておいて近隣の民泊まで案内してくれた。地域の空き家が大切な集いの場に変わる民泊宿を愛してやまないのだろう。

一般の宿には気後れしがちなペット連れにも優しい、おすすめの一軒だ。

胆振

❖白老町内の温泉

# 虎杖浜ベース

白老町虎杖浜420-147
電話 070・2684・0707

❖アクセス：JR 虎杖浜駅から山側方向に徒歩 5 分❖ 1 泊素泊まり（税込）：1 人から 4 人まで 1 棟 24000 円と清掃費 5000 円の計 29000 円から、最大 4 人まで❖日帰り入浴：不可❖泉質：ナトリウム－塩化物温泉

宿泊

JR虎杖浜駅にもほど近い、セルリアンブルーが目を惹く小さな平家。白いドアの右手にあるキーボックスの暗証番号を揃えれば、「大人の隠れ家」へのチェックインは完了だ。

中に入れば、漆喰調の白壁や白木の家具に濃淡ある青の調度を効かせたスタイリッシュな北欧インテリア。部屋の間仕切りは最小限で、風通しが良くのびやかな空間だ。

シンプルな浴場には、ゆったり大きな湯船がひとつ。湯は惚れぼれするほどのなめらかさ。豊富なメタ珪酸を含む食塩泉が生のまま注がれ、あふれるがまま。

普段より長い湯浴みのあとソファでうとうと…。黄昏とともに窓外の緑葉は藍色を帯び、インテリアの青も暖色の灯りに深まる。時折、列車の音が聞こえる。

オーナーの阿部さんはこの古民家を買ってのち、自ら住みながら1年をかけて内外装から家具まで整えた。旅慣れた人ならこの設えに美しさともうひとつ…。洗面所の小物置きやキッチンの水回り、ベッドまわりなど随所に、一晩過ごすゲストが少しでも快適にと願う優しさを、感じてくれるのではないかと思う。

❖白老町内の温泉

## ベースしらおい

白老町北吉原199－327
電話 070・2684・0707

宿泊

優しいヒアシンスブルーの外壁が目印の民泊、ベースしらおい。木肌を活かした空間にビビッド・カラーが映えるおしゃれなインテリア。訪れた女性たちの歓声が聞こえてきそうだ。

6組の布団を敷ける琉球畳の和室。持ち寄った料理をいっぱい並べられそうなダイニングの大テーブル。ゆったり幅の二段ベッドが2組並ぶ寝室。ついついおしゃべりで夜更かししてしまいそうな心弾む空間ばかり。

極めつけは温泉。天井がガラス張りのサンルーム風浴場は窓も開けられ、露天感覚。大きな浴槽が2つに仕切られており、あつ湯とぬる湯の美肌湯を夜通し堪能できる。

❖**アクセス**：JR白老駅から車で13分❖**1泊素泊まり（税込）**：1人から4人まで1棟24000円と清掃費5000円の計29000円～、5人以上は1人2500円が加わる❖**日帰り入浴**：不可❖**泉質**：ナトリウム－塩化物・炭酸水素塩温泉

❖白老町内の温泉

## V・illa信

白老町北吉原199－360
電話 090・1386・6456

宿泊

明るい天窓の開けたウッディな吹き抜けリビングは20畳サイズ。カウンターのあるキッチンには調理家電や食器も充実。寝室は一階にも二階にも。そして屋根掛けのBBQテラスにはコンロを置ける4人がけテーブルが2台。極めつけは、大人4人がくつろげる源泉かけ流しの上質な風呂。

こんな別荘があったなら…の夢を気軽に叶えてくれるのが、ここV・illa信。「一階の寝室は和室だったのですが、ベッドが必要な高齢のお客様が階段を上らずに済むように、ベッドを置きました」。オーナー佐々木さんの細やかな気配りも滞在の居心地の良さを支えている。

❖**アクセス**：JR白老駅から車で13分❖**1泊素泊まり（消費税・清掃費込み・入湯税150円別）**：一棟貸し2人利用の場合21000円～、11人利用の場合49000円まで❖**日帰り入浴**：不可❖**泉質**：ナトリウム－塩化物・炭酸水素塩温泉

❖白老町内の温泉

# トシズハウス

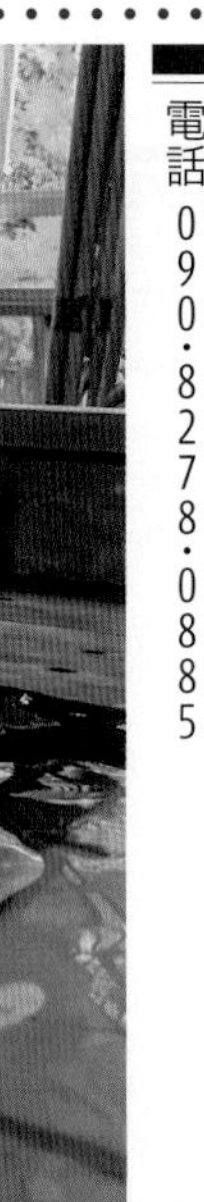

白老町石山39－320
電話 090・8278・0885

❖**アクセス**：JR 白老駅から車で 15 分❖**1 棟貸し素泊まり（税込）**：1 人～ 4 人まで 25000 円と清掃費 8000 円の計 33000 円～、5 人以上は 1 人 3000 円が加わる。最大 15 人まで❖**日帰り入浴**：不可❖**泉質**：ナトリウム－塩化物泉

緑豊かな環境に堂々と構える大邸宅。表札に添えた「簡易宿所」の文言がジョークに見えるほどだ。一般的なゲストハウスのつもりで予約した人は、門の前で言葉を失うかもしれない。

窓の大きなリビング・ダイニングは開放的で、革張りのソファもテーブルもゆったりサイズ。窓外には広いテラスが設けられ、テーブルセットにBBQ用のコンロを2台用意、奥には卓球台まで。屋根掛けのテラスなので天候に左右されず、美しい庭を眺めながらBBQを楽しめる。

浴場も贅沢な造り。内湯にはジャグジー用と普通の浴槽の2つがあり、片方をぬる湯や水風呂にすれば健康的な交互浴もできる。テラスへと続く露天風呂スペースには、大人数人が手足を伸ばせる広々としたヒノキ使いの湯船がどっしりと。湯は腐食質を含む通称モール温泉。木枕も添えた寝湯の一角は、小さな子供を湯浴みさせるにも良さそうだ。

❖白老町内の温泉

# トシズハウス2

白老町北吉原200−89
電話 090・8278・0885

施設名でお察しの通り、「トシズハウス」とオーナーを同じくする姉妹館。トシズハウスが研修などにも利用可能な15人まで対応できる大人数向き宿所なのに対して、こちらの「2」は家族や仲間と過ごすのにぴったり。といっても、ゆとりのリビング、2つのベッドルーム、食洗機も揃うキッチン、そしてBBQのコンロやテーブルも備えたテラス。ご褒美の一夜にふさわしい充実ぶり。ペットの宿泊も受け入れてくれる。

温泉はメタ珪酸も豊かに含むナトリウム–塩化物・炭酸水素塩温泉という美肌の湯。存分に楽しんで肌を磨きたい。

❖アクセス：JR白老駅から車で12分❖1泊素泊まり（税込）：1人〜4人まで1棟20000円と清掃費5000円の計25000円〜、5人以上は1人3000円が加わる。最大7人まで❖日帰り入浴：不可❖泉質：ナトリウム–塩化物・炭酸水素塩温泉

❖白老町内の温泉

# 民泊47ハウス

白老町竹浦149−47
電話非公開（予約は予約サイトのBooking.comもしくはAirbnbにて）

宿泊

緑広がる牧歌的な集落によく似合う、のどかな雰囲気の民泊47ハウス。名前には所在の番地47をそのまま付けたそう。

ところが玄関から先は、その印象が一変する。間仕切りを設けず開放的な空間を柱だけで実現させたモダンなリビング、天井にはダクトレールのライティング、部屋ごとの印象的なポスターや絵画…。創意豊かなリノベーションによる設えは、旅心を大いにかき立てる。

浴場は、四角や丸石のタイルを用いた清々しくもレトロな味わい。アルカリ値の高い優しい源泉が静かにかけ流され、肌を包んで癒してくれる。

❖アクセス：JR虎杖浜駅から車で6分❖1泊素泊まり：26000円〜、予約サイトBooking.comまたはAirbnbでご確認を❖日帰り入浴：不可❖泉質：アルカリ性単純泉

胆振

❖白老温泉

# ピリカレラホテル

白老町日の出町1丁目3−15
電話 0144・85・4001

❖**アクセス**：JR 白老駅から車で 2 分❖**1 泊 2 食（税込）**：大人 39600 円〜❖**日帰り入浴**：不可❖**泉質**：ナトリウム－塩化物・炭酸水素温泉❖**備考**：12 歳未満は宿泊不可（全館貸し切りの場合を除く）

6室限りの客室は50平方メートルのオールスイート。そのすべての「我が家」に、湧きたてのモール温泉を独占できる浴室を配置する。これこそ自宅では叶えられない格別の安らぎだ。

我が家のように寛いで―と内外装や調度はデザインに凝りすぎず、ゆったりと落ち着いた味わい。満たされた風呂に疲れた体を預ければ、柔らかな湯に手足がゆるり…。窓を開ければ、そよ風と坪庭の眺めが湯浴みのお供に。湯から上がれば、濡れ縁で涼むも良し、上質の寝具で、うたた寝も良し。客室の温泉以外にも、貸切スタイルの広々した露天風呂が予約制で楽しめる。

温泉に匹敵してリピーターを虜にしているのが食。ディナーは鉄板焼きレストランでのフレンチコース、もしくは和食会席だ。フレンチコースは、目の前のカウンターで整えられるひと皿ひと皿の、野菜の深味、魚介の洗練、何より白老牛のサーロインの澄んで甘美な味わい！　思い出しても胸が高鳴るここは「温泉オーベルジュ」である。

## ❖白老町内の温泉

貸切別荘 **豊水館**

白老町竹浦115-15

電話 090・7054・9752

❖**アクセス**：JR 虎杖浜駅から車で 4 分❖**1 棟貸し素泊まり（税込）**：平日 29000 円～（2 人まで）、休日・祝日 32000 円～（2 人まで）、2 人以降は 1 人増えるごとにプラス 6000 円❖**日帰り入浴**：不可❖**泉質**：アルカリ性単純泉

目の前は雄大な太平洋。露天のデッキでは日差しと潮の香りが「早くおいでよ」と手招きする。

別荘を一棟借りたなら、まずは誰でもワクワクと部屋を見て回るだろう。そのワクワクが止まらないのがこの豊水館。フローリングの広やかなリビングに畳敷の小上がり、目の届くキッズスペース、ワーケーションルーム…。居室にも感嘆の声があがるが、3ボウルある洗面所や2カ所のトイレ等々、複数の家族で泊まっても気兼ねない水回りの充実ぶりにうれしくなるのは、女性ばかりではないはずだ。

ワクワクのクライマックスが温泉。内湯には源泉かけ流しの大きな湯船に二人用の乾式サウナ。そして冒頭の露天のデッキは、かけ流しの温泉風呂を楽しめるのはもちろん、海にのぼる朝日を浴びてストレッチやヨガをしたり、移り変わる海の色をスケッチしたり、船の灯りや星空を眺めてグラスを傾けたくなるゆとりあるスペースになっている。

庭に出れば海に面したBBQスペースがある。また国道沿いに立地するため、閉店時間が早めの店が多いものの徒歩圏に飲食店が複数ある。キッチンが充実しているから、食材や料理、酒を持ち込んでも。「過ごし方」の自由さも特徴だ。

❖白老温泉

# 界　ポロト

白老町若草町1－1018－94
電話　050・3134・8092

宿泊　露天

❖アクセス：道央自動車道白老 I.C. から車で約 6 分❖1 泊 2 食（税込）：2 名 1 室 31000 円〜
❖日帰り入浴：不可❖泉質：単純泉（モール温泉）

夏風が立ち、湖面に縮緬（ちりめん）のような光のしわが寄る。ガマの穂や野花もシャラシャラ揺れる。ここは本当にホテルの庭か…。テラスの向こうは、湖そのものを大胆に引き込む自然庭園。ポロト湖の素朴さ、憂いを帯びた美しさが、洗練されたホテル空間と一体となっている。

建物の内外装、食、湯。滞在のあらゆるシーンに用意されているのは、アイヌ民族の自然への畏敬に着想を得た類のないもてなしだ。伝統的な住居・チセをモチーフに、ロビーも42の客室も全ての窓を湖に向け、チセの大切な場である「炉」をイメージした暖炉やテーブルを置く。常に火を絶やさないロビーの暖炉まわりは、時にスタッフがゲストのために企画する様々な体験の場となり、時に静かな語らいを愉しむバーとなり、旅の時間を豊かにしてくれる。

温泉を味わうのは、趣の異なる二つの浴場で。湖にせり出す銅葺き屋根の湯小屋「△湯（さんかくのゆ）」は伝統的な丸太組みの様式・ケトゥンニを構造に活かした湯空間。琥珀色のモール温泉が満ちる内風呂の一角に、自然光が手招きする開口部がある。温かな湯の中をいくと突然、視界がダイナミックに広がり、ポロト湖と身も心もひとつながりになる露天へと導かれるのだ。

もう一つの「〇湯（まるのゆ）」は、ドーム天井頂部の丸い穴からその時間ごとの自然光が差し込む、まるで洞窟の湯に浸かるかのような静かな湯だ。天地自然の光と影、湖と森の色彩だけで彩られる「界ポロト」の一夜は、忘れ難いものになるだろう。

❖室蘭市内の温泉

# ホテルルートイン東室蘭駅前

室蘭市中島町3丁目5−10
電話 0143・42・3100

宿泊

❖**アクセス**：JR東室蘭駅から徒歩約2分❖**1泊朝食付き（税込）**：6700円〜❖**日帰り入浴**：不可❖**泉質**：アルカリ性単純温泉

ＪＲ東室蘭駅がまさに目の前、直線距離にして１００メートル。鉄道旅の宿にはこの上ない12階建てホテルだ。

大浴場はその最上階にある。ビジネス利用が多いだけに男性湯の方がやや広めだが、女性湯の方が眺望に優れる。夜半の湯浴みでは室蘭の街明かりがいい。湯は虎杖浜の湯元から運ぶなめらかなアルカリ性単純温泉。洗い場はパーテーションで仕切られ、独立性がある。

居酒屋形式で酒食を楽しめる館内の「花々亭」では、室蘭焼鳥やカレーラーメンなど地元の名物料理もあれこれ揃い、好評だ。

❖室蘭市内の温泉

# ホテルルートインGrand室蘭

室蘭市中島町2丁目22−2
電話 050・5576・7700

宿泊

❖**アクセス**：JR東室蘭駅から徒歩約7分❖**1泊素泊まり（税込）**：7000円〜❖**日帰り入浴**：不可❖**泉質**：アルカリ性単純温泉

北海道を代表する重化学工業の拠点、室蘭市。近年、ダイナミックな「工場夜景」が新たな旅の魅力として注目されている。その室蘭に２０１８年開業。ビジネス利用はもちろん観光拠点としても魅力的なホテルだ。ＪＲ東室蘭駅から徒歩約7分、加えて繁華街までも歩いて5分ほど。室蘭焼鳥など地元グルメを満喫するのにも良い。

シックな客室はシングルでもベッドサイズが広い。少し広めのテーブルはコーヒーを楽しむにも仕事に集中するにも便利だ。

大浴場は和モダンの意匠。湯につくろげば小庭の緑も目に涼しい。

胆振

❖むかわ温泉

## むかわ温泉 四季の湯

むかわ町美幸3丁目
電話 0145・42・4171

日帰

道の駅と公共温泉の複合施設「四季の館」。温泉大浴場「四季の湯」には、休憩室、プール、ランニングマシーンなどのトレーニングジム、図書館などがずらりと揃い、入館料を払えば一日気ままにどの施設を何度利用しても構わない、アクティブ派の穴場である。トレーニングジムで体をしぼり、プールで汗を流し、仕上げの温泉で身心ともリラックス。

これで大人520円というのはコストパフォーマンスも高い。しかも小学生は210円で未就学児に至っては無料。休日に家でエネルギーを持て余している子供を連れて行くにも、もってこいだ。

❖**アクセス**：JR苫小牧駅から日高本線で30分、JR鵡川駅から徒歩10分❖**料金**：大人520円、小学生210円、未就学児無料❖**時間**：10時～22時、無休❖**泉質**：含よう素－ナトリウム－塩化物強塩温泉

❖むかわ温泉

## ホテル四季の風

むかわ町美幸3丁目
電話 0145・42・4171

宿泊

「ホテル四季の風」は、むかわ町道の駅エリア複合施設の宿泊施設。日帰り入浴の大浴場と同じ源泉を引く専用浴場を備え、宿泊客だけは両方を利用できる。

その最上階の浴場は、ごく簡単な洗い場が二つあるきりで、あとはただ、海側に展望の開けたかけ流しの湯船のみ。石造りの浴槽は、湯の華で地肌が見えぬほど貫禄たっぷりの風貌。程良く整えた湯に身体を沈めると、身体がふわりと浮き上がるほど濃厚で、柔らかな湯心地だ。夕食は名産のシシャモや牛肉など、地元山海の幸がずらりと並ぶ炭火焼き付きの豪快なコース料理だ。

❖**アクセス**：JR苫小牧駅から車で約40分、JR鵡川駅から徒歩10分❖**1泊2食（税サ込）**：大人10550円～❖**日帰り入浴**：「四季の湯」を利用、大人520円、小人210円、幼児無料、10時～22時、無休（臨時休あり）❖**泉質**：含よう素－ナトリウム－塩化物強塩温泉

❖樽前温泉

## オートリゾート苫小牧 アルテン ゆのみの湯

苫小牧市樽前421－4
電話 0144・61・4126

❖**アクセス**：JR 苫小牧駅から車で約 30 分、JR 錦岡駅から車で約 10 分❖**料金**：大人 600 円、小学生 300 円、幼児無料❖**時間**：10 時～ 22 時、第 3 水曜日休み（変更になる場合あり）❖**泉質**：ナトリウム－塩化物強塩泉

「ゆのみの湯」は、濃厚な黄褐色のナトリウム―塩化物強塩泉が自慢の温泉。キャンプ場やパークゴルフ場などに隣接する。浴場は奇数日・偶数日で男女ののれんを入れ替える方式で、設備は主浴槽の他に寝湯、気泡湯、サウナ、ハーブ湯など。開放感のある露天風呂はこってりと肌にまとわる黄褐色で、湯上がりの温もりの持続が確かに桁違い。東屋仕立ての庭園風呂は、それだけでも風情があるが、なんといっても活火山・樽前山の雄大な眺望が湯浴みの興を深めてくれる。レストランや休憩室では、ご当地名物の「ホッキカレー」も熱々のうちに食べられる。

❖苫小牧市内の温泉

## 苫小牧信用金庫 まちなか交流館（足湯・手湯）

苫小牧市表町3丁目1－6
電話 0120・12・0503（とましんコールセンター）

日帰

❖**アクセス**：JR 苫小牧駅から徒歩約 8 分❖**料金**：無料❖**時間**：12 時～ 17 時、月曜日～木曜日休み❖**泉質**：ナトリウム－塩化物泉

苫小牧の中心街、苫小牧信用金庫本店に隣接するまちなか交流館にある足湯は多くの利用客が訪れる人気スポット。開館日は、金曜・土曜・日曜の週末のみ。

足湯といっても屋外ではなく、道産カラマツ材使いの筏屋根、面格子壁の美しい平屋内に設置され、休憩スペースのほか、女性が素足になりやすいようにと簡易更衣室まで設けてある。足湯の後の足拭きタオルも100円で販売されている。

湯は主に苫小牧アルテンゆのみの湯から濃厚な食塩泉を運んで利用。ブラックシリカ囲いの足湯の真ん中には石で組んだ手湯もある。

## 苫小牧温泉ほのか

苫小牧市糸井124－1
電話 0144・76・1126

太平洋に面した景勝自慢の苫小牧温泉ほのか。露天風呂に出てみれば、組み上げた大岩が迫力満点だ。そよ吹く風に潮の香りを感じながら湯にくつろげる。

中学生以上が利用できる岩盤浴は、温度の異なる二カ所を用意。体を芯から温める岩盤はブラックシリカ、ブラックストーンなど。ヒマラヤ岩塩の床に寝そべると、敷き詰めた石つぶてが背中のツボを心地よく押す。

レストランには大窓が広がり、カモメ舞う海をのんびり眺めながら、麺類や定食など気取らぬ味覚を楽しめる。

❖**アクセス**：JR 苫小牧駅から車で約 15 分❖**料金**：大人 950 円（湯着付き）、小人 300 円（館内着付き）、幼児無料（館内着無し）❖**時間**：9 時～ 24 時、無休❖**泉質**：冷鉱泉



## なごみの湯

苫小牧市柳町2丁目7－6
電話 0144・57・0753

繁華な国道に面して立つ日帰り湯。自慢は掘削時から変わることなく毎分530リットルもの自噴を続ける自家源泉だ。その源泉があふれるのが湯殿の入口正面に構える檜丸風呂。緑茶色のとろみ湯が愛好家にはたまらない。立ち湯式の強めのジャグジーはマッサージ効果抜群。高温サウナの傍らには60度の低温サウナも揃い、高齢の方にも安心だ。

爽やかな露天は庭付きで、花々はスタッフが自発的に手入れするそう。よく見れば浴場にもレストランにも可愛い花、子供用おもちゃ、手作りの飾り付けにメッセージ…。心も温まる名湯だ。

❖**アクセス**：JR 苫小牧駅から車で約 15 分❖**料金**：大人 950 円、小人（キャンペーン期間中につき）無料❖**時間**：日～木曜と祝日 10 時～ 23 時、金・土・祝前日は 24 時まで、無休❖**泉質**：ナトリウム－塩化物強塩温泉

❖室蘭市内の温泉

## ドーミーイン東室蘭

室蘭市中島町2丁目30−11
電話 0143・41・5489

宿 露

男女で意匠の異なる浴室はいずれもくつろぎ重視のシックな雰囲気。サウナも人気が高い。

❖**アクセス**：JR東室蘭駅から徒歩約5分❖**1泊素泊まり（税サ込）**：6000円〜（時期やプランなどにより変動あり）❖**日帰り入浴**：不可❖**泉質**：ナトリウム・カルシウム−炭酸水素塩・硫酸塩・塩化物温泉

❖鶴の湯温泉

## 鶴の湯温泉

安平町早来北町5
電話 0145・26・2211

宿 日

美庭が自慢の鶴の湯温泉は安平川のほとりにたたずむ。開業は1902年（明治35年）。

❖**アクセス**：JR千歳駅から車で約20分、JR早来駅より車で約5分❖**1泊2食（税サ込）**：大人8240円〜（入湯税別150円）❖**日帰り入浴**：大人530円、4歳〜小学生320円、10時〜21時、火曜日・水曜日休み（祝日の場合は翌日休み）❖**泉質**：含硫黄−ナトリウム−塩化物・炭酸水素塩泉

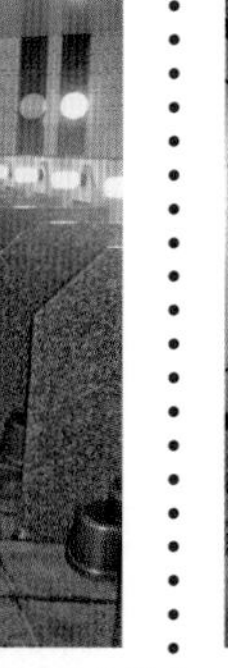

❖豊浦温泉

## 天然豊浦温泉 しおさい

豊浦町浜町109
電話 0142・83・1126

宿 日 露

豊浦の海岸べりに立つ湯宿。露天・内湯ともに源泉かけ流し。別途1100円で貸切風呂の利用も可能。

❖**アクセス**：JR洞爺駅から車で約10分、JR豊浦駅から車で約5分❖**1泊2食（税サ込）**：16720円〜❖**日帰り入浴**：大人（中学生以上）600円、子供（3歳以上小学生まで）200円、幼児（3歳未満、保護者同伴）無料、10時〜21時（20時30分最終受付）、無休❖**泉質**：カルシウム・ナトリウム硫酸塩泉

❖洞爺湖温泉

絶景の湯宿 洞爺湖畔亭

洞爺湖町洞爺湖温泉7－8
電話 0570・026571

宿 日 露

地上32メートルに位置する9階の大浴場と、露天では雄大な洞爺湖を眺めながらぜいたくな湯浴みを堪能できる。

❖**アクセス**：JR洞爺駅から車で約18分❖**1泊2食（税サ込）**：大人13200円～❖**日帰り入浴**：大人1200円、小人600円、13時～19時（最終受付18時）、無休❖**泉質**：ナトリウム・カルシウム－塩化物泉❖**備考**：日帰り入浴タオル貸出300円。JR札幌駅から無料送迎あり（宿泊者のみ・要予約）

❖苫小牧市内の温泉

ドーミーイン苫小牧

苫小牧市錦町2－1－22
電話 0144・32・5489

宿 露

大浴場はホテル最上階の9階に。内湯と露天のいずれにも自家源泉の食塩泉が満ちている。

❖**アクセス**：JR苫小牧駅から徒歩7分❖**1泊素泊まり（税サ込）**：6990円～（時期やプランなどにより変動あり）❖**日帰り入浴**：不可❖**泉質**：ナトリウム－塩化物

胆振

❖蟠渓温泉

## 湯人家

壮瞥町蟠渓8－10
電話 0142・65・2225

宿 日 露

長流川のほとりに立つ温泉宿。無色透明のさっぱりした湯があふれている。

❖アクセス：JR伊達紋別駅から車で約30分 ❖1泊2食（税サ込）：大人7800円～❖日帰り入浴：大人500円、小人350円、11時～20時、無休❖泉質：単純温泉（中性低張性高温泉）❖備考：JR伊達紋別駅などから送迎あり（要予約）

❖むろらん温泉

## むろらん温泉 ゆらら

室蘭市絵鞆町4丁目2－17
電話 0143・27・4126

日 露

目の前は白鳥大橋の架かる室蘭港。浴場は中温、高温の浴槽に圧注浴、気泡浴、サウナなどがそろう。休憩室は2カ所あり、特に2階のそれは眺望自慢。

❖アクセス：JR室蘭駅から車で約10分 ❖料金：大人680円、4歳～小学生280円、3歳以下無料❖時間：11時～22時（最終受付21時20分）、第3木曜日休み❖泉質：ナトリウム－塩化物・硫酸塩泉

❖伊達温泉

## 伊達温泉

伊達市館山下町223
電話 0142・25・1919

宿 日 露

国道至近、高速道路も近い。露天風呂は東屋仕立ての和風の装い。食堂もあり、メニューも豊富。

❖アクセス：JR伊達紋別駅から車で5分 ❖1泊2食（税サ込）：大人6490円～❖日帰り入浴：大人490円、小人150円、幼児80円、8時～23時、無休❖泉質：ナトリウム－塩化物泉❖備考：宿泊のみカード利用可

❖樹海温泉

## 樹海温泉はくあ

むかわ町穂別稲里417－1
電話 0145・45・2003

日 露

2キロ離れた山中に自然湧出、古くは村上温泉と呼んだ濃厚な鉱泉が真新しい建物で現代によみがえった。

❖アクセス：JR札幌駅から車（道央自動車道経由）で約1時間30分、JR新夕張駅から車で約20分❖料金：大人520円、小人300円、幼児無料❖時間：4～11月11時～20時（夏休み期間も）、12月は13時～19時、大晦日は11時～17時、1～3月は休業❖泉質：カルシウム・ナトリウム－塩化物泉❖備考：7月～8月無休期間あり

胆振

❖登別温泉

## ホテル まほろば

登別市登別温泉町65
電話 0143・84・2211

宿 露

露天風呂を含めてとにかく広い。浴槽の種類は実に31種に及び、一日では入りきれないほど。

**❖アクセス**：JR登別駅から車で約15分 **❖1泊2食（税サ込）**：大人14300円～ **❖日帰り入浴**：不可 **❖泉質**：①単純硫黄泉②酸性－含鉄（II）－ナトリウム・カルシウム－塩化物・硫酸塩泉③酸性－含硫黄・（ナトリウム）－硫酸塩泉④含硫黄－ナトリウム－塩化物泉

❖洞爺湖温泉

## ホテルニュー洞爺湖

洞爺湖町洞爺湖温泉144
電話 0142・75・2818

宿

湯は組合で管理、分湯するナトリウム・カルシウム—炭酸水素塩・硫酸塩・塩化物泉をかけ流す。

**❖アクセス**：JR洞爺駅から車で約10分 **❖1泊2食（税込）**：大人9100円～（入湯税込） **❖日帰り入浴**：不可 **❖泉質**：ナトリウム・カルシウム－炭酸水素塩・硫酸塩・塩化物泉 **❖備考**：カード利用不可

❖登別温泉

## 花鐘亭はなや

登別市登別温泉町134
電話 0143・84・2521

宿 日 露

登別温泉入り口に立つ、21室のこぢんまりとした宿。白濁色の源泉かけ流し湯に癒される。

**❖アクセス**：JR登別駅から車で約10分 **❖1泊2食**：大人1人20200円～（入湯税大人1名300円別）（税込） **❖日帰り入浴**：大人1000円、3歳以上500円、11時～14時（最終受付13時30分）、無休 **❖泉質**：酸性・含硫黄－アルミニウム－硫酸塩・塩化物泉（硫化水素型） **❖備考**：JR登別駅から送迎あり（要予約）

❖洞爺湖温泉

## ホテル グランドトーヤ

洞爺湖町洞爺湖温泉144
電話 0142・75・2288

宿 日 露

客室はほとんどすべてが湖畔に面しており、時を追って移り変わる窓外の眺めも申し分ない。風呂は露天を備えた男女別の大浴場。湯はこの宿の習いとして源泉をかけ流し。

**❖アクセス**：JR洞爺駅から車で約10分**❖1泊2食（税サ込）**：大人8000円～**❖日帰り入浴**：大人600円、小人300円、13時～21時（最終受付20時）、無休**❖泉質**：ナトリウム・カルシウム－塩化物温泉

❖洞爺湖温泉

## 洞爺グリーンホテル

洞爺湖町洞爺湖温泉144
電話 0142・75・3030

宿

温泉街の中心部に立地する。新館ができてさらに快適になった。

**❖アクセス**：JR洞爺駅から車で約10分**❖1泊素泊まり（税込）**：大人6600円**❖1泊2食（税込）**：大人8800円（連泊の場合は通常料金より安価に設定）**❖日帰り入浴**：不可**❖泉質**：ナトリウム・カルシウム－炭酸水素塩・硫酸塩・塩化物泉**❖備考**：カード利用不可

❖洞爺湖温泉

## 洞爺湖万世閣 ホテルレイクサイドテラス

洞爺湖町洞爺湖温泉21
電話 0570・08・3500

宿 日 露

洞爺湖畔に建つホテル。最上階大浴場からの眺めも清々しい。

**❖アクセス**：JR洞爺駅から車で約12分**❖1泊2食（税サ込）**：大人12400円（消費税・入湯税込み）**❖日帰り入浴（タオル別）**：大人1200円、3歳～小学生600円、2歳以下無料（土日祝日は大人1500円、小学生750円）、7時～10時／13時～21時（最終受付20時）、無休**❖泉質**：ナトリウム・カルシウム－塩化物温泉（中性低張性高温泉）**❖備考**：JR札幌駅から送迎あり（宿泊者専用・有料・要予約）

❖洞爺湖温泉

## 洞爺サンパレスリゾート&スパ

壮瞥町洞爺湖温泉7－1
電話 0142・75・1111

宿 日 露

全室から眼下に広がる洞爺湖を一望する眺望が自慢。露天風呂では湖とひとつになるような開放感。

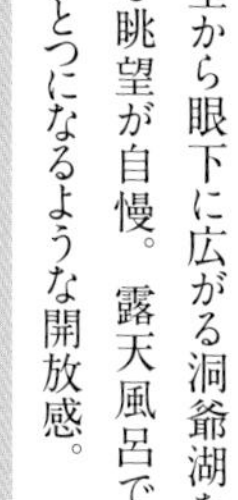

**❖アクセス**：JR洞爺駅から車で約12分**❖1泊2食（税サ込）**：大人9750円～**❖日帰り入浴**（土日祝日と夏・冬休み大型連休のみ）：大人2000円、3歳～小学生1500円、10時～15時（最終受付14時）**❖泉質**：ナトリウム－塩化物・硫酸塩泉**❖備考**：札幌中心部から送迎あり（要予約）

❖壮瞥温泉

## ホテル中の島

壮瞥町壮瞥温泉103
電話 0142・75・4115
宿

正面に洞爺湖、背に昭和新山とロケーションがいい。源泉かけ流しの温泉浴場が夜通し利用できる。

❖アクセス：JR洞爺駅から車で約15分❖1泊朝食付（税サ込）：大人8000円〜❖日帰り入浴：不可❖泉質：ナトリウム・カルシウム－炭酸水素塩・硫酸塩・塩化物泉❖備考：カード利用不可

❖壮瞥温泉

## ホテル中の島別館

壮瞥町壮瞥温泉103
電話 0142・75・2283
宿

ホテル中の島本館と建物が連結、浴場を共用している。湯は組合で集湯した混合泉をストレートに利用。

❖交通：JR洞爺駅から車で約15分❖1泊素泊まり（税サ込）：4000円〜❖日帰り入浴：不可❖泉質：ナトリウム・カルシウム－炭酸水素塩・硫酸塩・塩化物泉❖備考：カード利用不可

❖洞爺湖温泉

## 源泉の湯宿 洞爺ごきらく亭

洞爺湖町洞爺湖温泉1-4
電話 0570・026571
宿

旅好きにお薦めの温泉宿。源泉を湯船に注ぎ込む源泉かけ流しの温泉。湯花で茶褐色に濁る湯が旅の疲れを癒してくれる。

❖アクセス：JR洞爺駅から車で約18分❖1泊素泊まり（税サ込）：大人5378円〜❖日帰り入浴：不可❖泉質：ナトリウム・カルシウム－炭酸水素塩・硫酸塩・塩化物泉❖備考：カード利用不可。JR札幌駅、新千歳空港から送迎あり（宿泊者のみ・要予約）

## 登別温泉

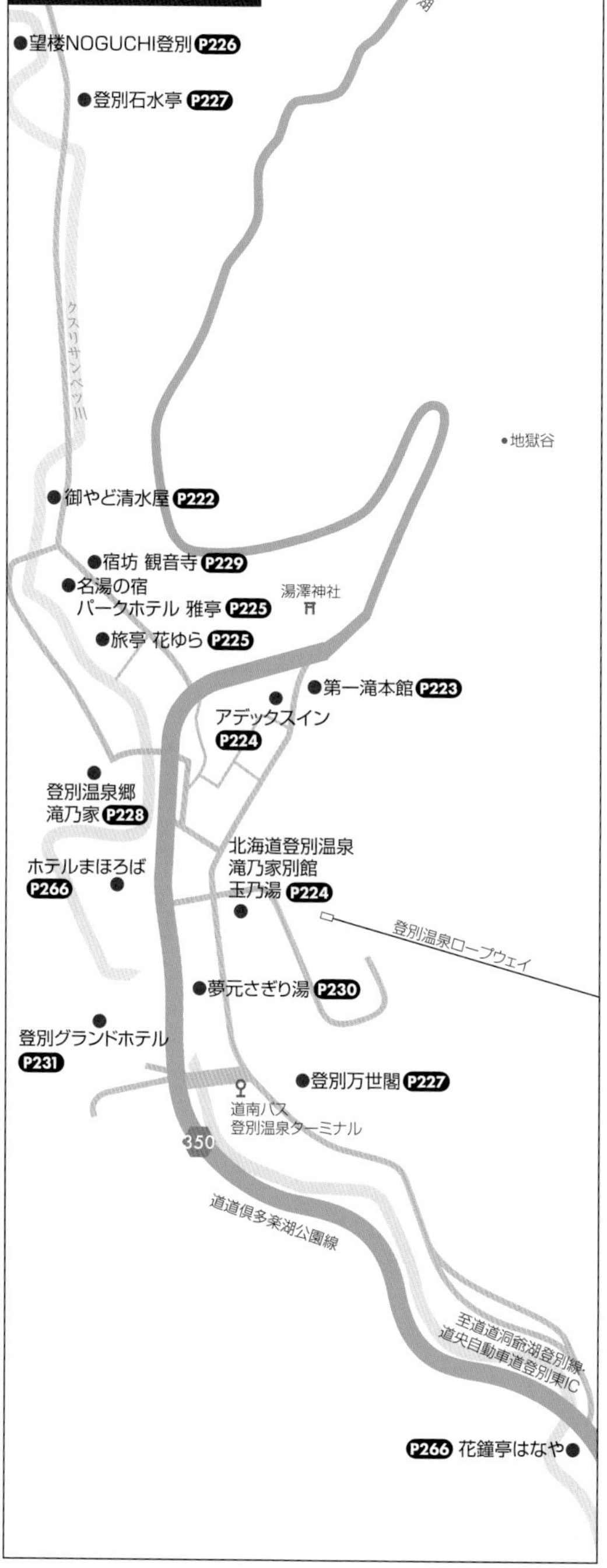
至倶多楽湖
望楼NOGUCHI登別 P226
登別石水亭 P227
クスリサンベツ川
地獄谷
御やど清水屋 P222
宿坊 観音寺 P229
名湯の宿
パークホテル 雅亭 P225
湯澤神社
旅亭 花ゆら P225
第一滝本館 P223
アデックスイン
P224
登別温泉郷
滝乃家 P228
北海道登別温泉
滝乃家別館
玉乃湯 P224
ホテルまほろば
P266
登別温泉ロープウェイ
夢元さぎり湯 P230
登別グランドホテル
P231
登別万世閣 P227
道南バス
登別温泉ターミナル
350
道道倶多楽湖公園線
至道道洞爺湖登別線・
道央自動車道登別東IC
P266 花鐘亭はなや

## カルルス温泉

登別川
森の湯山静館
P231
鈴木旅館 P232
至洞爺湖
湯元
オロフレ荘
P233
道道洞爺湖登別線
2
至道央自動車道
登別東IC

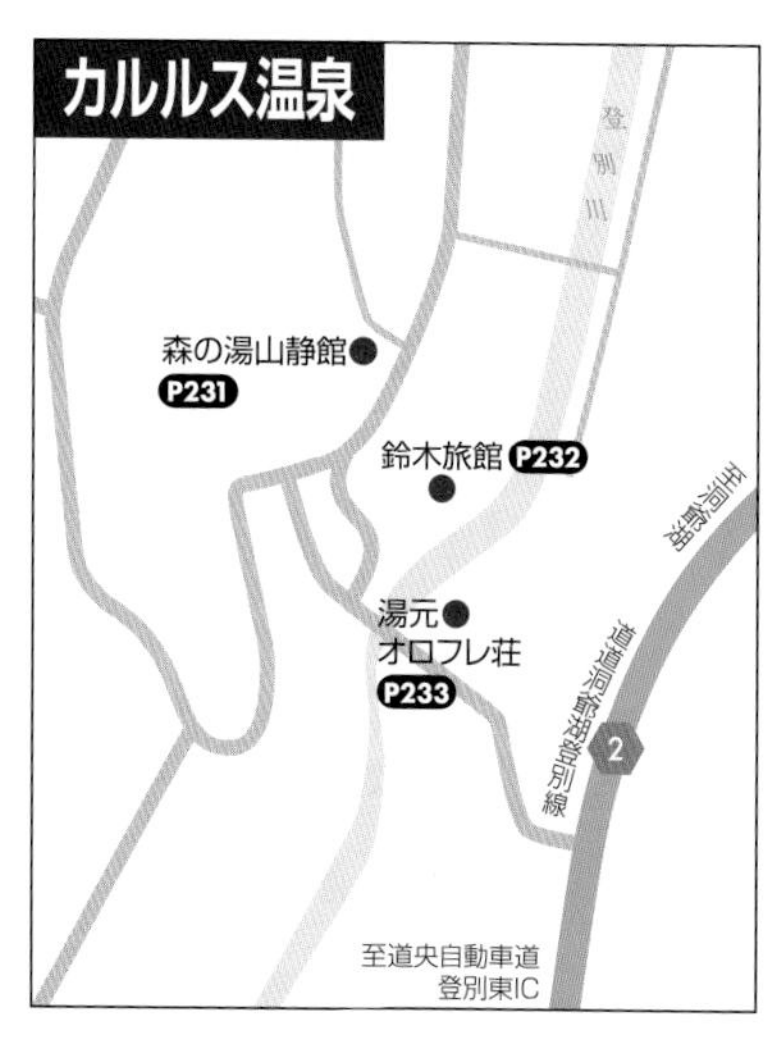

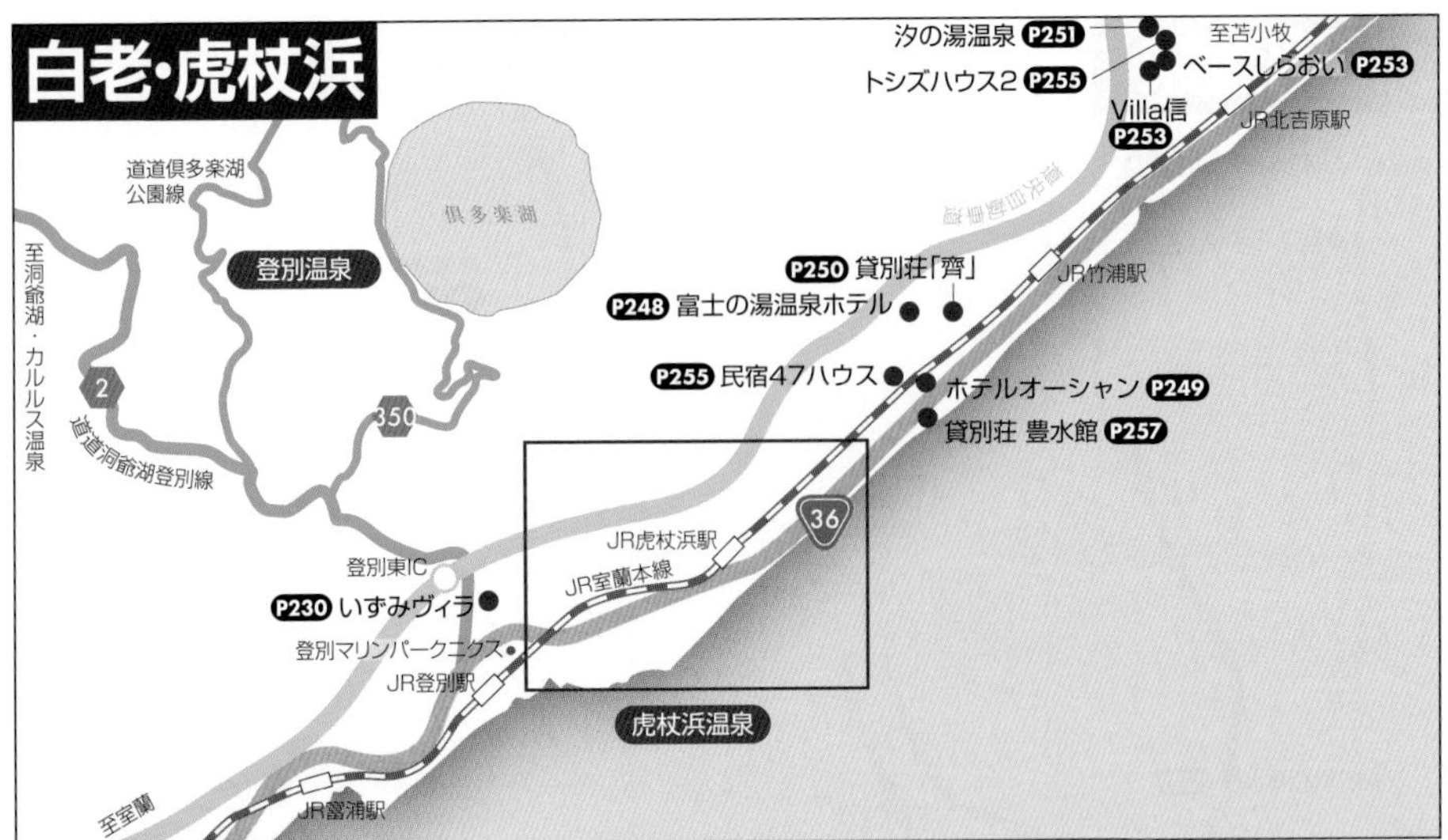
白老・虎杖浜
汐の湯温泉 P251
至苫小牧
ベースしらおい P253
トシズハウス2 P255
Villa信
P253
JR北吉原駅
道道倶多楽湖
公園線
倶多楽湖
登別温泉
至洞爺湖・カルルス温泉
P250 貸別荘「齊」
JR竹浦駅
P248 富士の湯温泉ホテル
P255 民宿47ハウス
ホテルオーシャン P249
貸別荘 豊水館 P257
2
350
道道洞爺湖登別線
36
JR虎杖浜駅
登別東IC
JR室蘭本線
P230 いずみヴィラ
登別マリンパークニクス
JR登別駅
虎杖浜温泉
至室蘭
JR富浦駅

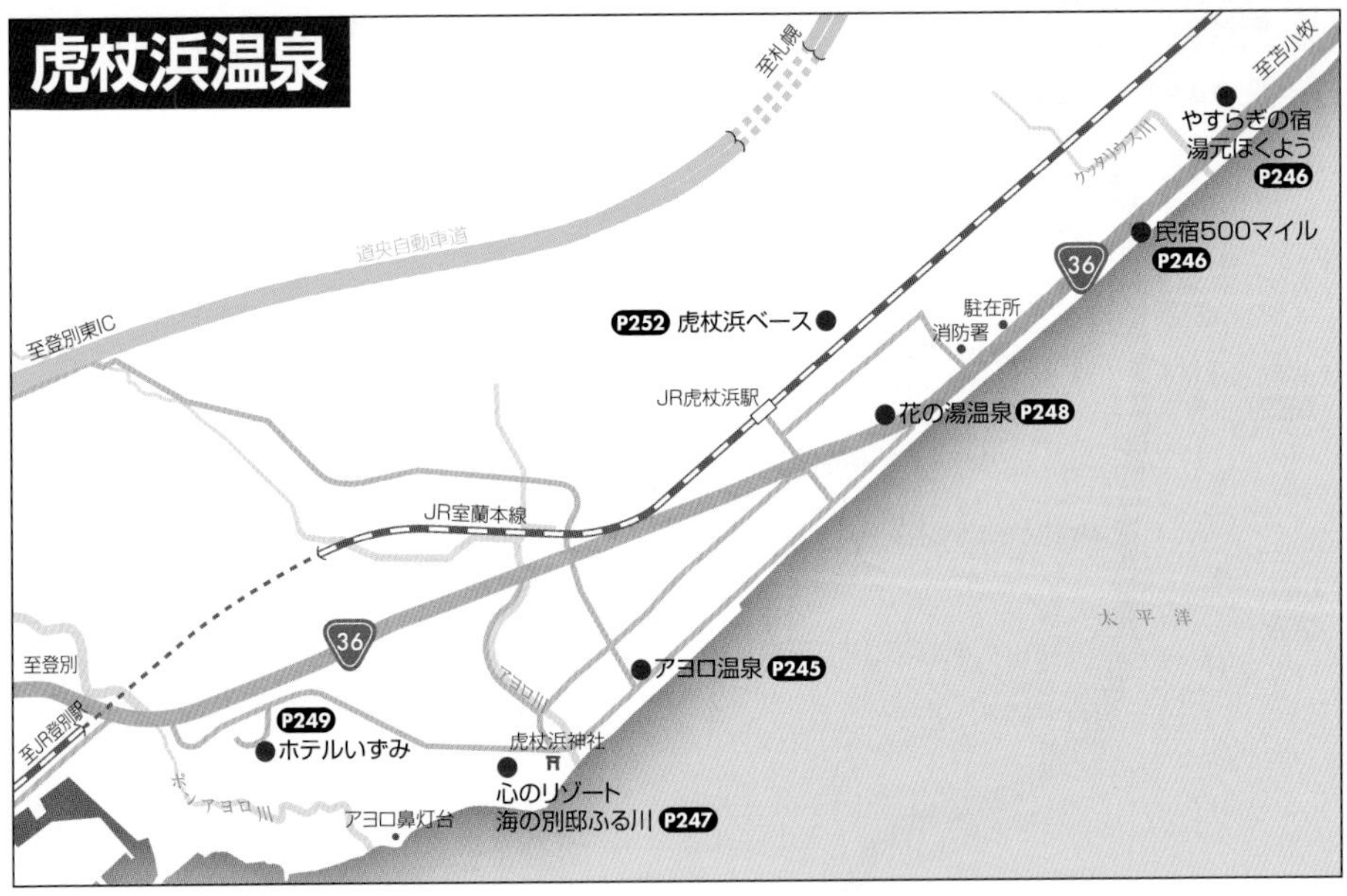
虎杖浜温泉
至札幌
至苫小牧
やすらぎの宿
湯元ほくよう
P246
民宿500マイル
P246
道央自動車道
36
駐在所
消防署
P252 虎杖浜ベース
至登別東IC
JR虎杖浜駅
花の湯温泉 P248
JR室蘭本線
太平洋
36
至登別
アヨロ温泉 P245
P249
ホテルいずみ
虎杖浜神社
至JR登別駅
心のリゾート
海の別邸ふる川 P247
アヨロ鼻灯台

胆振

## 洞爺湖広域

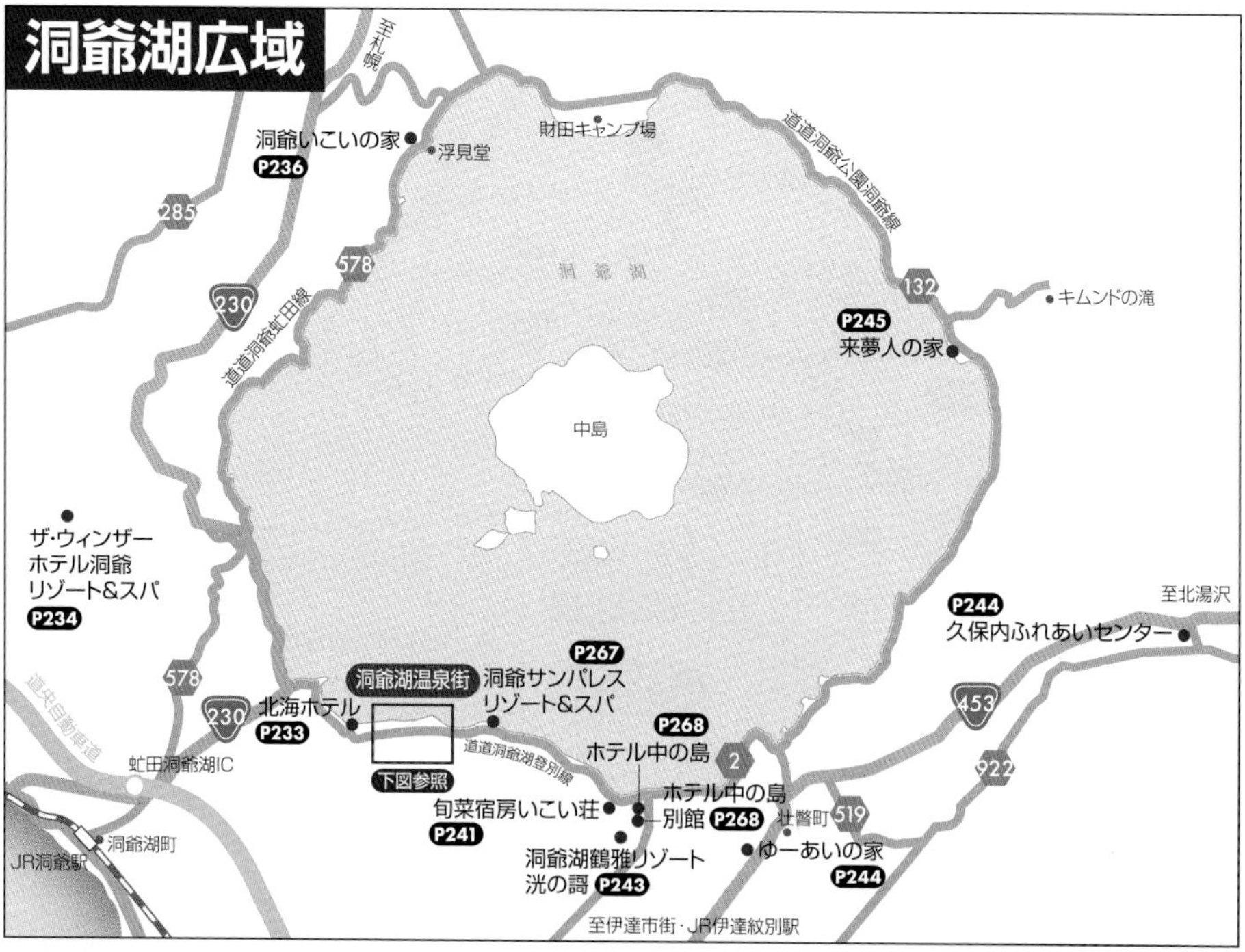

至札幌
洞爺いこいの家 P236
浮見堂
財田キャンプ場
道道洞爺公園洞爺線
285
578
230
132
洞爺湖
道道洞爺虻田線
キムンドの滝
P245 来夢人の家
中島
ザ・ウィンザーホテル洞爺リゾート&スパ P234
至北湯沢
P244 久保内ふれあいセンター
578
洞爺湖温泉街
洞爺サンパレスリゾート&スパ P267
道央自動車道
230
北海ホテル P233
453
ホテル中の島 P268
2
922
道道洞爺湖登別線
虻田洞爺湖IC
下図参照
ホテル中の島別館 P268
旬菜宿房いこい荘 P241
壮瞥町
519
洞爺湖町
JR洞爺駅
洞爺湖鶴雅リゾート洸の謌 P243
ゆーあいの家 P244
至伊達市街・JR伊達紋別駅

## 洞爺湖温泉街

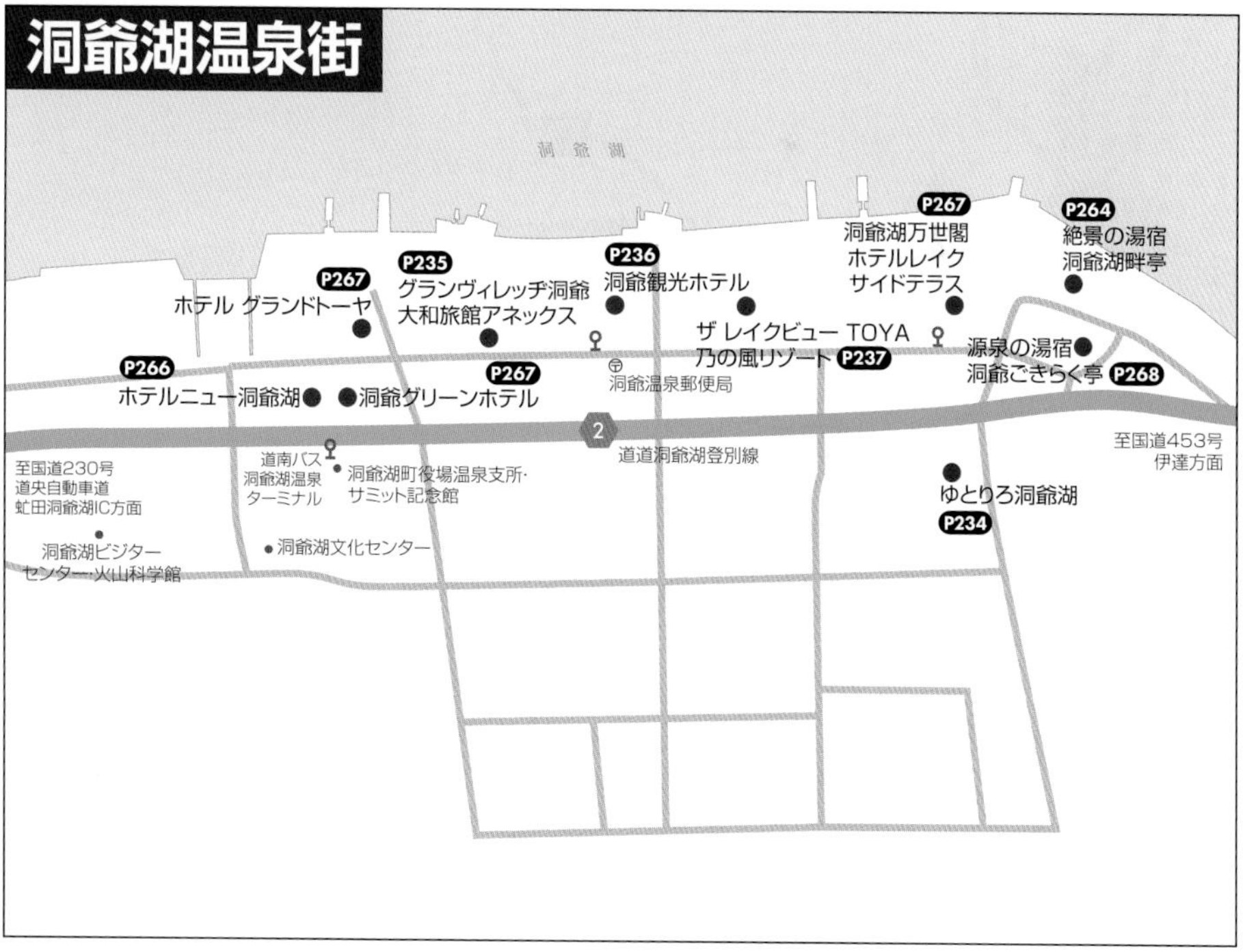

洞爺湖
P267 洞爺湖万世閣ホテルレイクサイドテラス
P264 絶景の湯宿洞爺湖畔亭
P235 グランヴィレッヂ洞爺大和旅館アネックス
P236 洞爺観光ホテル
P267 ホテル グランドトーヤ
ザ レイクビュー TOYA乃の風リゾート P237
源泉の湯宿洞爺ごきらく亭 P268
P266 ホテルニュー洞爺湖
洞爺グリーンホテル P267
洞爺温泉郵便局
2
道道洞爺湖登別線
至国道453号伊達方面
至国道230号道央自動車道虻田洞爺湖IC方面
道南バス洞爺湖温泉ターミナル
洞爺湖町役場温泉支所・サミット記念館
ゆとりろ洞爺湖 P234
洞爺湖文化センター
洞爺湖ビジターセンター・火山科学館

胆振

## 胆振

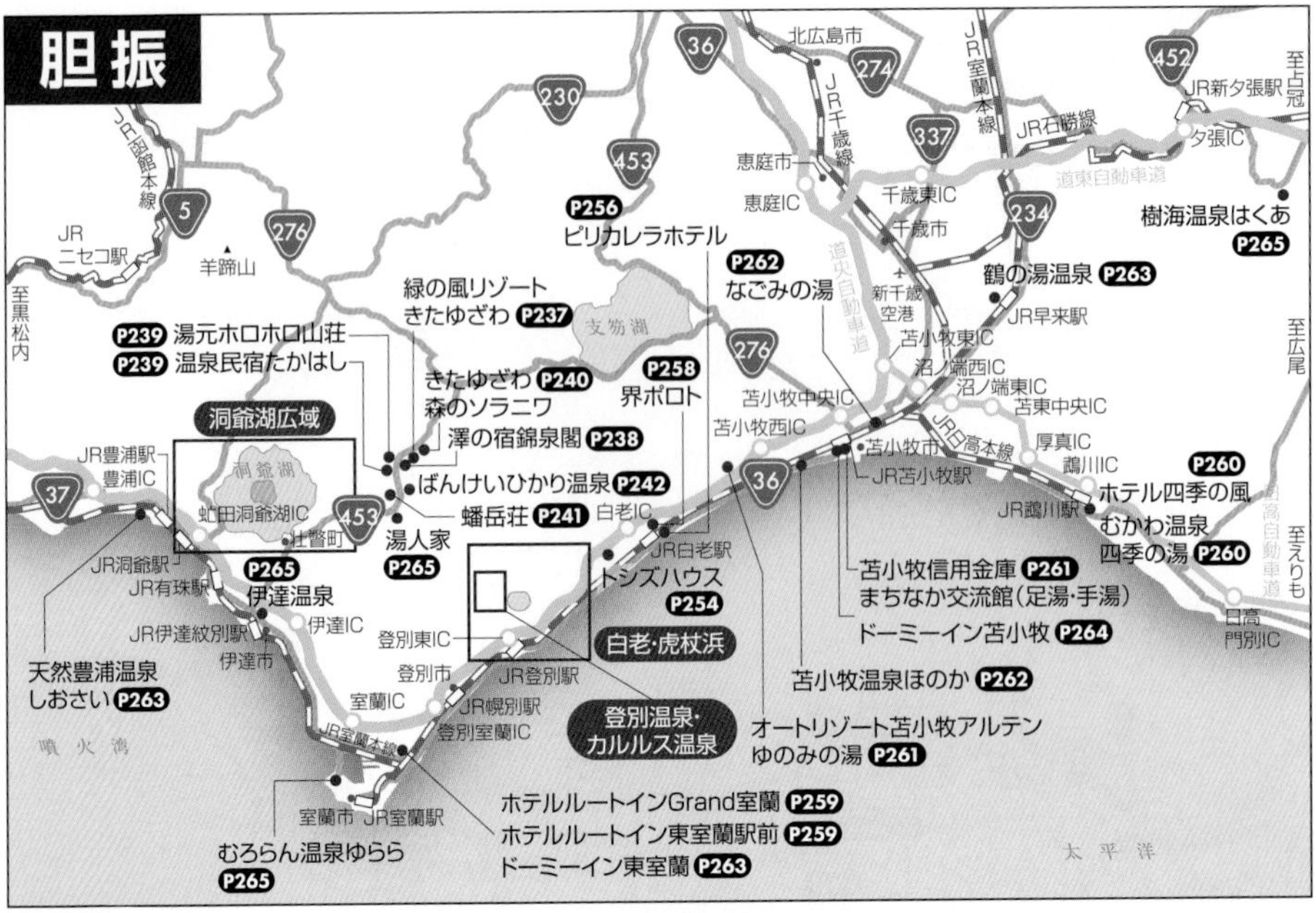
至黒松内
JR函館本線
JRニセコ駅
羊蹄山
5
276
230
453
36
北広島市
274
JR千歳線
JR室蘭本線
337
234
452
JR新夕張駅
至占冠
JR石勝線
夕張IC
道東自動車道
恵庭市
恵庭IC
千歳東IC
千歳市
道央自動車道
新千歳空港
JR早来駅
支笏湖
P256 ピリカレラホテル
P262 なごみの湯
鶴の湯温泉 P263
樹海温泉はくあ P265
緑の風リゾート きたゆざわ P237
P239 湯元ホロホロ山荘
P239 温泉民宿たかはし
きたゆざわ P240 森のソラニワ
P258 界ポロト
澤の宿錦泉閣 P238
洞爺湖広域
ばんけいひかり温泉 P242
蟠岳荘 P241
湯人家 P265
P265 伊達温泉
トシズハウス P254
白老・虎杖浜
登別温泉・カルルス温泉
苫小牧東IC
沼ノ端西IC
沼ノ端東IC
苫東中央IC
苫小牧中央IC
苫小牧西IC
苫小牧市
JR日高本線
厚真IC
鵡川IC
JR苫小牧駅
JR鵡川駅
P260 ホテル四季の風
むかわ温泉 四季の湯 P260
至広尾
日高自動車道
至えりも
日高門別IC
苫小牧信用金庫 まちなか交流館（足湯・手湯） P261
ドーミーイン苫小牧 P264
苫小牧温泉ほのか P262
オートリゾート苫小牧アルテン ゆのみの湯 P261
JR豊浦駅
豊浦IC
37
洞爺湖
虻田洞爺湖IC
壮瞥町
JR洞爺駅
JR有珠駅
伊達IC
JR伊達紋別駅
伊達市
天然豊浦温泉 しおさい P263
白老IC
JR白老駅
登別東IC
登別市
JR登別駅
室蘭IC
JR幌別駅
登別室蘭IC
JR室蘭本線
噴火湾
室蘭市
JR室蘭駅
むろらん温泉ゆらら P265
ホテルルートインGrand室蘭 P259
ホテルルートイン東室蘭駅前 P259
ドーミーイン東室蘭 P263
太平洋

## 日高

至夕張
至日勝峠
ひだか高原荘 P275
道央自動車道
苫小牧東IC
至室蘭
苫小牧中央IC
苫小牧市
JR日高本線
JR苫小牧駅
日高自動車道
237
二風谷ダム
びらとり温泉ゆから P273
平取町
沙流川
JR鵡川駅
235
日高門別IC
とねっこの湯 P273
日高町
日高厚賀IC
静内川
新冠温泉 ホテルヒルズ P274
新冠町
新ひだか町
静内温泉（新ひだか町町民保養施設） P274
至広尾
日高幌別川
P275 みついし昆布温泉 蔵三
浦河町
至えりも
太平洋

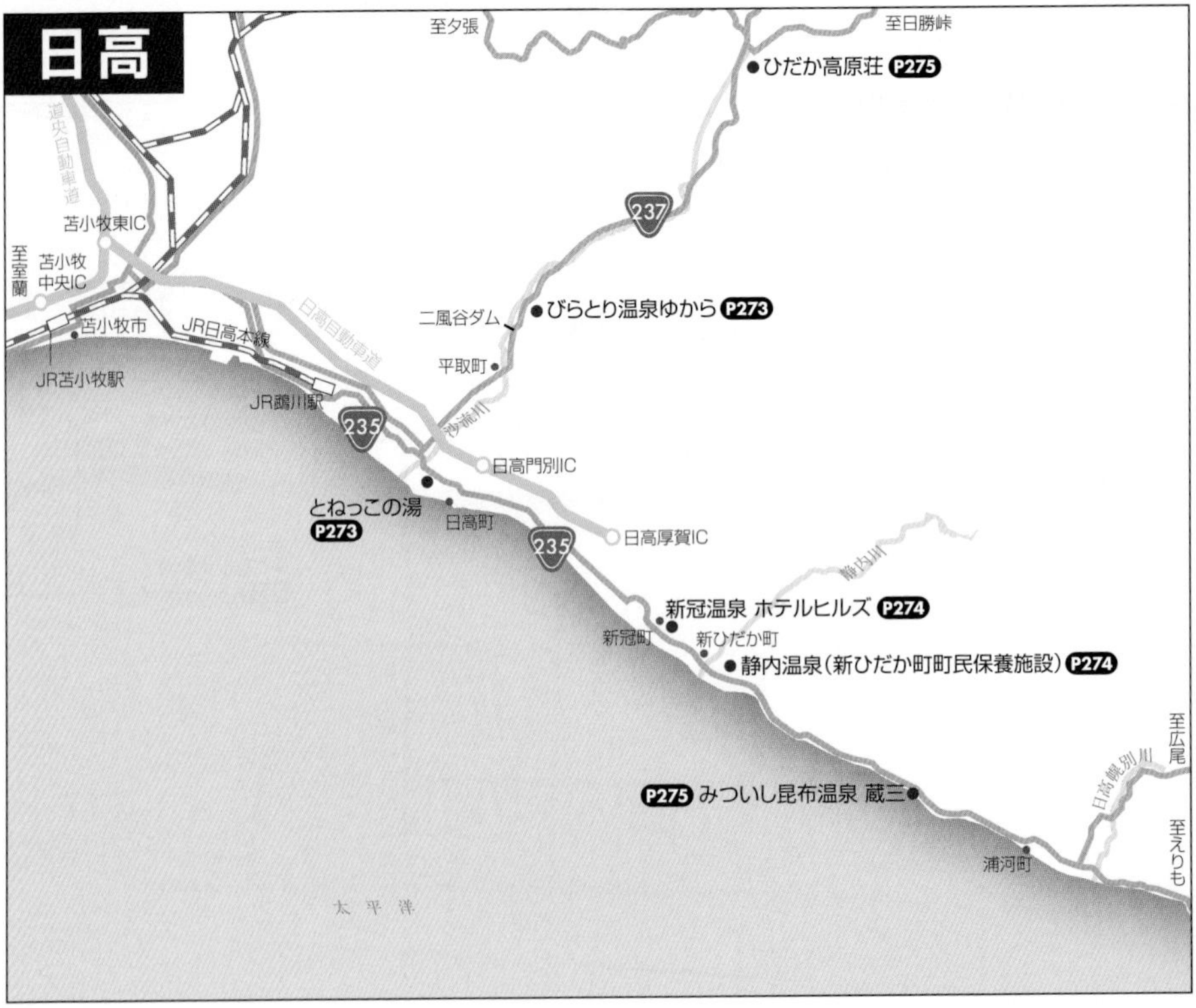

❖びらとり温泉

# びらとり温泉ゆから

平取町二風谷92－6
電話 01457・2・3280

宿泊 日帰 露天

アイヌ民族の伝統文様が意匠の中に散りばめられた設え。大浴場は地元の銘石「幸太郎石」を露天に配置し、モダンな中にも野趣を感じる造りに。温泉は、古くは13キロ先から自然湧出泉を運んでいたが、現在は敷地内に新しい泉源を掘り当て、鮮度を上げた。内湯には天然温泉の他に、体に優しい人工の高濃度炭酸泉風呂があり、ぬるめなのによく体を温める。

宿泊の膳にはびらとり和牛やトマトなどの地元の食材の魅力が、手の込んだ前菜などの様々な料理として提供される。客室は15室のみ。そのうち和室二つと洋室つは部屋の続きに温泉露天風呂を備える特別室仕様だが、記念日のお祝い候補にもいいだろう。

❖**アクセス**：JR苫小牧駅から車で約1時間10分❖**1泊2食（税込）**：大人14150円～❖**日帰り入浴**：大人500円、小学生140円、幼児無料、10時～21時（最終受付20時30分）、無休❖**泉質**：ナトリウム－塩化物強塩泉

❖門別温泉

# とねっこの湯

日高町富浜223－140
電話 01456・3・4126

日帰 露天

一般公募によって、土地の言葉で「仔馬」を意味する「とねっこ」の名が選ばれた公共の日帰り温泉。名馬の産地・門別の人々が温泉の誕生を待ちかねた気持ちが伝わってくる名前だ。

牧舎をイメージに取り入れた建物はバリアフリーで身体の不自由な人に配慮した造りになっており、特に要介護・身障者浴室は充実している。公共の湯は、これでこそだ。

大浴場は主浴槽に気泡湯、寝湯、それにサウナと水風呂も。源泉温度が低いので加熱はするが、かけ流しと循環を並用して湯の質へのこだわりをみせている。

❖**アクセス**：JR苫小牧駅から車で約1時間❖**料金**：大人500円、中学生300円、小学生200円、乳幼児無料❖**時間**：10時～22時（最終受付21時30分）、第3月曜日（祝日の場合は翌日）休み❖**泉質**：ナトリウム－塩化物泉❖**備考**：町内無料送迎バスあり（曜日限定）

❖新冠温泉

# 新冠温泉　ホテルヒルズ

新冠町西泊津16－3
電話 0146・47・2100

標高65メートルの見晴らしの良い丘の上にあり、絶景が自慢の温泉。窓の向こうには緩やかに広がる牧草地、海、判官岬が一望できる。新冠町市街地や新ひだか町市街地まで車で数分とアクセスもいい。

清潔感ある浴場は樹齢100年超の柱や巨大な日高石などを配するログ造り。和風風呂と洋風風呂の2種類の大浴場があり日替わりで男女入れ替えとなる。どちらの温泉大浴場にも露天風呂がついており、夕暮れには太平洋に沈む夕陽を眺めることができる。また、バリアフリーの露天風呂付きの貸切風呂もあり好評だ。

❖**アクセス**：JR苫小牧駅から車で約1時間20分❖**1泊2食(税込)**：大人13300円〜❖**日帰り入浴**：大人500円、小人300円、幼児無料、5時〜8時／10時〜22時、不定休❖**泉質**：ナトリウム－塩化物・炭酸水素塩泉

❖静内温泉

# 静内温泉（新ひだか町町民保養施設）

新ひだか町静内浦和106
電話 0146・44・2111

静内温泉は、1899年（明治32年）、地元農家が牧場づくりのため森林を踏査中、自然湧出の冷泉を見つけたのがはじまりだ。その後旅館「有勢内鑛泉（うせないこうせん）」が開業し、昭和30年代まで桜やカエデの見事な庭園の保養地として湯治客でにぎわった。廃業後は町が湯を守り、現在に至る。

建物は、段差のなさ、休憩のしやすさ、水分補給の手軽さなど、湯客の体を自然にいたわる造り。浴場には湯温の異なる温泉浴槽、真湯を張った気泡浴槽、サウナと水風呂も。副浴槽の内部は、腰掛けたり足を伸ばせたりする浅めの部分を広くとり、半身浴で体に負担がかからない。

❖**アクセス**：JR苫小牧駅から車で約1時間30分❖**料金**：大人550円、小人160円、幼児無料❖**時間**：10時〜22時（最終受付21時30分）、月曜日休み（祝日の場合は翌日）❖**泉質**：ナトリウム－炭酸水素塩泉

❖みついし昆布温泉

## 蔵三

みついし昆布温泉
新ひだか町三石鳧舞162
電話0146・34・2300

宿 日 露

海水浴場が目の前に。内湯には網袋に詰めた名産昆布からエキスがしみ出る「みついし昆布風呂」。

❖**アクセス**：JR苫小牧駅から車で約1時間30分 ❖**1泊2食（税サ込）**：大人18000円〜、入湯税150円❖**日帰り入浴**：大人550円、小学生160円、幼児無料、10時〜22時（最終受付21時30分）、無休❖**泉質**：冷鉱泉

❖沙流川温泉

## ひだか高原荘

日高町富岡444-1
電話01457・6・2258

宿 日

日高国際スキー場を目の前にする山荘風の公共の宿。岩壁から湯がほとばしり野趣たっぷり。

❖**アクセス**：JR札幌駅から車（道央自動車道〜道東自動車道経由）で約1時間50分 ❖**1泊2食（税サ込）**：2名1室 大人9500円〜❖**日帰り入浴**：大人500円、中学生300円、小学生200円、幼児以下無料、10時（月曜日14時）〜20時（最終受付19時30分）、無休❖**泉質**：単純硫黄冷鉱泉

あっちゃんの温泉の基礎知識

## 北海道の温泉

雪深い北国に、自然が与えたご褒美のような湯けむり—。温泉地が全国一多い都道府県は北海道で、令和3年度の環境省のデータによれば、道内の温泉地の数は228カ所と全国第1位です。

北海道に温泉が多いのは、単に面積の広さだけが理由ではなく、火山の多さと密接な関係があります。北海道の東部から中央部にかけては、千島列島から連なり東西へとのびる「千島火山帯」の火山群が続きます。また、北海道西部から南へと延び、東北地方へ続く「那須火山帯」にも多くの火山がそびえます。数珠のように連なる火山群や地熱地帯は、温泉にとって「天然の風呂釜」のようなもの。また、火山帯にできる陥没カルデラは摩周湖や屈斜路湖、阿寒湖や支笏湖、洞爺湖のような美しい湖を生み出します。

北海道を走る二つの火山帯は、数多くの熱い湯けむりと心あらわれる風光を私たちに授けてくれたのです。時として大きな被害をもたらす火山ですが、一方では日々の暮らしに寄り添いながら、多くの人々に恵みを与えてくれています。

雌阿寒岳火口から阿寒湖を望む

| 温泉地の数（令和3年度・環境省調査） | | |
|---|---|---|
| 第1位 | 北海道 | 228 |
| 第2位 | 長野県 | 192 |
| 第3位 | 新潟県 | 137 |
| 第4位 | 福島県 | 128 |
| 第5位 | 青森県 | 124 |
| 第6位 | 静岡県 | 122 |
| 第7位 | 秋田県 | 119 |
| 第8位 | 群馬県 | 90 |
| 第9位 | 鹿児島県 | 87 |
| 第10位 | 千葉県 | 84 |

❖帯広市内の温泉

## 森のスパリゾート　北海道ホテル

帯広市西7条南19丁目1
電話　0155・21・0001

JR帯広駅から車で5分、歩いても10分ちょっとの距離にある街中のリゾート。森の緑に目を潤しながら露天風呂を独り占めできる。肌にしなやかにまとわるのは濃茶色したモールの源泉だ。

前身は1899年（明治32年）創業の「北海館」。鉄道開通とともに駅前で開業し、1966年に現在地へ移転した。周囲の森に調和する建物は十勝産のレンガ、漆喰壁やたたきの床、道内産のミズナラ材など、内外装とも自然素材を駆使する。2019年にはサウナをリニューアルし、フィンランド式「ロウリュ」や壁に施した「白樺」の香りも楽しめる。

❖アクセス：JR帯広駅から車で約5分❖1泊2食（税サ込）：2人1室の大人1人19700円〜、1人1室の大人1人19260円〜❖日帰り入浴：大人2000円、小学生以下500円、5時30分〜9時30分（最終入場9時）、14時〜21時（最終入場）、無休❖泉質：アルカリ性単純温泉

❖帯広市内の温泉

## ローマノ福の湯

帯広市東9条南12丁目4
電話　0155・22・0456

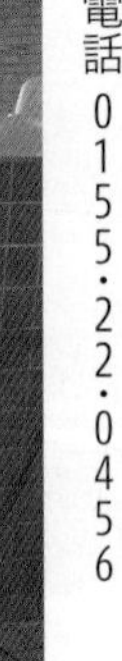

レトロな雰囲気とモール系の源泉が味わい深い庶民派の温泉銭湯。もとは沸かし湯の家族風呂とサウナだったが、1980年に湯を掘り当てて温泉に切り替えた。豊富な湯量を生かし、翌年に公衆浴場も開業。

番台は昔ながらの対面式。小銭を手渡しし、声を交わして入る風呂は、そこからがもう温かい。風呂の造りも、真ん中を斜めに仕切ってカランを配置するなど、風情がある。扇型の浴槽には、コーヒー色したとろけるようなモールの湯があふれる。湯上がりには館内の、通称「大衆食堂」に寄って、ダシの効いたラーメンをすする。これが「ローマ」のフルコース。

❖アクセス：JR帯広駅から車で約5分❖料金：大人490円、小人150円、幼児80円、（家族風呂、サウナは別途料金設定あり）❖時間：ローマの福の湯（公衆浴場）11時〜22時、ローマノ泉（家族風呂・サウナ）11時〜23時、第2水曜日休み❖泉質：アルカリ性単純温泉

❖帯広市内の温泉

## ひまわり温泉

帯広市西11条南32丁目7－2
電話 0155・48・4238

帯広駅から南西方向に4キロほど、一見さんがふらっと入ることはまずなさそうな住宅街にある。現代的な内外装の日帰り湯で浴場は1階にあり、休憩スペースや食事処も充実している。

内湯には、40度ほどの気泡湯に42度ほどの高温風呂、サウナと水風呂も揃う。

露天は風格ある木縁の浴槽。一部を屋根掛けし、程よく日差しを遮られるのも嬉しい。琥珀色した温泉は適温に整え、掛け流す。腐植質を含み「モール温泉」という愛称で呼ばれる単純泉だ。温泉とともに人気のサウナは男女ともフィンランド式の「ロウリュサウナ」だ。

❖**アクセス**：JR帯広駅から車で約13分❖**料金**：大人490円、中学生以上の学生350円、小人150円、幼児80円❖**時間**：月～金曜11時～23時、土・日～23時30分、無休❖**泉質**：アルカリ性単純温泉

❖帯広市内の温泉

## ホテルルートイン帯広駅前

帯広市西3条南11丁目8
電話 0155・28・7200

宿泊

帯広駅から歩いて約2分。ルートインが北海道に進出して2番目に誕生した10階建てのホテルだ。

ビジネス目的の利用客が大半のため、そもそも大浴場は当初、男性湯の方が広く造られたが「人数が少なくても小さなお子様連れの女性のお客様も快適にご利用できるように」との配慮で女性湯だけにもう一カ所、ラジウム人工温泉の浴場を新設した。

グルメタウン帯広の駅前ホテルなればこそ、温泉地での1泊2食の旅とはまた違う食べ歩きの楽しみも。帯広名物「北の屋台」までも歩いて数分の距離である。

❖**アクセス**：JR帯広駅から徒歩約2分❖**1泊朝食付き（税込）**：6000円～❖**日帰り利用**：不可❖**泉質**：ナトリウム－塩化物泉❖**備考**：管理の都合により、水色が変化することがあり

❖自由ヶ丘温泉

# 天然の湯 自由ヶ丘温泉

帯広市自由が丘4丁目4-19
電話 0155・35・1126

❖**アクセス**：JR帯広駅から車で約12分❖**料金**：大人490円、小人150円、幼児80円❖**時間**：10時30分〜24時、無休（1/1を除く）❖**泉質**：アルカリ性単純温泉

日帰

自由ヶ丘温泉は帯広西部にある温泉銭湯。敷地の一角は、生い茂る木々と水辺に野鳥の集う小さな自然庭園。そこに接する壁全面に大きく窓を取り、主浴槽にぬるめの浴槽、気泡風呂を配して、緑の眺めも心地いい湯浴みの時を演出する。

そして打たせ湯を含むすべての浴槽からは、琥珀色のモール系単純温泉が、生のまま惜しみなくあふれ続けている。

主浴槽はたっぷり深め。源泉温度がさほど高くなくても、じわりじわりと身体の奥から温もりはじめる。

また、サウナ用水風呂の水は敷地から湧き出る冷泉で、弱アルカリ性でミネラル成分も含む良水だ。血圧等のトラブルがない健康な方は、温泉との温冷交互浴で新陳代謝機能を高めるのも、美容と健康づくりの一手である。

十勝

❖オベリベリ温泉

# 水光園

帯広市東10条南5丁目－6
電話 0155・23・4700

❖**アクセス**：JR帯広駅から車で約10分❖**料金**：大人480円、小学生140円、未就学児70円
❖**時間**：11時～23時、無休❖**泉質**：アルカリ性単純温泉（モール温泉）

一世紀を超えて愛される水光園。創業は1922年（大正11年）。2万4千平方メートルの敷地に、モール温泉を湛える温泉銭湯と、四代目江川正之さんが自ら打つ本格蕎麦店を構えている。

意外にもその事始めは、敷地を流れる帯広川にボート乗り場を設けた遊園地だった。以降、歴代の主人たちは釣り堀やローラースケート場など時代を先取りして娯楽と憩いを提供し続けた。1971年に温泉を掘り当てたのは三代目。バナナや椰子の木など熱帯植物を浴場に配した「ジャングル温泉」として人気を博した。

四代目が2006年に温泉を全館リニューアルしたときは、北海道の銭湯では前例のない「車椅子のままくつろげる」露天風呂を整えた。男性は2人、女性なら3人の同性の同伴者がいれば銭湯料金だけで利用ができる。「入浴介護が『大仕事』ではなく、時には家族や仲間で『一緒に楽しめる時間』になれば」—そんな優しい試みは、17年を経た今もって他に例がない。

❖帯広市内の温泉

## みどりヶ丘温泉　サウナビジネスホテル

帯広市西12条南17丁目3
電話0155・22・6787

宿泊　日帰

手頃な宿泊料のビジネスホテルだが、実は上質な湯で知られる宿でもある。1968年の開業当初はサウナで名を売ったが、後に温泉掘削に成功し、1986年に現在の姿にリニューアルした。

自前の泉源はホテル地下にあり、理想的なコンディションで大浴場の湯船にストレートに引湯。加水、循環ろ過とは無縁の清らかなかけ流し湯である。

浴槽の換水と浴槽内清掃も、まだ温泉がなかった開業当初から毎朝実施。清掃にかける時間の長さは館主の自慢でもある。

❖**アクセス**：JR帯広駅から車で約5分❖**1泊2食（税サ込）**：大人5720円〜❖**日帰り入浴**：大人1000円、小人500円、12時〜22時、無休❖**泉質**：アルカリ性単純温泉

❖帯広市内の温泉

## 朋の湯温泉

帯広市西11条南15丁目4
電話0155・24・1238

日帰

1969年に創業、半世紀以上ものあいだ、地域の人々に愛され続けている日帰り温泉だ。営業が始まる午後1時に合わせて、入浴道具を携えた地元客が続々と訪れる。

浴槽はゆとりある主浴槽に、気泡湯、水風呂の3種類が揃っている。使用する源泉はとろりと肌に絡むようなモール系のアルカリ性単純泉で、そのまま掛け流している。じっくりと浸かったあとは、全身がしっとりと潤っている。

いい温泉を保つための、日々のお湯換えや清掃にもぬかりがない。

❖**アクセス**：JR帯広駅から車で約5分❖**料金**：大人490円、小人150円、幼児80円❖**時間**：13時〜23時、月曜日休み❖**泉質**：アルカリ性単純温泉

❖帯広市内の温泉

# アサヒ湯

帯広市東3条南14丁目19
電話 0155・24・1933

❖**アクセス**：JR帯広駅から徒歩約10分❖**料金**：大人490円、小人150円、幼児80円❖**時間**：13時～23時（日曜のみ6時～10時の朝湯営業あり）、1/1休み❖**泉質**：アルカリ性単純泉

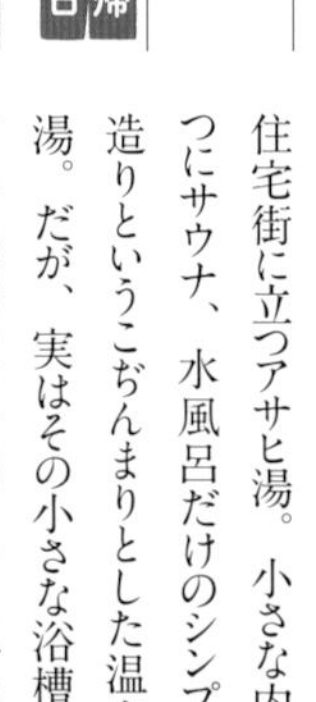

日帰

JR帯広駅から歩いて10分ほどの住宅街に立つアサヒ湯。小さな内湯一つにサウナ、水風呂だけのシンプルな造りというこぢんまりとした温泉銭湯。だが、実はその小さな浴槽がすごい。建物のすぐ脇にある温泉井よりストレートに導かれる湯の投入口が浴槽の下部壁面に数カ所あり、空気に触れていない生まれたての源泉がたっぷりと溢れている。ぬるくなりがちな下部から新湯を投入することで、湯を撹拌せずとも温度もむら無く保たれる。琥珀色の湯は腐植質を含む通称「モール温泉」。身を浸せば真珠粒のような気泡が無数につき、とろけるような肌触りだ。

さらに洗い場のカランとシャワーから出るのも源泉そのもの。洗髪ついでに顔も頭皮も還元系の温泉を自然に浴びることになる。頭皮の血行促進に役立つ「美髪の湯」とも呼べそうだ。「何もない小さなお風呂、目が行き届くのだけが長所です」と謙遜するのは女性湯守の町田由美子さん。気合の入った毎日の清掃と湯の張替え、湯客と交わし合う親身な会話……。肌ばかりか心にもみずみずしさを。それがアサヒ湯の効果効能のようだ。

# 天然温泉やよい乃湯

帯広市西18条南2丁目5
電話0155・66・4126

日帰

露天

❖アクセス：JR柏林台駅から徒歩8分、JR帯広駅から車で約10分❖料金：大人490円、小人150円、幼児80円❖時間：10時～23時（最終受付22時30分）、無休❖泉質：ナトリウム－塩化物泉❖備考：入浴食事パック950円

JR柏林台駅から歩いて約8分、住宅街の一角にある日帰り湯。「ふるさとに心から喜んでもらえることをしよう」と決意を胸に開業したオーナーは1人の湯客として度々入ることを忘れない。そうしなければ設備の具合も清掃状況も、何より湯客の気持ちがわからないからだ。その思いは浴場だけでなく快適な休憩所、食事メニューの充実ぶり、きさくな接客など館内のすべてに込められている。

広い浴場に足を踏み入れ、湯に触れればその善しあしも明らか。源泉温度が50度近いため一部は自前の天然水で調整するが、バラエティーに富んだ大小の風呂は湯を惜しみなくかけ流す。湧出量は毎分290リットルに及び、実に温泉ホテル数軒をまかなえる規模だ。

大岩を多用した「岩屋乃湯」と檜の香る「木屋乃湯」の2タイプの浴場には洞窟風呂、石釜風呂、壺風呂、腰掛け湯、よもぎ蒸、電気風呂など多彩な浴槽を用意。そのすべてを日々、洗い清めて朝には真新しい湯をピンと張る。「大地の力」に恵まれた一湯だが、それにあぐらをかかずに管理も行き届いている。

❖白樺温泉

# 白樺温泉

帯広市白樺16条西12丁目6
電話 0155・36・2821

日帰

❖アクセス：JR帯広駅から車で約10分❖料金：大人490円、小人150円、幼児80円❖時間：10時～23時、無休❖泉質：アルカリ性単純温泉

静かな住宅街にある温泉銭湯。とにかく湯が抜群だ。湯元は敷地内にあり、浴室から10メートルと至近。その源泉に一切手を加えずかけ流している。風呂に満たせばまさに白樺の若葉のような湯色で、浸かればとろり、上がると化粧水でも染みこませたように肌が艶めく。

湯の良さに加えて管理もいい。浴槽は毎日換水して内部を磨くが、夜中に湯を抜くと浴室床のタイルが冷え「一番風呂のお客様の足もとがひやりとするから」とすべての作業は早朝に。清掃も心がこもれば立派なもてなし、その好例だ。

❖光南温泉

# ホテル光南

帯広市東2条南19丁目15
電話 0155・23・7353

宿泊　日帰

❖アクセス：JR帯広駅から車で約5分❖1泊朝食付き（税サ込）：大人6380円～❖日帰り入浴：大人490円、小人150円、幼児80円、6時～11時／14時～23時（最終受付は終了30分前）、年末年始休み❖泉質：アルカリ性単純温泉

JR帯広駅から歩いて十数分、静かな住宅街にある3階建て、37室のアットホームなホテル。かけ流しの温泉とボリューム自慢の手作りご飯が手頃な宿泊料金で楽しめる。建物1階に温泉浴場があり、湯上がりに一息入れている宿泊客と風呂おけ片手の常連たちで休憩室はにぎやかだ。

清潔感あふれる浴室は、シャンプー設置の洗い場の奥に浴槽をひとまとまりにレイアウト。深浅のある主浴槽の浅い部分では気泡浴ができ、小浴槽では圧注浴ができる。他にサウナ、水風呂と、打たせ湯も。その全ての浴槽に琥珀色したモール温泉があふれている。

十勝

❖帯広市内の温泉

帯広天然温泉

# ふく井ホテル

帯広市西1条南11丁目19
電話 0155・25・1717

❖**アクセス**：JR 帯広駅から徒歩約 2 分❖**1 泊 2 食（税サ込）**：大人 7600 円〜❖**日帰り入浴**：不可❖**泉質**：アルカリ性単純温泉

宿泊

「帯広でイベントがある日は、ふく井ホテルから客室が埋まるって」――地元に住む知人の言葉に大いに納得した。

駅前のこの地に1927年（昭和2年）創業。昭和40年代にホテルへ転身したが「朝はしっかり召し上がり一日頑張って」との思いは旅館時代のままという。

温泉も見事。名湯の地・帯広圏でも指折りの上質のモール泉を宿泊客だけに整える。露天やジェットバスなどの変わり風呂を置かず、小判型のかけ流しの湯船とミストサウナだけというのも渋い。柔らかな明かりの中で美容液のような源泉にくるまる湯あみを満喫。

朝食は、和食、洋食、おかゆ、コンチネンタルの4種類。寝ぼけまなこで席についても、その日の気分で選べる。湯あみの後、夜は街に出てグルメを楽しみ、朝食で元気になって列車で家路へ――。ここなら、そんなしゃれた湯治もできる。

❖帯広市内の温泉

温泉ホテル

## ボストン

帯広市西1条南3丁目15
電話 0155・23・7015

宿泊 日帰

古くから帯広で営んでいた旅館をリニューアルする計画を立てた1982年に温泉掘削を試み、見事に質、量、温度の三拍子がそろった源泉を当てて、温泉ホテルとして再オープンした。

ここの風呂は、大浴場はもちろん、各客室のユニットバスまですべて源泉かけ流し。こってりと濃厚なモールの湯は、名湯ひしめく帯広圏でも人気が高く、浴場は地元の人々でいつも賑わっている。

そのためか日帰り入浴の営業も朝7時から23時までと長く、旅人にとってもありがたい。

❖**アクセス**：JR帯広駅から車で約5分❖**1泊素泊まり（税サ込）**：大人4200円～❖**1泊2食（税サ込）**：6500円～❖**日帰り入浴**：大人450円、小人250円、7時～23時、無休❖**泉質**：アルカリ性単純温泉❖**備考**：カード利用不可

❖ぬかびら源泉郷

## プライマルステージ

上士幌町ぬかびら源泉郷南区23
電話 01564・9・4169

宿泊 露天

上士幌町は面積の70％以上を森林が占める自然豊かなまち。東大雪のぬかびら源泉郷にたたずむプライマルステージは温泉付きのログコテージ。東大雪の豊かな自然が広がるぬかびら源泉郷にある。

6人用のログコテージが4棟あり、それぞれのコテージにはトイレ、シャワー付きバスはもちろん、寝具一式、テレビ、キッチンには冷蔵庫、電子レンジ、調理器具などが完備されている。有料で焼き肉テーブルと炭の用意も。

受付があるセンターハウス内には、男女別の内風呂と露天風呂がある。どの浴槽にも源泉のみをかけ流している。

❖**アクセス**：JR帯広駅から車で約1時間10分❖**コテージ宿泊料（素泊まり・税別）**：1棟6名利用時1人6380円～（棟や利用人数により異なる）、無休❖**日帰り入浴**：不可❖**泉質**：ナトリウム－塩化物・炭酸水素塩泉

❖ぬかびら源泉郷

# 糠平温泉ホテル

上士幌町ぬかびら源泉郷南区35－1
電話 01564・4・2001

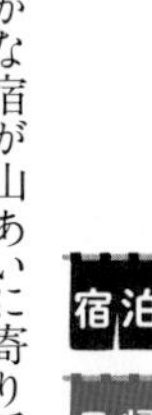

静かな宿が山あいに寄り添って立つぬかびら源泉郷は、北海道でも数少ない「すべての宿がかけ流し」の温泉地だ。ぬかびら源泉郷の多くは小規模経営で、この宿も和室のみ12室という小規模の宿だが、かけ流しの源泉を味わうことのできる佳湯の宿である。

自前の泉源は浴室からもわずかの距離で、深度十メートルあたりからほとほとと自噴。高温のため水を加えなくてはならないのが玉にキズとはいえ、熱湯とぬる湯、設定を異にした広い湯船にはいつでも清らかな美肌の湯があふれている。

❖**アクセス**：JR帯広駅から車で約1時間10分❖**1泊2食(税サ込)**：大人11700円～❖**日帰り入浴**：大人700円、小人300円、11時～20時、休みあり❖**泉質**：ナトリウム－塩化物・炭酸水素塩泉

❖ぬかびら源泉郷

# 糠平舘観光ホテル

上士幌町ぬかびら源泉郷北区48－1
電話 01564・4・2210

宿泊 日帰 露天

趣の異なる2カ所の浴場にはそれぞれに露天風呂もあるが、他に1カ所、味わい深い混浴露天がある。緑の森をくぐる木道の先に、天然の澄んだ湯だまりのような石組みの風呂がひっそりと湯客を待っている。社長以下、従業員総出で2年がかり、丸太の皮に焼き目を入れるところから造り始めたという傑作だ。

ここの湯の魅力は野趣に限らない。男女別の内湯には渓谷を見晴らす大窓があるが、丁寧な清掃のかいあって、四方隅々まで絵のような渓谷美が展開する。湯も日々張り替え、源泉の湯色のままに澄み渡る。

❖**アクセス**：JR帯広駅から車で約1時間10分❖**1泊2食(税サ込)**：大人11000円～(入湯税150円別)❖**日帰り入浴**：大人1000円、3歳～小学生500円、幼児300円、11時30分～19時30分(退館)、無休❖**泉質**：ナトリウム－塩化物・炭酸水素塩泉❖**備考**：露天風呂は混浴(水着着用可、女性専用時間帯あり)

❖ぬかびら源泉郷

# 山の旅籠　山湖荘

上士幌町ぬかびら源泉郷北区14
電話　01564・4・2336

宿泊　日帰

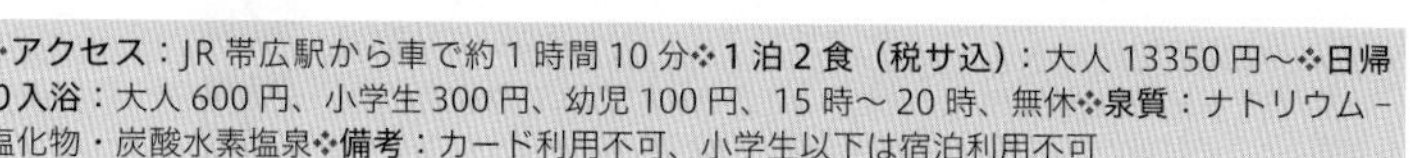

❖**アクセス**：JR帯広駅から車で約1時間10分❖**1泊2食（税サ込）**：大人13350円～❖**日帰り入浴**：大人600円、小学生300円、幼児100円、15時～20時、無休❖**泉質**：ナトリウム－塩化物・炭酸水素塩泉❖**備考**：カード利用不可、小学生以下は宿泊利用不可

いろりの卓でいただく春夏秋冬の土地のごちそうが見事な佳宿。料理に肩を並べる名物が、源泉が自然流下する地下に設けた洞窟風呂だ。ほの暗い明かりの中、大きな岩に背を預けて湯にたゆたえば、まるで母親の胎内にかえったような穏やかで不思議な気分に。

1950年代後半に、郷土料理屋として開業し、1960年に旅館に転じた。設えは古民家調、客室は8室限り。お高くとまった宿ではないが、「昔ながらの建物は音が響きます。お子さんが窮屈そうなのも気の毒なので…」と、子供の宿泊をとりやめた。頭上で物音がしないようにと客室も2階に配した。

その全ての客室と休憩処、食事室に、くつろぎが増すようにと囲炉裏を切る。こんがりと色よく焼けた串刺しのヤマメ、野趣香る鹿肉の皿、山菜・キノコの小鉢…。卓いっぱいに地物が並び、手摘みする「裏山」産があれもこれも。鉄鍋の蓋を外すと、自家源泉と十勝大豆の豆腐が湯気を立てている。手間を惜しまぬことだけがおもてなしですと、ご主人は笑う。

❖ぬかびら源泉郷

# 中村屋

上士幌町ぬかびら源泉郷南区
電話 01564・4・2311

❖アクセス：JR 帯広駅から車で約1時間10分❖1泊2食（税サ込）：大人12250円〜❖日帰り入浴：大人600円、小人300円、幼児200円、7時30分〜10時／14時〜20時（最終受付19時30分）、不定休❖泉質：ナトリウム－塩化物・炭酸水素塩泉❖備考：露天風呂は混浴

湯質に恵まれ、風呂はかけ流し、部屋の居心地良く、料理も旨い……それに加えて「元気をもらえる」のが中村屋だ。

玄関をくぐれば、どこか懐かしい古宿の佇まい。暖炉が燃えるレストランに古民家風の食事処、一人でものんびり過ごせる客室とは別の貸切空間「ヒトリシズカ」…。玄関とロビー、木の香りふんだんな脱衣所、浴室、客室……そうした印象深い設えは、ほぼ、大主人と若主人が古材などを用いて自らの手で新・改・増築したものなのだ。きっかけは四半世紀ほども前。膝の悪い常連客が「和式トイレは辛い」とこぼすのを聞き、悩んだあげく材料を購入し、古いトイレを壊して造り上げたことから始まる。

食もフロンティア・スピリッツに満ちた中村屋イズム。糠平周辺で採れた山菜や野草、十勝の畑でとれた食材中心…と書けば普通だが、聞いたこともない山野草や地元農家が真摯に取り組む新開発の野菜も時に登場し、その食材を熟知した上での見事な料理に仕立て、食いしん坊を喜ばせてくれる。

十勝

❖ぬかびら源泉郷

# 湯元館

上士幌町ぬかびら源泉郷北区52－1
電話01564・4・2121

開業は1925年（大正14年）、ぬかびら源泉郷開祖の湯どころだ。歳月とともに営む人は変わったが、岩清水のように澄み切った自然湧出の湯は変わることなく、訪れる湯客を癒し続ける。

二つの浴場「神韻の湯」「空翠の湯」は露天の造りも内湯の広さも異なる味があり、奇数日と偶数日で男女ののれんを替えるので日を選んで再訪すればどちらも楽しめる。湯は全てかけ流し。毎日欠かさぬ換水と浴槽内の清掃が、湯の質をさらに押し上げる。

宿泊は素泊まりのコテージが1棟あり、専用の温泉風呂も用意されている。

❖**アクセス**：JR帯広駅から車で約1時間20分❖**コテージ素泊まり（税込）**：中学生以上の2人～最大5人まで利用可能で、2人の場合19660円、3人～5人は1人につき9830円追加、小学生は4180円❖**日帰り入浴**：大人1000円、小学生300円、未就学児無料、祝日と金・土・日・月曜のみ営業、13時～19時、定休は祝日以外の火・水・木曜❖**泉質**：ナトリウム・カルシウム－塩化物・炭酸水素塩温泉

❖幌加温泉

# 幌加温泉湯元 鹿の谷

上士幌町幌加
電話01564・4・2163

国道273号の幌加温泉入口看板を折れて、道なりに1キロと少し入った突き当たりにある宿。食事は持ち込みの自炊で、歓楽的なものもない。ここはただただ天与の湯と自然美のみ。静寂さに心を洗う湯治場だ。

浴室は女性専用に小浴室をひとつ置くが、基本的に混浴だ。3層に仕切ったゆったりした風呂、打たせ湯、露天風呂にそれぞれ源泉を注ぎ、豊かにあふれさせている。

露天風呂は渓谷に面し、若葉の頃、錦秋の頃、冬枯れや雪積みの頃もそれぞれによし。市街地から遠いため、夜は満天の星を眺められる。

❖**アクセス**：JR帯広駅から車で約1時間30分❖**1泊素泊まり（税サ込）**：寝具持参で4000円❖**日帰り入浴**：大人600円、小人300円、9時～17時30分、不定休❖**泉質**：鉄鉱泉・カルシウム・ナトリウム・硫黄等をそれぞれに含む❖**備考**：①露天風呂は混浴②カード利用不可

❖十勝川温泉

# 三余庵

音更町十勝川温泉南13丁目
電話 0155・32・6211

宿泊 露天

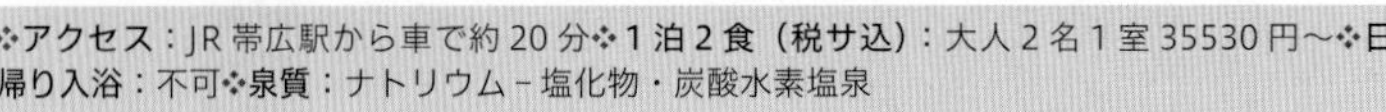

❖アクセス：JR 帯広駅から車で約 20 分❖1 泊 2 食（税サ込）：大人 2 名 1 室 35530 円〜❖日帰り入浴：不可❖泉質：ナトリウム－塩化物・炭酸水素塩泉

設えには、漆喰、竹、手漉き和紙や織物の壁、皮剥きの丸木、松の床、琉球畳など日本の伝統的な自然素材がモダンなデザインによって美しく配され、自然光と穏やかな間接照明によって心落ち着く空間に。

客室は11のみ。露天風呂付メゾネットの「春の海」や洋室の「雪国」、和室の「たけくらべ」など、各室には小説や戯曲などの名を冠し、それぞれ異なる間取りと仕様を持つ。その全ての部屋が檜風呂にモール温泉を引く。大浴場は、一方がイタリアのガラスモザイク風呂で、もう一方がぜいたくな檜風呂。いずれもモールの清湯があふれるがまま。

晩餐は創作和食会席。その内容は、土地の豊かな食材に幾重ものひねりを効かせて驚きを引き出す、和のイメージを軽々と飛び越える見事なものだった。

歳の余りの「冬」、日の余りの「夜」、時の余りの「雨」。読書は三余を持ってすべし―。故事の教えそのままに、愛書を紐解くにもふさわしい大人のゆとりの時間を過ごせる「庵」がこの宿だ。心ある接客も忘れがたい。

❖十勝川温泉

# 観月苑

音更町十勝川温泉南14丁目2
電話 0155・46・2001

観月苑の開業は1951年。十勝川に映る美しい月を眺められる宿、というのが名の由来。そしてそれは夜に限らず、昼間ならば銀の水面や青空に映える十勝大橋が湯客を迎えてくれる、温泉街の中でも美景を誇る宿だ。

とりわけ客室露天風呂では、美しい河畔の風光と掛け流しのモール温泉をひとり占めできる。無機質の食塩と重曹の成分、そして有機質の植物成分が融け合って、湯上がりの肌を一段と輝かせてくれるはず。

観月苑の食といえば端正な和食膳が思い浮かぶが、近年は大人から子供まで楽しめるバイキングを提供して好評だ。

**❖アクセス**：JR帯広駅から車で約20分**❖1泊2食（税サ込）**：大人13350円～**❖日帰り入浴**：大人1800円、1歳～小学生500円、13時～21時（最終受付）曜日により利用時間異なる、無休**❖泉質**：ナトリウム－塩化物・炭酸水素塩泉

❖十勝川温泉

# 笹井ホテル

音更町十勝川温泉北15丁目1
電話 0155・46・2211

宿泊 日帰 露天

1926年（大正15年）創業の老舗ホテル。十勝川温泉郷は温泉を集中管理して各ホテルへと給湯しているが、ここは主泉源の湯元であり、その利を生かして広い浴場の多彩な風呂に源泉をたっぷりとかけ流している。内湯も露天も湯船はみな源泉掛け流しで、温泉通も満足の上質の湯あみが味わえる。換水も毎日実施しており、清潔さがよく保たれている。

泉質は美肌効果の評判も高いモール系のナトリウム―塩化物・炭酸水素塩泉。植物成分によるまろやかな感触が加わった名湯で、ゆっくり浸かるうち、いつのまにか肌がつるつるに変わっている。

**❖アクセス**：JR帯広駅から車で約20分**❖宿泊料金は電話にて問い合わせ❖日帰り入浴**：大人1000円、小人500円、13時～21時（最終受付20時）、無休**❖泉質**：ナトリウム－塩化物・炭酸水素塩泉

❖十勝川温泉

## ホテル大平原

音更町十勝川温泉南15丁目1
電話0155・46・2121

個性的な浴槽と上質なモールの湯で応えてくれる宿。宿名通りのびのびとした大浴場には、かけ流しの源泉風呂に、美容と健康を後押しするエステバス、露天に出れば檜の香る真新しい湯船など、多彩な風呂が勢揃い。蛇口から流れるのはもちろん、とろりとまろやかなモールの源泉。

なかでも温泉浴槽とエステバスの組み合わせは美と健康づくりに秀逸。モール温泉では無機質や腐植質による「薬理作用」が働き、エステバスでは湯の「物理作用」が血液やリンパの流れ、代謝を自然に促進させる。

2023年にサウナをリニューアル。セルフロウリュも楽しめるとあって人気だ。

❖**アクセス**：JR帯広駅から車で約20分❖**1泊2食（税サ込）**：大人10050円～❖**日帰り入浴**：大人（中学生以上）1000円、小人（3歳以上）500円、3歳未満無料、15時（土・日・祝日13時）～21時（最終入場20時）、無休❖**泉質**：ナトリウム－塩化物・炭酸水素塩泉

❖十勝川温泉

## 湯元 富士ホテル

音更町十勝川温泉南14丁目1
電話0155・46・2201

全32室の清楚なホテル。温泉を循環利用することが多い十勝川温泉郷で、源泉本来の持ち味を堪能できる数少ない宿のひとつだ。

品の良い浴場には、茶褐色のとろりとしたモール系の源泉をかけ流す風呂と、男女共に乾式サウナを配している。2カ所ある家族風呂ももちろんかけ流し。清掃状況も良く、全浴槽を毎日完全換水して内部まで清めている。

❖**アクセス**：JR帯広駅から車で約20分❖**1泊2食（税サ込）**：大人10800円～❖**日帰り入浴**：大人700円、3歳～12歳500円、13時～22時（最終受付21時）、無休❖**泉質**：単純温泉

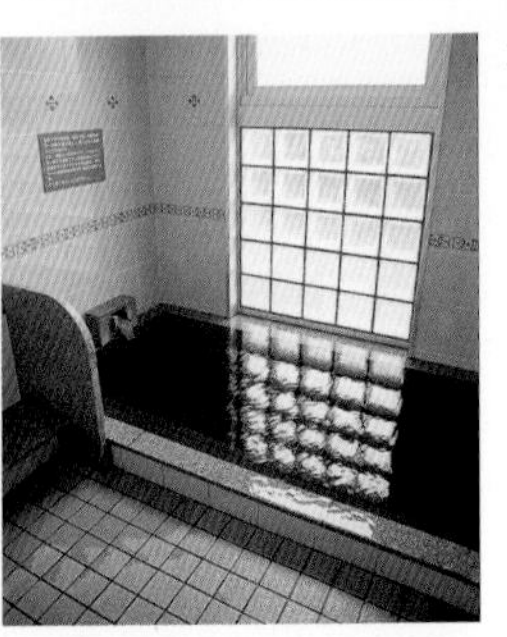

❖十勝川温泉

## 豊洲亭・豊陽亭

十勝川温泉第一ホテル

音更町十勝川温泉南12丁目
電話 0155・46・2231

1957年開業の十勝川温泉を代表する一館。豊洲亭と豊陽亭の二つの棟が連結する全108室の大型館だ。豊洲亭は、24の全室が40平方メートル以上、全てモール温泉がかけ流された展望露天風呂を配する仕様だ。

豊陽亭は、快適でスマートな滞在を思い思いの旅スタイルで叶える伝統とモダンリビングが融合された和風モダンの館。大浴場は露天風呂が圧巻。針葉樹と石積みの野趣香る庭園に大滝を設え、露天風呂と対峙させた。浴槽もまた個性的で、中央に歩むごとに深くなり、最後は立ち湯に。柔らかなモールの湯で心身を快く刺激する。

❖**アクセス**：JR帯広駅から車で約20分❖**1泊2食（税サ込）**：大人14630円～❖**日帰り入浴**：大人1500円、小人500円、13時～21時、無休（混雑時など営業時間変更あり）❖**泉質**：ナトリウム－塩化物・炭酸水素塩泉

❖十勝川温泉

## 帯広リゾートホテル

音更町東和西3線71
電話 0155・42・2220

道東自動車道の音更帯広インターチェンジ（IC）からほど近い国道沿いに立つ家族経営の湯宿。あたりはのんびり田畑の風景。

湯代500円を払って浴場へ向かえば、ドンと大きな湯船にたっぷりと満ちあふれる琥珀の湯。その奥壁には、目に涼やかな湖畔の景のタイル絵が、得も言われぬ味わいを醸す。泉質はいわゆる「美人湯」の系統。露天も源泉掛け流しだ。「この温泉に毎日入っていますから、私も入院したというのは、お産の時だけですよ」。朗らか2代目おかみの宮森仁栄さんの笑顔も、この湯の効果効能の証しだ。

❖**アクセス**：JR帯広駅から車で約30分❖**1泊2食（税込）**：大人7500円～❖**日帰り入浴**：大人500円、小学生250円、幼児無料、10時～23時、無休❖**泉質**：ナトリウム－炭酸水素塩・塩化物泉

❖十勝川温泉

## 道の駅ガーデンスパ十勝川温泉スパコハク

音更町十勝川温泉北14丁目1
電話 0155・46・2447

日帰 露天

スパを主体にした多目的施設。スパはモール温泉の本場ドイツにならい、レンタルの湯あみ着や持参の水着着用で男女の隔てなく温泉を楽しめる。入場料にはバスタオルと上質な湯あみ着のレンタル分が男女とも含まれ、水着が無くても大丈夫。女性用は胸元もしっかりした二重構造のキュロットワンピース式で、部屋着のようにリラックスできる。

洗練された温泉ゾーンは、大きな窓を挟み内湯から露天風呂へと浴槽が棚田のように連なって配置されている。設備も温泉ジャグジー、室外プール、そしてモール温泉の霧が降り注ぐ温泉ミストサウナも。

❖**アクセス**：JR帯広駅から車で約20分❖**料金**：大人（13歳以上）1500円、4歳 ～ 12歳600円、3歳以下無料❖**時間**：5月～10月の月～木曜と11月～4月は9時～19時（最終受付18時）、5月～10月の金・土・日・祝日は～21時（最終受付20時）、休館日は5月～10月第2火曜（8月は第4火曜）、11月～4月毎週火曜❖**泉質**：ナトリウム－塩化物・炭酸水素塩温泉

❖十勝川温泉

## 十勝川モール温泉 清寂房

音更町十勝川温泉南16丁目1番地19
電話 0155・65・0805

十勝川温泉の一角に2022年夏、開業したラグジュアリーなデザイナー旅館。建築の設計・デザインは国内外で数々の建築賞を受賞している小西彦仁氏。十勝の穏やかな風景のなかに佇む平屋の造りで、「はなれ」を思わせる独立性の高い客室は全室が50平方メートル以上。その一つ一つにかけ流しのモール温泉風呂とテラスを用意し、滞在客に静かな癒しの時間を約束する。

個々の客室風呂の他にスタイリッシュな大浴場もあり、高い位置から自然光を取り込む露天、間接照明を配する主浴槽、ロウリュ可能なサウナでもう一つの湯の安らぎを提供する。

❖**アクセス**：音更帯広ICから車で約30分、帯広空港から車で約40分❖**1泊2食（税込）50,000円～**❖**日帰り入浴**：不可❖**泉質**：単純泉（モール温泉）

十勝

❖丸美ヶ丘温泉

# 丸美ヶ丘温泉ホテル

音更町宝来本通6丁目2
電話 0155・31・6161

宿泊

日帰

❖アクセス：JR帯広駅から車で約10分❖1泊素泊まり（税込）：大人（2名以上）各4200円❖日帰り入浴：大人490円、小学生100円、幼児無料、10時～23時（最終入場22時）、無休❖泉質：単純温泉❖備考：カード利用不可、石けん、シャンプー等備え付け無し、手ぶらセットのレンタル有（250円）

小高い丘の中腹にたたずむ湯宿。浴場の西側は総ガラス張りで、日高山脈・十勝平野の夕景と街灯りを望む。宿を切り盛りするのは四代目のバロウズ・クロードさん、後藤陽世さんご夫妻と母の公恵さん、そして娘の仁麻ちゃんは可愛いアイドルだ。二つある湯船には、ともに通称「モール温泉」と呼ぶ腐植質を含んだ別々の単純泉の源泉が間断なくあふれている。

ゆったりした浴槽には47・9度の源泉を、小振りな方には37・4度の源泉を、一切の手を加えず注ぎ込む。大きな湯船の湯は体感42～43度ほどとまずまずの加減で、手足ものびのびと伸ばせる。なのにどうだ、常連さんたちの多くは人肌加減のぬる湯に、やや窮屈そうにしてまでも仲良くのんびり浸かっている。とろりとした極上の肌合いで、気泡が瞬く間に体を包む。熱めの風呂以上に体を芯から温めてくれるのは、実はぬる湯。血管を拡張し、血流をよくし、体のすみずみへぬくもりを伝える。

浴場にはトロン鉱石を使用した約50度の低温サウナも設置。汗を通さないシートと、バスタオルと汗拭き用のタオル2枚を持参すれば自由に利用できる。また、別料金が必要だが、個室家族風呂もある。

## ❖音更町内の温泉

天然温泉ホテル
# 鳳乃舞 音更

音更町木野西通17丁目5－13
電話 0155・43・5191

ゆったりとした浴場には、電気風呂にぬるめの気泡湯、サウナに水風呂と多彩な浴槽がそろい、その全てが掛け流しだ。ほどほどの湯温からややぬるめの風呂が多い十勝地方で珍しいのは高温浴槽で、43度から43・5度ほどに調整する。道東圏の熱め湯好きがこれを目当てに集まるから気が抜けず、一方で気泡湯などは赤ちゃんでも心地よく入れるようなぬるめに仕立てるそうだ。

定休日はなく、大みそかも正月もこうした清掃管理を続けているのだから、気軽に通える地元の皆さんがうらやましい限り。

❖**アクセス**：JR帯広駅から車で約20分❖**1泊素泊まり（税込）**：大人5200円～、（別途朝食バイキング900円）❖**日帰り入浴**：大人480円、小人140円、幼児以下無料、6時～23時30分（最終受付23時）、無休❖**泉質**：ナトリウム－炭酸水素塩泉

## 木野温泉

健康ハウス
# 木野温泉

音更町木野大通東10丁目6
電話 0155・31・7788

帯広市街から車で10分ほどの、温泉愛好家には穴場的な立ち寄り湯。湯は濃厚な極上のモール湯だ。清らかに整えられた大小の浴槽には、コーヒー色した極上のモール温泉が惜しみなくあふれている。大きな湯船で体をとろりと包むのも、三筋の打たせ湯で背に豪快なしぶきを上げるのも、みな「天地自然の美肌水」だ。

浴室には主浴槽のほか気泡湯、打たせ湯などさまざまな湯船も。露天風呂も源泉そのままのかけ流し湯だ。サウナに遠赤盤を設置した遠赤外線効果で、室温が低くても発汗できる工夫もユニーク。

❖**アクセス**：JR帯広駅から車で約10分❖**料金**：大人600円、3歳～小学生300円（木曜日は「木野温泉の日」大人400円、3歳～小学生200円）❖**時間**：11時～23時、不定休❖**泉質**：単純温泉（低張性弱アルカリ性高温泉）❖**備考**：カード利用不可

## ❖然別湖畔温泉

然別湖畔温泉ホテル

# 風水

鹿追町然別湖畔

電話 0156・67・2211

❖**アクセス**：JR 帯広駅から車で道道 85 号経由約 1 時間❖**1 泊 2 食（税込）**：2 名 1 室 14850 円～❖**日帰り入浴**：大人 1000 円、小学生 500 円、未就学児無料、12 時～ 17 時、不定休❖**泉質**：ナトリウム－塩化物・炭酸水素塩温泉

標高810メートル。北海道で最も空に近い湖、然別湖。湖周は山裾が複雑に入り込み9つの湾を描き、湖北に弁天島を浮かべる。澄んだ湖水に倒影する原生林の色は芽緑、青葉、紅や黄朽葉と、季節とともに移ろいゆく。

そんな天空の湖を独占する、湖畔にただ一軒のホテルがこの風水。地上6階、地下2階の8階建てで全ての客室が湖向き。投宿して6階客室の窓辺に立った時には、あまりにも汚れのない湖の姿に言葉を失った。晴天の日には正面の天望山が湖面に映り、ぽってりとしたくちびるの形を描く。

眺めがいいのは上層階ばかりでなく、湖を水平に見る低層階の景色が好きな常連客も少なくないそうだ。その気持ちがよく分かるのは、湖にせり出す露天風呂に浸かるひととき。緑を帯びた湯は源泉そのもので、肌を包んでなめらかに整えてくれる。

食事はレストランで暮れゆく湖を眺めながら頂く和食会席。名物のオショロコマの姿塩焼きはじめ十勝の旬の食材がとりどり、小鍋になり天ぷらになりお膳を賑わせた。

❖然別湖畔温泉

# しかりべつ湖コタン　氷上露天風呂

鹿追町然別湖畔
電話 0156・69・8181（然別湖ネイチャーセンター）

然別湖上に、厳冬の間だけ造り上げられる雪と氷の村、しかりべつ湖コタン。さえぎるもののない氷結した湖上で、温かな温泉に浸かり、四肢を伸ばし、輝く冬の星月夜を仰ぐ――。そんな「幻の風呂」が、冬の一時だけ、ここにある。

氷上露天風呂と氷上足湯があり、日中は家族や仲間と仲良く過ごせるよう、男女を分けず、水着着用も可能。夜は男女それぞれの専用時間になるので、湯とともに輝く月や大粒の星々、粉雪を浴びながら寛ぐことができる。湯は湖畔に湧く生のままの源泉そのものだ。

❖**アクセス**：JR帯広駅から車で約1時間10分❖**料金**：無料❖**時間**：コタン開村期間（1月下旬～3月下旬）のみ9時～20時（男性専用17時～18時30分、女性専用18時30分～20時）、期間中無休❖**泉質**：ナトリウム－塩化物・炭酸水素塩泉

❖トムラウシ温泉

# トムラウシ温泉　東大雪荘

新得町屈足トムラウシ
電話 0156・65・3021

大雪山系トムラウシ山の南麓、標高600メートル付近には硫黄臭の漂う熱湯が噴きあがる。東大雪荘の湯殿のスケール感は圧倒的だ。天井は高く吹き抜け、天然岩を巡らせた二つの浴槽は数十人規模の広さがある。湯は湯元で91度あり、熱交換機で調節しても相当な高温になる。そのため湯を張る際には加水しながら調整し、新湯を間断なく湯口から流す。

熱交換機で生じた余熱は直接全館の暖房へ。高い泉温をそのまま生かした温泉ミストサウナもここならではだ。露天風呂もいい。視界に入るのは樹木に覆われた山肌と、澄み切ったユウトムラウシ川。お湯は絶え間なく滴って縁からこぼれる。

❖**アクセス**：JR帯広駅から車で約1時間50分、JR新得駅から車で約1時間10分❖**1泊2食（税サ込）**：大人12250円～❖**日帰り入浴**：大人700円、小学生250円、幼児無料、13時～20時（最終受付19時30分）、無休❖**泉質**：ナトリウム－塩化物・炭酸水素塩泉❖**備考**：カード利用不可

❖十勝新得温泉

# 和火（わび）

新得町上佐幌西3線16
電話 0156・64・5837

❖アクセス：JR 新得駅から車で約 5 分❖1 泊 2 食（税込）：13350 円～❖日帰り入浴：不可❖泉質：単純鉄冷鉱泉

宿泊

温泉はその地の恵み。道東・新得町の温泉といえば山中の一軒宿など大自然の湯どころが知られているが、実は市街地にも珍しい湯があるのだ。

JR新得駅から車で5分ほど。佐幌川沿いに運動公園が広がるのどかなエリアに温泉宿・和火がある。その湯は今も昔も自然湧出する、鉄が主成分の「単純鉄冷鉱泉」。温泉地数日本一の北海道でも同じ泉質はごく稀だ。

鉱泉を発見した創始者の名から当初は箕浦温泉と呼ばれた。1919年（大正8年）に最初の湯治宿が誕生し1970年には新得温泉と改称。経営が途絶えた時代もあったが、現在は道内リゾートで経験を積んだ村山和也さんが会社を立ち上げ、建物をリニューアルして2020年から湯客を迎えている。

浴場は以前の浴槽のユニークな形状、獅子や熊の湯口などを活かしつつ壁にヒノキ、浴槽に十和田石を用いた渋好みの造り。浴をすれば湯の香りとほのかな自然光に気持ちが落ち着く。

客室はゆったりした和室からシングルの洋室まで多彩な15室。バルコニー付きも4室あり、晴れた日は日高山脈が美しい。

❖幕別温泉

## 幕別温泉　パークホテル悠湯館

幕別町依田126
電話0155・56・4321

十勝平野、札内地区の高台から市街を見晴らす鉄筋三階建ての温泉ホテル。手頃な宿泊料と気安い雰囲気は、出張利用のビジネスマンから観光客まで幅広い客層を引きつける。自慢はとろりと肌を包む琥珀色の源泉100%かけ流しの生湯で、それだけでも温泉好きには十分なもてなしだ。露天風呂もあり、湯浴みの楽しみ方はそれぞれ。

パークゴルフ発祥の地らしく、ホテルの近隣には多数のコースがある。心地よい汗をかけば、湯上がりの爽快感も倍加するはず。

❖**アクセス**：JR帯広駅から車で約15分、JR札内駅から車で約3分❖**1泊2食（税サ込）**：大人10000円～❖**日帰り入浴**：大人600円、小人200円、幼児100円、10時～23時30分、無休❖**泉質**：ナトリウム－塩化物・炭酸水素塩泉

❖札内ガーデン温泉

## 札内ガーデン温泉

幕別町札内北町55
電話0155・55・4000

日帰　露天

緑広がる敷地にたたずむ、西洋の城にも似た建物が印象的な日帰り湯。広い庭園は散策もでき、四季折々の草花や、小鳥やリスなどの姿も楽しめる。

また敷地内にはパークゴルフ場があるので、入浴前にひと汗かくのもいいだろう。

浴室は洋風と和風の2種類。敷地内に湧く上質のモール系単純温泉を湯船にストレートにかけ流している。

源泉には一切手を加えないため、本来の上質な肌触りと効能を存分に味わうことができる。

❖**アクセス**：JR帯広駅から車で約10分、JR札内駅から車で約5分❖**料金**：大人740円、小学生440円、3歳以下50円（土・日・祝日は大人790円、小学生490円、3歳以下70円）❖**時間**：10時～24時（最終受付23時30分）、無休❖**泉質**：単純温泉❖**備考**：カード利用不可

## ❖幕別温泉

# 十勝幕別温泉 グランヴィリオホテル

幕別町字依田384-1
電話 0155・56・2121

❖**アクセス**：JR 帯広駅から車で約 20 分、JR 札内駅から車で約 5 分❖**1泊2食（税込）**：11150 円から❖**日帰り入浴**：営業開始から 20 時まで大人 950 円、20 時以降は大人 800 円、4 歳から小学生までは常時 500 円、3 歳以下無料／平日 11 時〜 23 時、土・日・祝日 10 時〜、無休❖**泉質**：ナトリウム－塩化物泉❖**備考**：JR 帯広駅から送迎あり（要予約）、ホテル最上階の専用風呂は宿泊者のみの使用

遮るもののない青空。十勝平野の彼方に、日高山脈、夕張山地、大雪山の峰々が突こつとした稜線を張る。展望風呂は名の通り、十勝の雄大さを伝える。掛け流しの風呂は三層に仕切られ、湯口から近いほど熱く遠いほどぬるめ。濃茶色の源泉に身を沈めれば森のような、土のような、モール温泉独特の匂いに包まれる。

10年ほど前にはバーがあったというホテルの最上階。それが全国チェーンのホテルグループに経営が変わり新改築がなされるなか、この宿泊者専用の展望風呂が新たに生まれた。温泉を愛する旅客にこれ以上のもてなしはない。

ホテルは小高い丘に立ち、低層階の客室からも眺めがいい。一階の大浴場の露天は庭園仕立てで、緑や紅葉、枝先の樹氷など四季の彩りの向こうに平原が広がる。多彩な湯船は圧注浴などごく一部を除き、ほぼ源泉掛け流し。オーナーの温泉への愛情に満ちた、名湯揃いの道東でも屈指の湯である。

# 芽登（めとう）温泉ホテル

足寄町芽登2979
電話 01562・6・2119

宿泊　日帰　露天

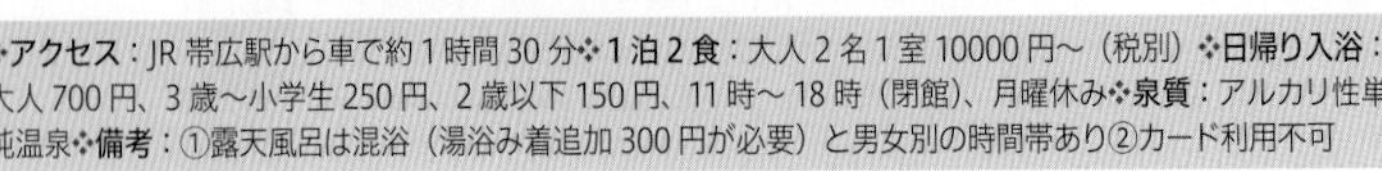
❖アクセス：JR 帯広駅から車で約 1 時間 30 分❖1 泊 2 食：大人 2 名 1 室 10000 円～（税別）❖日帰り入浴：大人 700 円、3 歳～小学生 250 円、2 歳以下 150 円、11 時～ 18 時（閉館）、月曜休み❖泉質：アルカリ性単純温泉❖備考：①露天風呂は混浴（湯浴み着追加 300 円が必要）と男女別の時間帯あり②カード利用不可

東大雪の山麓、深い原生林に包まれてひっそりたたずむ一軒宿。宿の目の前は糠南（ぬかなん）川。そのほとりにこんこんと湧く湯は、古くはアイヌ民族が利用した自然湧出の薬湯だ。和人による探査は1901年（明治34年）からで、宿の開業は1904年（明治37年）と十勝管内では最も古い。

湯はアルカリ性単純泉で、すべての湯船に惜しみなく注がれる。露天風呂は男女別に1カ所ずつあるが、その他に混浴利用や泊まり客の有料での貸し切り利用など、湯客個々の望みにできる限り対応できるよう配慮した「第三の露天」を新たに設けた。「巨石の湯」と名付けた風呂は、敷地の大石を組み込んで野趣たっぷり。

利用方法は時間で区切られ、午前11時からは男性湯、正午から13時まで女性湯、以降18時まで混浴、20時以降は宿泊客が有料で貸し切りにもできるという仕組みだ。

混浴時には、透明な湯で肌をあらわにしないよう男性・女性とも湯浴み着（300円で貸し出し）をつける。おかげで夫婦や家族仲良くゆったりと、森の風情や月、星をめでながら湯浴みを楽しめるようになった。

❖雌阿寒温泉

# 民営国民宿舎　山の宿　野中温泉

足寄町茂足寄159
電話　0156・29・7321

❖**アクセス**：JR 釧路駅から車で約1時間30分❖**1泊2食（税サ込）**：大人8800円〜❖**日帰り入浴**：大人500円、小学生200円、幼児100円、10時（露天風呂は11時）〜18時、不定休❖**泉質**：含硫黄－カルシウム・マグネシウム・ナトリウム－硫酸塩・塩化物泉❖**備考**：カード利用不可

標高1499メートルに至る雌阿寒岳西麓の708メートル付近、エゾマツ、トドマツの原生林に囲まれて湯けむりをあげているのが雌阿寒温泉郷である。

湯の発見は1913年（大正2年）。今も宿を営む野中家が営林署の許可を得て、初めてここに湯宿が出来た。現在の建物も1969年築と年季ものだが、土台が堅牢で、おりおりに改築もされ、風雪厳しいこの地でよく保たれている。水回り含め、館内はすみずみが清らかで居心地がいい。

浴場が圧巻。天井、壁、床と釘一本使わぬ総トドマツ仕立ての渋い風呂場。名湯はただただ浸かるもの、と言わんばかりに、シャワーはおろかカランなど一切ないのも通好み。貫禄たっぷりの湯船には湯がザアザアと音を立てて注がれ、惜しげもなくこぼれていく。食事は山の香ふんだんの手料理で、煮物の優しい味付けなどしみじみと旨い。

十勝

❖池田清見温泉

# 池田清見温泉

池田町清見ケ丘10
電話 015・572・3932

❖**アクセス**：JR 帯広駅から車で約 40 分、JR 池田駅から車で約 5 分❖**料金**：大人 490 円、6 歳以上 12 歳未満 150 円、幼児（6 歳未満）80 円❖**時間**：13 時～ 21 時（最終受付 20 時 30 分）、火曜日・水曜日休み❖**泉質**：ナトリウム－塩化物冷鉱泉

日帰

池田清見温泉の銭湯の3枚の温泉分析書ほど不思議なものにはお目にかかった記憶がない。どれも同じ「池田清見温泉第1号井」のものだが、創業時1990年の泉質が「ナトリウム—塩化物強塩泉（弱アルカリ性高張性温泉）」であるのに、2009年の分析ではガラリと変わって「冷鉱泉（弱アルカリ性低張性冷鉱泉）」に、それが翌年には再び当初の泉質に戻っているのだ。ちなみに塩泉に「強」と付くのは濃い状態を表し、成分の薄い「冷鉱泉」や「単純泉」とはまるで逆だ。

泉質の主成分だけでなく副成分も興味深い。冷鉱泉の時には1キログラム当たり1・8ミリグラムの腐植質を検出、いわゆる「モール温泉」だ。「その年の1月の朝、掃除後に湯を張ろうとしたら、緑がかった濁り湯の温泉が突然、濃茶色に…」と経営する杉山浩子さんは振り返る。そのたった1年半後の7月、モールの成分はこつぜんと消えた。泉質こそ昔と同じだが、今度はヨウ化物イオンがほぼ5倍、北海道トップクラスの1キログラム当たり27・7ミリグラムを含んでいた。「また濃度が薄くなったかもと感じています。不思議でしょうがありません」。

泉質が劇的に変わる場合、普通は浅い地下水や付近の海水、深層の温水など別系統の湯水が「何かのハズミ」で混入するのが原因だ。だが当時は、井戸に手を加えることはもちろん地震や火山活動も無かった。泉下の創業者はこの町内唯一の温泉を「奇蹟の泉」と名付けたそうだが、ある意味その通り。

十勝

❖うらほろ留真温泉

# うらほろ留真温泉

浦幌町留真177
電話 015・576・4410

清流・留真川が誘う山峡の道の先に、遥かな年月留まることなく自噴を続ける澄み切った出で湯がある。発見された1899年（明治32年）頃、近在の人々が簡素な湯小屋に五右衛門風呂を仕立て、農閑期の癒やしとしたという。

この温泉の水素イオン濃度（pH）10・0の値は北海道でトップクラスの強アルカリ性を示す。美肌湯の代名詞的存在のアルカリ性泉だが、循環使用では炭酸ガスの吸収によりpH値がみるみる下がり、やがて中性に。しかし、留真温泉では湯を尊重し、全浴槽を掛け流しにする。

1世紀前から火傷痕や皮膚かぶれを治しに湯治客が集った湯力は、今も健在だ。

❖アクセス：JR帯広駅から車で約1時間15分、JR浦幌駅から車で約20分❖料金：大人500円、小学生300円、幼児無料❖時間：4月～12月11時～21時、1月～3月11時～20時、毎月第3月曜日（祝日の場合は翌日）休み❖泉質：アルカリ性単純硫黄温泉

❖しほろ温泉

# しほろ温泉プラザ緑風

士幌町下居辺西2線134
電話 01564・5・3630

士幌の東を流れる居辺川のほとりにある宿泊施設。前身は1977年に開業した町営の緑風荘で、途中湯枯れに見舞われながらも泉源を再開発して復活。2001年にプラザ緑風として生まれ変わった。

建物はフロア全体に段差がないバリアフリーが行き届き、地元の迎賓館的役割も兼ねる。23室限りの客室だが、和室、洋室、メゾネットとバリエーション豊富で、好みに合わせて客室が選べる。大浴場は、主浴槽に小浴槽、気泡浴槽、ドライサウナ、水風呂、露天風呂が揃い、全ての温泉浴槽に源泉を満たして掛け流す。泉質は素肌にやさしい植物性モール温泉で、天然の保湿成分が化粧水の役目を果たすと好評だ。

❖アクセス：JR帯広駅から車で約50分❖1泊2食（税サ込）：大人12000円～❖日帰り入浴：大人500円、小学生250円、65歳以上350円、11時～23時（最終受付22時）、無休❖泉質：ナトリウム－塩化物泉❖備考：道の駅ピア21しほろなどからの送迎あり（要予約）

❖帯広市内の温泉

## ドーミーイン帯広

帯広市西2条南9丁目11－1
電話 0155・21・5489

宿 露

しっとりとした雰囲気の内湯湯船に満たされている温泉は、なめらかなモール系の単純泉。

❖**アクセス**：JR帯広駅から徒歩3分❖**1泊2日（税サ込）**：素泊まり5990円～、朝食付き7490円～（時期やプランなどにより変動あり）❖**日帰り入浴**：不可❖**泉質**：単純温泉

❖帯広市内の温泉

## 十勝ガーデンズホテル

帯広市西2条南11丁目16
電話 0155・26・5555

宿 日

JR帯広駅前にある。サウナ室は本場フィンランド式となっており、セルフロウリュが楽しめる。

❖**アクセス**：JR帯広駅から徒歩約1分❖**1泊素泊まり（税サ込）**：大人4400円～❖**日帰り入浴**：大人1000円、小学生500円、（22時以降は大人1200円、小学生600円）幼児無料、5時30分～10時／14時～翌2時、無休❖**泉質**：アルカリ性単純温泉

❖音更町内の温泉

## ホテルテトラリゾート十勝川

音更町十勝川温泉北9丁目1
電話 0155・46・2177

宿 日 露

音更町内にあるホテル。露天風呂は四季折々の自然の美しさを堪能できる。十勝の大自然を感じながら、日々の疲れをゆっくり癒すことができる。露天にある遠赤外線コテージ型サウナは評判がいい。

❖**アクセス**：JR帯広駅から車で約20分❖**1泊2食（税別）**：9000円～❖**日帰り入浴**：中学生以上600円、小学生300円、未就学児無料、6時～9時、11時～24時（最終受付23時、火曜は17時～）、無休❖**泉質**：弱アルカリ性・低張性・冷鉱泉

❖十勝ナウマン温泉

## 十勝ナウマン温泉ホテルアルコ

幕別町忠類白銀町384－1
電話01558・8・3111
宿 日 露

古代と未来とを融合させた斬新なデザインで建築専門誌等でもたびたび取り上げられた公共温泉。

❖**アクセス**：JR帯広駅から車で約50分❖**1泊2食（税サ込）**：大人11000円～❖**日帰り入浴**：大人600円、小学生300円、幼児無料、5時～8時30分（受付終了8時）、11時～21時30分（21時受付終了）❖**泉質**：アルカリ性単純温泉

❖新得町営温泉

## 新得町営浴場

新得町本通南1丁目21
電話0156・64・4156
日

新得駅の真ん前に立つ公衆浴場。湯はトムラウシ温泉の源泉を運んで利用する。

❖**アクセス**：JR新得駅から徒歩約3分❖**料金**：大人420円、小学生140円、幼児70円❖**時間**：14時～21時30分（最終入館21時）、1/1～2休業、ほか臨時休業あり❖**泉質**：ナトリウム－塩化物・炭酸水素塩泉

❖くったり温泉

## 湯宿くったり温泉レイク・イン

新得町屈足808
電話0156・65・2141
宿 日 露

十勝川の源流部、屈足湖を望む、東大雪の雄々しい自然にたたずむ温泉宿泊施設。湯は自前の泉源だ。

❖**アクセス**：JR新得駅から車で約20分❖**1泊2食（税サ込）**：大人7320円～❖**日帰り入浴**：大人600円、子ども（12歳未満）200円、幼児無料、14時～22時（最終受付21時）、無休❖**泉質**：ナトリウム－塩化物泉

❖晩成温泉

## 晩成温泉

大樹町晩成2
電話01558・7・8161

宿 日

公共の日帰り湯。湯船からは太平洋を一望できる。公共宿泊施設「晩成の宿」が隣接。

❖**アクセス**：JR帯広駅から車で約1時間10分❖**料金**：大人500円、中学生300円、小学生200円、幼児無料❖**時間**：8時～21時（最終受付20時）、無休　※10月～3月は9時～21時（最終受付20時）、火曜日休み❖**泉質**：ナトリウム－塩化物冷鉱泉❖**晩成の宿1泊素泊まり（税サ込）**：大人4500円＋夕食1400円（朝食は無料）

❖上士幌温泉

## 上士幌町健康増進センター　ふれあいプラザ

日

上士幌町上士幌東3線236
電話01564・2・4126

上士幌町が運営する日帰り温泉施設。男女交代制の浴室は和風と、洋風がある。

❖**アクセス**：JR帯広駅から車で約50分❖**料金**：大人300円、小学生100円、6歳未満無料❖**時間**：14時（土・日・祝日13時）～22時（土・日・祝日13時）、第1・3月曜日休み❖**泉質**：アルカリ性単純温泉

❖福祉の里温泉

## 更別村老人保健福祉センター

日　露

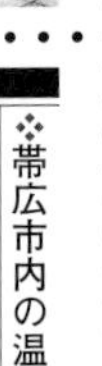

更別村更別190-1
電話0155・53・3500

老人保健福祉センター内にある公共の日帰り湯。源泉が低温のため湯は加熱・循環して使用。

❖**アクセス**：JR帯広駅から車で約40分❖**料金**：大人450円、中学生200円、小学生100円❖**時間**：13時～22時（最終受付21時）、月曜日休み（祝日の場合は開館）❖**泉質**：ナトリウム－塩化物泉

❖帯広市内の温泉

## プレミアホテル―CABIN―帯広

宿　日　露

帯広市西1条南11丁目
電話0155・66・4205

JR帯広駅から徒歩3分と好立地。ロウリュ付サウナや露天も完備された大浴場は十勝が誇るモール泉。

❖**アクセス**：JR帯広駅から徒歩約3分❖**1泊素泊まり（税サ込）**：大人6800円～❖**日帰り入浴**：大人タオル付1200円、タオルなし1000円、小学生600円、未就学児無料、14時～23時（最終入場22時）❖**泉質**：アルカリ性単純温泉❖**駐車場有**（2時間まで無料）

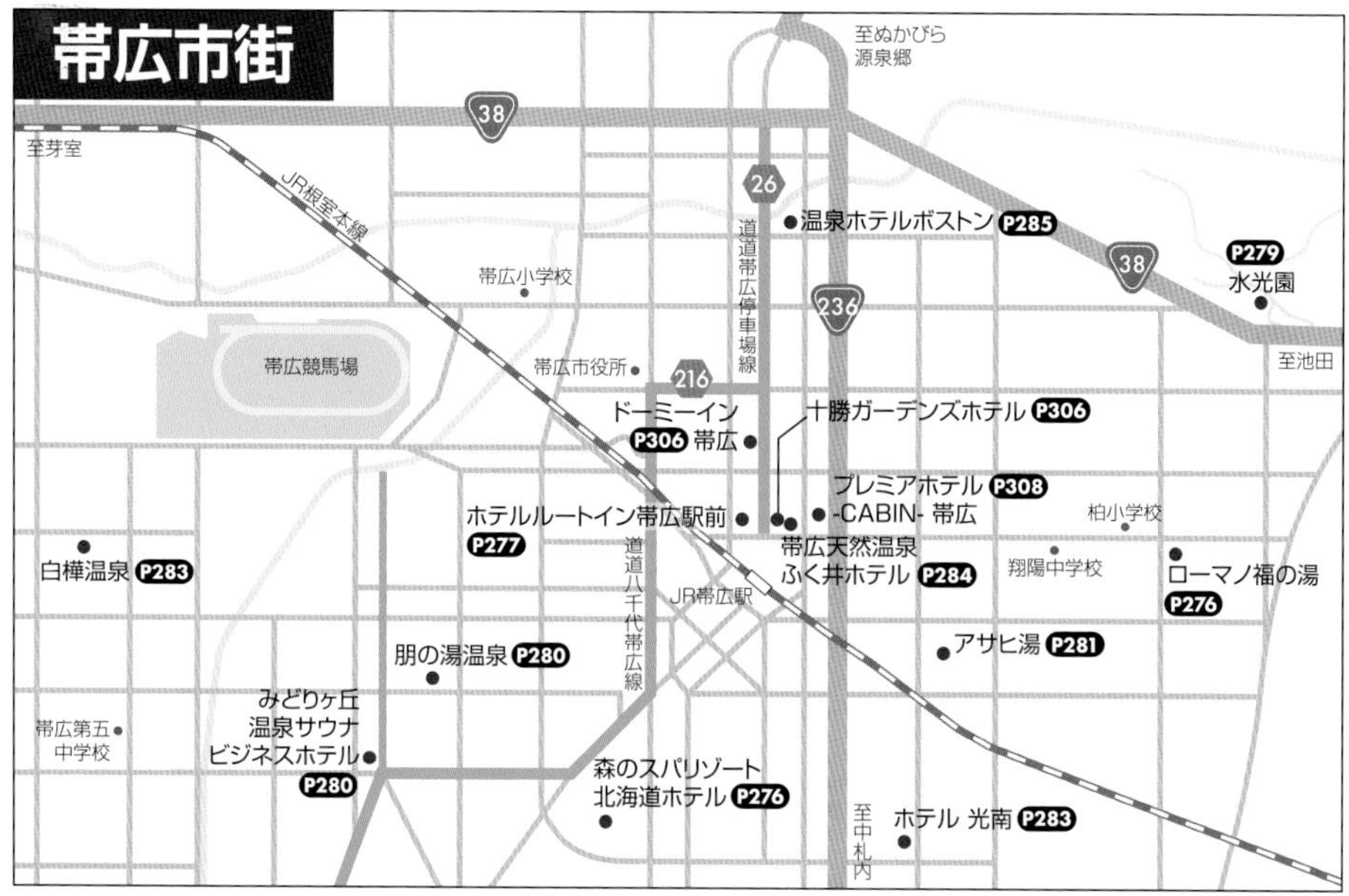
帯広市街
至ぬかびら
源泉郷
38
至芽室
JR根室本線
26
温泉ホテルボストン P285
道道帯広停車場線
P279
水光園
38
帯広小学校
236
帯広競馬場
帯広市役所
216
至池田
ドーミーイン
P306 帯広
十勝ガーデンズホテル P306
プレミアホテル P308
-CABIN- 帯広
ホテルルートイン帯広駅前
P277
柏小学校
帯広天然温泉
ふく井ホテル P284
翔陽中学校
ローマノ福の湯
P276
白樺温泉 P283
道道八千代帯広線
JR帯広駅
アサヒ湯 P281
朋の湯温泉 P280
みどりヶ丘
温泉サウナ
ビジネスホテル
P280
帯広第五
中学校
森のスパリゾート
北海道ホテル P276
至中札内
ホテル 光南 P283

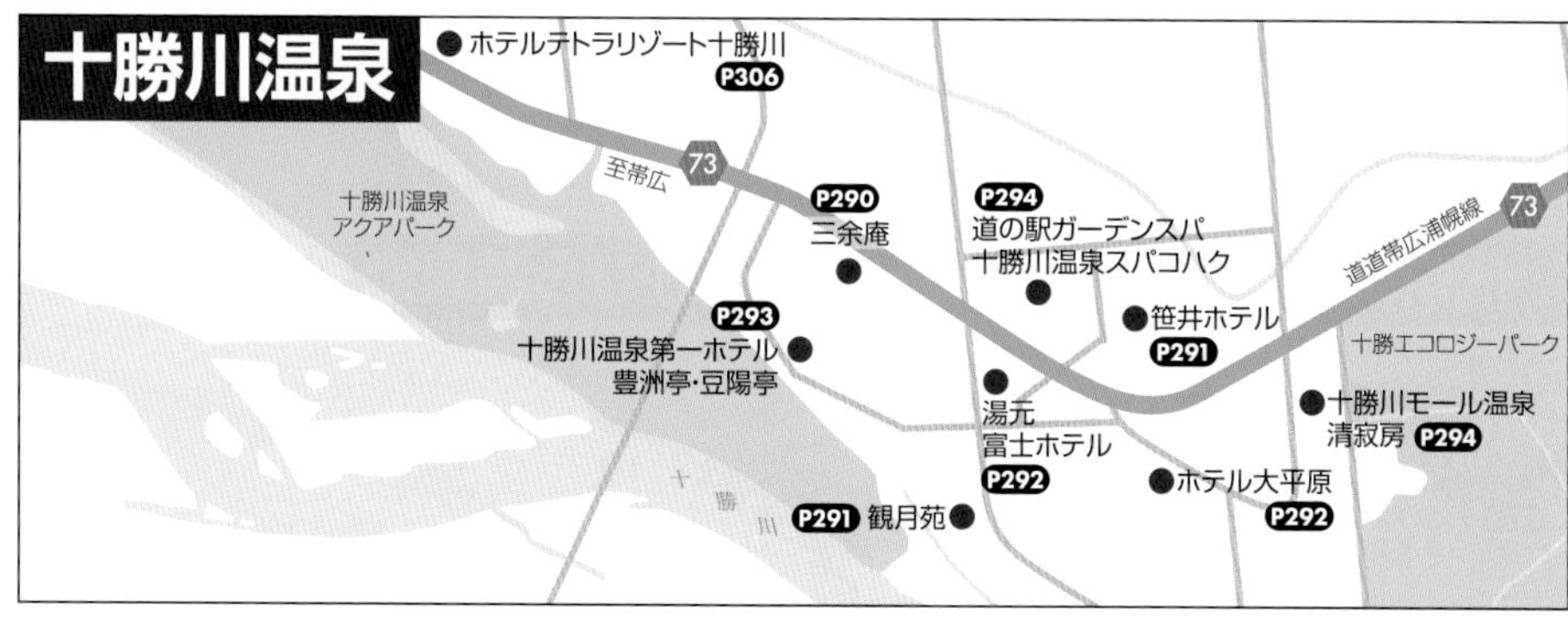
十勝川温泉
ホテルテトラリゾート十勝川
P306
73
至帯広
P290
三余庵
P294
道の駅ガーデンスパ
十勝川温泉スパコハク
十勝川温泉
アクアパーク
道道帯広浦幌線
73
P293
十勝川温泉第一ホテル
豊洲亭·豆陽亭
笹井ホテル
P291
十勝エコロジーパーク
十勝川モール温泉
清寂房 P294
湯元
富士ホテル
P292
ホテル大平原
P292
十
勝
川
P291 観月苑

十勝

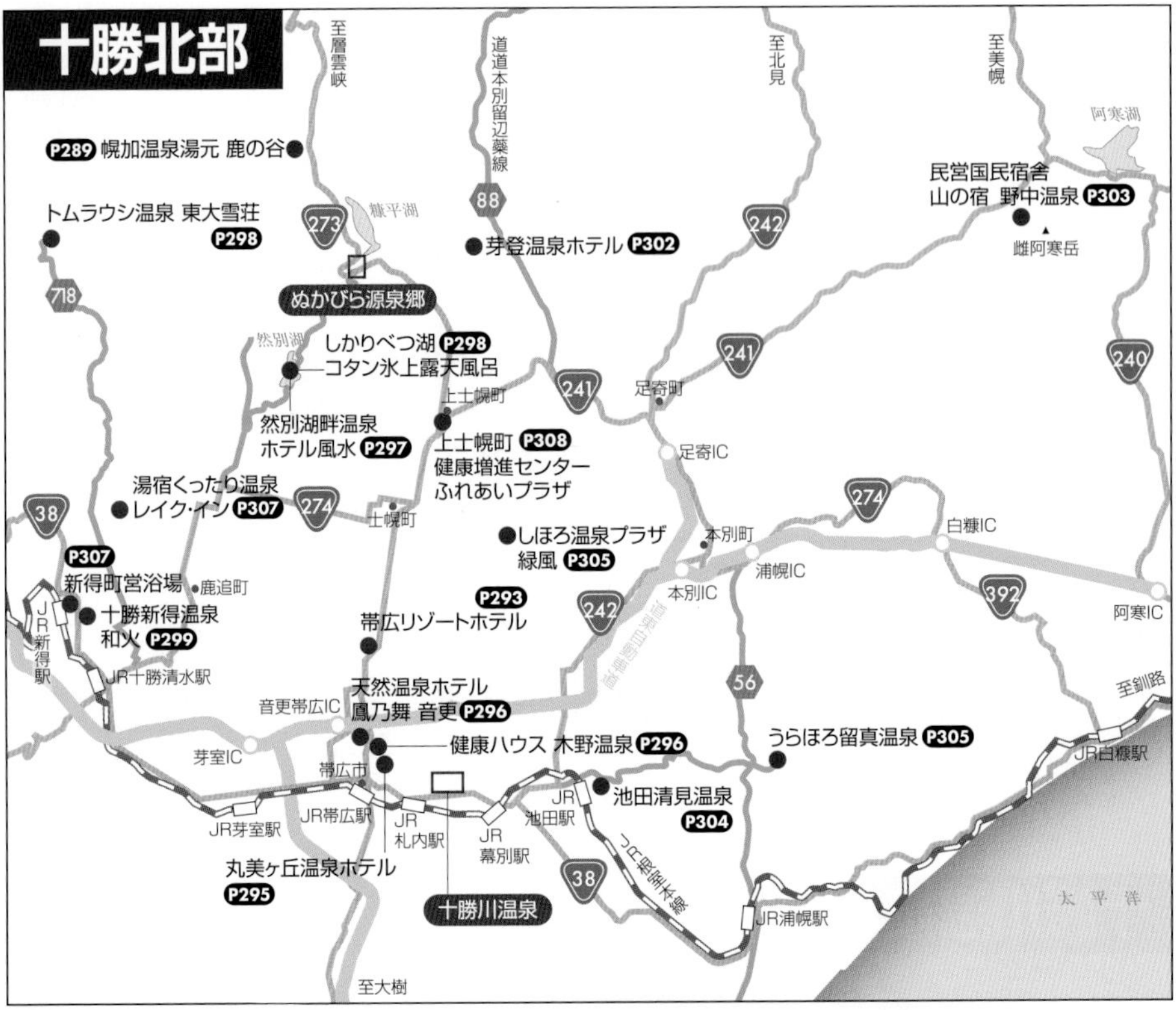

十勝北部
至層雲峡
道道本別留辺蘂線
至北見
至美幌
阿寒湖
P289 幌加温泉湯元 鹿の谷
トムラウシ温泉 東大雪荘 P298
糠平湖
ぬかびら源泉郷
芽登温泉ホテル P302
民営国民宿舎 山の宿 野中温泉 P303
雌阿寒岳
然別湖
しかりべつ湖 P298
コタン氷上露天風呂
然別湖畔温泉 ホテル風水 P297
上士幌町
上士幌町 P308 健康増進センター ふれあいプラザ
足寄町
足寄IC
湯宿くったり温泉 レイク・イン P307
士幌町
しほろ温泉プラザ 緑風 P305
本別町
白糠IC
浦幌IC
本別IC
阿寒IC
P307 新得町営浴場
鹿追町
十勝新得温泉 和火 P299
JR新得駅
JR十勝清水駅
P293 帯広リゾートホテル
道東自動車道
天然温泉ホテル 鳳乃舞 音更 P296
音更帯広IC
芽室IC
健康ハウス 木野温泉 P296
うらほろ留真温泉 P305
至釧路
JR白糠駅
帯広市
JR帯広駅
JR芽室駅
JR札内駅
JR幕別駅
JR池田駅
池田清見温泉 P304
根室本線
丸美ヶ丘温泉ホテル P295
十勝川温泉
JR浦幌駅
太平洋
至大樹

十勝南部
至本別
道東自動車道
天然温泉 やよい乃湯 P282
JR柏林台駅
JR帯広駅
帯広市
札内ガーデン温泉 P300
JR札内駅
JR池田駅
幕別町
JR幕別駅
P278 天然の湯 自由ヶ丘温泉
幕別温泉パークホテル P300 悠湯館
ひまわり温泉 P277
十勝幕別温泉 グランヴィリオホテル P301
JR浦幌駅
帯広広尾自動車道
とかち帯広空港
P308 更別村老人保健福祉センター
更別村
P307 十勝ナウマン温泉 ホテルアルコ
晩成温泉 P307
大樹町
太平洋
至浦河
至えりも

ぬかびら源泉郷
至糠平湖
ひがし大雪 自然ガイドセンター
P286 糠平舘 観光ホテル
P287 山の旅籠 山湖荘
ぬかびら源泉郷
温泉公園
P289 湯元館
糠平国道
至糠平ダム 帯広方面
糠平温泉ホテル P286
中村屋 P288
プライマル ステージ P285
ぬかびら源泉郷 スキー場

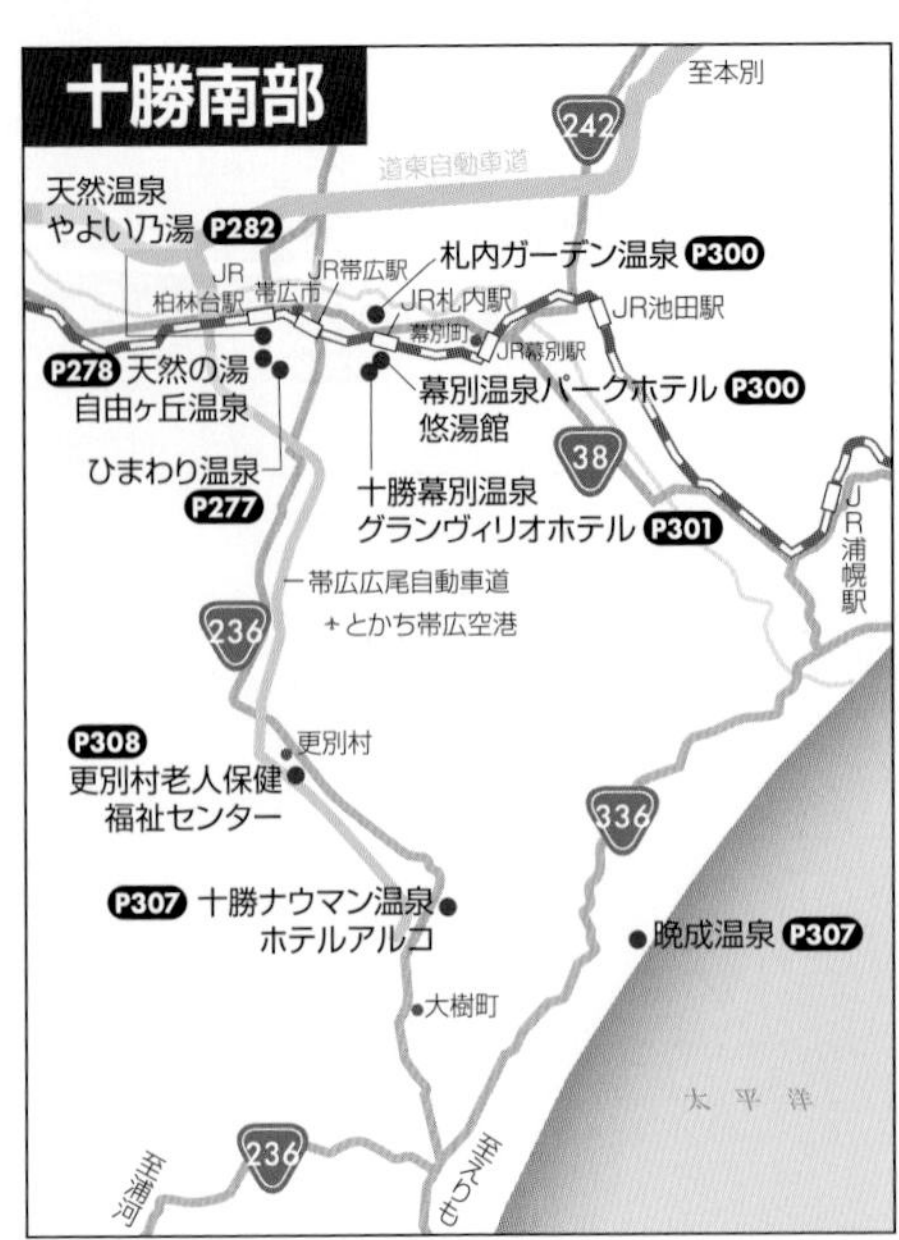

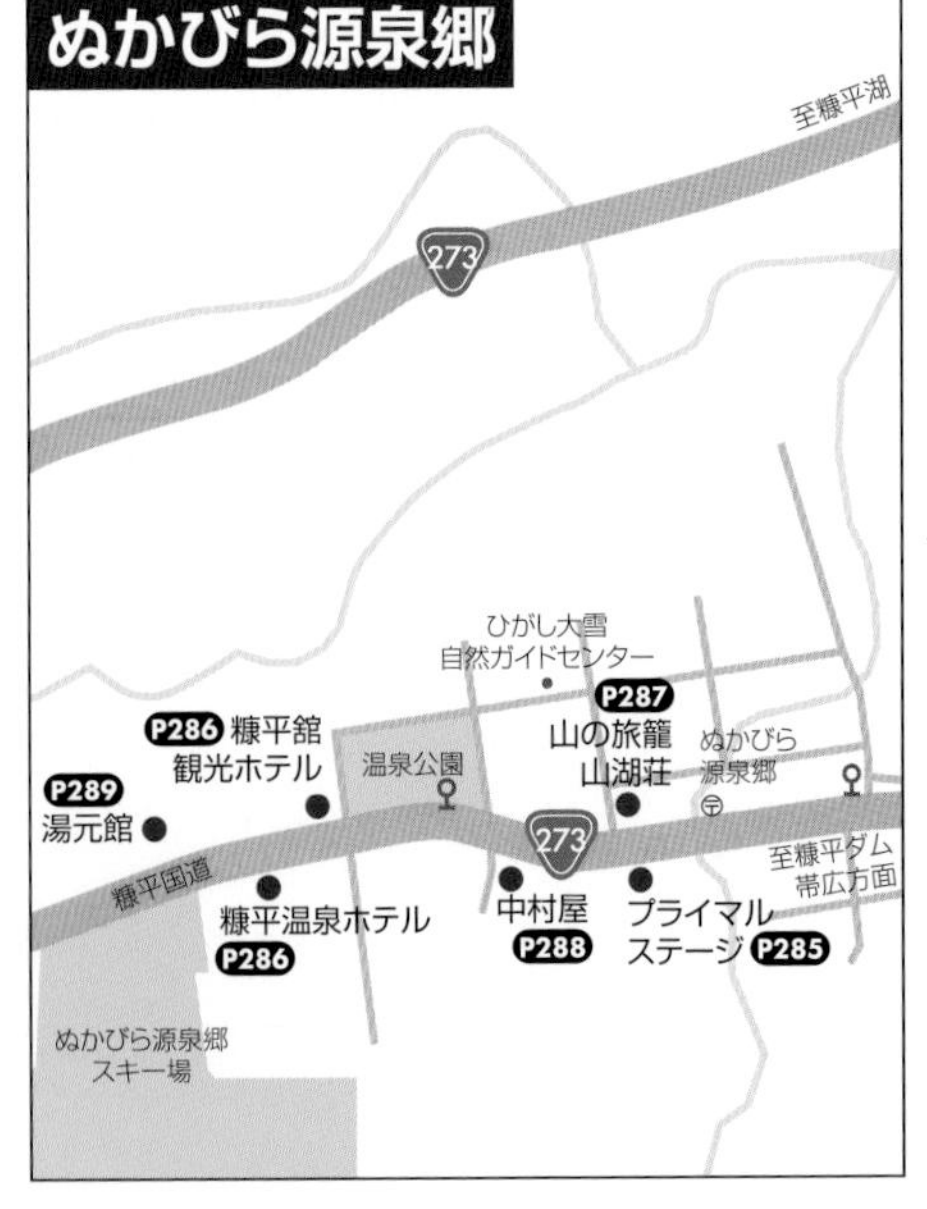

十勝

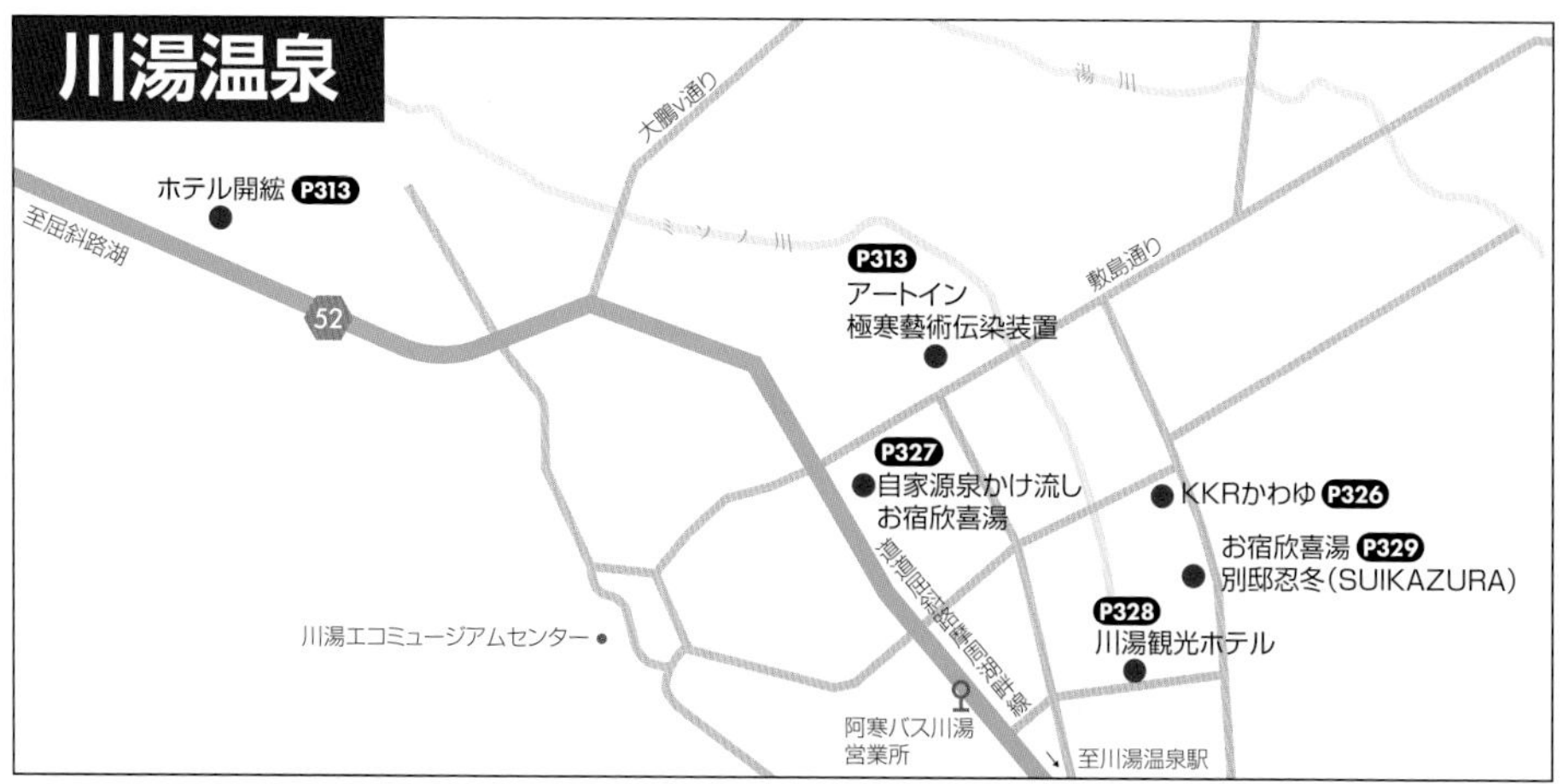
川湯温泉
湯川
大鵬ν通り
ホテル開紘 P313
至屈斜路湖
52
ミソノ川
P313
アートイン
極寒藝術伝染装置
敷島通り
P327
自家源泉かけ流し
お宿欣喜湯
KKRかわゆ P326
お宿欣喜湯 P329
別邸忍冬(SUIKAZURA)
P328
川湯観光ホテル
川湯エコミュージアムセンター
阿寒バス川湯
営業所
至川湯温泉駅

阿寒湖温泉
阿寒湖
あかん遊久の里 鶴雅
P317
温泉民宿山口
P314
ホテル御前水 P315
あかん湖
鶴雅ウイングス
P318
ホテル阿寒湖荘 P314
P318
阿寒の森鶴雅リゾート
花ゆう香
まりも通り
P315
ニュー阿寒ホテル
あかん鶴雅別荘
鄙の座 P316
阿寒湖まりむ館
阿寒湖郵便局
阿寒岳神社
至足寄
至釧路
P319 東邦館
240
まりも国道
阿寒湖バスセンター

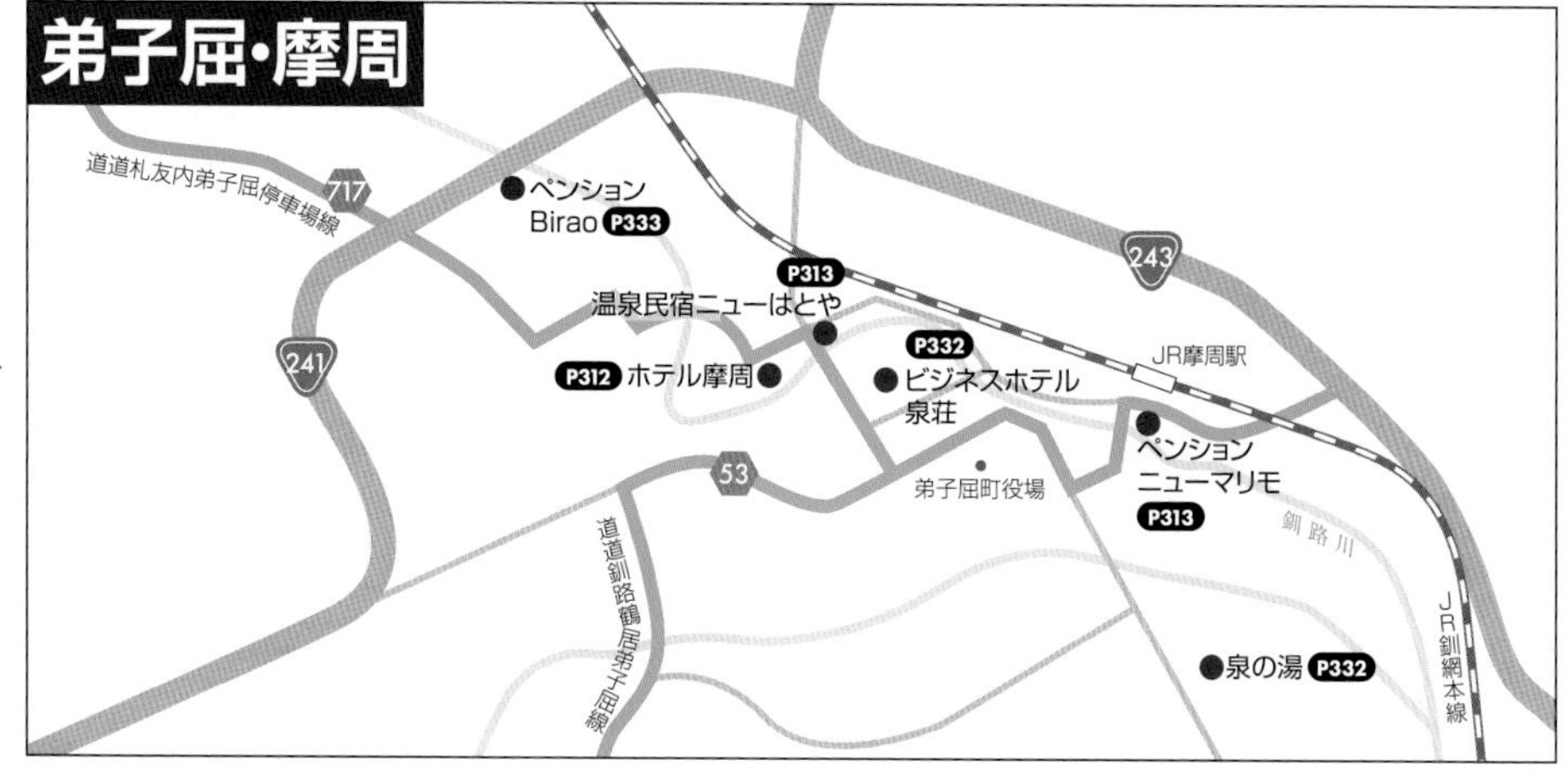
弟子屈・摩周
道道札友内弟子屈停車場線
717
ペンション
Birao P333
243
P313
温泉民宿ニューはとや
241
P312 ホテル摩周
P332
ビジネスホテル
泉荘
JR摩周駅
ペンション
ニューマリモ
P313
53
弟子屈町役場
釧路川
道道釧路鶴居弟子屈線
JR釧網本線
泉の湯 P332

釧路

# 釧路管内

至斜里
斜里岳
至美幌
P330 屈斜路湖荘
屈斜路湖
川湯温泉
P323 屈斜路湖サウナ倶楽部
ホテルパークウェイ P329
JR川湯温泉駅
アトサヌプリ
きらの宿 すばる P324
P312 屈斜路プリンスホテル
摩周湖
カムイヌプリ
P331 民宿 三香温泉
JR美留和駅
P330 丸木舟
お宿かげやま P325
標津町
野付半島
中標津空港
JR摩周駅
弟子屈・摩周
阿寒湖
雄阿寒岳
JR釧網本線
JR南弟子屈駅
阿寒湖温泉
カムイの湯ラビスタ阿寒川 P320
P331 ペンション熊牛
JR磯分内駅
別海まきばの湯しまふくろう P344
根室湾
まりも国道
標茶町
藤花温泉ホテル P337
P336 富士温泉
源泉100%かけ流しの宿ホテルグリーンパークつるい P333
JR標茶駅
ホテルテレーノ気仙 P315
P334 つるい村湿原温泉ホテル
味幸園 P337
JR茅沼駅
鶴居ノーザンビレッジ P335 HOTEL TAITO
シラルトロ湖
塘路湖
美肌の湯赤いベレー P321
JR塘路駅
JR浜中駅
釧路湿原
霧多布湿原
浜中湾
JR釧路湿原駅
浜中町
霧多布温泉ゆうゆ P314
山花温泉リフレ P315
天然温泉ふみぞの湯 P322
厚岸町
厚岸湖
釧路空港
JR大楽毛駅
太平洋
厚岸湾
JR釧路駅
JR根室本線
釧路市
ドーミーインPREMIUM釧路 P319
240 241 243 244 272 274 391 392 38 44

❖屈斜路温泉

## 屈斜路プリンスホテル

弟子屈町屈斜路温泉
電話 015・484・2111

宿 露

屈斜路湖の大自然にたたずむリゾートホテル。全室が屈斜路湖に面し、湖畔の涼風が心地良い。

❖アクセス：JR摩周駅から車で約25分❖1泊2食（税サ込）：大人13772円～❖日帰り入浴：不可❖泉質：ナトリウム・カルシウム－硫酸塩・塩化物泉

❖摩周温泉

## ホテル摩周

弟子屈町湯の島2丁目3-22
電話 015・482・2141

宿 日

鉄筋2階建ての宿。湯は敷地に湧く自前の源泉を、適温にするため加水だけしてかけ流す。

❖アクセス：JR摩周駅から徒歩約12分❖1泊2食（税サ込）：大人8000円～❖日帰り入浴：大人600円、小人300円、7時～22時、無休❖泉質：ナトリウム－塩化物泉

❖川湯温泉

## アートイン 極寒藝術伝染装置

弟子屈町川湯温泉3丁目2－40
予約はBooking.comから

宿 露

道東・川湯温泉にある泊まれる美術館。自噴、掛け流しの温泉は絶品。

❖**アクセス**：JR川湯温泉駅から車で約8分❖**1室2名素泊まり（税込 ）**：1室25000円（変動あり）❖**日帰り**：不可❖**泉質**：酸性・含鉄・硫黄－ナトリウム－硫酸塩・塩化物泉（硫化水素型）❖**備考**：宿泊予約はBooking.comから。問い合わせはonsengold2@gmail.com

❖川湯温泉

## ホテル開紘

弟子屈町川湯温泉2丁目6－30
電話 015・483・2318

宿 日

低料金で家族的なもてなしの宿だ。浴場はタイル張りで源泉を直接湯船へ落としている。

❖**アクセス**：JR川湯温泉駅から車で約8分❖**1泊2食（税サ込）**：大人7095円❖**日帰り入浴**：大人300円、小人200円、10時～20時、無休❖**泉質**：酸性－含硫黄・鉄（II）－ナトリウム－塩化物・硫酸塩泉❖**備考**：カード利用不可、JR川湯温泉駅から送迎あり（要連絡）※小型であればペットの犬や猫とも同室で宿泊できる。

❖摩周温泉

## 温泉民宿ニューはとや

弟子屈町湯の島1丁目1－3
電話 015・482・2040

JR摩周駅前から歩いて10分の民宿。温泉は源泉かけ流しで湯量も豊富。

❖**アクセス**：JR摩周駅から徒歩約10分❖**1泊2食（税サ・入湯税込）**：大人6300円❖**日帰り入浴**：大人300円、小人150円、13時～20時、無休❖**泉質**：アルカリ性単純温泉❖**備考**：カード利用不可

❖摩周温泉

## ペンション ニューマリモ

弟子屈町朝日1丁目6－7
電話 015・482・2414

JR摩周駅前に立つペンション。温泉は町から分湯を受け、湯元では81度の湯が引湯して、源泉かけ流しを満喫できる。

❖**アクセス**：JR摩周駅から徒歩約2分❖**1泊素泊まり（税サ込）**：大人4700円～❖**日帰り入浴**：大人300円、小人150円、8時～17時、不定休❖**泉質**：ナトリウム－塩化物泉❖**備考**：カード利用不可

❖霧多布温泉

## 霧多布温泉ゆうゆ

浜中町湯沸432
電話 0153・62・3726

見晴らしの良い日帰り湯。かつて大規模な地震や津波の被害に見舞われた浜中町の緊急避難所として誕生した。街の高台にあるため、露天風呂からもロビーからも、静かな港町と琵琶瀬、浜中の両湾、霧多布湿原などの風光が冴えざえと広がる。

2カ所の浴場は主浴槽と露天のほか一方に気泡浴槽と乾式サウナ、もう一方に圧注浴槽とミストサウナを備え、日替わりで男女を入れ替える。ファミリー向けの個室浴室もよく整備され、予約すれば、ゆったりと湯浴みができる。レストランも併設しており、食事も楽しめる。

❖**アクセス**：JR浜中駅から車で約10分、JR釧路駅から車で約1時間30分❖**料金**：大人500円、小学生250円、乳幼児無料❖**時間**：10時～22時（最終受付21時）❖**泉質**：ナトリウム－塩化物冷鉱泉

❖阿寒湖温泉

## ホテル阿寒湖荘

釧路市阿寒町阿寒湖温泉1丁目5－10
電話 0154・67・2231

1933年（昭和8年）の創業以来、昭和天皇・皇后両陛下をはじめとする貴賓ゆかりの宿。

❖**アクセス**：JR釧路駅から車で約1時間20分、阿寒湖バスセンターから徒歩5分❖**1泊2食（税サ込）**：大人9920円～❖**日帰り入浴**：大人1000円、小人500円、12時～20時、無休❖**泉質**：単純温泉

❖阿寒湖温泉

## 温泉民宿 山口

釧路市阿寒町阿寒湖温泉5丁目3－2
電話 0154・67・2555

源泉かけ流しの天然温泉。戦前に阿寒湖畔で開業し、現在は四代目が経営を継いでいる。

❖**アクセス**：JR釧路駅から車で約1時間20分、阿寒湖バスセンターから徒歩約12分 ❖**1泊2食（税込）**：大人8000円～❖**日帰り入浴**：不可❖**泉質**：ナトリウム・マグネシウム・カルシウム－炭酸水素塩・塩化物泉❖**備考**：カード利用不可

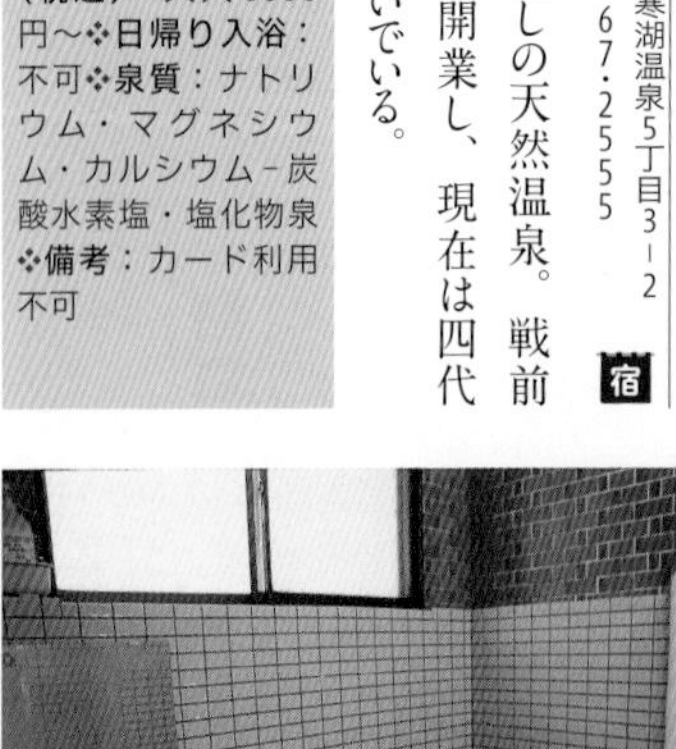

❖山花温泉

## 山花温泉リフレ

釧路市山花14線131
電話0154・56・2233

宿 日 露

釧路市動物園などがある釧路市街の総合公園「山花公園」の施設内にある公共温泉。

❖**アクセス**：JR釧路駅から車で約30分❖**1泊2食（税サ込）**：大人9500円～❖**日帰り入浴**：大人660円、中学生550円、小学生330円、10時～21時（最終受付20時30分）、無休❖**泉質**：ナトリウム－塩化物強塩温泉❖**備考**：釧路市動物園年間パスポート持参で日帰り入浴料割引あり

❖阿寒湖温泉

## ニュー阿寒ホテル

釧路市阿寒町阿寒湖温泉2丁目8－8
電話0154・67・2121

宿 日 露

地上30メートルの展望大浴場と屋上の天空ガーデンスパからは阿寒の大自然を一望できる。

❖**アクセス**：JR釧路駅から車で約1時間20分、阿寒湖バスセンターから徒歩5分❖**1泊2食（税サ込）**：大人13000円～❖**日帰り入浴**：大人1300円、小人650円、12時～17時、無休❖**泉質**：単純温泉

❖阿寒湖温泉

## ホテル御前水（ごぜんすい）

釧路市阿寒町阿寒湖温泉4丁目5－1
電話0154・67・2031

宿 日 露

阿寒湖岸に構える大型ホテル。浴室は落ち着いた造り。源泉の循環使用はしていない。

❖**アクセス**：JR釧路駅から車で約1時間20分、阿寒湖バスセンターから徒歩10分❖**1泊2食（税サ込）**：大人8000円～❖**日帰り入浴**：大人800円、小学生400円、12時～19時、不定休❖**泉質**：単純温泉

❖ルルラン温泉

## ホテルテレーノ気仙

標茶町桜8丁目38
電話015・485・2030

宿 日 露

標茶郊外に立つ温泉ホテル。褐色のナトリウム－植物泉がたっぷりと流れ込むモール温泉。

❖**アクセス**：JR標茶駅から車で約5分❖**1泊2食（税サ込）**：大人9000円～❖**日帰り入浴**：大人500円、小人250円、幼児無料、5時30分～8時／10時30分～21時、無休❖**泉質**：ナトリウム－塩化物泉❖**備考**：JR標茶駅から送迎あり（要予約）

❖阿寒湖温泉

あかん鶴雅別荘

# 鄙(ひな)の座

釧路市阿寒町阿寒湖温泉2丁目8−1
電話 0154・67・5500（予約）

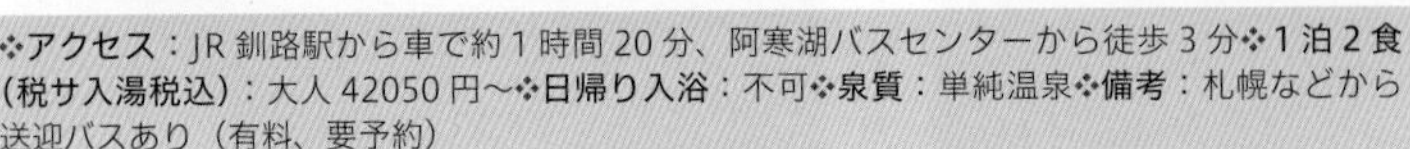
❖アクセス：JR 釧路駅から車で約 1 時間 20 分、阿寒湖バスセンターから徒歩 3 分❖1 泊 2 食（税サ入湯税込）：大人 42050 円〜❖日帰り入浴：不可❖泉質：単純温泉❖備考：札幌などから送迎バスあり（有料、要予約）

25の客室は和の趣のオールスイート。ひと部屋ひと部屋が異なる意匠で、まろやかな温泉あふれる露天風呂を持ち、最も小さな部屋でも60平方メートル以上の広やかさ。

110平方メートルを超す天の座スイートは、独立した寝室、和室、そしてまるでソファーでも置くようにリビングの一隅に端正な檜の浴室を配置した、温泉好きにはこれ以上ない設え。全ての客室に露天が付くが大浴場もまたいい。湖側と温泉街側で男女を入れ替える。

食卓にはオホーツクの潮にもまれた魚介、道東の大地で甘みを蓄えた根菜、森の香の濃い山菜、キノコ…その季節、その日だけの味わいの組み合わせが椀になり、小鉢になり、大皿に盛り込まれて口中にハーモニーを奏でる。合いの手の飲み物代は一部を除き、宿泊費の中に含まれる。

食後に立ち寄ったバーでもそれは同じ。ナイトキャップを何か一杯…のつもりでメニューを開くと、オリジナルカクテルやこだわりのシングルモルトがあれこれ並ぶ。

## ❖阿寒湖温泉

あかん遊久の里

# 鶴雅

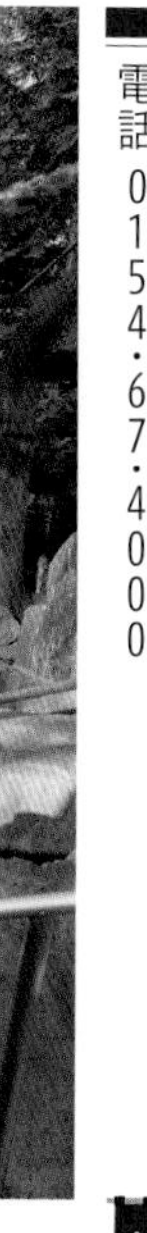

釧路市阿寒町阿寒湖温泉4丁目6－10

電話　0154・67・4000

❖**アクセス**：JR 釧路駅から車で約 1 時間 20 分、阿寒湖バスセンターから徒歩 10 分❖**1 泊 2 食（税サ入湯税込）**：大人 17850 円～❖**日帰り入浴**：不可❖**泉質**：単純温泉❖**備考**：帯広などから送迎バスあり（有料、要予約）

訪れる度に新しい印象を抱かせる魅力的なホテルだ。マリモの生息する神秘の湖・阿寒湖を庭にして堂々と構える、鶴雅グループ原点のホテル。郷土色と現代の感性を融合させた段階的なリノベーションと、大型館であることを忘れるほどのぬくもり伝わるサービスが、道外、国外からも高い評価を集めている。

障子やブラインド越しに差し込む自然光と木の意匠に心和む「こもれび」と名づけた客室、美しいアイヌ文様を散りばめたレラの館、特別な日にふさわしい上級の客室を配した別館など、多種多様な225の客室は時代に応じて進化しつつ湯客を迎え入れている。

温泉浴場は1階と8階に設えており、湯浴みしながら刻々と移ろう湖の風光を味わえる。1階の庭園露天風呂は阿寒湖に接しており、湯に身体を沈めると目線がほぼ湖面の高さ。湖との一体感を味わえる。8階の展望大浴場からは阿寒湖と阿寒の山々の絶景が広がる。同じく8階に設けた貸切の家族風呂は介護用のリフトなども完備し、体が不自由な方など大浴場で湯浴みできない宿泊客は無料で利用できる。

夕食は、料亭での季節の和食膳か、各国の料理とスイーツが選びきれないほど並ぶバイキングで。

❖阿寒湖温泉

## 阿寒の森鶴雅リゾート 花ゆう香

釧路市阿寒町阿寒湖温泉1丁目6－1
電話 0154・67・2311

館内はどこも華やかな雰囲気。フランスの画家レイモン・ペイネによる計33点もの作品を鑑賞できる美術回廊、千冊以上の世界の絵本を集めたコーナー、レンタルドレスなど、特に女性客には至れり尽くせりのもてなしがそろう。

浴場は毎日の徹底した清掃と換水のおかげで清潔感にあふれている。露天風呂はないが開放感のある空間で、湯は源泉に水足しをして適温化し、湯船には柔らかな阿寒の湯があふれている。グループ館の遊久の里鶴雅や鶴雅ウイングスの浴場も利用でき、シャトルバスも出ているので、露天風呂に浸かりたい時はぜひ利用しよう。

❖**アクセス**：JR釧路駅から車で約1時間20分、阿寒湖バスセンターから徒歩3分❖**1泊朝食（税サ込）**：大人11250円～❖**日帰り入浴**：不可❖**泉質**：単純温泉❖**備考**：札幌などから送迎バスあり（有料、要予約）

❖阿寒湖温泉

## あかん湖鶴雅ウイングス

釧路市阿寒町阿寒湖温泉4丁目6－10
電話 0154・67・4000

宿泊 露天

トーテムポール作品「イランカラプテ」（故藤戸竹喜氏制作）をはじめとする数々の木彫作品や、アイヌ文様モチーフの意匠を通して、アイヌ文化の美しさを旅人に伝えるスタイリッシュなホテル。スパゾーンでは、温泉やシルキーバスを備える浴場の他、低温、高温、アロマや薬草など多彩なバリエーションの岩盤浴も人気。1階の連結ブリッジで「あかん遊久の里鶴雅」と繋がっており、両方の浴場とも利用できる。

ビュッフェ会場の「ハポ」はアイヌ語でお母さんを意味し、その名にふさわしく厳選した地元食材を中心に、食べる人の健康に配慮した上質な美味づくし。

❖**アクセス**：JR釧路駅から車で約1時間20分、阿寒湖バスセンターから徒歩10分❖**1泊2食（税サ入湯税込）**：大人16750円～❖**日帰り入浴**：不可❖**泉質**：ナトリウム・マグネシウム・カルシウム・炭酸水素塩泉・塩化物泉❖**備考**：札幌などから送迎あり（有料、要予約）

❖阿寒湖温泉

# 東邦館

釧路市阿寒町阿寒湖温泉2丁目3−3
電話 0154・67・2050

宿泊 日帰

1964年に営業を開始した阿寒湖畔にある旅館。部屋は25室。玄関先で思わず「ただいまー」と言ってしまいそうになるくらい居心地がいい。特記するような付帯施設や豪華なもてなしなどはないけれど、毎日常に新しい温泉を張り替えてくれたり、寒い時期には床暖房を利用して靴を温めておいてくれたり、ちょうどお母さんが家族にかけるような何気ない気の配りに気持ちが安らぐ。

浴室も飾り気ないが、湯は源泉かけ流し。料理は阿寒湖名物のワカサギ天ぷらなど、地場の素材を使った家庭的なお菜が焼きたて・揚げたてで登場する。

❖**アクセス**：JR釧路駅から車で約1時間20分、阿寒湖バスセンターから徒歩3分❖**1泊2食（税サ込）**：大人7650円〜❖**日帰り入浴**：大人500円、小人無料、7時〜22時、無休❖**泉質**：単純温泉

❖釧路市内の温泉

# ドーミーインPREMIUM釧路

釧路市北大通2丁目1
電話 0154・31・5489

幣舞橋のたもとにそびえる13階建てホテル。その最上階に温泉浴場がある。大窓からは、船が係留する釧路川河口や街並みを一望。晴れた午後、静かな夕暮れ、輝く夜景、霧にけぶる朝の河口もみな美しい。湯はホテルすぐそばの泉源から導かれる。

ナチュラルカラーの客室で待つのはシモンズ社の上質なベッド。湯浴みでゆるりとほどけた体で横たわれば、ほどなく深い眠りに誘われる。

朝風呂は10時まで楽しめるから、河畔の散歩や少し早めの朝食後にサッパリとするも良し。

❖**アクセス**：JR釧路駅から徒歩9分❖**1泊素泊まり（税サ込）**：6990円〜（時期やプランなどにより変動あり）❖**日帰り入浴**：不可❖**泉質**：ナトリウム・カルシウム−塩化物泉

❖雄阿寒温泉

# カムイの湯 ラビスタ阿寒川

釧路市阿寒町オクルシュベ3-1
電話 0154・67・5566

❖**アクセス**：JR 釧路駅から車で約 1 時間 20 分、阿寒湖バスセンターから車で約 5 分❖**1 泊 2 食（税サ込）**：大人 19000 円～（時期やプランなどにより変動あり）❖**日帰り入浴**：不可❖**泉質**：単純温泉❖**備考**：阿寒湖バスセンターから送迎あり（要予約）

阿寒湖を源とする阿寒川のほとり、森木立切に埋もれるように佇む宿。3階建てで、全64室。森の中に踏み入るわくわく感を演出するために、手つかずの自然をできる限りそのままにと設えた建物からは、芽吹きの春木立、旺盛な緑、舞い散る紅葉、銀世界…と季節が彩る川の景趣を間近に味わえる。川側の客室には大きな窓と阿寒川をはじめ大自然を堪能できるリバービューシートが置かれている。

要の温泉も、この自然の恵みを最大限に活かしたもの。風格のある男女別の大浴場、意匠の異なる3カ所の貸し切り風呂、そして全室に整えられた展望風呂の全てには、人の手で掘削せず、河畔の方々で豊かに湧きあがる自然湧出泉がそのまま導かれている。泉質は、重曹やメタケイ酸など美肌効果をもたらす成分を含む単純泉だ。

晩餐はレストランでの会席スタイル。窓外の四季の移ろいはメニューにも。メヌケやソイ、ホッカイシマエビや阿寒湖産公魚、あるいは地の野菜、キノコといった季節の道東食材が見事なひと皿、ひと椀となって登場する。

❖丹頂の里温泉

美肌の湯

# 赤いベレー

釧路市阿寒町上阿寒23線36
電話　0154・66・2330

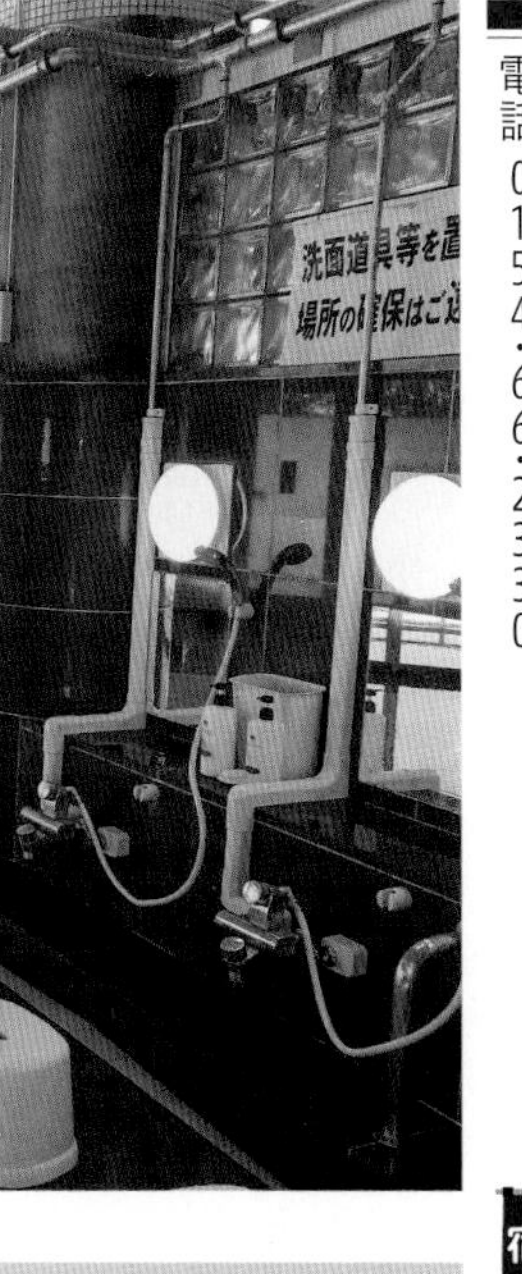

宿泊　日帰

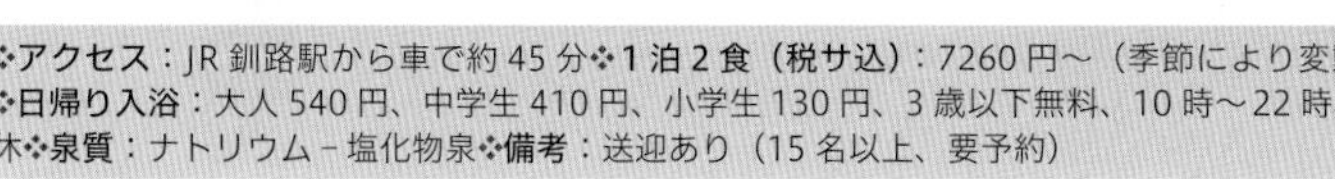

❖アクセス：JR 釧路駅から車で約 45 分❖1 泊 2 食（税サ込）：7260 円～（季節により変動）❖日帰り入浴：大人 540 円、中学生 410 円、小学生 130 円、3 歳以下無料、10 時～22 時、無休❖泉質：ナトリウム－塩化物泉❖備考：送迎あり（15 名以上、要予約）

タンチョウを観察できる阿寒国際ツルセンターのほど近く道の駅「阿寒丹頂の里」の施設内にある温泉宿泊施設。釧路市中心部と阿寒湖温泉を結ぶ国道２４０号線沿いに位置し、阿寒ICからもほど近い。名前はタンチョウの頭の色に由来。１９８９年に開業した。

実はこの施設、浴場が2カ所ある。一般的に知られているのは日帰り入浴にも対応する1階の大浴場で、温度差をつけた浴槽やサウナなどもそろう。この風呂も悪くないものの、とびきりと太鼓判を押したくなるのが2階にある宿泊者向けのこぢんまりとした浴室だ。

大浴場では浴槽が大きいため混雑し、温度が下がった時のみ源泉を加熱し、循環使用するが、この小さな湯船には生のままの琥珀色した湯が惜しげなくあふれている。

しかもこの風呂、従来は宿泊者専用だったが、現在は泊まり客のいない日中（午前10時30分から12時まで、午後1時から2時30分まで）に家族風呂として利用できる。料金は1室大人2名１２８０円、3名以上からは大人1名６４０円で利用可。大家族で仲良く入れば格安、時間も1時間30分とゆったり。穴場として覚えておきたいちょっとした「隠し湯」だ。

館内の「レストラン鶴」では阿寒もみじ焼肉丼など地元食材が味わえる。

❖釧路市内の温泉

# 天然温泉ふみぞの湯

釧路市文苑2丁目48－29
電話 0154・39・1126

日帰 露天

❖アクセス：JR 釧路駅から車で約 10 分❖料金：大人 490 円、小学生 150 円、未就学児 80 円
❖時間：10 時～ 23 時、無休❖泉質：ナトリウム・カルシウム－塩化物泉

２００７年の開業以来、地元客の「大きな家風呂」として愛され続けている温泉銭湯。観光のハイシーズンはアジア圏や本州からの幅広い湯客で混み合う一方、近隣の人々にとっては生活の一部、ご近所とのコミュニケーションの場になっている。

1年に2度しかない「メンテナンス休業」の日でさえ「なんで休むんだ、俺は自分ちの風呂なんて入った事ないぞ～、なんて常連さんに怒られます」と明るく気取りのない宇佐美支配人。

内湯には自家源泉を使う主浴槽、バイブラジェットバス、そして高温サウナに水風呂、女性湯にはちょっと珍しい、上部からたっぷり降り注ぐ40度ぐらいのミストサウナも。高温サウナでは折々にロウリュイベントを実施、支配人も気合を入れて熱波を送るそうだ。露天には檜風呂に、水圧も心地よい寝湯ジェットバス、もちろんサウナ後の外気浴用椅子も点々とある。

ささいなことかもしれないが、ＨＰをみると、源泉温度が24・5度であり「入浴に適する温度と湯量を保つ為に加温しております」「衛生管理のため循環ろ過装置を使用しています」と大きな文字で明記している。美しい文言で自らを讃える施設は多いが、民営の湯でこうした記述がどれだけあるか。開店前から地元客が並び、道外からも多くの風呂好きが訪れる理由はこの誠実さにあるのかと、ふと思った。

# 屈斜路湖サウナ倶楽部

弟子屈町美留和1-33
電話 050・3171・8597

宿泊 日帰 露天

❖**アクセス**：JR 摩周駅から車で約 25 分❖**素泊まり**：1 棟貸し（6 人まで）税込 11 万円。サウナは 17 時から朝 10 時まで自由に利用可❖**日帰り利用**：1 棟 2 時間貸切り（最大 6 人）で税込 19800 円、要予約❖**泉質**：単純泉❖**備考**：7 人以上の利用については問い合わせを

屈斜路湖畔の静かな森に佇む、ちょっと不思議な貸切のサウナ。実は温泉浴場としても特筆すべき一湯で、季節によって味わい方がまるで異なるのだ。

例えば冬―。洗い場で身を清めて屋外に出ると、温かな源泉を満たした高さ1メートル70センチもの巨大木樽の浴槽が目を奪う。向かい側に米杉で設えたサウナ室。水風呂として内湯に10度台、露天に20度台の風呂も。

木樽の風呂で身体を緩めて、ほの暗い静寂のサウナ室に横たわった。薪が燃える音、木の香り、炎の色、源泉でのロウリュ…。汗の滴りを感じ、時間に捉われずにサウナ室を出ると、樹氷きらめく冬の森の冷気が胸いっぱいに広がった。

驚くことに、夏ならばこの木樽が深い水風呂になり、内湯と露天には源泉があふれる。用いるのは60度ほどの単純泉と摩周湖の伏流水のみ、加熱や冷却の装置は一切ない。「季節の変化に応じて、自分ならこう入りたい…という風呂に整えるだけ」。代表の木村高志さんはさらりと言うが、こんな浴場、他にない。

❖美留和温泉

# きらの宿 すばる

弟子屈町美留和原野286
電話 015・482・2224

❖**アクセス**：JR川湯温泉駅から車で約12分、JR美留和駅から車で約7分❖**1泊2食（税サ込）**：大人13800円〜❖**日帰り入浴**：一律500円、貸切は1時間1800円。予約制で12時〜15時（最終受付14時）❖**泉質**：単純泉❖**備考**：体験メニュー各種は日時、料金とも要相談。JR美留和駅から送迎あり（要予約）

豊かな自然に囲まれた全5室の温泉宿。かけ流しの上質な源泉風呂。手をかけた味覚の数々。清らかに整えられた部屋。夫婦で明るくまめまめしくもてなす、道東の佳宿だ。開業は2009年。旅人の拠り所になる宿を、と北海道から東北まで候補地を探し、弟子屈・美留和の森に定めて開業した。

まばゆい新緑や紅葉、樹間に遊ぶエゾリスにミヤマクワガタ、のど自慢の野鳥たち、温泉と湧水、ダイヤモンドダストも星月夜もあった。宿名は美しい六連星（むつらぼし）から。

客室は清楚に整えた5つのツイン。風呂は男女別に、内湯1つと露天1つ。湯はまろやかな単純泉の美肌湯を生のままにかけ流す。予約できれば水入らずの貸し切り風呂にも。

食事と温泉を楽しむだけでも十分に満足がいくが、独自の体験メニューも、旅の思い出作りにと知恵を絞ったもの。ここならではの自然体験メニューが多彩にあり、ほぼすべてが宿の玄関先から始まるのがユニークだ。季節により徒歩にバイク、スキー、スノーシュー、スノーモービルなどを駆使し、ご主人の久郷岳彦さんにサポートされながら進む。行き先は森の散歩から、摩周湖、釧路川、雲海広がる藻琴山までも。

❖美留和温泉

# お宿かげやま

弟子屈町美留和368－43
電話 015・482・6030

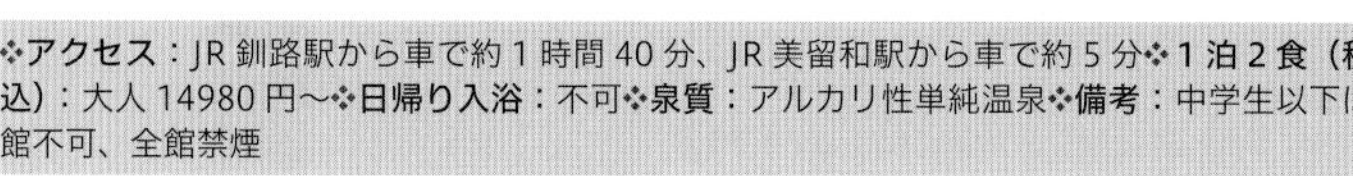
❖**アクセス**：JR 釧路駅から車で約 1 時間 40 分、JR 美留和駅から車で約 5 分❖**1 泊 2 食（税サ込）**：大人 14980 円〜❖**日帰り入浴**：不可❖**泉質**：アルカリ性単純温泉❖**備考**：中学生以下は入館不可、全館禁煙

予約は多くても日に2組までの小さな湯宿。夫婦で長い時間をかけて設えた宿は、木肌の温かみのある内装。建物を包む葉擦れの音が静寂を際立たせる。場所はJR釧網本線の美留和駅から車で5分。だが途中に案内看板はなく、もしカーナビを用意せずに行くのなら電話で道程を確かめておくのが無難。

美しい室内は窓外の森の延長のようだ。客室は琉球畳の和室か山小屋風ツイン。温泉浴場は1組単位の貸し切り式。大人たちが日々の喧騒から離れ、心通う人と、時には自分自身と向き合って時を過ごせるように—と、利用は高校生以上に限っている。

宿主の蔭山康さんは穏やかな笑顔で、こちらが何かを求めない限り静かに控えている。しかし姿が見えずとも、もてなしの心は隅々に光る。湯に向かえば、露天を含む風呂全体が磨きあげられており、かけ流しの源泉が日差しを弾く。脱衣所にはメッセージとともに無料の飲物の用意も。客室には数冊の本だけ。テレビも冷蔵庫もない。

最も能弁なのは、創意に満ちた料理の数々だ。料理名に添えられた「自家燻製」「手打ち」「自家製」の文字にも蔭山さんの惜しまぬ手間暇が現れる。摘みたてのクレソンのサラダには小粒の白い花が。口に運べば、森の湧水が喉奥に染み透るかのようだった。

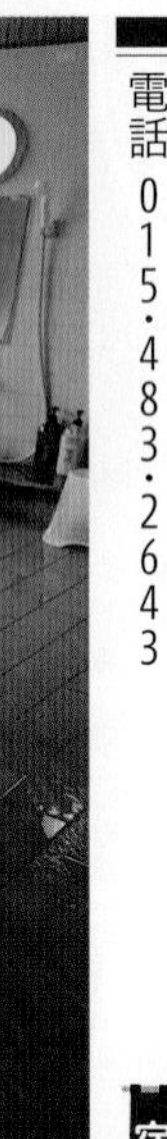

❖川湯温泉

# KKRかわゆ

弟子屈町川湯温泉1丁目2−15
電話015・483・2643

❖**アクセス**：JR川湯温泉駅から車で約6分❖**1泊2食（税込）**：14480円〜❖**日帰り入浴**：大人600円、小学生300円、未就学児150円　13時〜20時、不定休❖**泉質**：酸性−含鉄（II）・二酸化炭素・硫黄−ナトリウム−硫酸塩・塩化物温泉（硫化水素型）

一人旅を含めて人数問わず、大きな季節変動もなく、比較的リーズナブルに利用できるのが公共の宿の良いところ。ましてやその宿が素晴らしい温泉を備えるなら、言うことなしだ。「国家公務員共催組合連合会川湯保養所」…と正式名称は早口言葉並みだがKKRかわゆ、なら親しみやすい。名湯・川湯温泉に開業して四半世紀が経つ。

館内は基本的にバリアフリー設計が施され、温泉については脱衣所まで車椅子で移動が可能という。客室は和室を主体にツインルーム、それに和室と和洋室2タイプの特別室もある。

温泉は川湯ならでは、全ての浴場が源泉かけ流しであることは言うまでもない。加えてこの湯は換水、清掃にも抜かりがない。「特別な成分のためメンテナンスが通常の何倍にも。時には自分でも入浴してチェックします」と金井俊典支配人。

広やかで段差の少ない内湯の他に、大岩や樹木を配置した野趣たっぷりの東屋露天風呂もある。湯代も手頃で、銭湯がわりに通う地元客も多い。

❖川湯温泉

自家源泉かけ流し　お宿

# 欣喜湯(きんきゆ)

弟子屈町川湯温泉1丁目5－10
電話　015・483・2211

❖**アクセス**：JR 川湯温泉駅から車で約 5 分❖**1 泊朝食付き（税込）**：大人 9000 円～❖**日帰り入浴**：大人 1000 円、小学生 700 円、幼児 500 円、13 時～ 20 時、年末年始休館❖**泉質**：酸性・含硫黄・鉄（II）－ナトリウム－硫酸塩・塩化物泉

室内にありながらも、湯船のそばに開口部を設けた開放的な造りの風呂を俗に「半露天風呂」と呼ぶ。規模も形状も様々あるが、北海道でとびきりダイナミックな半露天こそ、この湯だ。

もともとは一階と二階を階段で繋ぐ吹き抜けの大浴場だったが、2019年春にリニューアルを遂げ、一階浴場の曇りガラスの大窓を外部からの目隠し部分を残して大胆に取り払った。歴史を刻む風格の大湯殿がそのまま、風がそよぎ、自然光が降り注ぐ広壮な半露天に生まれ変わったのだ。紫外線も程よく遮られ、女性の肌には嬉しい限り。雨風の影響も和らぎ体に穏やかだ。

湯船は42度、40度、39度を目安に湯量調整だけで整えた源泉かけ流しの極上湯。pH2を下回り、鉄硫酸塩（緑礬(りょくばん)）などを含む複合的な強酸性泉だ。浸かればピリリと肌に刺激的で体の芯からポカポカしてくるが、そよ吹く風のおかげでのんびりと名湯を味わえるのはなによりだ。

❖川湯温泉

# 川湯観光ホテル

弟子屈町川湯温泉1丁目2－30
電話 015・483・2121

宿泊
日帰
露天

❖アクセス：JR 川湯温泉駅から車で約 8 分❖１泊２食（税サ込み）：大人 12491 円～❖日帰り入浴：大人 800 円、小学生 500 円、幼児無料、13 時～ 21 時（最終受付 20 時）、無休❖泉質：酸性・含硫黄・鉄（II）－ナトリウム－硫酸塩・塩化物泉（硫化水素型）

道東きっての湯どころ、川湯にある温泉ホテル。この宿の清らかな湯に身体を沈めると、２０２０年には殺菌効果も実証された力強い源泉が肌にじわりとしみていく。内湯には、高温の源泉を熱交換して42～43度に整えた高温の風呂、同じく37～38度のぬるめの風呂、肌の弱い人が湯かぶれを防ぐための真湯等々。そして露天では40～41度の中温の風呂が待つ。

湯の温度というもの、単に好きずきの問題でなく、身体への作用に違いがある。体温に近いぬるめの湯では、自律神経系の副交感神経が優位になるので、鎮静効果があり、気分がリラックスする。心負担も軽く、血圧は下降する。反対に熱めの風呂は刺激が大きく、交感神経が緊張し血圧が一時的に上昇する。発汗作用が強く、新陳代謝も高まる。一言にするなら、ぬるめは「癒しの湯」、熱めは「鍛錬の湯」ということか。

多くの日本人に親しみやすい40度前後の湯は、露天風呂になみなみと。木の温もりあふれる極上の露天。玄関横には無料の足湯があり、24時間無料で入ることができる。

❖川湯駅前温泉

# ホテルパークウェイ

弟子屈町川湯駅前3丁目2−10
電話 015・483・2616

どの宿のどの風呂でも国内屈指の個性的な源泉そのものを堪能できる川湯の湯どころ。

ホテルパークウェイの湯もむろんどの湯も混じりっけなしの生湯である。泉温64・2度、湯量毎分400リットル、しかも「美肌の湯」の呼び名を持つナトリウム―炭酸水素塩泉。

ご主人の人柄そのままに、この宿の風呂は素朴でおおらか。男女別に内湯と露天風呂があるほか、離れにも庭園仕立てで風情たっぷりの露天がある。大岩がついたての半混浴で、家族、友人、相客同士が和気あいあいと湯浴みと会話を満喫できる。

**❖アクセス**：JR川湯温泉駅から徒歩3分**❖1泊2食（税サ入湯税込）**：大人8950円〜**❖日帰り入浴**：大人500円、3歳以上小学生300円、3歳未満無料 11時〜20時、無休**❖泉質**：ナトリウム−炭酸水素塩泉**❖備考**：①露天風呂は男女別と半混浴がある②宿泊のみクレジットカード利用可

❖川湯温泉

# お宿欣喜湯 別邸忍冬（SUIKAZURA）

弟子屈町川湯温泉1丁目2−3
電話（予約）015·483·2211 電話（当日）015·486·9701

ひとつの温泉地のどの湯宿ももれなく「源泉かけ流し」――。そんなことは温泉地数日本一の北海道内でもむろん、国内津々浦々の名だたる温泉地でもそうあることではない。その希少な一例が道東の川湯温泉だ。

別邸忍冬は、同温泉地で閉館していた高級宿を「お宿欣喜湯」が2021年春に再生した湯宿。支配人は料理長を兼務する。それはつまり、お墨付きの湯や設えに加えて同地の食の魅力を惜しみなく伝えたいがためだ。

温泉好きの親御さんに孝行するため、家族の記念日の一夜のために、覚えておきたい道東の宿である。

**❖アクセス**：JR川湯温泉駅から車で8分**❖1泊2食（税込）**：2名一室の場合おひとり14500円〜**❖日帰り入浴**：大人1500円、小学生1000円、幼児700円、13時〜15時（16時退館）、不定休**❖泉質**：酸性・含硫黄・鉄（II）−ナトリウム−硫酸塩・塩化物泉（硫化水素型）**❖備考**：接続バスがない場合にJR川湯温泉から送迎あり

❖仁伏温泉

# 屈斜路湖荘

弟子屈町サワンチサップ9
電話 015・483・2545

緑に囲まれた静かな場所に建つ、和室ばかり16室の2階建ての温泉旅館。清潔感あふれるタイル張りの浴場には、自慢の源泉かけ流しの風呂。仁伏（にぶし）温泉の湯は青く透き通っているため、水晶に例えられる。近隣の力強い川湯温泉とは全く異なる優しい肌合いだ。

広い玄関の向こうは、昭和の香りをとどめる素朴な空間だ。

屈斜路湖までは徒歩5分、摩周湖や硫黄山、美幌峠が車で30分以内の場所にあり、観光にも便利。温泉の帰り、屈斜路湖やポンポン山に立ち寄るのもいい。

❖**アクセス**：JR川湯温泉駅から車で約10分❖**1泊2食（税サ込）**：大人8650円～❖**日帰り入浴**：大人500円、小人250円、9時～20時、無休❖**泉質**：単純温泉

❖コタン温泉

# 丸木舟

弟子屈町屈斜路コタン
電話 015・484・2644

屈斜路湖岸に佇む、全7室の温泉ホテル。1階レストランには一般的な麺類等に並んでアイヌ民族の料理を基にした独自メニューが揃い、予約制でアイヌ料理フルコースも賞味できる。2階には客室と温泉浴場を配置。風呂は湖を見晴らす特等席で、極上の重曹泉が木造りの湯船にあふれている。

オーナーは国内外で喝采を浴びた音楽家。アイヌ詞曲舞踊団「モシリ」を創設し、楽曲制作から振り付けまで手がけるアトゥイさんは、動員が見込まれる大都市よりも屈斜路湖畔での活動にこだわる。宿泊者の希望があれば、有料でモシリのライブが開催される。

❖**アクセス**：JR摩周駅から車で約20分❖**1泊素泊まり（税サ別）**：大人7000円～❖**日帰り入浴**：大人600円、3歳～小学生300円、2歳以下無料、11時30分～19時30分（1時間貸切・要予約）❖**泉質**：ナトリウム－炭酸水素塩泉❖**備考**：①食事は1階レストランを利用②宿泊者は「モシリ」ライブを3300円で鑑賞可（10名以上、要予約）

❖和琴温泉

## 民宿 三香温泉

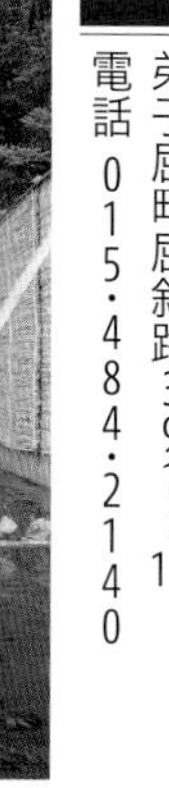

弟子屈町屈斜路391−15
電話 015・484・2140

国道243号で美幌峠を越え屈斜路湖沿い、湖畔に広がる畑作地帯の温泉宿。1986年開業の木造二階建てで、部屋は広くて清潔だが、三室限り。食事も大広間にそろっていただくオーソドックスなやり方だ。宿の玄関を入って間もなく、薪ストーブを真ん中に、毛糸の座布団を敷いた椅子が並ぶ小さな談話スペースがある。そこで旅人同士はいつの間にか「旧知の仲」になり、情報交換したり、「明日はご一緒に…」と意気投合することも。

名物の大きな露天風呂は、絶えず源泉が豊かにほとばしり、緑豊かで星空も見事。露天の近くには餌付け台が設置してあり、エゾリスや野鳥が頻繁に姿を現す。

❖**アクセス**：JR摩周駅から車で約20分❖**1泊朝食付き（税サ込）**：大人7200円〜、素泊り5800円❖**日帰り入浴**：大人400円、小学生300円、幼児200円、幼児未満100円、10〜18時（最終受付17時30分）、火・水・木曜休み❖**泉質**：単純温泉❖**備考**：カード利用不可

❖熊牛温泉

## ペンション 熊牛

弟子屈町熊牛原野86−23
電話 015・482・2956

一度入ると忘れられない温泉で、釧路川と平行する国道391号沿い、標茶から弟子屈に入ってすぐに現れる「温泉付宅地分譲」の看板が目印。700メートルほど先、広大な緑の牧場を前にして、板壁のペンションが立っている。現在は日帰り入浴のみの営業だ。

牛乳のバルク（冷却貯蔵タンク）を使った手作りの露天風呂が2カ所ある。いずれも家族風呂で、内湯と露天風呂が貸し切りで利用できる。予約不可のため、土日は順番待ちもあり。冷暖房付のカラオケ小屋も設置されている。

❖**アクセス**：JR磯分内駅から車で約5分、JR釧路駅から車で約1時間15分❖**料金**：大人300円、中学生100円、小学生以下無料❖**時間**：8時〜20時30分、無休❖**泉質**：アルカリ性単純温泉❖**備考**：カード利用不可

❖摩周温泉

# 泉の湯

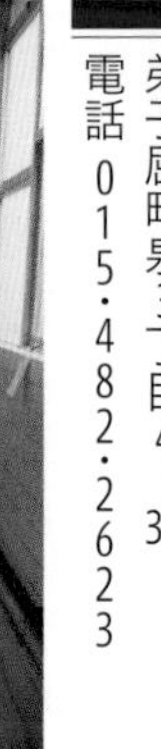

弟子屈町泉3丁目4－30
電話015・482・2623

❖**アクセス**：JR摩周駅から徒歩約10分❖**料金**：大人200円、小人120円、幼児80円❖**時間**：13時～21時、火曜日休み❖**泉質**：ナトリウム－塩化物温泉❖**備考**：カード利用不可

日帰

弟子屈の街中にある町営の日帰り温泉施設。入浴料は大人200円と格安だが、湯の質はとてもいい。湯元は施設から1キロ離れているが、80度を超す源泉はこの距離を導かれても容易に温度を下げず、夏場などは足し水しなくては熱くて湯船に入っていられないほど。

湯口からは源泉そのものがなみなみと注がれ、それを浴槽で加水調整し、汚れの除去のためにろ過をして余剰分はそのまま放流する。柔らかな湯ざわりが後を引く。

❖摩周温泉

# ビジネスホテル泉荘

弟子屈町中央1丁目5－9
電話015・482・2415

❖**アクセス**：JR摩周駅から徒歩約7分❖**1泊素泊まり（税サ込）**：大人4600円～（朝食900円、夕食なし）❖**日帰り入浴**：不可❖**泉質**：ナトリウム－塩化物泉❖**備考**：①露天風呂は男女交代②カード利用不可

宿泊　露天

部屋数10室、弟子屈の中心街にある温泉ビジネスホテル。鉄道にバスターミナル、幹線道路もすぐそばという交通の利便性も高い。

「たまたま自宅の部屋が空いていたから」と民宿を始めたという。現在の建物に建て替え、ビジネスホテルとして再出発したのは1989年。温泉浴室は源泉をストレートに張った男女別の内湯のほか、男女交代で利用するご主人手製の露天風呂も登場した。御簾囲いの石張り風呂で、湯は内湯と同様に源泉かけ流しである。

❖摩周温泉

## ペンション B・irao（ビラオ）

弟子屈町美里4丁目7−10
電話 015・482・2979

宿泊 日帰 露天

家族中心で営む居心地のいい温泉ペンション。近くには道の駅やコンビニ、スーパーもあり、便利だ。ペンションの名前はビラオ山の山麓にある宿だからという理由。摩周湖へは車で10分。早朝の雲海も楽しめる。

一人旅歓迎のペンションと、ファミリーやペット連れに人気のコンドミニアム。合宿できるチャリダーハウス、コインランドリーも併設しており、多様なニーズに対応している。

風呂もいい。自前の源泉が内風呂、露天風呂、そして家族水入らずの貸し切り形式の風呂にもたっぷりとあふれている。とろりとしたお湯が好評だ。

❖アクセス：JR摩周駅から車で約5分❖1泊素泊まり（税サ込）：大人5100円〜❖日帰り入浴：大人400円、中学生・高校生300円、小人200円、幼児100円、10時〜21時（最終受付20時30分）、無休❖泉質：アルカリ性単純温泉❖備考：露天風呂は男女別各1と家族風呂に1（宿泊者専用）、JR摩周駅から送迎あり（要予約）

❖鶴居村温泉

## 源泉100%かけ流しの宿 ホテルグリーンパークつるい

鶴居村鶴居北1丁目5
電話 0154・64・2221

宿泊 日帰 露天

阿寒摩周・釧路湿原、二つの国立公園にある鶴居村の旅の基地。風呂は和風庭園調の露天風呂がある大浴場と、それに劣らぬゆったりサイズの宿泊専用浴室の2カ所があり、泊まり客はどちらも夜通し利用できる。

自慢はすべての浴槽に薄めず沸かさず生のままの源泉をかけ流していること。浴室もすべての浴槽の湯を毎日抜き、丁寧に清掃するかいあってとても清潔だ。

夕食は道東の食材を多用した創意工夫のある膳だ。

❖アクセス：JR釧路駅から車で約40分❖1泊2食（税サ込）：大人9800円〜❖日帰り入浴：大人700円、中学生500円、小学生400円、幼児無料、10時〜22時（最終受付21時30分）、無休❖泉質：ナトリウム−塩化物泉

❖鶴居村温泉

# つるいむら湿原温泉ホテル

鶴居村鶴居東3丁目
電話 0154・65・8840

❖**アクセス**：JR 釧路駅から車で道道 53 号経由約 40 分❖**1 泊 2 食（税込）**：14000 円〜❖**日帰り入浴**：大人 800 円、中学生 600 円、小学生 500 円、未就学児 100 円、平日 11 時 30 分〜22 時、土日祝日 11 時〜、無休❖**泉質**：ナトリウム－塩化物温泉

2022年冬に誕生した10室限りの温泉ホテル。内外装に木材を多用し、暖炉テーブルや北欧風のインテリアがナチュラルな空間に調和する。

温泉は内湯にゆったりサイズの湯船と露天に小ぶりの湯船があり、いずれも源泉かけ流し。毎日全換水、内部清掃して、どこにも負けない湯質を保っている。

温泉に並んで人気なのが露天にある丸い樽型のフィンランド式バレルサウナ。鶴居村の木でもある白樺のアロマ水でセルフロウリュも可能。水風呂は15度ほどの自然湧水だ。客室はいずれもゆとりのあるツインで、天井が高く開放感たっぷり。家具調度は洒落ているだけでなくシンプルで機能的だ。

食事は、大手ホテルの洋食部門で研鑽を積んだ吉川博文さんの創意あふれる地産地消のコース。レストランと厨房はカウンター一つ隔てて繋がっており、調理の焼き香も絶妙なスパイスだ。「地元の食材だから使う、のではなく、美味しいから大切に使うんです」

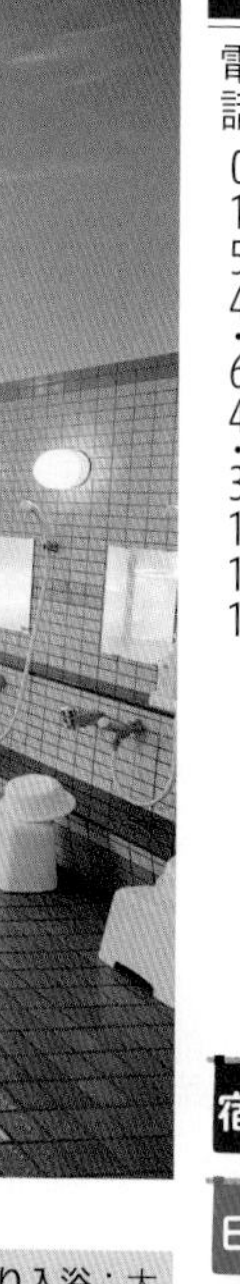

### ❖鶴居村温泉

## 鶴居ノーザンビレッジ HOTEL TAITO

鶴居村鶴居西1丁目
電話 0154・64・3111

宿泊　日帰　露天

**❖アクセス**：JR 釧路駅から車で約 40 分**❖1 泊 2 食（税込）**：大人 11150 円〜**❖日帰り入浴**：大人 700 円、中学生 500 円、小学生 400 円、幼児以下 100 円、11 時（日曜・祝日 10 時）〜22 時（最終受付 21 時 30 分）、無休**❖泉質**：ナトリウム－塩化物・炭酸水素塩泉

タンチョウが生息する「鶴居」村。半世紀も前から酪農家など個人が給餌を続け、命を守り繋いだ心優しき村だ。同村生まれの写真家・和田正宏さんは別のアプローチでタンチョウを支える。湿原の中で営巣し、子を育む姿を慈しむようにカメラで捉え、世に愛好の和を広げている。

そんな和田さんがオーナーを務めるのが、ホテルTAITOだ。そもそも生家が1916年（大正5年）創業の旅館で、和田さんはその四代目。「ただ継ぐのではなく自然好きが集う居場所に」と2000年、全館を新築した。広い敷地にハーフティンバーとレンガ壁の欧風の設えが3棟。客室はロフトつきのツインなど快適な16室。

常連たちが足を運ぶのは敷地内の「フォトギャラリー・カフェ&バー」だ。お目当ては和田さんと、あるいは自然好きの旅人同士の語らい。夏季実施の「湿原体験ネイチャーガイド」（有料、要予約）では湿原でのベストショットの捉え方などのレクチャーも。

質、量、温度と三拍子揃った麦茶色の自家泉源は、先代が25年前、かつて牧場だった土地の地下1300メートルから掘り当てたという。男湯、女湯それぞれに大浴場と露天の岩風呂があり、すべての湯口から絶え間なくあふれ続けている。

❖富士温泉

# 富士温泉

標茶町富士5－26
電話 015・485・3003

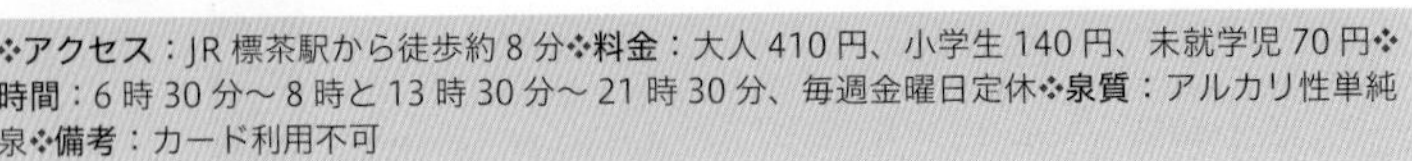
❖アクセス：JR 標茶駅から徒歩約 8 分❖料金：大人 410 円、小学生 140 円、未就学児 70 円❖時間：6 時 30 分～ 8 時と 13 時 30 分～ 21 時 30 分、毎週金曜日定休❖泉質：アルカリ性単純泉❖備考：カード利用不可

日帰

浴場への引き戸をカラカラ…。すると目に飛び込むのはお芝居でも始まりそうな山村風景の立体壁画。コテ仕上げで山河や集落を描き平石と天然石とで山襞を表し、その山襞に湧出するかの如く熱い湯とぬる湯の2つの湯壷を据える。これほど遊び心たっぷりの日帰り湯も無いなと目尻が下がる。

書割り風の意匠に負けない温泉そのものにも惚れぼれ。しっとり肌をくるむ濃茶ビロードの湯は通称「モール温泉」。熱めの角風呂、ほどほどの丸風呂の双方に間断なくかけ流す。そんな贅沢湯浴みの代金が410円。常連さんが羨ましい限りだ。

もうひとつご近所さんが羨ましいのは足湯用の温泉宅配。高齢になり歩いて通うのが辛くなった標茶市街地の住民向けに源泉8リットルを300円で配達。「健康づくりに役立てば」と創業一家の長女と次女でタッグを組み、汲みたての湯を温かいうちにと奔走する。

標茶以外の希望者には、容器持参の持ち帰りが可能で8リットルで200円。温泉好きのご家族には最高のお土産になるだろう。

❖標茶温泉

# 味幸園

標茶町オソツベツ628
電話015・485・2482

日帰

標茶町のオソツベツ原野に建つ日帰り温泉。1979年の開業。「味幸園」の名は、その昔、釧路で味幸という店を営んだ料理人が、家族でここに湯宿を構え、コイ料理などを振る舞った、その名残の名。客足が絶えないのは一にも二にも温泉そのものの良さだ。

ざばざばと盛大に湯のあふれるふたつの湯船、風呂代は500円。湯けむりこもる浴場には、湯の温度をたがえた大小の浴槽がデンと構え、こくのあるなめらかな黒褐色の源泉がひたひたとあふれて床をぬらす。体が見えなくなるほどのほれぼれする黒褐色の源泉は漬かった後は湯冷め知らずだ。

❖**アクセス**：JR標茶駅から車で約15分、JR釧路駅から車で約1時間❖**料金**：大人500円、小人200円、幼児100円❖**時間**：10時～21時（最終受付20時）、休みは毎週木曜日と不定休、12/31～1/1休み❖**泉質**：アルカリ性単純温泉❖**備考**：カード利用不可

❖一心堂温泉

# 藤花温泉ホテル

標茶町旭2丁目8－23
電話015・485・1650

宿泊

JR標茶駅から歩いて5分。ビジネス利用の多い温泉ホテルで、日帰り入浴も楽しめる。湯はほれぼれするほど真っ黒だ。湯の黒さで深さの分からぬ浴槽に、足先で探るように入る。とろん…と包まれた体が深い琥珀色に染まる。濁りではなく、黒みを帯びた透明な湯なのだ。

二つ並んだ浴槽の造りはシンプルで無駄がない。一つは座浴して湯面が心臓の高さほどになる浅めの浴槽で、体に負担をかけずにゆっくりじっくりと湯を味わうことができる。もう一方はやや深めでとっぷりぬくもる。もちろんどちらにも黒い源泉が惜しみなくあふれている。

❖**アクセス**：JR標茶駅から徒歩約5分❖**1泊朝食付（税サ込）**：大人7590円～（日曜日の朝食は休み）❖**日帰り入浴**：大人500円、小人300円、幼児無料、14時～21時、無休❖**泉質**：アルカリ性単純温泉

❖養老牛温泉

# 湯宿 だいいち

中標津町字養老牛518
電話 0153・78・2131

❖**アクセス**：中標津空港から車で約30分❖**1泊2食（税込）**：14960円〜❖**日帰り入浴**：不可
❖**泉質**：ナトリウム・カルシウム－塩化物・硫酸塩泉

「最も北海道らしい湯宿は」と聞かれたら、著者の私ならいちばんはじめに思い浮かぶ一湯。標津岳南麓のモシベツ川渓谷に抱かれ、賑やかなのは鳥の声ばかり。湯客が夕げを囲む頃合いには森の神・シマフクロウも食事を取りにたびたび窓外に現れる。山河の息吹を感じられるよう館内の窓はみな広い。

全国の温泉ファンを魅了してやまないかけ流しの源泉は、今も昔も河畔の自然湧出泉。風格あるヒノキとヒバで設えたあつ湯とぬる湯。巨木を削り出した丸木風呂。川風に吹かれる寝転び湯。源泉の蒸し風呂。渓谷の一角のような自然石の露天風呂。そして男女互いの露天から小径を伝うと、野趣あふれる混浴風呂に続く。

そんな浴場に近年、サウナ浴の魅力が加わった。内湯にはハルビアストーブを置くオートロウリュのサウナと深めの水風呂を置き、露天エリアには源泉を活かしたスチームサウナ、そして源泉を熱交換で冷却した柔らかな水風呂までも。

湯の布団のような寝湯、無心になるサウナ、火照りを慰撫する源泉の水風呂。星空、川風、耳を洗う瀬音―。夢のような時間が続く。

そんな癒しを支えているのは、毎日全ての浴槽を空にして磨き上げる人達、温泉蒸気の成分が張り付いた窓を拭き清める人達による気持ちのこもった清掃であることは、忘れずに書き添えておきたい。

❖中標津温泉

## ホテル マルエー温泉本館

中標津町西1条北3－3
電話 0153・73・3815

鉄筋3階建ての温泉ホテルで、館内は明るく清楚な雰囲気だ。入り口では季節ごとの鉢植えの花々がまず出迎えてくれる。

浴場では自慢の含硫黄―ナトリウム―塩化物泉を惜しみなくかけ流している。地域に銭湯がなくなって以来、公衆浴場の役目を担っているので日帰り入浴の値も安く、衛生管理も確か。

深夜3時に毎日湯を抜いて清掃し、新湯を満たす。となれば朝の一番風呂の清々しさはいうまでもなく、地域の人や旅の常連の楽しみのひとつになっている。

❖**アクセス**：中標津空港から車で約5分❖**1泊朝食付（税サ込）**：大人7600円～（夕食別途料金プランあり）❖**日帰り入浴**：大人650円、小学生250円、幼児100円、7時～21時30分、無休❖**泉質**：アルカリ性単純温泉

❖中標津温泉

## トーヨーグランドホテル

中標津町東20条北1丁目
電話 0153・73・1234

中標津町にある鉄筋5階建て、シティタイプの温泉ホテル。空港からも車で7分と便利だ。浴場はこの規模のホテルにありがちな設備内容ばかりを重視したものではなく、源泉そのものと誠実な管理を売りものとする本格派だ。

湯はホテルのすぐ側に湧く自前のナトリウム―塩化物泉を、どの風呂にも源泉のままかけ流している。

露天風呂は穏やかな標津川流域の眺めも魅力的。日帰り入浴も手頃な値段で行っているので、温泉好きは立ち寄ってみては。

❖**アクセス**：中標津空港から車で約7分❖**1泊素泊まり（税サ込）**：シングル7900円～（会員は500円引き）❖**日帰り入浴**：大人600円、3歳～小学生300円、10時～22時（23時退館）、無休❖**泉質**：ナトリウム－塩化物泉

❖中標津保養所温泉

# 中標津保養所温泉旅館

中標津町東20条北8丁目4
電話 0153・72・0368

宿泊 日帰 露天

開湯は1984年。浴場は男女とも内湯に広い「ぬる湯」と小振りの「あつ湯」、それに露天風呂がある。

シンプルな構成ながら客の健康によく配慮した造りになっている。熱めの浴槽には源泉のまま、ぬるい方には自噴の天然水を少々加えてかけ流し、ともに鮮度は折り紙つき。温度差のある浴槽に交互につかればリフレッシュ効果も増す。

料理は上げ膳据え膳こそないが、宿泊の膳にも日帰りメニューにも手間をかけ工夫を凝らした逸品が登場する。清潔感にあふれる脱衣所には天然水の用意もある。

**❖アクセス**：中標津空港から車で約10分、JR厚床駅から車で約50分**❖1泊2食（税サ込）**：大人8700円〜**❖日帰り入浴**：大人（中学生以上）600円、小人200円、6時30分〜22時、無休**❖泉質**：ナトリウム−塩化物泉**❖備考**：新館増設（全室禁煙）

❖知床標津川温泉

# 標津川温泉 ぷるけの館 ホテル川畑

標津町南3条西1丁目1−3
電話 0153・82・2006

宿泊 日帰 露天

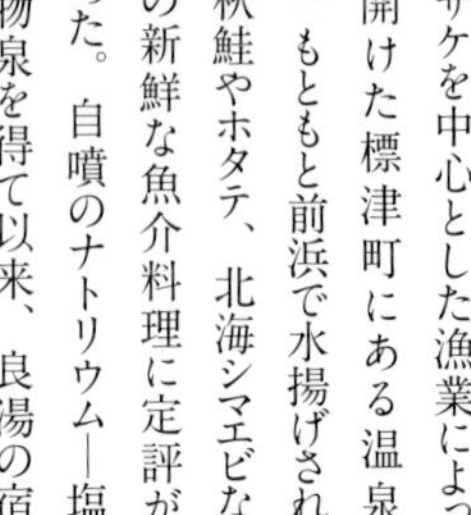

サケを中心とした漁業によって開けた標津町にある温泉宿。もともと前浜で水揚げされる秋鮭やホタテ、北海シマエビなどの新鮮な魚介料理に定評があった。自噴のナトリウム—塩化物泉を得て以来、良湯の宿としての魅力が加わった。

温泉井戸は宿のすぐ裏手にあり、湯の鮮度は折り紙付き。恵まれた湯量と湯温を生かして、内湯にも露天風呂にも源泉をそのまま豊かに放流している。もちろん、「温泉を楽しみに来てくださる地元の方のためにも」と、換水も毎日行っている。

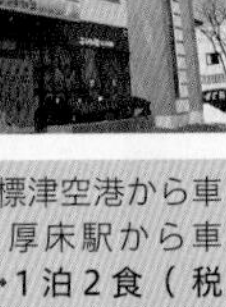

**❖アクセス**：中標津空港から車で約30分、JR厚床駅から車で約1時間**❖1泊2食（税別）**：大人9000円〜**❖日帰り入浴**：大人600円、小学生以下300円、7時〜9時（最終受付8時30分）／14時〜20時（最終受付19時）、不定休**❖泉質**：ナトリウム−塩化物泉

❖オホーツク温泉

味わいの宿

## ホテル楠

標津町南8条西1丁目4－1

電話 0153・82・3411

夕食は地物づくしのうまいもんが勢揃いする。著者が訪れたときの夕げの膳には、宿の女将、幸子さんが手をかけた絶品料理が並んだ。名物の鮭の兜煮は、尖った鼻っ柱から丸かぶり。甘すぎず辛すぎずの絶妙の塩梅だ。

宿にはリピーターが多い。良質のかけ流しの温泉を満喫でき、湯船にあふれる源泉に加え、シャワーからも別の源泉が。どちらも美人湯系のつるつる湯だ。値段も手頃なこと。その値段からは考えられない海鮮料理が出ること。そして何より笑顔の可愛い幸子さんの「ニコッ」を、みんな見たいのだ。

❖**アクセス**：中標津空港から車で約30分、JR厚床駅から車で約1時間❖**1泊2食（税込）**：大人11000円～❖**日帰り入浴**：大人480円、6～12歳140円、5歳以下70円、平日・祝日15時～20時30分、土日13時～20時30分、6月～10月無休、11月～5月第2・4火曜日定休❖**泉質**：アルカリ性単純温泉❖**備考**：カード利用不可

❖尾岱沼温泉

味わいの宿

## 楠旅館

別海町尾岱沼港町130

電話 0153・86・2417

宿泊

木造2階建てで、客室は8室限り。浴室は男女それぞれに、湯船ひとつの内湯があるのみだが、弾力に満ちたアルカリ性塩化物泉を加水することなくかけ流し、よく温まるので湯冷めしないと評判だ。

もてなしの真骨頂は、宿の名通り、味覚である。食事のメニューは旬の食材を利用するため都度変更となるが、北海シマエビや尾岱沼の天然ホタテをはじめ、ひと品ひと品がお手製の海鮮料理をたんと振る舞ってくれる。明確な特徴は繊細さ。港町にありがちな濃い味付けではなく、酢、塩の加減も実に巧みで、前浜素材の旨み、甘みが自然と立ち上がる。

❖**アクセス**：中標津空港から車で約30分、JR厚床駅から車で約50分❖**1泊2食（税サ込）**：大人13000円❖**日帰り入浴**：不可❖**泉質**：ナトリウム－塩化物泉❖**備考**：カード利用不可

❖尾岱沼温泉

尾岱沼温泉

## シーサイドホテル

別海町尾岱沼岬町29
電話0153・86・2316

宿泊 日帰 露天

尾岱沼温泉シーサイドホテルの露天風呂は、湯船こそ小振りでも眺めは雄大、尾岱沼の風光を見渡す特等席だ。

日本で最も早く日の出を迎える露天風呂としても知られ、その視界に切り取るのは初夏と秋の打瀬網漁、冬の白鳥の群れ、そして国後島の島影。

厳寒期には自然現象「四角い太陽」が一番風呂に現れることも。湯はかけ流しである。ご主人自ら包丁を握る食事は、北海シマエビにホタテなど期待通りに海鮮料理の大盤振る舞いだ。

❖**アクセス**：中標津空港から車で約40分、JR厚床駅から車で約50分❖**1泊2食（税サ込）**：大人11100円〜❖**日帰り入浴**：大人500円、小学生200円、幼児100円（3歳以下入浴不可）、13時〜20時、無休（混雑時は休業することもあり）❖**泉質**：ナトリウム－塩化物泉

❖尾岱沼温泉

いい湯の宿　野付湯元

## うたせ屋

別海町尾岱沼港町132
電話0153・86・2221

宿泊

創業三代目のご夫婦が営む、野付の港前にある湯宿。もともと料理旅館ののれんを掲げていたというだけあって、味覚には定評あり。

夕食の卓上は名産の天然ジャンボホタテ浜焼きに北海シマエビなど野付湾や近海で獲れる魚介のオンパレードだ。投宿前の昼食などは、軽くしておくのが賢明か。

風呂は内風呂だけだが、ひのきで設えたものでなかなかの風情。たっぷりと深めで木肌も優しく、身体のあずけ心地がいい。湯は源泉かけ流し。身体を温めるナトリウム―塩化物泉で、ぬくもりがいつまでも後を引く。

❖**アクセス**：中標津空港から車で約40分、JR釧路駅から車で約2時間❖**1泊2食（税サ込）**：大人14300円〜（入湯税100円別）❖**日帰り入浴**：不可❖**泉質**：ナトリウム－塩化物泉

❖野付温泉

# 浜の湯

別海町尾岱沼港町235－5
電話0153·86·2600

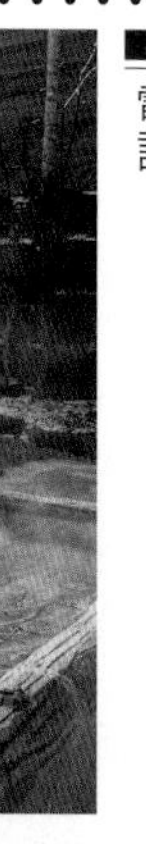

温泉銭湯、浜の湯は、55・3度の濃厚なナトリウム―塩化物泉と、28・8度のアルカリ性単純温泉という2種類の源泉を持つ。ジワリと汗のにじむ熱いとろみ湯と、最初はヒヤリと感じるなめらかな湯。交代で入れば、まさに天然の温浴、冷浴の交互浴。内湯にも露天風呂にも2種類の源泉浴槽があり、湯めぐりすると小1時間はあっという間だ。

風呂の湯はすべて毎日抜き、磨き、清らかにする。女性オーナーは「漁師さんは、とにかく温まろうといらっしゃるから」。港町の情にも温もる銭湯だ。

❖アクセス：中標津空港から車で約30分、JR厚床駅から車で約40分❖料金：大人490円、小人150円、幼児80円❖時間：14時～22時、火曜日休み❖泉質：・ナトリウム－塩化物泉・アルカリ性単純温泉

❖西春別温泉

# ペンション クローバーハウス

別海町西春別95－3
電話0153·77·1170

宿泊 日帰 露天

別海町の西部地区、西春別の国道243号沿いにあるアットホームなペンション。ウッディーな外観が特徴。宿泊システムは1泊朝食付きが基本なので、夕食は一階にあるレストランで、地域の旬の食材を使った料理が楽しめる。

温泉は泉温、湯量に恵まれた自前のナトリウム―塩化物・炭酸水素塩泉で、体の芯から温まる。42度の温泉に加水・加温を一切せず、洗い場のシャワーから流れるのも源泉そのままというこだわり。

露天からは星空を眺めることができ、旅の疲れが癒される。温泉好きにはたまらない一湯である。

❖アクセス：中標津空港から車で約30分、JR標茶駅から車で約30分❖1泊2食付き（税サ込）：大人1名9650円～❖日帰り入浴：大人490円、小人150円、幼児80円、11時～20時30分、不定休❖泉質：ナトリウム－塩化物・炭酸水素塩泉❖備考：カード利用不可

## ❖別海町内の温泉

別海まきばの湯

# しまふくろう

別海町西春別321

電話 0153・77・2960

宿泊　日帰　露天

❖アクセス：道東自動車道足寄 IC から国道 241 号・同 243 号経由で 2 時間 20 分❖1 泊素泊まり（税込）：2 人 1 室 1 人 6600 円、1 人 1 室 7700 円❖日帰り入浴：大人 600 円、小学生 300 円、未就学児無料、11 時～ 21 時 30 分（木曜のみ 17 時～）、無休❖泉質：ナトリウム－塩化物泉

別海で三代続く酪農一家が老朽化した温泉を買い取ったのは、温泉熱や施設を農業に活用したり、家族で湯を楽しめたら…といった理由だった。それが―。

「温泉ファンの皆さんから再開はいつと問合せがひっきりなしに…」と笑顔で振り返る一家の長女・聖母（まりあ）さん。入浴だけなら…のつもりが「食事はできないか」「部屋があれば泊まりたい」と要望は増すばかり。遠方からも通ってくれる熱心さにほだされて懸命に応じていくうちに、いつしか温泉だけでなく、昼時ともなれば食事目当てのお客の車がずらりと並び、5室の客室はほぼ満室続きという人気の湯宿になっていた。

入浴は夜九時半までと湯宿にしては早い。毎晩、湯を抜き洗い清めて、翌六時からの朝風呂までに熱い源泉を程よく張るためだ。レストランには和食膳やビュッフェの用意はない。代わりにメニューには、舌にとろけるスペアリブのカレーや、阿寒ポークの生肉と自家製キムチで仕上げる豚キムチなど、家族の健康を思い長年作り続けてきた上質の「母の味」がずらり。

いい温泉にしたいからきちんと掃除する。自分が一番美味しいと思うものを出す。大切な人を家に招く気持ちで、居心地よく過ごして頂くことに労を惜しまない。それが、この宿のおもてなしなのだ。

❖羅臼温泉

## 陶灯りの宿　らうす第一ホテル

羅臼町湯ノ沢町1
電話　0153・87・2259

宿泊　日帰　露天

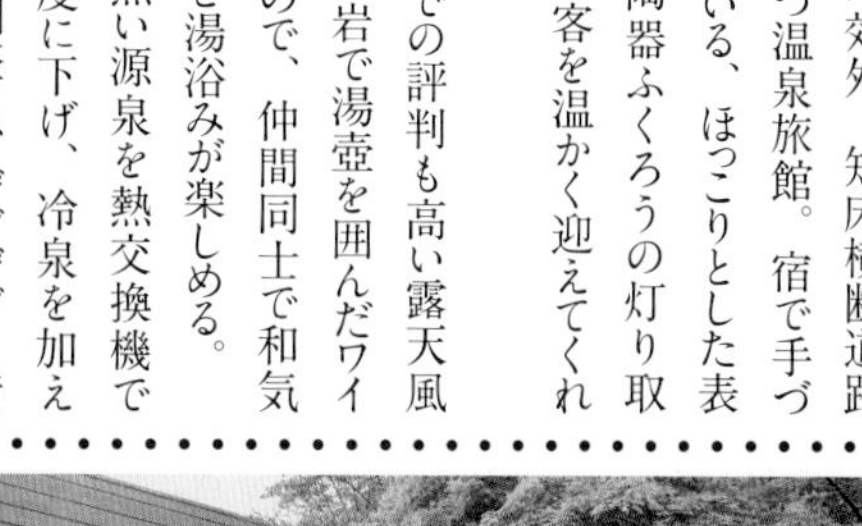

❖アクセス：中標津空港から車で約1時間10分❖1泊2食（税サ込）：大人15000円〜❖日帰り入浴：大人600円、小人500円、13時〜16時、無休❖泉質：含硫黄－ナトリウム－塩化物泉

羅臼町郊外、知床横断道路沿いに立つ温泉旅館。宿で手づくりしている、ほっこりとした表情の「陶器ふくろうの灯り取り」が湯客を温かく迎えてくれる。

口コミでの評判も高い露天風呂は、巨岩で湯壺を囲んだワイルドなもので、仲間同士で和気あいあいと湯浴みが楽しめる。

湯は熱い源泉を熱交換機で60度程度に下げ、冷泉を加えて適温に調整し、ザブザブと惜しみなくかけ流している。

また、館内にある売店「森乃便り」ではオリジナルのふくろう陶器が並べられていて、にぎやかだ。

❖羅臼温泉

## 羅臼温泉湯けむりの里　ホテル　峰の湯

羅臼町湯ノ沢町7－3
電話　0153・87・3001

宿泊　日帰　露天

❖アクセス：中標津空港から車で約1時間10分❖1泊2食（税サ込）：大人11150円〜❖日帰り入浴：大人550円、小人330円、幼児220円、13時〜21時、無休❖泉質：含硫黄－ナトリウム－塩化物泉❖備考：町内送迎あり（要相談）

羅臼町市街地から知床峠へ向かう国道334号（知床横断道路）の入り口にある。羅臼温泉は道東では古い湯で、1789年（寛政元年）頃にはすでに人々の利用があり、松浦武四郎『知床日誌』などの文献にも記録が残されている。

風呂は広々として、硫黄の匂いの源泉が常に湯縁からあふれている。山並みを望む露天は、ぬる湯と岩組みの熱湯のふたつが並ぶ。

食は、素材重視の直球の味付け、そしてボリューム自慢。食いしん坊の常連たちで、季節を問わず賑わっている。旅客だけでなく、地元の漁師さんらが宴会で使うのは、これこそインチキな魚は出さないという証しのようなものだ。

## ❖羅臼温泉

羅臼の宿 **まるみ**

羅臼町八木浜町24
電話 0153・88・1313

宿泊 日帰 露天

❖**アクセス**：中標津空港から車で約1時間❖**1泊2食（税込）**：大人13000円～❖**日帰り入浴**：大人700円、子供300円、幼児無料、貸タオル100円、14時～20時、12月30日～1月3日休み❖**泉質**：含硫黄－ナトリウム－塩化物泉

羅臼の海のほとりに立つ一軒宿。ご主人のおおらかなキャラクターと豪快な浜料理が人気の個性派だ。温泉は自家泉源で、男女別の内風呂に半露天風呂もある。国後島から昇る朝日を見ながら湯に浸かる気分は最高だ。

夕食は魚介料理のセットメニューとバイキングを組み合わせて楽しむスタイル。バイキング（人数によってセットメニューでの提供）は前海の素材を使う自家製品のオンパレードで、ホッケや地元産の魚貝類を使用した料理がずらり。その品数と味には驚くばかりだ。なお、季節によって魚貝類の種類が変わる。

## ❖中標津町内の温泉

**ホテルモアン**

中標津町東25条南2－2
電話 0153・74・0111

宿泊 日帰 露天

❖**アクセス**：中標津空港から車で10分❖**素泊まり（税込）**：6800円～❖**日帰り入浴**：大人600円、中学生500円、小学生300円、1歳以上の未就学児200円、1歳未満無料、7時～10時と15時～22時30分、無休❖**泉質**：ナトリウム－塩化物温泉

中標津空港から車で10分。釧路、網走、知床など道東の主要な観光・ビジネス拠点にもアクセスしやすい。ホテル名に温泉の「お」の字もなく、出張の際にたまたま予約する人もいそうだが、もし温泉の良し悪しに目が利くなら、驚くに違いない。

地元客も集う大浴場は、あつ湯とぬる湯の2つの浴槽、乾式サウナと水風呂、そして石組みの露天風呂も。湯船に注がれているのは肌合いも優しい食塩泉で、体を芯から温める。温泉地数日本一の北海道には、地域の温泉施設がほぼかけ流しという恵まれた市町村が複数あるが、そのひとつが中標津町なのだ。

# 中標津・別海

至斜里
244
至羅臼
根室海峡
標津町
P340 標津川温泉ぷるけの館
ホテル川畑
味わいの宿
ホテル楠
P341
P342
尾岱沼温泉
シーサイドホテル
272
開陽台展望台
養老牛温泉
150
摩周湖
P338 湯宿だいいち
505
野付半島
いい湯の宿 P342
野付湯元 うたせ屋
中標津空港
150
中標津保養所温泉旅館 P340
ホテルモアン P346
中標津町
775
トーヨーグランドホテル P339
ホテル マルエー温泉本館
P339
味わいの宿 楠旅館
P341
浜の湯
P343
505
計根別停車場養老牛線
885
13
至弟子屈
244
311
957
243
ペンションクローバーハウス
P343
JR釧網本線
別海町
至釧路
至根室

※「別海まきばの湯　しまふくろう」の地図は312ページ、羅臼温泉の地図は220ページに掲載しています。

## 相泊温泉

根室管内羅臼町相泊

❖アクセス：羅臼町市街から道道87号（知床公園道路）を北へ約24km行き、終点のすぐ近く。セセキ温泉を過ぎて2kmくらい❖問い合わせ：羅臼町産業創生課 TEL0153-87-2126 ❖利用可能期間と時間：5月中旬〜9月中旬の日の出〜日の入りに入浴可能（時化の時は浴槽内に波が入るために入浴不可）※6月下旬〜8月末頃まで（日程については要問い合わせ）は小屋がけがなされ屋根付き浴槽となるが、8月以降の台風や高波によって被害を受けると判断されたら、その時点で施設は撤去される❖入浴料金：無料❖その他：日本最北東端の温泉。小屋がけ中は浴槽と脱衣所は男女別なので、安心して入浴できる。ナトリウム—塩化物泉

## 熊の湯

根室管内羅臼町湯ノ沢町

❖アクセス：国道334号沿い❖問い合わせ：羅臼町産業創生課 TEL0153-87-2126 ❖利用可能期間と時間：通年、24時間（ただし5〜7時は清掃のため入浴不可）❖入浴料金：無料❖その他：脱衣所、浴槽は男女別。硫黄－ナトリウム－塩化物泉（硫化水素型）、※お湯の温度は高めに設定してあるので、入浴時には注意が必要

## 屈斜路湖砂湯

釧路管内弟子屈町屈斜路湖畔砂湯

❖**アクセス**：道道52号沿い、屈斜路湖畔の砂浜❖**問い合わせ**：015-482-2200（摩周湖観光協会）❖**開設期間**：通年、24時間❖**料金**：無料❖**その他**：スコップで掘って足湯を楽しめる。シャワーはないため、近隣の温泉施設を利用、ナトリウム・炭酸水素塩泉

## 池の湯

釧路管内弟子屈町屈斜路湖池の湯

❖**アクセス**：道道52号沿いで屈斜路湖に面し、砂湯から南へ3kmほどのところにある❖**問い合わせ**：摩周湖観光協会TEL015-482-2200❖**利用可能期間と時間**：通年、24時間可だが、ぬるめなので、夏場がいい❖**入浴料金**：無料❖**その他**：混浴、脱衣所あり（男女別）、ナトリウム－炭酸水素塩・硫酸塩泉

## 然別峡露天風呂 鹿の湯

十勝管内鹿追町然別峡

❖**アクセス**：JR十勝清水駅から国道274号で鹿追町市街を経て、道道85号から同1088号に入る。然別峡かんの温泉から渓谷沿いに下ると然別峡野営場があり、その奥のシイシカリベツ川沿いにある❖**問い合わせ**：鹿追町観光インフォメーションデスクTEL0156-66-1135❖**利用可能期間と時間**：野営場開場期間中のみ、24時間入浴可能❖**入浴料金**：無料❖**その他**：ナトリウム－炭酸水素塩・塩化物泉

## 吹上露天の湯

上川管内上富良野町吹上温泉

❖**アクセス**：吹上温泉「白銀荘」から徒歩5分くらい❖**問い合わせ**：上富良野町企画商工観光課班TEL0167-45-6983❖**利用可能期間と時間**：通年、24時間❖**入浴料金**：無料❖**その他**：脱衣所がない。水着着用かタオルを巻いて入浴することが可能。酸性－カルシウム・ナトリウム－硫酸塩・塩化物温泉、（かけ流し式、加水・加温なし）

## 湯とぴあ臼別

檜山管内せたな町大成区平浜

❖**アクセス**：道央自動車道の国縫ICから国道230号で今金町・せたな町北檜山区を経由、国道229号を南下してせたな町大成区に入る。臼別温泉の看板から左折、臼別川に沿って狭い道をさかのぼった終点にある❖**問い合わせ**：せたな町大成支所 TEL01398-4-5511（代）❖**利用可能期間と時間**：4～11月の7時～19時、月曜日と、金曜日の午前中は清掃のため利用不可、4月は準備が整い次第、11月は降雪時点で閉鎖されるため、利用時は問い合わせを。❖**入浴料金**：清掃協力金として100円❖**その他**：男女別、休憩所あり、更衣室あり（男女別）。ナトリウム・カルシウム－塩化物・硫黄塩泉

## しかべ間歇泉公園

渡島管内鹿部町鹿部18－1

❖**アクセス**：函館から／直通バスで90分（46km）、車で約60分（約38km）。大沼国定公園から／バスで25分（約16km）、車で20分。森町から／国道278号を車で約30分。札幌から／車で約4時間30分❖**問い合わせ**：道の駅しかべ間歇泉公園 TEL01372-7-5655❖**利用可能期間と時間**：（3月20日～11月30日）月～木9時～17時、金～日・祝8時30分～18時、（12月1日～3月19日）月～木10時～15時、金～日・祝9時～18時。❖**休園日**：（3月20日～12月29日）無休、（1月4日～3月19日）毎週水曜日❖**入園料金**：大人300円、小人（小中学生）200円❖**その他**：間歇泉は約100度の温泉が、自然の力だけで、約10～15分ごとに15m以上の高さまで噴き上がる

## 水無海浜温泉

函館市恵山岬町100番地先

❖**アクセス**：道道635号元村恵山線椴法華港側の道路終着点の海岸❖**問い合わせ**：函館市椴法華支所産業建設課 TEL0138-86-2111❖**利用可能期間と時間**：通年、干潮時に入浴可。❖**入浴料金**：無料❖**その他**：カランなし、脱衣所あり、混浴、ほとんどの客が水着を着用するが、夏場を過ぎれば着用しなくてもよさそうな雰囲気。ナトリウム－塩化物泉・硫酸塩温泉（低張性中性高温泉）

## 大湯沼川天然足湯

登別市登別温泉町無番地

❖**アクセス**：道央自動車道・登別東ICから15分で登別温泉「大湯沼駐車場」。さらに徒歩で10分。公共交通機関／JR登別駅から登別温泉行き道南バスで「足湯入口」まで15分。徒歩5分❖**問い合わせ**：登別国際観光コンベンション協会 TEL0143-84-3311❖**利用可能期間と時間**：通年、日没まで。積雪や湯温などで利用できない場合もある❖**入浴料金**：無料❖**その他**：登別温泉の大湯沼川にある天然の足湯。大湯沼から流れる酸性度が高い足湯を楽しめる。11月下旬から4月下旬までは大湯沼駐車場は利用不可。付近の遊歩道も冬期通行止めになる場合がある。（要確認）

## セセキ温泉

根室管内羅臼町瀬石

❖**アクセス**：羅臼町市街から道道87号を約22km行く❖**問い合わせ**：羅臼町産業創生課 TEL0153-87-2126❖**利用可能期間と時間**：7～9月中旬、干潮後に清掃が入るため、干潮時間から2時間後に入浴可能。❖**入浴料金**：無料❖**その他**：露天（水着着用可）、潮の干満に影響される浴槽で屋根はない。混浴、含硫黄－ナトリウム－塩化物泉、昆布番屋の前を通るため、入る前に管理人に一声かけて気持ちよく入浴を

## 和琴温泉露天風呂

釧路管内弟子屈町屈斜路湖畔和琴

❖**アクセス**：和琴半島の東側で屈斜路湖に面している❖**問い合わせ**：摩周湖観光協会 TEL015-482-2200❖**利用可能期間と時間**：通年、24時間❖**入浴料金**：無料❖**その他**：混浴、脱衣所あり（男女別）、約40度の単純温泉。徒歩3分のところに和琴キャンプ場があるためキャンパーの利用も多い

## コタン温泉露天風呂

釧路管内弟子屈町屈斜路古丹

❖**アクセス**：和琴半島と砂湯を結ぶ道道52号沿いのコタンにある❖**問い合わせ**：摩周湖観光協会 TEL015-482-2200❖**利用可能期間と時間**：通年、24時間（毎週火・金曜日の8～16時は定期清掃のため入浴不可）❖**入浴料金**：無料❖**その他**：混浴、脱衣所あり（男女別）、ナトリウム－炭酸水素塩泉

# 薬理作用を持つ療養泉

温泉施設の脱衣所などには温泉分析書やその抜粋が掲げられています。法律が定める温泉の中でも温度・成分の条件を満たし、医療効果が期待される薬理作用を持つものを療養泉と呼び、その成分を表したものが泉質です。

泉質の表記にも種類があります。1978年に主要なイオン名を直接的に表す新泉質名を用いるよう法改正されましたが、簡潔でなじみやすい旧泉質名は現在でもよく使われており、分析書にもしばしばカッコ書きで併記されています。主な療養泉の特徴を簡単に説明します。

**◆単純温泉**

含有成分がどれも規定量に満たないが、泉温が25度以上ある温泉。pH値8・5以上を特にアルカリ性単純温泉と呼ぶ。刺激が最も弱く作用は穏やかで、幼児や高齢者にも適する。日本で最も多い泉質。

**◆塩化物泉**

食塩を含む温泉。特に泉水1キログラム中に食塩を15グラム以上含むものを強塩化物泉、5グラム未満のものを弱塩化物泉という。海に囲まれた日本では海水が混入しやすいこともあり単純温泉の次に多い。入浴すると皮膚表面のタンパク質や脂肪と塩分が結びついてベールのような「塩皮膜」となって肌を覆い、汗の蒸発をふせいで保温効果が持続する。そこから「熱の湯」の別名もある。

**◆炭酸水素塩泉**

皮膚表面の脂肪や分泌物を乳化して洗い流し、清浄にする。角質層を軟化し、皮膚をなめらかにして火傷や切り傷痕の回復を促す。

**◆硫酸塩泉**

硫酸イオンを主成分のひとつとする旧泉名・芒硝泉、石膏泉、正苦味泉は、新泉名では硫酸塩泉となった。この仲間は共通して保温効果が高く、血液に酸素を多く送り込む作用があり、血圧の低下を促す。医師の指導のもと、動脈硬化症や高血圧症の改善、脳卒中後のマヒの改善などに利用される。

**◆二酸化炭素泉**

成分の炭酸ガス（二酸化炭素）が無数の泡となって身体につく通称「泡の湯」。主に活動末期の火山帯に湧出し、日本に少ない。ガス成分は皮膚への浸透が容易で、末梢血管を拡張する作用が強く、心臓に負担をかけずに血液の循環をよくする。冷泉や微温泉が多いが、ぬるくてもよく温まる。

**◆含鉄泉**

鉄泉と呼ばれる泉質は鉄・炭酸水素塩泉（炭酸鉄泉）と鉄・硫酸塩泉（緑礬泉）の2種類に分類される。鉄分を含み造血作用を高め、よく身体を温める泉質。炭酸鉄泉はリウマチ性疾患や月経障害に有効。緑礬泉は強酸性を示すものが多く、酸性泉一般の特徴と重なる。

**◆硫黄泉**

いかにも温泉らしい鼻をつく独特の匂いは、硫化水素を含む湯の特徴。末梢血管の拡張作用は炭酸ガス以上に強く、動脈硬化症、高血圧、心臓病にも適し、「心臓の湯」の別名も。硫化水素を含有しないタイプも合わせた硫黄泉全体の長所は、解毒作用や皮膚をなめらかにする角質溶解作用。ただし身体への刺激は強力、脱脂作用も最も強い泉質なので、皮膚病全般にいいとはかぎらない。

**◆酸性泉**

酸味があり、肌にもしみる刺激の強い温泉。表皮の分泌物を凝固させ、角質層を乾燥させる。殺菌作用も強力。肌が弱いと湯ただれを起こしやすいので、これを防ぐため真湯（まゆ）の浴槽が併設されている。水虫や疥癬（かいせん）などの感染症に有効。

**◆放射能泉**

常温では気体のラドンとトロンが主要な成分。皮膚からの吸収がよく、呼吸による吸収はさらに優れる。放射能は危険なイメージが強いが、温泉が含む程度の低線量放射線は、生体の免疫機能を高めるなど、人体にむしろ有益。吸収したラドンやトロンもすぐに呼気として排出される。

※実際の泉質名は、複数の泉質が組み合わさった、いわば中間的な組成のものが少なくありません。

❖著者略歴

小野寺淳子（おのでら・あつこ）

1964年、北海道網走市生まれ。旅行ジャーナリストとして国内外の旅をテーマに、書籍、新聞、雑誌などへの執筆や放送番組出演、講演、温泉アドバイザーとしての活動を行う。現在は取材活動の傍ら、札幌国際大学で教鞭をとり、「温泉学概論」などを担当する。特に、北海道と海外の温泉事情に精通し、これまでの北海道内での取材件数は1000湯以上。リサーチも1200湯以上を実施。海外ではヨーロッパ、アジア諸国を中心に15カ国の温泉地や泉源を取材。

著書

『北海道の民営温泉』（1995年）
『列車・バスで行く札幌発湯ったりふたり旅』（1998年）
『北海道くいしんぼう浜の旬食べ歩き』（1999年）
『新北海道のほっ…民営温泉』（2001年）
『新北海道のふぅ…公営温泉』（2002年）
『北海道温泉大図鑑』（2012年）
『決定版　北海道の温泉まるごとガイド』（2015年、2017年、2021年）
『一度は泊まってみたい！　北海道の温泉宿』（2019年）
いずれも北海道新聞社
『スイス温泉紀行』（2006年／堀淳一氏との共著）作品社

表紙モデル　鎌田梨恵子

編集：五十嵐裕揮

協力：大越崇弘、中村孔美、高橋敦子、中林一実

ブックデザイン：佐々木正男（佐々木デザイン事務所）

**決定版　北海道の温泉まるごとガイド 2024-25**

2023年12月20日初版第1刷発行

著者　小野寺淳子

発行者　近藤　浩

発行所　北海道新聞社
〒060-8711　札幌市中央区大通西3丁目6
出版センター
（編集）☎ 011 210 5742
（営業）☎ 011 210 5744

印刷・製本　（株）アイワード

ISBN 978-4-86721-115-1